中国比较文学文库

主编 张辉 宋炳辉

约翰·卡普托的事件诗学研究

A Study on John D. Caputo's
Poetics of the Event

陈龙 著

上海外语教育出版社
SHANGHAI FOREIGN LANGUAGE EDUCATION PRESS

图书在版编目（CIP）数据

约翰·卡普托的事件诗学研究：汉文、英文／
陈龙著. -- 上海：上海外语教育出版社，2022
（中国比较文学文库／张辉，宋炳辉主编）
ISBN 978-7-5446-7276-4

Ⅰ.①约… Ⅱ.①陈… Ⅲ.①比较诗学—研究—汉、
英 Ⅳ.①I052

中国版本图书馆CIP数据核字(2022)第111290号

出版发行：**上海外语教育出版社**
（上海外国语大学内） 邮编：200083
电　　话：021–65425300 (总机)
电子邮箱：bookinfo@sflep.com.cn
网　　址：http://www.sflep.com
责任编辑：李振荣

印　　刷：上海市崇明县裕安印刷厂
开　　本：787×1000　1/16　印张17　字数285千字
版　　次：2023年3月第1版　2023年3月第1次印刷

书　　号：ISBN 978-7-5446-7276-4
定　　价：55.00元

本版图书如有印装质量问题，可向本社调换
质量服务热线：4008-213-263

《中国比较文学文库》学术委员会

《中国比较文学文库》总序

张　辉　宋炳辉

　　《中国比较文学文库》第一批著作终于即将付梓，从 2018 年 11 月拟定"征稿启事"至今，倏忽 4 年有余。疫情之后，转眼之间，世界已兀然发生许多完全未曾逆料的深刻变化。"人事有代谢，往来成古今"，在这样的时间节点上草拟这篇序言，怎能不感慨系之。

　　这是一套文学研究丛书。文学，是一个几乎无法定义的概念。文学，又始终在为我们提供认识和理解世界的新的可能性：无穷的可能性。从这个意义上说，文学是一切成见、一切僵化思想的反义词：致命的反义词。

　　文学教会我们反抗所有"要求玫瑰花散发出和紫罗兰一样芳香"的愚蠢观念，文学也让我们知道"要求世界上最丰富的东西——精神只能有一种存在形式"，是多么颟顸而又不可思议（马克思：《评普鲁士最近的书报检查令（1842 年）》）。

　　我们不能要求杜甫以李白的方式写作，不能要求曹雪芹以狄更斯的方式思考，我们也不必要求托尔斯泰喜欢莎士比亚和歌德，不必要求林黛玉和薛宝钗、安娜·卡列尼娜和包法利夫人有同样的个性和爱好……而人性的丰富，决定了世界的多元与杂多。马尔克斯的马孔多，不是福克纳的约克纳帕塔法，更不是鲁迅的未庄或鲁镇，不是雷巴科夫的阿尔巴特街，以及沈从文的湘西……正因为此，文学既是难以把握的，也是富于魅力的。正因为此，文学研究既在不断拓展我们理解作家和作品的已有规定性，也在拓展我们认识和解释世界的现成范式和固有边界。倡导并努力培育多元的文学研究观念，也是我们编辑这套文库的初衷。

　　这是一套比较文学与跨文化研究丛书。片面的不同或机械的趋同乃至统一，不是世界应该有的样子，也不应该是文学与文学研究应该有的样子。《说文》中给出的"文"的原意是："文，错画也，象交文"。汉学家翻译中文的"文"字时也常常用"pattern"作为对应。这至少提示我们，真正的"文"，是与交叉、交错以及交流的思想和行为紧密相关的。正像平行的线条和图案不可以称为"文"，孤立的、老死不相往来的物质与精神存在，也不可能产生文学、

1

文化与文明。

在马克思所预言的世界文学时代,上述事实就更加不可回避,因为:"过去那种地方的和民族的自给自足和闭关自守状态,被各民族的各方面的互相往来和各方面的互相依赖所代替了。物质的生产是如此,精神的生产也是如此。各民族的精神产品成了公共的财产。民族的片面性和局限性日益成为不可能,于是由许多种民族的和地方的文学形成了一种世界的文学。"(马克思、恩格斯:《共产党宣言(1848年)》)

如果说,没有他者的个人注定是孤独的,没有他者的社会必然是封闭的,那么,没有他者的文学与文化则毫无疑问是无法成为现实的。要准确而全面地了解鲁迅,不仅需要了解"魏晋文章",而且需要了解"托尼学说";阅读叔本华虽然不是读懂《红楼梦》的必要前提,但要真正理解早期王国维特别是他的《红楼梦评论》,叔本华则是无法忽略的关键一环。这就像要阅读乔叟,必须了解薄伽丘;阅读莱辛、歌德必须同时阅读莎士比亚一样。甚至还没有进入比较文学的研究阶段,我们就会如巴斯奈特所说,"一旦开始阅读,就会超越边界,做出种种联想和联系,不再局限于单一的文学内,而是在歌德所谓的'世界文学'这一伟大广阔的大写的文学空间内阅读。"(巴斯奈特:《比较文学批评导论(1993)》)。正是在这样的上下文中,比较文学显示了其特别的意义。跨越语言,跨越文化,甚至跨越学科,走出固定的语言和文化局限乃至"牢笼",不仅是增加了观察和思考问题的视角而已,它本身就是理解文学与文化现象的先决条件。正是基于这样的理念,这套丛书应运而生。

这是一套收录海内外中国比较文学学人——尤其是中青年学人——最新力作的丛书。这套文库,是《当代中国比较文学研究文库》(谢天振、陈思和、宋炳辉主编)、《比较文学与世界文学学术文库》(张辉、宋炳辉主编)(均由复旦大学出版社出版)的延续和拓展。与此同时,本文库的出版,也与《中国比较文学》杂志以及"中国比较文学云讲堂"相互呼应,形成鼎足之势,成为中国比较文学学会的三大重要学术平台。

晚清以来,中国比较文学事业的兴起与发展,始终与现代中国整体文化进程息息相关。以"新时期"为时间节点,我们则更可以说,没有改革开放的中国,就没有中国比较文学的复兴。中国比较文学既是改革开放的成果,也是改革开放的巨大促进力量。抚今追昔,立足中国,对话世界,"取今复古,别立新宗",是我们的共识,也是我们的神圣使命。

不久,中国比较文学学会及其会刊《中国比较文学》杂志,都即将迎来40岁生日,谨以此文库,献上我们的最美好祝福。

衷心感谢中国比较文学学会诸位前辈和同事的指导与大力支持。也特别感谢上海外语教育出版社的精诚合作,特别是孙玉总编辑和李振荣先生的指导和帮助。

诚邀各位比较文学同行继续踊跃加盟,共襄盛举。

是为序。

2023 年 3 月改毕

致逝去的亲友师长

目　　录

绪　　论

0.1　选题背景

0.1.1　选题缘起与意义

在当代西方思想界,美国的约翰·卡普托(John D. Caputo, 1940—　)被公认为克服形而上学(亦作"克服本体—神学"/"克服本体—神—逻辑学"[overcome onto-theology])的最重要代表人物之一。他不仅是当代最顶尖的海德格尔与德里达研究专家,[①]更被誉为"最重要的美国欧陆后现代主义者"[②],"后现代主义在英语世界中最具影响力和最值得信任的发言人之一"[③],当代欧陆宗教哲学的"祭酒",[④]欧陆哲学之"神学转向"的三驾马车之一。[⑤] 不过,卡普托更愿被认为没有令欧陆哲学神学化、令哲学沦为神学的婢女,而是致力于解构神学,令欧陆哲学意识到自身在意义结构上与宗教(准确而言,是后现代的"没有宗教的宗教"[religion without religion],而非传统的认信宗教[confessional religion])的共鸣。其作品业已被翻译为法、德、意、西、葡、俄、荷、波兰、斯洛文尼亚、罗马尼亚、波斯尼亚、中、日、韩、印尼、波斯

[①] Martin V. Woenesser, *Heidegger in America* (Cambridge: Cambridge University Press, 2010), 106; Steven Shakespeare, *Derrida and Theology* (London and New York: T&T Clark, 2009), 196.

[②] James L. Marsh, "Marsh Reads Caputo: In Defense of Modernist Rationality," in *Modernity and Its Discontents* (New York: Fordham University Press, 1992), 11.

[③] Mark Dooley, "Review," *The Review of Metaphysics* 52, no. 4 (1999): 957.

[④] Marko Zlomislic and Neal DeRoo, "Editor's Introduction," in *Cross and Khôra: Deconstruction and Christianity in the Work of John D. Caputo* (Eugene, Oregon: Pickwick Publications, 2010), 1.

[⑤] Anthony Paul Smith and Daniel Whistler, "What is Continental Philosophy of Religion Now?" in *After the Postsecular and the Postmodernism* (Cambridge: Cambridge University Press, 2010), 2. 另外两驾马车被认为是马里翁等人的现象学神学与伊利格瑞的女性主义圣母论。

1

等十余种语言,影响广泛。

　　卡普托获此殊荣,固然与其在推动解构理论与后现代神学发展上的重要学术事务贡献有一定关系,[①]但更受瞩目的还是其重要的学术思想贡献。卡普托的理论深刻改变了英语学界的思想图景,令海德格尔、德里达等欧陆哲学家的思想扎根英语世界,[②]澄清时人诸多误解,更跳脱出窠臼习见,令欧陆哲学与宗教相互对话:一方面将欧陆哲学引入神学,并与其他的后现代神学家进行了广泛论辩,解构了传统神学;另一方面,以神学反哺了欧陆哲学。他对海德格尔、德里达等欧陆哲学家的开创性读解,给欧陆哲学注入了新的活力(或者说抉发了欧陆哲学的"神学蕴意"[theological implications]),改变了人们关于解构与宗教水火不容的旧有偏见,推动了欧陆哲学的后世俗转向,从而最终丰富和发展了欧陆哲学与神学。[③] 卡普托将此称为"第三波解构"(third-wave deconstruction)[④]。

　　这种双向互动的结果彰显了卡普托的思想决不只是欧陆哲学

---

① 卡普托创辟了后现代主义与宗教公开对话的先河。自 1990 年代起,邀请德里达向宗教学与神学领域人士发表演说,并多次在美国维拉诺瓦大学(Villanova University)举办"宗教与后现代主义"(Religion and Postmodernism)会议,在美国雪城大学(Syracuse University)举办"后现代主义、文化与宗教"(Postmodernism, Culture and Religion)会议,影响深远。与会嘉宾几乎囊括了当代西方所有最重要的欧陆哲学家与神学家,如德里达、让-吕克·马里翁、巴丢、齐泽克、瓦蒂莫、海伦·西苏(Hélène Cixous, 1937—　)、大卫·特雷西(1939—　)、梅洛德·韦斯特法尔(Merold Westphal, 1940—　)、马克·泰勒(Mark C. Taylor, 1945—　)、威斯克格罗德(Edith Wyschogrod, 1930—2009)、费奥伦查夫妇(Francis Schüssler Fiorenza, 1941—　 ; Elisabeth Schüssler Fiorenza, 1938—　)、理查德·科尼(Richard Kearney, 1954—　)、凯瑟琳·凯勒(Catherine Keller, 1953—　)、凯文·哈特(Kevin Hart, 1954—　)、"激进正统派"(Radical Orthodoxy)的代表米尔班克(John Milbank, 1952—　)与葛瑞汉·沃德(Graham Ward, 1955—　)。此外,还包括了"保罗新观"(New Perspective on Paul)倡导者桑德斯(E. P. Sanders, 1937—　)、"耶稣研究会"(Jesus Seminar)创立者克罗桑(John Dominic Crossan, 1934—　)等顶尖宗教研究专家。同时,卡普托还主编了许多有关解构主义与后现代神学的书籍,并且身兼福特汉姆大学出版社(Fordham University Press)《欧陆哲学视角系列丛书》(*Perspectives in Continental Philosophy Series*)的主编。这些著作在世界范围内产生了广泛的学术影响。

② Lan Leask, "From Radical Hermeneutics to the Weakness of God: John D Caputo in Dialogue with Mark Dooley," *Philosophy Today* 51, no. 2 (2007): 216.

③ 譬如,卡普托对德里达的宗教读解不仅颠覆了人们心目中那个反对宗教的德里达形象,而且采取了一条连德里达自己都始料未及的诠释学进路,令德里达日益感受到自身思想与宗教的复杂关联,推动德里达对宗教问题的更深入思考。德里达明确表示,自己从卡普托沟通解构与宗教、哲学与神学的原创性工作中受益良多,并且热爱卡普托对自己的读解。可以说,卡普托已然成了当代西方联结哲学与神学、传统神学与后现代神学的重要桥梁,推动着"克服本体—神学"的思想工作。

④ John D. Caputo, "Introduction," in Deconstruction in a Nutshell (New York: Fordham University Press, 2021), xxiii.

（Continental Philosophy）在美国思想实践中的"道成肉身"①，而是同时呈现出"欧学美渐"与"美学欧传"的态势。揆诸历史，欧陆哲学从欧洲传入美国后，常常遭受庸俗化改造，在那些接受了欧陆哲学影响的美国思想家中，只有为数甚少者反过来对欧洲本土的欧陆哲学产生影响。虽然爱默生早已疾呼"我们已经听了太久的欧洲典雅缪斯。美国自由精神疑似变得怯懦，亦步亦趋，俯首帖耳"②，但是"美学欧传"实则肇端于威廉·詹姆斯的1901—1902年爱丁堡大学"吉福德讲座"（Gifford Lectures），③"美学欧传"的代表屈指可数，无非是威廉·詹姆斯、皮尔士、杜威、约翰·罗尔斯、理查德·罗蒂。卡普托依凭他的思想贡献，也跻身这一行列。

在卡普托的思想体系中，"事件诗学"（poetics of the event）（又被卡普托称为"神—诗学"［theo-peotics］），堪称其最具创造性的贡献，也被卡普托视为自己的核心理论，地位至为重要。它将诗学、哲学和神学融合为一体，指向对本体—神学的克服，并且对如何克服文学与神学之冲突，提供了一种可能的思想进路。

单就概念史而言，"神—诗学"的概念，最初由美国神学家、"文学与神学"研究领域的开创者之一的斯坦利·霍珀（Stanley Romaine Hopper，1907—1991）在1970年正式提出。"神—诗学"意味着神学通过"宗教想象"，采取诗学语言来表达神圣奥秘。受此影响，美国著名圣经研究者阿摩司·瓦尔德（Amos Niven Wilder，1895—1993）更进一步解释了"神—诗学"，认为其本质是诗学想象，④可助调和神圣与世俗、个人与社会的矛盾。二者

---

① 此处的"道成肉身"一词，它的用法借自意大利哲学家安东尼奥·奈格里（Antonio Negri，1933— ）。奈格里曾形容自己的思想是"法国理论在意大利实践中'道成肉身'的例子，从自由的理论性本体论内部发掘实践的颠覆性内容"。（［意］安东尼奥·奈格里：《约伯之工：人类劳动的圣经寓言》，郭大维译，台北：基督教文艺出版社，2013年，第15页。）然而，事实上，这只是奈格里的谦称，其思想对当代的法国理论也产生了影响，并不只是被动的接受，也不局限于相对于理论的实践。这同样适用于评价卡普托。

② Ralph Waldo Emerson, "The American Scholar," in *Selections from Ralph Waldo Emerson*, ed. Stephen E. Whicher (Boston: Houghton Mifflin, 1957), 79.

③ 该讲座后经整理，以《宗教经验之种种：一项对人类本性的研究》（*The Varieties of Religious Experience: A Study in Human Nature*）为名出版。詹姆斯在讲座开始的一席话堪称经典，既承认了"欧学美渐"的历史传统，也宣告了"美学欧传"的开端："我们美国人很熟悉那种接受欧洲学者指导的经验……我们听，欧洲人说，这是一件稀松平常的事情。我们尚未熟悉相反的习惯，即我们说，欧洲人听；对于第一位开启这一冒险的人，请原谅他的放肆行为。"（William James, *The Varieties of Religious Experience: A Study in Human Nature* (London and New York: Routledge, 2002), 7.）

④ Amos Niven Wilder, *Theopoetic: Theology and the Religious Imagination* (Philadelphia: Fortress Press, 1976), 2.

对现代理性主义和后现代主义均抱持批评态度。霍珀和瓦尔德对"神—诗学"的理解影响了后世诸多学者,如詹姆斯·查尔顿(James Charlton)从霍珀的观点出发,将"神—诗学"应用于对西方神秘主义"非二元论"思想的研究;①安妮·卡彭特(Anne M. Carpenter)受瓦尔德的影响,使用"神—诗学"来描述瑞士神学家巴尔塔萨(Hans Urs von Balthasar, 1905—1988)的神学方法,将之概括为以上帝为中心、"使用诗歌与诗性语言来进行神学论证"②,"神—诗学"也被卡彭特称为"神学的诗学"(theological poetics)。与上述诸人略有不同,巴西解放神学家和诗人鲁本·阿尔维斯(Rubem A. Alves, 1933—2014)选择在解放神学(Liberation Theology)的语境中讨论"神—诗学"的问题。他强调诗人是先知(prophet)与勇士(warrior),神学语言必须是诗学语言,一方面,它是绝对特殊而非空洞普遍的语言,关注具体个体的历史实存;另一方面,它又是盼望的语言,能够朝向未来,"想象不可能性"③。因此,它是"弥赛亚的人道主义"④,融合了历史与盼望,发挥了解放作用。

然而,值得注意的是,卡普托对"神—诗学"(事件诗学)的理解不同于上述诸家——他置身于不同的时代语境(后现代、后世俗),出于不同的问题意识(克服本体—神学),采取了一种全新的理论立场(解构神学),利用了迥异的思想资源(黑格尔、海德格尔、德里达……),基于独特的核心概念(事件),展开了不同的思想论述("事件"克服"本体—神","诗学"克服"逻辑学"),建构了崭新的思想体系(事件神学与诗学之共构),最终趋向特殊的思想归宿(作为方法论的事件诗学:责任诗学、政治诗学、宇宙诗学)。⑤

事实上,卡普托不仅很早就讨论了"事件诗学",而且有意识地以此为中心,建构自己的思想体系,更在近年的著作中展开了更为集中、更为频繁的论述。不过,国外学界对卡普托"事件诗学"的研究仍处于起步阶段,尚未有以"事件诗学"为中心,将卡普托的事件神学、责任诗学、政治诗学、宇宙诗学等理论贯通关联为完整体系的研究。国内学界对"事件诗学"的研究则付之阙

---

① James Charlton, *Non-dualism in Eckhart, Julian of Norwich and Traherne: A Theopoetic Reflection* (New York: Bloomsbury, 2013).

② Anne M. Carpenter, *Theo-poetics: Hans Urs von Balthasar and the Risk of Art and Being* (Notre Dame: University of Notre Dame Press, 2015), 2.

③ Rubem A. Alves, *The Poet, the Warrior, the Prophet,* (London: SCM Press, 1990), 13.

④ Rubem A. Alves, *A Theology of Human Hope* (St. Meinrad: Abbey Press, 1975), 98.

⑤ 也因此,有别于鲁本·阿尔维斯对解放神学的认同,卡普托在肯定解放神学之价值的同时,指出解放神学必须吸纳解构理论,采取后现代的方式改造自身。See Cicero Cunha Bezerra, "Entrevista John Caputo e a Teologia do acontecimento," *Teoliterária* 8, no. 16 (2018): 457.

如。这不仅阻碍了人们对卡普托乃至当代欧陆思想的全面把握,而且影响了人们对事件诗学的准确理解:它是怎样的诗学?它能够为"克服本体—神学"做出怎样的贡献?薄弱的研究现状也压制了事件诗学的方法论意义:它能否提供一种崭新的理论资源,从而在诗学与神学的张力中,开启一种新的可能性,更新我们对于诗学、哲学、神学乃至伦理学、政治学、自然哲学、生态理论的理解?进言之,它又是否可以作为一种方法论,激活和发展中国的思想资源,抉发蕴含其中的事件理论,进而对西方理论展开新的界说和阐释?事实上,唯有经过恰切的界说、分疏与例示,看似由西方思想问题意说所生发、西方语言内在结构所奠立的事件思想,方能在跨文化的旅行中获得有效的理解乃至方法论的意义。

因此,卡普托的事件诗学旨在克服本体—神学,虽未必直接探究文学与神学的关系,却为克服文学与神学的冲突,提供了一种可能的思想进路。而经由对卡普托事件诗学的研究,也将勾连西方当代思想的核心议题,有助于学界把握当代欧陆思想的完整面貌和学理机制,追索克服西方传统形而上学的内部进展,丰富当下的文学、哲学与神学研究。就重要性、必要性与紧迫性而言,拙作具有一定的理论价值、方法论意义与现实作用。

0.1.2 约翰·卡普托生平述略

约翰·卡普托,意大利裔美国著名思想家。1968 年博士毕业后,他先后任教于美国维拉诺瓦大学(Villanova University, 1968—2004)、雪城大学(Syracuse University, 2004—2012),曾担任美国天主教哲学协会主席(1987—1988)等,并先后荣获了美国《选择》(Choice)杂志"杰出学术著作奖"(1998)、美国宗教学会"宗教类建构–反思性研究"(Constructive-Reflective Studies in Religion) 著作奖(2007)、西雅图大学"罗耀拉奖"(2008)、《序言》(ForeWord)杂志"2007 年度最佳哲学图书奖"等。卡普托迄今已经独著 17 本书,合著 3 本书,编著 8 本书,另有 200 余篇论文,而且思考不息,笔耕不辍,近来仍维持着每年多篇论文、1 本专著的产出速度。

卡普托的著作被认为"充满激情且激发思考"(passionnant et irritant)[①],大多具有开创性的学术意义。如《海德格尔思想中的神秘主义元素》(The Mystical Element in Heidegger's Thought, 1978)是学界首部研究海德格尔与

---

① Denis Müller, "John D. Caputo, *On Religion*," *Revue de Théologie et de Philosophie*, no. 134 (2002): 87.

5

神秘主义关系的著作,①填补了该领域的学术空白,②成功打开了后期海德格尔思想,甫一出版,即被视为英语世界海德格尔研究的经典之作。③ 较诸1950年代美国学者考夫曼(Walter Kaufmann)简单地将海德格尔视为"无神论者",④可谓有云泥之别。《海德格尔与阿奎那:论克服形而上学》(*Heidegger and Aquinas: An Essay on Overcoming Metaphysics*, 1982)不仅是第一部比较海德格尔与托马斯·阿奎那(以及托马斯主义)如何克服形而上学的著作,而且细致梳理了海德格尔与天主教经院哲学的关系,启发并形塑了后世对相关议题的研究,成为学界无法绕开的路标。《激进诠释学》(*Radical Hermeneutics*, 1986)创造性地利用德里达的解构理论,对伽达默尔的诠释学予以激进化,堪称当时美国学界对解构主义最为清晰的论述。⑤ 该书激起广泛讨论,⑥对美国哲学界产生的震撼效果,可媲美理查德·罗蒂的《哲学与自然之境》(*Philosophy and Mirror of Nature*)。⑦ 《对海德格尔的解神话化》(*Demythologizing Heidegger*, 1993)获誉为对海德格尔"最深刻"(most penetrating)的批评之一。⑧《雅克·德里达的祈祷与泪水:没有宗教的宗教》(*The Prayers and Tears of Jacques Derrida: Religion without Religion*, 1997)抉发了德里达的宗教思想,探究了解构理论的宗教性维度,引发巨大轰动,创辟了一个崭新的研究范式,改变了学界的研究版图。"祈祷与眼泪"(Prayers and Tears)一语甚至成了学者争相援引与仿效的名言。⑨《论宗教》

① Michael E. Zimmerman, "Review," *Journal of the History of Philosophy*, no. 20 (1982): 320.

② T. J. S, "Review," *The Review of Metaphysics* 32, no. 3 (1979): 539; Thomas Langan, "Review," *The New Scholasticism* 54, no. 4 (1980): 519 – 522.

③ Franco Volpi, "Nochmals Heidegger?" *Phil. Lieraturanzeiger* 33, no. 3 (1980): 375 – 376; Peter Joseph Fritz, *Karl Rahner's Theological Aesthetics* (Washington: Catholic University of America Press, 2014), 224. 事实上,卡普托的埃克哈特研究本身就是经典之作(Bernard McGinn, *Meister Eckhart, Teacher and Preacher* (New York: Paulist Press, 1986), 389)。

④ [美] W. 考夫曼:《存在主义》,陈鼓应、孟祥森、刘崎译,北京:商务印书馆,1987年。

⑤ Frank Schalow, "Is There a 'Meaning' of Being?: Against the Deconstructionist Reading of Heidegger," *Philosophy Today* 34, no. 2 (1990): 152.

⑥ 不仅出现了大量的书评以及研究论文,而且出版了一本专门讨论《激进诠释学》的论文集[*The Very Idea of Radical Hermeneutics*, ed. Roy Martinez (Atlantic Highlands: Humanities Press, 1997)]。

⑦ James L. Marsh, "Marsh Reads Caputo: In Defense of Modernist Rationality," in *Modernity and Its Discontents*, 11.

⑧ Andrew Shanks, *What Is Truth?: Towards a Theological Poetics* (London; New York: Routledge, 2001), 187.

⑨ 这一短语常被应用于对某人的宗教思想研究,如 Bruce Ellis Benson, "The (转下页)

（*On Religion*，2001）被誉为"引人注目，简明扼要，机敏地回答了宏大问题"①，具有"范式价值"②，流传甚广，已被译成 7 国语言，甚至对印尼的宗教对话实践产生了深刻影响。③《上帝的苦弱》（*The Weakness of God*，2006）一书被称许开创了一种新的后现代神学。《在无可指望的时候仍有指望》（*Hoping Against Hope*，2015）④一书被视为至为珍贵的自传，令人得以窥见"离经叛道"的后现代神学家究竟如何在日常生活中"实践自己的神学主张"⑤。

　　纵观卡普托的思想历程，"克服本体—神学"是其思想的基本线索和根本立场，"事件诗学"（亦即"神诗学"）是其旨在克服本体—神学而提出的核心理论。卡普托先后受到新托马斯主义、克尔凯郭尔、海德格尔、埃克哈特，以及德里达、列维纳斯等人的思想影响。尽管如此，卡普托始终清醒地意识到，任何伟大的思想家都处于未完成的思想"路途"（path）之中，仅仅是"过程中的一个阶段"（only one stage in a process）而已。⑥ 潜能永远高于现实，理解一位思想家绝不等于成为"模仿者"（epigone），重复其所言所述，乃至"跪读"其著作，盲目为其辩护，而是应当重新打开与重新创造。⑦ 否则，只会产生一种"卑躬屈膝的哲学"（*die knieende Philosophie*）⑧。卡普托最终得以跳脱由"迷恋"（fascination）以至"单纯摹仿"的困境，⑨跃出哈罗德·布鲁姆

　　（接上页）Prayers and Tears of Friedrich Nietzsche," in *The Phenomenology of Prayer* (New York：Fordham University Press，2006)；Mojtaba Jeihouni and Pouria Torkamaneh, "The Prayers and Tears of Foucault," *Advances in Language and Literary Studies* 7, no. 1, (2016)：88－97。

① G. Diana, "*Filosopfia e teologia*," *Asorenas*, no. 1－2 (2018)：187－188.

② G. Coccolini, "*Filosopfia e teologia*," *Il Regno*, no. 6 (2016)：167.

③ 对这一影响的具体说明，参见下文的"研究综述·外国学界"部分。

④ 语出《新约·罗马书》四章 18 节，中译文选用和合本《圣经》。

⑤ Tjerk de Reus, "Aan de mens is het om Gods waarheid waar te maken," *Friesch Dagblad*, https://www. dropbox. com/s/hwevqcgdpfr5e6w/Recensie%20-%20 Friesch% 20Dagblad%20-%20Caputo%20-%20Hopeloos%20hoopvol.pdf?dl＝0. 访问时间：2020 年 1 月 7 日。

⑥ John D. Caputo, *The Way Back into the Ground: An Interpretation of the Path of Heidegger's Thought*, Dissertation, Bryn Mawr College, 1968, 361.

⑦ 早在公开发表的处女作中，卡普托便强调"理解"应是深富启发的清晰性重述与批判性重估，而非盲目裁断研究对象完全正确（John D. Caputo, "Review of *Martin Heidegger on Being Human: An Introduction to ‘Sein und Zeit'*," *Journal of Philosophy* 66, no. 24 (1969)：861）。

⑧ John D. Caputo, "The Thought of Being and the Conversation of Mankind：The Case of Heidegger and Rorty," *The Review of Metaphysics* 36, no. 3 (1983)：662.

⑨ Hans-Georg Gadamer, "Back from Syracuse?", trans. John McCumber, *Critical Inquiry* 15, no. 2 (1989)：430. 伽达默尔指出在德国，海德格尔引发了人们的迷恋，以至于人们单纯摹仿海德格尔，而在国外，人们却有可能挣脱这种困境，更好地理解他。

所谓的"影响的焦虑"(anxiety of influence),进入独立的思想发展之路,与此自觉意识息息相关。

　　具体而言,卡普托出生于天主教家庭,成长于天主教社区,自幼被禁锢于第二次梵蒂冈大公会议前封闭保守的天主教传统中。彼时,天主教常将现代主义、世俗主义抨击为新教的一种形式。① 在新教思想传统与世俗主义风潮的双重夹击下,美国天主教墨守成规的倾向更趋严重。② 1958 年高中毕业后,卡普托加入天主教的基督学校修士会(Fratres Scholarum Christianarum),开始学习经院哲学,这也是当时天主教学校严格讲授的内容,遵照了托马斯·阿奎那的思想。但在本科时代,卡普托阅读了法国天主教"新托马斯主义"代表雅克·马利坦(Jacques Maritain,1882—1973)、皮埃尔·罗塞洛(Pierre Rousselot,1878—1915)等人的著作。他们在著作中批判了理性主义、传统形而上学,令卡普托开始质疑现代性和传统经院哲学。这也是卡普托第一次接触到可视为针对"本体—神学"的思想批判。不过,新托马斯主义未臻其极,反现代性的情绪较为浓烈。他们执着实在论,诉诸"一种更深层、更崇高、更实在、更简化的宗教"去解决信仰与理性的冲突,重蹈了传统本体—神学的覆辙。1962 年大学毕业后,③卡普托被海德格尔吸引,为"海德格尔承诺形而上学的一个新开端"而感到兴奋。同时,卡普托业也接触到埃克哈特的神秘主义思想,加剧了对"形而上学理性之限度"(limits of metaphysical reason)的质疑,由此,他重新审视经院哲学,并且努力探究海德格尔与埃克哈特的关系,尤其是海德格尔思想中的神秘主义元素。海德格尔前期的"实际性诠释学"(hermeneutics of facticity)以及后期的"泰然任之"(Gelassenheit)、"缘构"(Ereignis,亦译作"事件")等观念,深受卡普托的重视,为其提供了克服本体—神学的重要资源。

　　不过,到了 1980 年代,卡普托的思想发生了转变和突围:

---

① ［英］佛格斯·科尔:《二十世纪天主教神学家》,王涛、蔡惠民译,香港:公教真理学会出版,2007 年,第 7 页。

② John D. Caputo, "Continental Philosophy and American Catholics: Then, Now, and Tomorrow," in *The Catholic Reception of Continental Philosophy in North America*, eds. Gregory Floyd and Stephanie Rumpza (Toronto: University of Toronto Press, 2020), 93.

③ 第二次梵蒂冈大公会议召开于 1962—1965 年。彼时,卡普托刚刚本科毕业,攻读硕士。"梵二会议"的思想解放是卡普托思想转变的时代背景,得到卡普托的充分肯定。不过,他指认"梵二会议"后的天主教主流虽然对现代性的看法有所改观,态度更积极,但是对后现代主义仍然存在很大的误解,讦之为"虚无主义"与"相对主义"。其中,若望保禄二世(John Paul II)与本笃十六世(Benedict XVI)大开历史倒车,所行举措屡屡违背"梵二会议"的精神。

一方面,就内部的思想发展而言,尽管卡普托此前已经意识到海德格尔"彻底净化了其思想的伦理或者道德维度"①,忽视了人类所面临的具体伦理问题,存在重要缺陷,然而卡普托当时仍为之辩护,声称海德格尔的"本源伦理学"(ursprüngliche Ethik/originary ethics)自有其合理的内在逻辑,远离了形而上学伦理学,拒绝将伦理学等同于确定的伦理原则,"既不是伦理的,也不是非伦理的(unethical),或者元—伦理的(meta-ethical)"②,"不是在确定的伦理问题层面,而是在对他而言'更深'的'存在的真理'层面,处理'人的境况'"③。换言之,"本源伦理学"本身无可指摘,存在问题的是本源伦理学与具体伦理问题之间的断裂,即如何从本源伦理学回返具体伦理问题。然而,自1980年代后期起,卡普托开始直接抨击海德格尔的"本源伦理学",明确质疑海德格尔的伦理学与政治学观点以及海德格尔与纳粹的复杂关系,批判海德格尔背离了其早年的实际性诠释学,重复了本体—神学的诸多错谬。可以说,此时,卡普托早年对海德格尔"本源伦理学"提出的质疑,得到了更为强烈的凸显和更为系统的论证。

另一方面,就外部的思想影响而言,卡普托接触到德里达等人的解构理论,尽管最初抱有与当时流俗偏见相似的负面态度,误以为德里达是否定一切、跳动酒神之舞的新尼采,拒斥"思的事情",沉浸于审美主义的差异游戏,"延异"与"播撒"堕入"糟糕的无限性",④但是卡普托之后纠正了这一误解,对德里达的兴趣也愈发浓厚,理解也更加深入。⑤ 这一相遇具有重大的转折意义,它为卡普托开启了一扇新的大门,将卡普托带入了解构主义的理论王

---

① John D. Caputo, *The Mystical Element in Heidegger's Thought* (New York: Fordham University Press, 1986), 236.

② John D. Caputo, *The Mystical Element in Heidegger's Thought*, 236.

③ John D. Caputo, *The Mystical Element in Heidegger's Thought*, 256.

④ John D. Caputo, "Three Transgressions: Nietzsche, Heidegger, Derrida," *Research in Phenomenology* 15 (1985): 61-78; John D. Caputo, "From the Primordiality of Absence to the Absence of Primordiality," in *Hermeneutics and Deconstruction*, eds. Hugh Silverman and Don Ihde (Albany: SUNY Press, 1985), 199.也因此,卡普托曾被罗蒂列入"不信任德里达的海德格尔主义者"(Heideggerians who distrust Derrida)(Richard Rorty, "Inquiry as Rexontextualization: An Anti-Dualist Account," in *The Interpretive Turn: Philosophy, Science, Culture*, eds. David R. Hiley, James F. Bohman and Richard Shusterman (Ithaca and London: Cornell University Press, 1991), 63)。

⑤ John D. Caputo, "Commentary on Ken Schmitz: Postmodernism and the Catholic Tradition," *American Catholic Philosophical Quarterly* 73, no. 2 (1999): 255.虽然卡普托事后声称自己当年很快便纠正了误解,但若以文本为凭,则此种误解其实持续了好几年。同时,卡普托将德里达与尼采相分离的工作并非一蹴而就,其中实则经过了一个过渡阶段,即至少不完全负面评价德里达与尼采的联系,譬如他在德勒兹的影响下,主张德里达像尼采一样肯定运动和生成(John D. Caputo, *Radical Hermeneutics*, 116)。

国,使之获得了崭新的思想资源和启发,并且得以"敞开心扉"①,"开始自己说话",寻获自己的"作者声音"(authorial voice)②。卡普托甚至改变了自己的写作风格,从学院派的陈规话语形式转向诗学化的自由写作形态。此外,法利亚斯(Victor Farias)、奥托(Hugo Ott)、利奥塔、拉库-拉巴特(Philippe Lacoue-Labarthe)等人对海德格尔"纳粹丑闻"的揭露和批判,更刺激了卡普托深入清理其早年对海德格尔的"过分缺乏防备的欣赏",③以"最为敏锐的眼光注视海德格尔中的危险"④。

正是在内外因素的合力下,卡普托先是在 1987 年出版《激进诠释学》(Radical Hermeneutics)一书,建构了自己的激进诠释学理论,并深刻影响了人们对德里达的理解。⑤ 在 1993 年的《对海德格尔的解神话化》中,卡普托对海德格尔进行了"解神话化""解纳粹化"(denazification)的工作,揭露了海德格尔思想中的本体—神学特质("存在的神话"[myth of Being]),批判了构成海德格尔与纳粹之共谋机制的思想根基。该书加剧了世人对海德格尔的纳粹丑闻乃至哲学内核的批判态度,卡普托也因此被正统海德格尔主义者归入所谓的"自憎的海德格尔主义者"(self-hating Heideggerians)或者"反海德格尔的海德格尔主义者"(Heideggerians against Heidegger)。⑥ 1993 年的《反对伦理学》(Against Ethics)提出"责任诗学",不仅批判了海德格尔,而且将矛头指向列维纳斯,认为其伦理学尚未完全脱离本体—神学。

1997 年出版的《雅克·德里达的祈祷与泪水:没有宗教的宗教》堪称卡普托开始挣脱德里达影响、走向独立言说的里程碑。卡普托在该书中"跨立在一根不可能的钢丝上,既揭示了德里达('通过其他方式')延续了解放性启蒙价值观,同时也为宗教想象的可能性打开了空间"⑦,开掘了解构理论在意义结构上的神学意涵,发展了解构理论,不仅改变了此前解构主义对宗教

① Clayton Crockett, "From Sacred Anarchy to Political Theology: An Interview with John D. Caputo," in *The Essential Caputo: Selected Works*, ed. B. Keith Putt (Bloomington: Indiana University Press, 2018), 23.

② John D. Caputo, *Cross and Cosmos: A Theology of Difficult Glory*, xi.

③ John D. Caputo, *Demythologizing Heidegger* (Bloomington and Indianapolis: Indiana University Press, 1993), 1–2.

④ Michael Dillon, *Politics of Security* (London and New York: Routledge, 1996), 216.

⑤ Michael E. Zimmerman, *Heidegger's Confrontation with Modernity* (Bloomington: Indiana University Press, 1990), 296.

⑥ Thomas Sheehan, "A Paradigm Shift in Heidegger Research," *Continental Philosophy Review* 34, no.2 (2001): 184–185.

⑦ Guy Collin, "Review," *New Blackfriars* 80, no. 937 (1999), 155–156.

的闭锁、贬低和误读,而且扭转了宗教对解构主义的敌视、排斥与偏见,最终完成了一项几乎不可能的工作。① 德里达更称赞该书采取了那种德里达自己喜欢被读解的方式,非常精彩且富启发价值。自此以后,卡普托开始独立摸索自己的思想道路。从 1997 年开始,卡普托对哲学、神学等问题进行了更为广泛的探讨,论述风格和内容更为独立,也更趋创造性。他在 2006 年出版了堪称其"最重要的神学宣言"②的《上帝的苦弱》(The Weakness of God)一书,嗣后又相继出版了《上帝的恒存》(The Insistence of God)、《上帝的愚拙》(The Folly of God)等一系列重要论著。在其中,卡普托将前后期的思想融为一体,在整理与创新的基础上,提炼出由事件神学、责任诗学、政治诗学、宇宙诗学等部分构成的事件诗学(也称为"神—诗学"),并予以详细阐发。事件诗学堪称其一生的思想结晶,由此反观卡普托思想的发展历程,可见出其思想的连续性而非断裂性、发展性而非停滞性、创造性而非摹仿性。此时的卡普托早已不是最初的克尔凯郭尔、埃克哈特或海德格尔的第一流专家,也不是德里达的"注脚"(footnotes,借用怀特海之语)、"评论者或解释者"③,而是成了一位颇具原创性的宗教哲学家。更重要的是,几十年来游走于诸家之间,穿梭于不同领域的经历,既使得卡普托具有深厚的哲学、神学乃至文学功底,又使得他的视域更为广阔,思想更具开放性、混杂性(hybridity),这也正是其事件诗学得以产生并发展的重要背景。正如他自己在批评海德格尔拥趸时所说的那样,护教排他、拒绝创新的态度"只会导致盲目重复",仅仅处理胡塞尔所说的"哲学家及其哲学",而非海德格尔所说"思的事情"(matter of thought)。④

---

① 这本书出版后激起千层浪,在收获诸多赞誉的同时,也受到宗教内部敌视解构的保守主义者和宗教外部的世俗解构主义者的双重攻讦,仅就该书的书评而言,这类攻讦可见 Hugh Rayment-Pickard,"Review," *Modern Believing* 39, no. 3 (1998): 52 - 53; Michael J. Kerlin,"Review," *Theological Studies* 59, no. 4 (1998): 743 - 745; Graham Ward,"Review," *Modern Theology* 15, no. 4 (1999): 506 - 507; Bruce Ellis Benson, "Traces of God," *Books and Culture* 6, no. 5 (2000). 卡普托对当时状况的概述,可见 John D. Caputo,"Messianic Postmodernism," in *Philosophy of Religion in the 21st Century*, eds. D. Z. Phillips and Timothy Tessin (Hampshire: Palgrave, 2001), 158 - 159.

② John D. Caputo and Emmet Cole,"Emmet Cole Interviews John D. Caputo," *The Modern World*, May, 2015.

③ Mark Dooley,"The Becoming Possible of the Impossible: An Interview with Jacques Derrida," in *A Passion for the Impossible: John D. Caputo in Focus*, 21.

④ John D. Caputo, *The Mystical Element in Heidegger's Thought*, 31.

0.2 研究综述

文献是学术研究的基石,先天不足的汉语西学研究尤为如此。卡普托的思想在全球范围内颇受关注,有关卡普托的研究已累积了一定数量。这些研究文献虽然主要是由不同国家的学者以英语撰写的,但也包括了不少以法、德、西、葡、意、荷、俄、波兰、罗马尼亚、立陶宛、瑞典、挪威、丹麦、斯洛文尼亚①、中、韩、日、印尼、布尔②等非英语语言撰写的学术论著。③鉴于目前国内外学界尚未有关于卡普托研究的详细文献综述,故而,本研究综述将尽力涵盖国内外不同语言的研究成果,既为本书的研究奠立必要基础,也为今后的卡普托研究、事件诗学研究提供详细而有效的文献指引,扮演合格的"消匿的中介"(vanishing mediator)角色。

0.2.1 外国学界

目前外国学界的卡普托研究,多集中于哲学与神学领域,对"事件诗学"的关注十分有限。总体而言,有关卡普托的研究成果,大致可以分为四种类型,即概述引介、内部研究、比较研究、应用研究。具体如下:

其一,第一种类型是对卡普托思想和著作内容的概述。目前主要出现在非英语学界,发挥着向本国学界引介卡普托思想的功能,只不过在一些已经接触到卡普托思想的地区,这种概述工作仍十分粗糙简略,有待加强。

譬如日本学界,目前只"凑巧"翻译了卡普托编著的 *Deconstruction in a Nutshell: A Conversation with Jacques Derrida* 一书(《デリダとの対話: 脱構築入門》[法政大学出版局,2004]),因为该书收录了德里达的演讲和卡普托

---

① Primož Repar, "Nekaj napaberkovanj o Caputovi radikalnejši hermenevtiki," in *Radikalnejša hermenevtika. O tem, da ne vemo, kdo smo* (Ljubljana: KUD Apocalypse, 2007), 489 – 493. 该文介绍了《激进诠释学》的要点。

② N. J. S. Steenekamp and A. G. van Aarde, "Dekonstruksie en Bybelse hermeneutiek," *HTS Thologiese Studies* 47, no. 2 (1991): 473 – 486. 作者对"解构"的理解深受卡普托的影响。

③ 其他语言的研究成果,将在下文论述。此外,无论是英语世界,还是非英语世界,有许多关于卡普托的非学术性文章。譬如,在瑞典的一些网络博客上,有许多关于卡普托的简介和评论,显示出卡普托对瑞典人而言并不陌生。(http://teologinettverk.blogspot.com/2011/02/lesefrukt-katolsk-postmodernitet-den.html; https://flyktlinjer.blogspot.com/2015/06/tanker-med-john-d-caputo.html; https://brandenblogger.com/category/zz-fase-z1/ad/caputo/)访问时间: 2020 年 1 月 6 日。

对德里达思想的解说,翻译的目的是介绍德里达而非卡普托。在研究方面,除了一篇比较卡普托与田边元的论文外,①尚无关于卡普托的专门研究。深泽英隆曾用一小段文字简略介绍了卡普托的宗教哲学思想。② 此外,佐藤啓介、加藤喜之等人虽曾谈及卡普托,但都匆匆一笔带过。③

在这些基础性的概述中,存在着下述几种特征:

(1)卡普托一般被概述为后世俗主义、欧陆宗教哲学、后现代神学或者解构理论之神学应用的代表人物,有时也被称为“现象学—诠释学的宗教哲学”④的代表,但是卡普托的事件诗学思想尚未得到重视和介绍。

(2)基于不同的文化处境,这些概述存在着不同的偏重点,甚至采取了不同的处境化读解策略。譬如,法语学界在引介卡普托时,侧重于卡普托如何在欧陆哲学的基础上发展自身的神学理论,以便纠正法语学界过往有关美国当代思想只是对法国理论东施效颦的偏见;波兰学界非常注重从波兰的视角概述卡普托,如皮奥特·博加莱茨基(Piotr Bogalecki)以卡普托为例,介绍了英美和波兰在接受德里达后期思想上的差异;⑤俄语学界大多将卡普托视为一位西方(拉丁传统)神学家,与东正教神学拉开距离,这种泾渭分明的划分在极端的时候还会走向深具宗教民族主义色彩的批判,如尼古拉耶维奇(Данненберг Антон Николаевич)在概述卡普托的苦弱神学时,将其视为西方现代神学危机不断加剧的表征,⑥这或许也部分解释了为何在俄语学界,尚未出现将卡普托与东正教相互关联的研究;韩国的基督教氛围浓厚,对卡普托思想的概述与研究集中于神学领域,由神学家撰述;相反,印尼学界从自身复杂的宗教处境出发,聚焦卡普托《论宗教》(*On Religion*)中对“宗教”的

① 田島樹里奈:《「死の哲学」と「不可能なもの」:田辺元からJ・カプートへ》,《比較思想研究》,第 39 期,2012 年,第 50—58 页。
② 深澤英隆:《哲学的宗教言説の帰趨》,《哲学》,第 68 卷,2017 年,第 65—80 页。
③ 佐藤啓介:《ジャンニ・ヴァッティモの宗教論》,《宗教哲学研究》,第 29 卷,2012 年,第 57—69 页;加藤喜之:《現代思想の宗教回帰:スラヴォイ・ジジェクの議論を中心として》,载《宗教研究》,第 85 卷,第 4 期,2012 年,第 1104—1105 页。
④ С. А. Коначева, "Мышление о Боге в феноменологической философии религии: от формального указания к эсхатологической редукции," *Эпистемология и философия науки* 53, no. 3 (2017): 123–139.
⑤ Piotr Bogalecki, "Bogu ducha winny? Kredyty Derridy," *Czas Kultury*, no. 5 (2014): 42–49.
⑥ Данненберг Антон Николаевич, "Христианство между модерном и постмодерном: критические размышления," *Вестник Московского университета*, no. 4 (2015): 95–109.

论述,将其应用于宗教对话,试图借此解决印尼现实的宗教纷争;①日本学界将卡普托限定于宗教学领域,所以日本学界虽十分关注海德格尔的哲学思想,却未探究作为顶尖海德格尔专家的卡普托对海德格尔的重要读解;非洲学者重视卡普托的思想对理解非洲苦难历史和现状(殖民、战争、饥荒、贫穷……)的启发价值,并常将其与非洲本土传统文化、黑人神学进行对话。②

其二,第二种类型采取内部研究进路,从下述四个层面(写作风格、方法论、核心理论、卡普托对其他思想家的读解)出发,探究了卡普托的思想体系:

(1)在写作风格上,卡普托的写作自1980年代起逐渐展现出个人化的独特风格。虽然评论者不约而同地指出,这种解构式的写作风格深受克尔凯郭尔、德里达的影响,体现了解构主义的思维,③但是褒贬不一。赞赏者认为卡普托的写作在吸收德里达等人风格的基础上,创造了自己的风格,④抑扬顿挫,饱含激情,具有先知性的语调,⑤跻身"最佳美国写作"⑥的行列,在欧陆哲学中亦属少见。⑦ 批评者则时常出于对解构主义的敌意或者对卡普托观

---

① 印尼学界尤其重视将卡普托的宗教理论应用于宗教对话。卡普托的《论宗教》(*On Religion*)一书被印尼译者翻译为 *Agama Cinta*, *Agama Masa Depa*(《爱的宗教,未来的宗教》),这种处境化的翻译策略既明显表露了印尼学者的关怀旨趣,也深深形塑了印尼学者对卡普托的接受与解释,相关讨论聚焦卡普托对宗教、爱、未来等观念的理解,注重其对伊斯兰教乃至宗教问题敏感复杂的印尼社会的启发价值,试图将其应用于宗教对话,实现宗教和谐的目标。譬如:(1)Ngarjito Ngarjito, "BERAGAMA DALAM DUNIA ROH CYBER PANDANGAN JOHN D. CAPUTO," *Religi: Jurnal Studi Agama-agama* 11, no. 2 (2015):135–139. 作者尤其肯定在赛博时代,卡普托的宗教思想对伊斯兰教具有重要意义。(2)Ahmad Nurcholish, *Agama Cinta: Menyelami Samudera Cinta Agama-Agama* (Jakarta:Elex Media Komputindo, 2015). 作者借鉴卡普托的"爱的宗教"思想,试图针对印尼的宗教冲突,凸显宗教的爱、宽容、"迎袭"(hospitalité,汉译理由详见下文)等精神,实现印尼的宗教和谐。(3)Karolin Bera, "PANDANGAN JOHN DAVID CAPUTO TENTANG AGAMA," https://osf.io/kgnc7/. 作者重视卡普托对"爱"的论说,关注天主教与佛教中的"爱"的观念,使之与伊斯兰教形成对话。

② Silakhe Singata, "Justice for the Dead," *Stellenbosch Theological Journal* 6, no. 4 (2020):319–345;Calvin D. Ullrich, "Theopoetics from Below:A South African Black Christological Encounter with Radical Theology," *Black Theology* 19, no. 1 (2021):53–70. 也有学者批评卡普托对非洲与中东思想(如"灵")的轻忽(Christopher Wise, *Derrida, Africa, and the Millde Age* (New York:Palgrave Macmillan, 2009), 168–169)

③ William Franke, *A Philosophy of the Unsayable* (Notre Dame:University of Notre Dame Press, 2014), 363.

④ Guy Collin, "Review," *New Blackfriars* 80, no. 937 (1999):6.

⑤ Terry A Veling, "Review," *Pacifica* 11, no. 3 (1998):354–357.

⑥ William Large, "Philosophy as a Consumer Good:The Routledge Thinking in Action Series," *Journal for Cultural Research* 8, no. 4 (2004):468.

⑦ Frank Schalow, "Review," *American Catholic Philosophical Quarterly* 72, no. 4 (1998):610.

点的不满,明确表达了难以忍受这种写作风格,抨击其违背了公认的学术规范,玩弄语言游戏,①纯属"恼人的散文风格"②,"缺乏生动性、清晰性和易读性的风格"③,乃至于"文学口技"(literary ventriloquism)④、"朋克—摇滚歌词"(punk-rock lyrics)⑤。甚至某些肯定卡普托观点的学者,也忧虑他的写作风格存在一定的危险。⑥ 不过,从另一个角度而言,这种写作风格亦可视作卡普托对事件诗学的身体力行。

(2)在方法论上,学界聚焦卡普托处理哲学与神学、宗教与解构之关系的思想进路。许多学者称赞卡普托采取了后世俗主义、后启蒙主义的进路,以"'上帝之死'之死"(death of the "death of God")或"'上帝之死'之后"(after the "death of God")代替"上帝之死"(death of God),调和了哲学与神学、宗教与解构,不仅避免了理性与宗教、内在性与超越性的简单对立,而且沟通了解构与宗教、解构与诠释学,⑦推动了当代欧陆哲学的宗教转向,以及作为一门"学科"(甚至"产业"⑧)的"欧陆宗教哲学"(Continental Philosophy of Religion)的形成。

不过,一些批评者认为,卡普托的方法论没有实现"解构与建构、诠释学与伦理学、理论与实践"⑨的平衡。他们或指责卡普托的后现代主义否定了理性、⑩

① Michael J. Kerlin, "Review," *Theological Studies* 50, no. 1 (1989): 182.
② Robert C. Koerpel, "Review," *The Heythrop Journal* 50, no. 4 (2009): 235.
③ Marko Zlomislic, *Jacques Derrida's Aporetic Ethics* (Lanham and Plymouth: Lexington Books, 2007), 265.
④ Michael J. Kerlin, "Book Reviews," *Theological Studies* 55, no. 4 (1994): 775.
⑤ Marko Zlomislic, *Jacques Derrida's Aporetic Ethics*, 275.
⑥ Jochen Schmidt, "Rez.: John D. Caputo, *The Weakness of God*," *Theologische Literaturzeitung* 132, no. 4 (2007): 454–456.
⑦ 近几年的研究可见 Christophe Chalamet, "Quelles conditions pour la rencontre entre religion et rationalité?: Une perspective théologique," *Revue de Théologie et de Philosophie* 149, no. 1 (2017): 7–20; Heather Walton, "We Have Never Been Theologians: Postsecularism and Practical Theology," *Practical Theology* 11, no. 3 (2018); Daniel Vidal, "Hans-Christoph ASKANI, Christophe CHALAMET (éds.), La sagesse et la folie de Dieu," *Archives de sciences sociales des religions* 184, no. 4 (2018): 185–187。
⑧ Mark Manolopoulos, *With Gifted Thinkers* (Bern: Peter Lang, 2009), 202. 此语出自美国理论家马克·泰勒(Mark C. Taylor),似含讥讽。
⑨ Walter Lesch, "Rekonstruktive Ethik und radikale Hermeneutik: Grundlagen ethischer Theorie und Praxis," *Freiburger Zeitschrift für Philosophie und Theologie*, no. 49 (2002): 144–165.
⑩ James L. Marsh, "Feature Book Review," *International Philosophical Quarterly* 28, no. 4 (1988); Steven Hendley, "Review," *International Philosophical Quarterly* 3, no. 1 (1993).

伦理规范,①声称卡普托是相对主义者、怀疑主义者、非理性主义者、虚无主义者、"尼采主义信徒"②、浪漫派审美主义者;③或抨击卡普托的理论过于抽象,脱离具体情境与实践;或认为卡普托的思想不够激进,没有完全破除形而上学的影响,甚至仍然屈服于旧有思想传统。④ 此外,亦有不少神学家虽然肯定了卡普托的调和努力,但同时指出卡普托或故意掩盖哲学与神学的摩擦,⑤或用哲学压抑了神学,令"欧陆宗教哲学"走向雅典而非耶路撒冷。⑥

（3）在理论内容上,尽管不少学者肯定了卡普托的解构主义不同于流俗的后现代主义,⑦没有否定宗教的具体内容,然而卡普托的解构理论还是遭受了传统哲学与神学的诸多攻讦,理由可大致归纳为:抛弃理性规范,⑧堕入相对主义,⑨坚守狭隘的真理观,⑩污名化形而上学和本体论,⑪忽视不同宗教

---

① Michael J. Kerlin, "Book Reviews," *Theological Studies* 55, no. 4 (1994): 774－775.
② Merold Westphal, "Review Essay," *Philosophy and Social Criticism* 23, no. 4 (1997): 93－97.
③ Sylvia Walsh, "Kierkegaard and Postmodernism," *International Journal for Philosophy of Religion* 29, no. 2 (1991).
④ Jacqueline Vaught Brogan, "Eradication/Reification: Or What's So Radical about *Radical Hermeneutics*?" in *The Very Idea of Radical Hermeneutics*, 134－148. Clayton Crockett, "Post-modernism and Its Secrets: Religion Without Religion," *CrossCurrents* 52, no. 4 (2003): 499－515.
⑤ E. Riparelli, "*Recensioni e segnalazioni,*" *Studia Patavina* 63, no. 2 (2016): 519－520.
⑥ Vincent Delecroix, "John D. Caputo, *The Prayers and Tears of Jacques Derrida: Religion Without Religion,*" *Archives de sciences sociales des religions* 124, no. 4 (2003): 78－80; Karin Johannesson, "John D. Caputo, *The Religious,*" *Svensk Teologisk Kvartalskrift* 79, no. 2 (2003): 110－111; Miklos Vetö, "Analyses et Comptes rendus," *Revue philosophique de la France et de l'étranger* 142, no. 3 (2017).
⑦ João J. Vila-Chã, "Pós-Modernidade e Cristianismo," *Revista Portuguesa de Filosofia* 60, no. 4 (2004): 803－811.
⑧ 洛伦佐·佩纳(Lorenzo Peña)批评卡普托的激进诠释学抛弃了理性规范。See Lorenzo Peña, "Las Reglas del Juego: Consideraciones Críticas sobre *Radical Hermeneutics* de John Caputo," *Pensamiento* 47, no. 187 (1991): 313－322;乔治·艾伦(George Allen)批判卡普托抛弃了历史的内在理性(George Allen, *The Realizations of the Future: An Inquiry into the Authority of Praxis* (Albany, N.Y.: State University of New York Press, 1990), 291)。
⑨ Richard A. Spinello, *The Genius of John Paul II* (Lanham: Rowman & Littlefield, 2007), 39.
⑩ Avery Fouts, "Modernity and Postmodernity: A False Dichotomy," *International Philosophical Quarterly* 45, no. 3 (2005); Tim Crane, "How Things Are," *The Times Literary Supplement*, 2014: 12.
⑪ Dennis Vanden Auweele, "Metaphysics and the Catholic View," *International Journal of Philosophy and Theology* 75, no. 3 (2014); Denis Müller, "Vérité intensive et projet universel," *Revue d'éthique et de théologie morale*, no. 271 (2012): 83－92; Linda Pavlovski ed., *Twentieth-Century Literary Criticism* (Farmington Hills: Gale, 2001), 29.

的独特性、①否定或歪曲基督教的具体内涵(譬如教会、②教义、③圣礼、④启示、⑤牧灵⑥),背叛基督教正统信仰,乃至于是隐秘的无神论者。⑦ 这些争论集中体现在学者对卡普托核心概念的探究上,如"没有宗教的宗教"(religion without religion)、"事件"(event)⑧、神人关系、"人"⑨、《圣经》观、⑩"无条件性"(the

① Timothy J. Sutton, "Orthodoxy Revisited: The Postsecular Classroom," *Journal of Beliefs and Values* 39, no. 1 (2018).

② [美]史密斯:《与后现代大师一同上教会》,陈永财译,香港:基道出版社,2007 年。

③ 海特泽尔(P. G. Heltzel)批评卡普托放弃三一论,堕入一位论(Peter Goodwin Heltzel, "The Weakness of God," *Journal for Cultural and Religious Theory* 7, no. 2 (2006): 96‐101)。相反,约翰·斯瓦隆(John C. Sivalon)称赞卡普托的事件理论有助于理解内在三一与经世三一的关系。John C. Sivalon, *God's Mission and Postmodern Culture* (Maryknoll: Orbis Books, 2012)。

④ Sungho Lee, "A Critical Review of Radical Orthodoxy and John Caputo's Weak Theology for a Postmodern Generation," *University and Christian Mission*, no. 35 (2017): 269‐298.

⑤ 托马斯·朴(Thomas Park)认为卡普托否定了信仰需要"启示"。See Thomas Park, "Faith in God without Any Revelation?" *International Journal for Philosophy of Religion* 78, no. 3 (2015).

⑥ Sungho Lee, "A Critical Review of Radical Orthodoxy and John Caputo's Weak Theology for a Postmodern Generation," *University and Christian Mission*, no. 35 (2017): 269‐298.

⑦ 克雷格·内森(Craig L. Nessan)为卡普托辩护,卡普托既未否定上帝,也未主张仅凭人类事工而称义(Craig L. Nessan, "Review," *Currents in Theology and Mission* 43, no. 3 (2016): 36‐37)。与之截然相反,斯托帕(S. E. M. Stopa)认为卡普托放弃路德的因信称义,走向因事工而成义(Sasja Emilie Mathiasen Stopa, "'Seeking Refuge in God against God': The Hidden God in Lutheran Theology and the Postmodern Weakening of God," *Open Theology*, no. 4 (2018): 658‐674)。

⑧ "事件"被诸多学者认为解构了传统神学的在场形而上学因素,还被一些学者用于对神学的重构,如菲尔·施耐德(Phil Snider)借此建构"事件的布道学"。See Phil Snider, *Preaching After God: Derrida, Caputo, and the Languages of Postmodern Homiletics* (Eugene, Oregon: Cascade Books, 2012). 保罗·柯林斯(Paul M. Collins)重释济宙拉斯的"共融事件"。See Paul M. Collins, *The Trinity: A Guide for the Perplexed* (London: T&T Clark, 2008), 114. 但也遭受一些质疑,如桑德贝克(Lars Sandbeck)认为卡普托没有阐明"事件"究竟是"上帝"还是"上帝的工"(Lars Sandbeck, "God as Immanent Transcendence in Mark C. Taylor and John D. Caputo," *Studia Theologia* 65, 2011),罗兰·法贝尔(Roland Faber)基于过程神学的立场,批评卡普托的"事件"落入了形而上学的二元论。See Roland Faber, *The Divine Manifold* (Lanham and London: Lexington Books, 2014).

⑨ 格里高利·约翰逊(Gregory R. Johnson)认为卡普托提倡"诠释学是从人的'客体化'中恢复人性","申明了诠释学需要提供给科学之物的本质"(Gregory R. Johnson, "Hermeneutics: A Protreptic," *Critical Review* 4, no. 1 (1990): 188)。科纳切娃(C. A. Коначева)则在世俗主义转向后世俗主义的背景下,探究卡普托的激进诠释学中的"人"的问题(C. A. Коначева, "Секулярный мир и новый человек в современном западном богословии," *Контуры глобальных трансформаций: политика, экономика, право* 8, no. 4 (2015): 19‐26)。

⑩ 提摩西·比尔(Timothy Beal)虽肯定卡普托没有落入"论证德里达与《圣经》(转下页)

unconditional)①、"不可能性"(the impossible)②、"不可决断性"(undecidability)③、"苦弱"(weakness)④、"祈祷"(prayer)⑤、"神圣无序"(sacred anarchy)⑥、"名

（接上页）完全一致"的陷阱，但批评卡普托忽视《圣经》文本的内在张力（Timothy Beal, "Review," *Theology Today* 56, no. 1 (1999): 148-150)；文森特·德勒克洛瓦（Vincent Delecroix）以卡普托对《创世记》中创世叙述的读解为例，探究其如何通过对《圣经》予以"去字句化"的文本细读，利用《圣经》文本来解构形而上学（Vincent Delecroix, "La Bible à la lettre. Délittéralisation et lecture littérale chez Caputo," *Études théologiques et religieuses* 90, no. 3 (2015): 379-397)。

① 尼森（J. A. Nissen）以卡普托的"没有为什么"（without why）为中心，探究其对"无条件性"的论述（J. A. Nissen, "Zonder waarom. John Caputo over het onvoorwaardelijke," *Speling: Tijdschrift voor Bezinning* 69, no. 1 (2017): 24-31)。

② 卡普托的"不可能性"常被误认为否定了现实性、可能性，重复了柏拉图主义的二元论（Stan van Hooft, "Review," *Sophia* 48, 2009: 329)，忽视了现实中他者的苦难（Marko Zlomislic, *Jacques Derrida's Aporetic Ethics* (Lanham and Plymouth: Lexington Books, 2007), 278)，否定了确定的信仰（Richard Kearney, "The Kingdom: Possible and Impossible," in *Cross and Khôra: Deconstruction and Christianity in the Work of John D. Caputo*, 118-139.)。

③ 存在两种迥异的批评意见，一种是认为卡普托将"不可决断性"等同于"不决定"（indecision）（如 Merold Westphal, "Review Essay," *Philosophy and Social Criticism* 23, no. 4 (1997): 97)，卡普托由此否定了上帝能够对人类堕落状态做出神圣决断（Walter Lowe, "Postmodern Theology," in *The Oxford Handbook of Systematic Theology*, eds. Kathryn Tanner, John Webster and Iain Torrance (Oxford: Oxford University Press, 2007))，并走向那种否定道德判断的道德相对主义（Brian Treanor, "The God Who May Be: Quis ergo amo cum deum meum amo?" *Revista Portuguesa de Filosofia* 60, no. 4 (2004): 985-1010)。另一种是认为卡普托暗暗通过"没有宗教的宗教"中的"没有"（without），对宗教和信仰做出了否定性决断（如 Marko Zlomislic, *Jacques Derrida's Aporetic Ethics*, 278)。

④ "苦弱"最常遇到的批评是卡普托否定了上帝的力量（power）、超越性或者神圣性，令上帝远离世界。如 Carl A. Raschke, "The Weakness of God ... and of Theological Thought for That Matter," *Journal for Cultural and Religious Study* 8, no. 1 (2006)；Catherine Keller, "Review," *Cross Currents* 56, no. 4 (2007): 133-139; Bruce Ellis Benson, "'You Are Not Far from the Kingdom': Christianity as Self-Disruptive Messianism," in *Reexamining Deconstruction and Determinate Religion* (Duquesne University Press, 2012), 211-228。

⑤ 对"祈祷"的评价截然两分，一端肯定卡普托的祈祷观在后世俗时代的积极意义，如 Ashley Graham, "Prayer after the Death of God," *Journal for Cultural and Religious Theory* 18, no. 2 (2019)；另一端批判卡普托的祈祷或违背传统的祈祷观（如 Mark Gedney, "The Saving or Sanitizing of Prayer: The Problem of the *Sans* in Derrida's Account of Prayer," in *The Phenomenology of Prayer*)，或违背后现代对祈祷的原始定义（如 B. Keith Putt, "'Too Deep for Words': The Conspiracy of a Divine 'Soliloquy'," in *The Phenomenology of Prayer*, 144)。

⑥ 卡普托的"神圣无序"常被误认为虚无主义、无政府主义，如乔治·艾伦（George Allan）以为"无序"旨在否定一切等级制，包括那些并非压迫性、专制性的等级秩序。See George Allan, *The Realization of the Future* (New York: State University of New York Press, 1990). 史密斯（Anthony Paul Smith）也批评卡普托片面否定一切等级制，未能正确区分合法的自然等级制与不法的权力等级制。这种决绝的态度显示了卡（转下页）

称"（name）①、"场域"（khôra）②、"激进诠释学"（radical hermeneutics）③、
"反对伦理学"（against ethics）④、"盼望"⑤、"赠予"（gift）⑥、"正义"⑦、

（接上页）普托深受否定神学的影响，隶属政治否定神学阵营。Anthony Paul Smith, "The Judgment of God and the Immeasurable：Political Theology and Organizations of Pouer," *Political Theology* 12, no.1（2011）：69 - 86.亦有肯定的看法，如尹文俊（Won-Jun Yun）认为卡普托不是否定秩序，而是侧重于无序的"积极缺席"（positive absence）。See Won-Jun Yun, "The 'Gift' with/of No-Return：A Christian（De）Constructive Ethic of Alterity"（PhD diss., Southern Baptist Theological Seminary, 1999）.

① Коначева Светлана Александровна, "Переводимость имен и непереводимость событий в спектральной герменевтике Дж. Капуто," *Артикульт*, no. 4（2013）：26 - 33. 该文讨论卡普托对事件与名称之关系的论述。

② Richard Kearney, "Khora or God?" in *A Passion for the Impossible: John D. Caputo in Focus*, 107 - 122；威廉·扬三世（William W. Young III）认为卡普托割裂了德里达的"khôra"和神学的"Khôra"（William W. Young III, *The Politics of Praise: Naming God and Friendship in Aquinas and Derrida*（Aldershot：Ashagate, 2007）, 158）。

③ Roy Martinez ed., *The Very Idea of Radical Hermeneutics*（New Jersey：Humanities Press, 1997）；对于卡普托诠释学与解构的调和工作，大卫·罗伯茨（David D. Roberts）进行了批判性考察，主张诠释学可以比卡普托的激进诠释学更弱化，解构也可以发挥更大的建构性作用（David D. Roberts, *Nothing But History: Reconstruction and Extremity after Metaphysics*（Berkeley：University of California Press, 1995））；文森特·雷奇（Vincent B. Leitch）认为卡普托的诠释学只是将德里达理论移植至诠释学，对诠释学理论本身没有新的发展，同时在意识形态分析、大众文化问题、政治批判上有所欠缺。Vincent B. Leitch, *Postmodernism: Local Effects, Global Flows*（Albany, N.Y.：State University of New York Press, 1996）.

④ 肯定者认为，卡普托是后现代伦理思想代表，凸显了"责任"的地位（Andrew F. Cutrofello, "Book Notes," *Ethics* 105, no. 3（1995）：697 - 698；Tony L. Moyers, *The Moral Life: Obligation and Affirmation*（Lanham and Plymouth：University Press of America, 2011））。批评者分为两类，一类批评卡普托未能完全公正对待传统伦理学：放弃伦理规范和道德责任，陷入相对主义、虚无主义（Westphal Merold, "Postmodernism and Ethics：The Case of Caputo," in *A Passion for the Impossible: John D. Caputo in Focus*, 153 - 170）或者过度夸大传统伦理学的缺陷（Darby Kathleen Ray, *Incarnation and Imagination: A Christian Ethic of Ingenuity*（Minneapolis：Fortress Press, 2008）），另一类认为卡普托的观点不是真正的他者伦理学（Michael Gardiner, "Alterity and Ethics：A Dialogue Perspective," *Theory, Culture & Society* 13, no. 2（1996）：121 - 143），在如"苦难""肉身""责任"等伦理议题上还不够彻底（William E. Connolly, *Why I Am Not a Secularist*（Minneapolis：University of Minnesota Press, 1999））；William E. Connolly, "Suffering, Justice and the Politics of Becoming," *Culture, Medicine and Psychiatry* 20, 1996：251 - 277.

⑤ Ronald T. Michener, "Post-Kantian to Postmodern Considerations of（Theological）Hope," in *Historical and Multidisciplinary Perspectives on Hope*, ed. Steven C. van den Heuvel（Cham, Switzerland：Springer, 2020）：87 - 88.

⑥ М. Ю. Хромцова, "Мышление о даре в современной в теологии и проблема религиозного «Другого»," *Вестник Русской христианской гуманитарной академии* 17, no. 4（2016）：198 - 210.

⑦ Jeff Dudiak, "Bienvenue—Just a Moment," in *Religion with/out Religion: The Prayers and Tears of John D. Caputo*, 7 - 19.

"恶"①、"苦难"②、"时间"③。这些争论甚至做出了一些拓展,譬如从对"没有宗教的宗教"的讨论扩展至对"没有信仰的信仰"④、"没有形而上学的形而上学"⑤等问题的探究。

其中,"没有宗教的宗教"(以及与之相关的"没有弥赛亚主义的弥赛亚性"[the messianic without messianism])受到最多的讨论。虽然许多学者称赞卡普托的"没有宗教的宗教"解构了传统神学,推动了后世俗神学(post-secular theology)的发展,但是这一概念也遭到诸多批评。最为常见的看法是将"没有"视为否定性判断,⑥指责这种观念缺乏具体的经验内容,⑦忽视了宗教历史传统,⑧甚至试图暴力摧毁或否定宗教本身,故而无法付诸实践。⑨ 也有学者批评卡普托的"没有"(without)本质上倾向于"有"而非"没有",最终

① 研究者聚焦卡普托对上帝与恶之关系的论述(如 Ole Amund Gaustad, "En bønn om at Gud skal skje: Gudsbegrepet hos John D. Caputo," *Filosofisk supplement*, 2010: 22 – 25),其中,詹姆斯·奥尔瑟斯(James H. Olthuis)赞同卡普托批判传统神学以"自限力量"解释上帝与恶的关系,但认为应当用"同在的力量"(power-with)而非像卡普托那样否定力量,才能战胜恶。See James H. Olthuis, "Absence Makes the Heart Grow Fonder," in *Transforming Philosophy and Religion: Love's Wisdom* (Bloomington and Indianapolis: Indiana University Press, 2008).

② 既有学者批评卡普托对苦难的探究尚有缺陷,亦有学者高度赞扬卡普托突出了对苦难的抗议,揭示了传统理论在苦难问题上的局限性。Ronald H. Mckinney, "Coping with Postmodernism: Christian Comedy and Tragedy," *Philosophy Today* 41, no.4 (1997): 520 – 529.

③ 김이석, "종교적 시간으로서의 사건 연구: 존 카푸토의 일상주의", 한국조직신학논총, no. 38 (2014): 373 – 398. 作者从"时间"概念出发,讨论卡普托用以表达"事件之时间"的"日常主义"(quotidianism)。

④ В. Н. Дробышев, "О «Честной» теологии и «Вере без веры»," *Вестник Русской христианской гуманитарной академии* 16, no. 2 (2015): 167 – 175.

⑤ Коначева Светлана Александровна, "Метафизика без метафизики: пути интерпретации философии Хайдеггера в современной теологической герменевтике," *Вестник РГГУ* 4, no. 2 (2017): 159 – 169.

⑥ 许多批评者径直将"没有"等同于逻辑学的否定,没有注意到背后的哲学基础,大卫·戈伊科切亚(David Goicoechea)虽然指出"没有"来自德里达,但认为卡普托过于偏向于对立于"有"的"没有"(David Goicoechea. "Captuo's Derrida," in *Religion without/out Religion: The Prayers and Tears of John D. Caputo*, 80 – 95)。

⑦ Marko Zlomislic, *Jacques Derrida's Aporetic Ethics* (Lanham and Plymouth: Lexington Books, 2007); Justin Sands, "After Onto-Theology: What Lies beyond the 'End of Everything'," *Religious* 8, no. 98 (2017).

⑧ Kevin Hart, "Without," in *Cross and Khôra: Deconstruction and Christianity in the Work of John D. Caputo*, 80 – 108; Knut Alfsvåg, "Postmodern Epistemology and the Mission of the Church," *Mission Studies* 28, no. 1, (2011): 54 – 70.

⑨ Ronald A. Kuipers, "Dangerous Safety, Safe Danger: The Threat of Deconstruction to the Threat of Determinable Faith," in *Religion with/out Religion: The Prayers and Tears of John D. Caputo*, 21 – 33.

回归了传统的宗教信仰，与他的解构意图相悖。① 此外，卡普托与否定神学的关系颇受重视：既有学者批评卡普托误解了否定神学，②也有学者认定卡普托是否定神学家，③不仅"拥抱和采纳"④否定神学，而且发展了否定神学，⑤甚至令解构沦为否定神学，⑥还有学者试图借助否定神学的理论资源，回应卡普托的思想。⑦

（4）关于卡普托对其他思想家（诸如圣保罗⑧、奥古斯丁⑨、托马斯·阿奎那⑩、

---

① Joeri Schrijvers, *Between Faith and Belief: Toward a Contemporary Phenomenology of Religious Life* (Albany: State University of New York Press, 2016), 135.

② Thomas Carlson, "Caputo's Example," in *A Passion for the Impossible: John D. Caputo in Focus*; David Newheiser, "Time and the Responsiblities of Reading: Revisting Derrida and Dionysius," in *Reading the Church Fathers*, eds. Scot Douglass and Morwenna Ludlow (London and New York: T&T Clark, 2011), 33–34.

③ James K. A. Smith, "How to Avoid Not Speaking: Assertations," in *Knowing Otherwise: Philosophy at the Threshold of Spirituality*, ed. James H. Olthuis, (New York: Fordham University Press, 1997), 218; Cláudio Carvalhaes, "Uma Crítica das Teologias Pós-Modernas à Teologia Ontológica de Paul Tillich," *Revista Eletrônica Correlatio*, no. 3 (2003): 87–112; William Franke, *A Philosophy of the Unsayable* (Notre Dame: University of Notre Dame Press, 2014).

④ William Swart, "Religious Experience at the Limits of Language: Levinas, Marion and Caputo from a Post-Phenomenological Perspective" (PhD diss., The University of Texas at Dallas, 2017), 137.

⑤ Neal DeRoo, "John D. Caputo," in *Key Theological Thinkers: From Modern to Postmodern* (London and New York: Routledge, 2013). 另外，马克·瓦尔(Marc Vial)认为，卡普托有助于澄清否定神学并没有否定上帝的存在 (Marc Vial, "Écouter et faire entendre, ou le théologien face à la philosophie: réponse à Ruedi Imbach," *Revue de théologie et de philosophie* 151, 2019: 135–142)。

⑥ 德里达研究专家乔纳森·卡勒(Jonathan Culler, 1944—)批评卡普托是在主张解构带来了"一种具有否定性的宗教，一种没有真实宗教之缺陷的宗教"，使得解构变成了"否定神学"(Jonathan Culler, "Preface to the 25th Anniversary Edition," in *On Deconstruction* (Ithaca, New York: Cornell University, 2007))。

⑦ Bruce Paolozzi, "Caputo Through the *Cloud*: Answering Questions Raised by John Caputo Through a Recovery of *The Cloud of Unknowing*," *Medieval Mystical Theology* 21, no. 1 (2012): 92–112.

⑧ 埃利安·库维利耶(Elian Cuvillier)关注卡普托对保罗的"上帝的苦弱"的读解，强调需要保持"上帝的苦弱"与"上帝的强力"之间的张力(Elian Cuvillier, "Puissance de la faiblesse divine. Relire 1 Co. 1, 18–25 en compagnie de John D. Caputo," *Études théologiques et religieuses* 90, no. 3 (2015): 399–416)。

⑨ Jens Zimmermann, *Humanism and Religion: A Call for the Renewal of Western Culture* (Oxford and New York: Oxford University Press, 2012), 325. 福音派立场的作者批评卡普托的后现代信仰仍远离奥古斯丁的实质性信仰。

⑩ 卡普托一方面肯定阿奎那对本体—神学的克服，与海德格尔的观点契合，另一方面批判新托马斯主义对阿奎那的背叛与滥用。相应地，对卡普托观点的批判呈现出五种迥异的看法：(1)第一种是质疑卡普托对阿奎那的肯定，认为阿奎那仍未能逃脱本体—神学(John T. Cronin, "John D. Caputo, *Heidegger and Aquinas: An Essay on* （转下页）

埃克哈特①、克尔凯郭

（接上页）*Overcoming Metaphysics*, *" Revue Philosophique de Louvain* 82, no. 54（1984）:
285 - 288）。(2) 第二种是批评卡普托对后期海德格尔与阿奎那之异同的阐释。如诺
里斯·克拉克（W. Norris Clarke）等人否认后期海德格尔与阿奎那相契 ［W. Norris
Clarke, "Reflections on Caputo's Heidegger and Aquinas," in *A Passion for the
Impossible: John D. Caputo in Focus*, 51 - 68; A. G. Pleydell-Pearce, "Review,"
Journal of the British Society 18, no. 1（1987）］; 戴斯慕德（William Desmond）以基督
教的"无中生有"（creatio ex nihilo）创世论为例, 反驳卡普托（以及海德格尔）对阿奎那
不关注存在论差异之构成机制的批评（William Desmond, *Desire, Dialectic, and
Otherness: An Essay on Origins*（New Haven: Yale University Press, 1987）。(3) 第三
种是力图为托马斯主义者辩护, 驳斥卡普托的批评。如伯特兰·杜姆林（Bertrand
Dumoulin）不同意卡普托对托马斯主义的批评等同于托马斯主义的失败, 相反, 作者认
为借助海德格尔的启发以及吉尔松的论述, 托马斯主义可以得到更进一步的发展
［Bertrand Dumoulin, *"Heidegger and Aquinas: An Essay on Overcoming Metaphysics"*,
Les Études philosophiques, no. 2 - 3（1987）: 347 - 349］。约翰·克纳萨斯（John F. X.
Knasas）从吉尔松的立场回应卡普托［John F. X. Knasas, "A Heideggerian Critique of
Aquinas and a Gilsonian Reply," *The Thomist: A Speculative Quarterly Review* 58, no. 3
（1994）: 415 - 439］。(4) 第四种是主张卡普托对阿奎那和托马斯主义的解释均存在
问题。如奥利瓦·布兰切特（Oliva Blanchette）, 批评卡普托忽视阿奎那对智慧
（sapientia）的论述, 且未公正评价新托马斯主义［Oliva Blanchette, "Review",
International Studies in Philosophy 19, no. 1（1987）］; 海明（Laurence Paul Hemming）批
评卡普托误读了阿奎那的"共同存在"（*esse commune*）［Laurence Paul Hemming,
Heidegger's Atheism: The Refusal of a Theological Voice（Notre Dame, Indiana:
University of Notre Dame Press, 2002）］; 奥尼什奇克（Marija Oniščik）为了回应卡普
托, 重新探究阿奎那的经验主义认识论。See Marija Oniščik, "Tomo Akvinie č io
empirizmas: pažinimo objekto klausimas," *Problemos*, no.88（2015）: 66 - 79.(5) 第五
种是以不同于卡普托的方案, 在阿奎那、托马斯主义和海德格尔之间建立联系。
如赫德（Robert Hurd）从卡尔·拉纳（Karl Rahner）的角度, 关联阿奎那与海德格尔
（Robert Hurd, "Heidegger and Aquinas: a Rahnerian Bridge," *Philosophy Today* 28, no.
2（1984）: 105 - 137）; 凯利（Thomas A. F. Kelly）试图以存在主义进路而非卡普托侧
重的神秘主义因素, 联结阿奎那与海德格尔（Thomas A. F. Kelly, "On Remembering
and Forgetting Being: Aquinas, Heidegger, and Caputo," *American Catholic
Philosophical Quarterly* 76, no. 3（2002））。上述局面或许也可部分用卡普托自己的话
来表述: 托马斯主义者认为卡普托失去了信仰, 新教人士则认为卡普托乃是托马斯主
义者（John D. Caputo, "Hoping in Hope, Hoping against Hope: A Response," in
Religion with/out Religion: The Prayers and Tears of John D. Caputo, 131）。

①　相关批评集中于三个方面:（1）卡普托误读了埃克哈特（如弗兰克·托宾（Frank
Tobin）最早批评卡普托简化了埃克哈特的思想, 忽视了埃克哈特拉丁文著作与德语著
作间的张力［Frank Tobin, "Recent Work in English on Meister Eckhart," *Thought* 55,
no. 2（1980）: 210 - 211］）;（2）卡普托误读了埃克哈特与海德格尔的关系（Eckard
Wolz-Gottwald, "Vorlaufen in den Tod: Heideggers Philosophie des Todes im Lichte der
transformatio mystica," *Freiburger Zeitschrift für Philosophie und Theologie*, no. 46
（1999）: 308 - 322）;（3）卡普托误读了埃克哈特与解构主义的关系（如本·摩根［Ben
Morgan］认为卡普托将艾克哈特误读为解构主义的支持者［Ben Morgan, *On Becoming
God: Late Medieval Mysticism and the Modern Western Self*（New York: Fordham
University Press, 2013）］）。此外, 西尔维娅·阿瓦基安（Sylvia Avakian）的讨（转下页）

尔①、黑格尔②、尼采③、海德格尔④、伽达默尔⑤、德里达、

（接上页）论涉及上述三个方面，认为卡普托误读了艾克哈特与海德格尔的思想关联性，二者在结构上和内容上都有相似性，并且均克服了传统形而上学。See Sylvia Avakian, "Eckhart, Heidegger and Caputo: A Reappraisal of 'The Mystical Element in Heidegger's Thought'," *International Journal of Philosophy and Theology*, no. 80 (2019): 1 - 19.

① 支持者称赞卡普托开掘了克尔凯郭尔的激进思想，批评者则认为卡普托的后现代读解，迥异于克尔凯郭尔本人的观点，既有学者批评卡普托没有真正凸显克尔凯郭尔的激进性（Merold Westphal, "Review Essay," *Philosophy and Social Criticism* 23, no. 4 (1997): 93 - 97），也有学者认为克尔凯郭尔并非卡普托所言的形而上学否定者或者后现代主义先驱（如 Sylvia Walsh, "Kierkegaard and Postmodernism," *International Journal for Philosophy of Religion* 29, no. 2 (1991); Patrick L. Bourgeois, "Book Reviews," *American Catholic Philosophical Quarterly* 71, no. 2 (1997); Joseph Margolis, "The Metaphysics of Repetition," in *The Very Idea of Radical Hermeneutics*, 106 - 117; Johan Taels, "Spreken in eigen naam. Primitiviteit, woord en taaldaad bij Søren Kierkegaard," *Tijdschrift voor Filosofie* 63, no. 1 (2001): 7 - 31）。

② Dennis Vanden Auweele, "Reconciliation, Incarnation, and Headless Hegelianism," *Faith and Philosophy* 34, no. 2 (2017). 作者认为卡普托忽视了对黑格尔的"承认"（recognition）予以解构式读解。

③ Dana Freibach-Heifetz, "Pure Air and Solitude and Bread and Medicine: Nietzsche's Conception of Friendship," *Philosophy Today* 49, no.3 (2005): 245 - 255. 作者认为卡普托误读了尼采的友爱观念。

④ 尽管卡普托被誉为顶尖的海德格尔研究权威，但也遭到了不少批评。批评者的理由包括：后期海德格尔没有违背早年的实际性诠释学，海德格尔没有忽视伦理学与道德责任，不应当从犹太—基督教立场读解海德格尔，后期海德格尔与解构理论契合，卡普托对海德格尔的评价过高，卡普托 1990 年代后对海德格尔的批判有误，卡普托低估了海德格尔思想的激进锋芒与复杂性，卡普托贬低海德格尔对德里达的深刻影响等。See John Sallis, "Review," *Man and World*, no. 22 (1989): 251 - 256; Frank Schalow, "Is There a 'Meaning' of Being?: Against the Deconstructionist Reading of Heidegger," *Philosophy Today* 34, no. 2 (1990); Richard M. Capobianco, "Heidegger, Caputo, and the Ethical Question Re-Visited," *Journal of the British Society for Phenomenology* 25, no. 2 (1994); Lawrence J. Hatab, "Ethics and Finitude: Heideggerian Contributions to Moral Philosophy," *International Philosophical Quarterly* 35, no. 4 (1995): 403 - 417; Seamus Carey, "Embodying Original Ethics: A Response to Levinas and Caputo," *Philosophy Today* 41, no. 3 (1997); Pascal David, "New Crusades Against Heidegger: On Riding Roughshod over Philosophical Texts (Part One)," *Heidegger Studies* 13, 1997: 69 - 92; George Connell, "Deconstructing Caputo's Demythologizing Heidegger," *Faith and Philosophy* 15, no. 1 (1998): 28 - 40; Laurence Paul Hemming, *Heidegger's Atheism: The Refusal of a Theological Voice* (Notre Dame, Indiana: University of Notre Dame Press, 2002); William J. Richardson, "Heidegger's Fall," in *A Passion for the Impossible: John D. Caputo in Focus*, 73 - 98; Sylvie Avakian, "'Undecidability' or 'Anticipatory Resoluteness': Caputo in Conversation with Heidegger," *International Journal of Philosophy of Religion*, no. 82 (2017).

⑤ 一些学者认为卡普托对伽达默尔的批评过于负面、简化，忽视了伽达默尔诠释学的激进色彩（James Risser, "Hermeneutics at the End of Metaphysics," *Research in Phenomenology*, no. 20 (1990); Ed Block, Jr., "Radical Hermeneutics as （转下页）

列维纳斯①、福柯②、罗蒂③等人）的读解，学界已经展开不少讨论。其中，卡普托对德里达的读解，争议尤多。一方面，卡普托受到了高度称赞，被视为最重要的德里达研究专家之一，不仅清晰解释了德里达的解构主义理论，④提供了通向德里达的出色指南，⑤重申了解构的肯定性特征，⑥而且发展了德里达思想，尤其开掘了德里达思想的宗教维度，由此令美国学界对德里达的研

（接上页）Radical Homelessness," *Philosophy Today* 35, no 3（1991）；Merold Westphal, *Overcoming Onto-Theology: Toward a Postmodern Christian Faith*（New York：Fordham University Press. 2001）；Jeff R. Warren, *Music and Ethical Responsibility*（Cambridge：Cambridge University Press, 2014））；施拉格（Calvin O. Schrag）批评卡普托误读伽达默尔的传统观（Calvin O. Schrag, "Review," *Journal of the British Society for Phenomenology* 20, no. 1（1989））；大卫·罗伯茨（David D. Roberts）指认卡普托忽视伽达默尔对"游戏"（play）观念的发展（David D. Roberts, *Nothing But History: Reconstruction and Extremity After Metaphysics*）；杰夫·瓦伦（Jeff Warren）认为，伽达默尔并没有如卡普托所说的那样，忽视他者（Jeff Warren, "Towards an Ethical-Hermeneutics," *European Journal of Psychotherapy, Counselling and Health* 7, no. 1 - 2（2005）；米歇尔菲尔德（Diane Michelfelder）以"谦卑"概念为中介，沟通卡普托与伽达默尔（Diane Michelfelder, "Philosophical Hermeneutics and Radical Hermeneutics：Lessons in Humility," in *The Very Ideas of Radical Hermeneutics*, 33 - 47）。不过，甘斯（Steven Gans）认为，伽达默尔的追随者未能成功回应卡普托对伽达默尔的批判（Steven Gans, "Review of Sources of Hermeneutics," *Journal of the British Society for Phenomenology* 28, no. 3（1997）：336）。

① 如杜迪亚克（Jeffrey M. Dudiak）认为，卡普托误读列维纳斯，列维纳斯同样重视"不可解构的正义"。See Jeffrey M. Dudiak, "Again Ethics：A Levinasian Reading of Caputo Reading Levinas," in *Knowing Other-wise: Philosophy at the Threshold of Spirituality*, ed. James H. Olthuis（New York：Fordham University Press, 1997）. 莎拉·罗伯茨（Sara E. Roberts）指认卡普托误读了列维纳斯的正义观与责任观。Sara E. Roberts, "Rethinking Justice：Levinas and Asymmetrical Responsibility," *Philosophy in the Comtemporary World* 7, no.1（2000）：5 - 12.

② 如托马斯·弗林（Thomas R. Flynn）批评卡普托误读福柯的诠释学（Thomas R. Flynn, "Squaring the Hermeneutic Circle：Caputo as Reader of Foucault," in *A Passion for the Impossible: John D. Caputo in Focus*, 175 - 194）；瑞德尔（Petra Carlsson Redell）批评卡普托将福柯塑造为否定神学家，忽视福柯的其他思想贡献以及对宗教的批判与挑战。See Petra Carlsson Redell, *Foucault, Art, and Radical Theology*（London and New York：Routledge, 2019）.

③ 查尔斯·吉尼翁（Charles Guignon）认为，卡普托指出了罗蒂与海德格尔的根本差异，但莱尔·阿舍尔（Lyell Asher）针锋相对，认为卡普托未克成其事（Charles Guignon, "On Saving Heidegger from Rorty," *Philosophy and Phenomelogical Research* 46, no. 3（1986）：401 - 417; Lyell Asher, "Heidegger, Rorty, and the Possibility of Being," in *Ethics/Aestheitcs: Post-modern Positions*（Washington：Maisonneuve Press, 1988）, 119 - 139）.

④ Bod Ivey, "Review," *Library Journal* 122, no. 2（1997）.

⑤ Bruce Milem, "Derrida the Scrivener," *Radical Philosophy Review* 1, no. 2（1998）：178.

⑥ Andrew Hass, "Review," *Literature and Theology* 13, no. 1（1999）：89.

究重心从文学转向神学。① 另一方面,卡普托的读解受到了批判,主要表现为：第一,卡普托被视为"名副其实的德里达主义者"(a card-carrying Derridean)②,将德里达塑造得过于"完美可靠"(瑞典语：perfekt och ofelbar)③,缺乏批评意见,存在"偶像崇拜"的危险。④ 也因此,卡普托犯了与德里达相同的错误,陷入虚无主义之中。⑤ 第二,卡普托对德里达的宗教解释违背德里达的原意。在此,存在四种屡见不鲜的批评意见：(1)肯定卡普托对德里达之宗教读解的合理性,但批评卡普托用宗教哲学殖民化德里达,忽视了德里达思想中的其他因素,如精神分析、⑥文学理论与文化研究、⑦宗教转向背后的"政治紧迫性"(political urgency)⑧等;(2)承认德里达思想的宗教维度,但认为卡普托的宗教读解忽视了德里达的否定神学色彩;⑨(3)不少保守神学家批评德里达对立于正统神学家,甚至属于尼采主义的无

① Andrew Hass, "Review," 88.

② Mark Manolopoulos, "A Loving Attack on Caputo's 'Caputolism' and His Refusal of Communism," *Political Theology* 14, no. 3 (2013): 331.

③ Jayne Svenungsson, "Recension," *Svensk Teologisk Kvartalskrift* 77, no. 1 (2001): 45-46.

④ Graham Ward, "Review," *Modern Theology* 15, no. 4 (1999): 505-506; Margret Grebowicz, "Reading Well: Notes on the *The Prayers and Tears of Jacques Derrida*," *Sophia* 41, no. 1 (2002): 73-82.

⑤ Ronald K. L. Collins, "Outlaw Jurisprudence," *Texas Law Review* 76, no. 1 (1997): 264.

⑥ Andrea Hurst, *Derrida Vis-à-vis Lacan: Interweaving Deconstruction and Psychoanalysis* (New York: Fordham University Press, 2008). 此外,兰伯特(Gregg Lambert)虽未讨论德里达,但强调卡普托对宗教的读解忽视精神分析。See Gregg Lambert, *Return Statements: The Return of Religion in Contemporary Philosophy* (Edinburgh: Edinburgh University Press, 2016). 但在笔者看来,这种批评并不完全准确。首先,卡普托曾经讨论德里达在《明信片》(*The Post Card*)中对精神分析的看法;其次,与德里达一样,卡普托的讨论所关注的是精神分析话语背后可能隐藏的契合解构精神的意义结构(如"*pas*""*trace*")(John D. Caputo, *What Would Jesus Deconstruct?*, 142)。另外,卡普托对宗教的讨论,始终关注内心、关注"心的转化"(metanoia)、关注欲望(desire)的机制。只不过,卡普托明确表示,他与德里达不同,虽然承认精神分析的重要性,但是对无意识理论的细节分析无甚兴趣,这不仅因为精神分析类似于一种神话学的宏大叙述,而且因为卡普托的读者不是自然科学专业人士(John D. Caputo, "The Power of the Powerless", 136-137.)。故而,卡普托对精神分析的保留态度,并非出于视野盲区,而是一种有意识的选择。

⑦ Graham Ward, "Review," *Modern Theology* 15, no. 4 (1999): 506-507.

⑧ Clayton Crockett, "The Plasticity of Continental Philosophy of Religion," in *After the Postsecular and the Postmodern*, eds. Anthony Paul Smith and Daniel Whistler (Cambridge: Cambridge Scholars Publishing, 2010), 302.

⑨ David Newheiser, "Time and the Responsibilities of Reading: Revisiting Derrida and Dionysius," in *Reading the Church Fathers*, eds. Scot Douglass and Morwenna Ludlow (London and New York: T&T Clark, 2011), 33-35.

神论者,卡普托错误地令神学隶属于德里达和解构主义;①(4)否定卡普托对德里达之宗教读解的合理性,批评卡普托令解构屈从于宗教,如欧文·威尔(Owen Ware)和亚瑟·布拉德利(Arthur Bradley)指责卡普托夸大甚至歪曲了德里达的宗教转向,②休·雷蒙特-皮卡德(Hugh Rayment-Pickard)批评卡普托忽视了德里达一直反对将解构与神学等同,宗教只是德里达隐秘的私人语言,"无神论者"才是其公共领域的身份,③迈克尔·纳斯(Michael Nass)和马丁·哈格隆德(Martin Hägglund)则完全否定德里达的宗教转向,强调德里达的思想是"激进无神论"(radical atheism)。④

此外,卡普托的政治观点也受到学界的关注。支持者认为卡普托的政治观点具有进步意义。如让-路易斯·索雷特(Jean-Louis Souletie)指出,卡普托对耶稣如何解构世界的论述,不仅解构了宗教右翼,而且补充了《新约》未加分析的缺失,并将呼应福柯的权力批判。⑤ 批评者则包括三种不同的立场:右翼分子批评卡普托未能公正评价宗教保守派,⑥中间派认为卡普托在政治上对"不可能性"(the impossible)的追求或许会引发极权主义的灾难,⑦左翼学者则认为卡普托对资本主义的政治批判不够彻底。⑧

其三,第三种类型注重比较研究,包括了影响研究以及跨文化、跨学科的

① Shane Cudney,"'Religion Without Religion':Caputo, Derrida, and the Violence of Particularity," in *Religion with/out Religion: The Prayers and Tears of John D. Caputo*, 34 – 49; Bruce Ellis Benson, "Traces of God," *Books and Culture* 6, no. 5 (2000).

② Owen Ware, "Impossible Passions:Derrida and Negative Theology," *Philosophy Today* 49, no. 2 (2005); Arthur Bradley, "Derrida's God:A Genealogy of the Theological Turn," *Paragraph* 29, no. 3 (2006).

③ Hugh Rayment-Pickard, "Review," *Modern Believing* 39, no. 3 (1998):52 – 53.

④ Michael Naas, *Derrida From Now On* (New York:Fordham University Press, 2008); Martin Hägglund, *Radical Atheism: Derrida and the Time of Life* (Stanford:Stanford University Press, 2008). 对此的反驳,可见 Steven Shakespeare, *Derrida and Theology* (London and New York:T&T Clark, 2009)。

⑤ Jean-Louis Souletie, "Bulletin de théologie fondamentale," *Recherches de Science Religieuse* 101, no. 4 (2013):624 – 625.

⑥ Brannon Hancock, "Book Review," *Reviews in Religion and Theology* 16, no. 1 (2009):49 – 52.

⑦ Berel Dov Lerner, "Review," *Philosophy in Review* 22, no. 4 (2002):257.

⑧ Michael E. Zimmerman, "John D. Caputo:A Postmodern, Prophetic, Liberal American in Paris," *Continental Philosophy Review*, no. 31 (1998); Slavoj Žižek, *First as Tragedy, then as Farce* (London:Verso, 2009), 77 – 78; Mark Manolopoulos, "A Loving Attack on Caputo's 'Caputolism' and His Refusal of Communism," *Political Theology* 14, no. 3 (2013).

平行研究。在影响研究方面，学者们将卡普托与圣保罗①、奥古斯丁②、埃克哈特、克尔凯郭尔③、尼采④、海德格尔⑤、列维纳斯⑥、德里达⑦等人进行了比较研究。在平行研究方面，与卡普托进行比较的对象，既包括神学家，如路德⑧、圣十字若望（St. John of the Cross，1542—1591）⑨、瑞士神学家卡尔·巴特（Karl Barth，1886—1986）⑩、德国神学家蒂利希（Paul Tillich，1886—

① 凯斯·普特（B. Keith Putt）将保罗神学作为卡普托激进诠释学的思想根源（B. Keith Putt，"Faith，Hope，and Love：Radical Hermeneutics as a Pauline Philosophy of Religion，" in *A Passion for the Impossible: John D. Caputo in Focus*，237‒250）。

② Коначева Светлана Александровна，"Августин и теология события，" *Вестник РГГУ*，no. 10（2014）：203‒212.

③ 诺曼·利勒加德（Norman Lillegard）指责卡普托过度诠释了克尔凯郭尔文本所缺少的"他者"概念。（Norman Lillegard，"Authority，Speech Acts，and Freedom，" in *Without Authority*（Macon，Ga.：Mercer University Press，2007），15）蒂利（Michael Tilley）探究了卡普托如何借鉴克尔凯郭尔的思想来批判形而上学，讨论社会伦理，譬如"没有教会的教会"（Michael Tilley，"Kierkegaard and Recent Continental Philosophy of Religion，" *Philosophy Compass* 8，no. 4（2013））。

④ 斯瓦特（William Swart）认为，卡普托的思想虽然不同于尼采对基督教的否定，但本质上建基于尼采对传统宗教信仰与神圣启示真理的批评，即不存在一个可被定义为上帝的至高存在者。See William Swart，"Religious Experience at the Limits of Language：Levinas，Marion and Caputo from a Post-Phenomenological Perspective"（PhD diss.：Dallas：The University of Texas at Dallas，2017）.

⑤ Luiz Hebeche，"Reactivating hermenêuticada facticidade：sobre '*Desmitologizando Heidegger*' de John D. Caputo，" *Revista portuguesa de filosofía* 59，no. 4（2003）：1309‒1320. 作者探究卡普托如何在对海德格尔的解神话化中重新激活诠释学的实际性。

⑥ 特雷纳（Brian Treanor）探究了卡普托如何在接受列维纳斯思想的同时，夸大列维纳斯的立场，贬低列维纳斯的观点。See Brian Treanor，"Absence Makes the Heart Grow Fonder，" in *Transforming Philosophy and Religion: Love's Wisdom*（Bloomington and Indianapolis：Indiana University Press，2008）.

⑦ 譬如奥利维拉（Nythamar Fernandes de Oliveira）认为，正是通过卡普托的"解神话化"，德里达的思想得以被用于进一步发展海德格尔的实际性诠释学（Nythamar Fernandes de Oliveira，"Hegel，Heidegger，Derrida：desconstruindo a mitologia branca，" *Veritas* 47，no. 1（2002）：81‒97）；考斯（Jean-Daniel Causse）讨论了卡普托的事件神学，指出基督论弥赛亚主义与德里达的弥赛亚主义同中有异，表现为"到来"的三种时态：已然到来、到来、将要到来（Jean-Daniel Causse，"Il vient. Dialogue avec John D. Caputo et sa théorie de l'événement，" *Études théologiques et religieuses* 90，no. 3（2015）：417‒431）。

⑧ S. E. M. Stopa，"'Seeking Refuge in God against God'：The Hidden God in Lutheran Theology and the Postmodern Weakening of God，" *Open Theology* 4，2018.

⑨ Daniel So，"Mystical Union and Deconstruction：A Critique of John Caputo's Analysis，" *Philosophy & Theology* 15 no.1（2003）：3‒18.

⑩ 尽管卡普托将自己与巴特对立，但埃莫瑞（Gregory Alan Emery）认为，由于巴特和海德格尔共同开启了"恐惧的惊讶、游荡、泰然任之、无/神学游戏、谦卑所指引的朝向奥秘敞开、'诠释学维度'"，故而巴特对现代性的批判与卡普托的激进诠释学处于同一条思想谱系中。See Gregory Alan Emery，"Postmodern Philosophical Theology：The Barthian and Heideggerian Origins of the Hermeneutic Dimension in the Contemporary （转下页）

1965）①、朋霍费尔（Dietrich Bonhoeffer，1906—1945）②、莫尔特曼（Jürgen Moltmann，1926—　）③、艾伯哈德·云格尔（Eberhard Jüngel，1934—　）④、英国"激进正统派"（Radical Orthodoxy）神学家米尔班克（John Milbank，1952—　）⑤、葛瑞汉·沃德（Graham Ward，1955—　）⑥、美国新约学者伯纳

（接上页）American Religious Thought of Taylor and Caputo"（PhD diss.，Temple University，1991）. 相反，海特泽尔（P. G. Heltzel）主张卡普托与巴特（及其后的新巴特主义者）的立场迥异，表现为上帝之名与上帝之言、上帝的苦弱与神圣的决断、跨宗教一神论与改革宗三一论的分歧。（Peter Goodwin Heltzel，"The Weakness of God，" *Journal for Cultural and Religious Theory* 7，no. 2（2006）：96-101.）

① Carl A. Raschke，*Postmodern Theology: A Biopic*（Eugene，Dregon：Cascade Books，2017）.

② 一方面，罗宾斯（Jeffrey W. Robbins）认为，卡普托的"反对伦理学""没有宗教的宗教"出色继承了朋霍费尔对宗教与伦理学的思考；（Jeffrey W. Robbins，"The Problem of Ontotheology Complicating the Divide Between Philosophy and Theology，" *Heythrop Journal* 43，no. 2（2002）；Jeffrey W. Robbins，*Between Faith and Thought: An Essay on the Ontotheological Condition*（Charlottesville and London：University of Virginia Press，2003）.）另一方面，内森（Craig L. Nessan）认为，卡普托与朋霍费尔在"基督中的何种事物可能与上帝同在"的问题上分道扬镳。See Craig L. Ness，"Review，" *Dialog* 54，no. 2（2015）.

③ 有关卡普托与莫尔特曼的比较研究成果以及笔者对此的分析，详见本书第二章第二节。

④ Elio Jaillet，"La（toute-）puissance de Dieu à l'épreuve du paradigme-Lecture croisée d'Eberhard Jüngel et John D. Caputo"（MA Thesis：Université de Lausanne，2017）. 作者围绕"上帝是苦弱还是全能"的议题，比较了卡普托与云格尔的观点。

⑤ 关于卡普托与米尔班克的比较研究，集中于两个方面：（1）二者对解构主义的不同读解。激进正统派成员史密斯（James K. A. Smith）利用米尔班克的观点，批判卡普托对神学的解构属于虚无主义。See James K. A. Smith，*Introducing Radical Orthodoxy*（Grand Rapids：Baker Academic，2004）. 埃雷斯（Lewis Ayres）借用米尔班克的观点，认为卡普托是未完全否定基督教和现代性的"柔性后现代主义者"。See Lewis Ayres，"John Caputo and the 'Faith' of Soft-postmodernism，" *Irish Theological Quarterly* 64，no. 1（2000）. 相反，大卫·戈伊科切亚（David Goicoechea）反对激进正统派对卡普托的批评，认为他们忽视解构对神学的贡献。See David Goicoechea，"Is the Grace that Calls Whale-Riders Back to Catholicism and More Amazing for Smith than for Derrida and Caputo，" in *The Logic of Incarnation*（Eugene，Oregon：Pickwick Publications，2009）.（2）二者对克尔凯郭尔的不同读解。蒂利（Michael Tilley）指认卡普托忽视了克尔凯郭尔的社会思想，米尔班克则将克尔凯郭尔限囿于特定宗教传统。克服这两种缺陷，就可以调和二者。列奥·斯坦（Leo Stan）指认蒂利偏重于静态的共存，正确做法应是令卡普托所强调的普遍性与米尔班克所强调的独异性实现动态互动。See Michael Tilley，"Kierkegaard and Recent Continental Philosophy of Religion，" *Philosophy Compass* 8，no. 4（2013）；Leo Stan，"From Singularity to Universality and Back Kierkegaard's Clandestine Religion，" *Rivista di Filosofia Neo-Scolastica* 105，no. 3-4（2013）.

⑥ Peter Carlsson，"Theologi som kritik：Graham Ward och den postsekulära hermeneutiken，"（PhD diss.：Göteborgs universitet，2017）. 作者在第六章中比较了沃德和卡普托在处理批判理论与基督教神学之关系上的差异，指出由于沃德受马克思主义与精神分析影响，因此：（1）沃德重视社会集体的批判，卡普托重视个人的批判与反讽；（转下页）

28

德·布莱顿·司各特(Bernard Brandon Scott，1941—　)①、福音派神学家比利·凯斯·普特(Billy Keith Putt)②，也包括介于哲学与神学之间的思想家，如克尔凯郭尔③、保罗·利科(Paul Ricoeur，1913—2005)④、列维纳斯⑤、马里翁(Jean-Luc Marion，1946—　)⑥、瓦蒂莫(Gianni Vattimo，1936—　)⑦、普

（接上页）（2）沃德重视物质因素在神学中的地位，卡普托忽视了物质因素。不过，笔者认为上述结论不能成立，因为卡普托不仅重视社会批判，肯定神学的政治维度，提出了政治诗学，而且在《The Insistence of God》中明确表达了宗教唯物主义的立场，提出了宇宙诗学。

① Joseph A. Bessler, *A Scandalous Jesus: How Three Historic Quests Changed Theology for the Better* (Salem, Oregon：Polebridge Press, 2013).

② Millard J. Erickson, *Postmodernizing the Faith: Evangelical Responses to the Challenge of Postmodernism* (Grand Rapids：Baker Books, 1998). 作者考察了深受卡普托影响的普特如何从福音派立场回应后现代主义，比较了普特与卡普托的思想异同。

③ 霍威尔(John B. Howell)认为在"宽恕"理论上，卡普托与克尔凯郭尔存在本质差异，卡普托主张无条件宽恕。John B. Howell, "Forgiveness in Kierkegaard's Ethics of Neighbor Love" (PhD diss.：Baylor University, 2009).

④ 凯斯·普特(B. Keith Putt)认为，二者均批判了基于本体—神学的传统神义论，但对上帝与恶之关系的理解迥异。See B. Keith Putt, "Indignation Toward Evil：Ricoeur and Caputo on a Theodicy of Protest," *Philosophy Today* 41, no. 3, (1997).

⑤ 法利(Wendy Farley)未注意到卡普托对列维纳斯的直接论述，仅仅将卡普托与列维纳斯作为相互独立的对象，围绕"真理"的概念，聚焦伦理学与实在的关系，比较卡普托与列维纳斯的伦理思想。See Wendy Farley, "Ethics and Reality：Dialogue Between Caputo and Levinas," *Philosophy Today* 36, no. 3 (1992).

⑥ 二者的比较集中在三个方面：（1）神人关系。如尹文俊(Won-Jun Yun)比较了卡普托与马里翁如何以不同的方式将解构主义伦理学与基督教信仰相互关联，批评马里翁忽视了上帝圣爱与人类责任的联结(Won-Jun Yun, "The 'Gift' with/of No-Return：A Christian (De) Constructive Ethic of Alterity" (PhD diss.：Southern Baptist Theological Seminary, 1999))。与之相似，斯瓦特(William Swart)认为卡普托通过考察人类对神圣的体验，弥补了马里翁的缺失(William Swart, "Religious Experience at the Limits of Language：Levinas, Marion and Caputo from a Post-Phenomenological Perspective" (PhD diss.：The University of Texas at Dallas, 2017))。（2）否定神学。如法贝尔(Roland Faber)认为，卡普托的事件神学与马里翁的神学，同属否定神学(Roland Faber, *The Divine Manifold* (Lanham and London：Lexington Books, 2014))。安泽允(안택윤)比较了卡普托与马里翁对超越性的不同看法，主张卡普托不同于马里翁，既受到否定神学启发，又背离了否定神学，转向"伪超越性"(pseudo-transcendence)或"内在超越性"(안택윤, "부정 신학적 '신적 초월'의 포스트모던적 이해에 대한 비교 연구：데리다, 카푸토의 해체론과 마리옹의 탈형이상학론을 중심으로," 신학논단, no. 81 (2015)：139‐172)。德罗比雪夫(В. Н. Дробышев)注重比较卡普托与马里翁在否定神学上的差异，倾向于卡普托(В. Н. Дробышев, "Апофазис и дистанция," *Вестник Русской христианской гуманитарной академии* 17, no. 2 (2016)：390‐403)。（3）赠予的问题(Joeri Schrijvers, *Ontotheological Turnings?* (New York：SUNY Press, 2011))。

⑦ 相关研究主要分为两种，一种是肯定二者的共同点，将二者的弱思想视为后现代思想和后世俗主义的代表(Victoria Barker, "After the Death of God：Postsecularity?" *Journal of Religious History* 33, no. 1 (2009)；Aurimas Okunauskas, "Konfliktas (转下页)

兰丁格（*Alvin Carl* Plantinga，1932—　）①、韦斯特法尔（Merold Westphal，1940—　）②、马克·泰勒（Mark C. Taylor，1945—　）③、理查德·科尼

（接上页）kaip tiesos sąlyga－G. Vattimo ir J. D. Caputo，"*Religija ir kultūra*，no.14－15（2014）：123－131），另一种关注二者的差异（如卡普托更侧重宗教、更关注信仰与理性的关系），将其原因归为对黑格尔、尼采、海德格尔、伽达默尔和德里达等人以及"上帝之死"论题的不同理解（Jeffery L. Kosky，"Review，"*Journal of the American Academy of Religion* 76，no. 4（2008）；Daniel Price，"Review，"*Literature and Theology* 22，no. 1（2008）；Jean-Claude Leveque，"El concepto de 'acontecimiento' en Heidegger，Vattimo y Badiou，"*Azafea*，no. 13（2011）：69－91；Frederiek Depoortere，"Het gebed van Gianni Vattimo en John Caputo：De problematiek van de bemiddeling bekeken vanuit twee hedendaagse filosofen，"*Tijdschrift voor Geestelijk Leven*，2013：77－85）。

① 卡普托与普兰丁格常被学者分别视为美国欧陆宗教哲学与分析宗教哲学的代表，通过对二者的比较研究，(1) 尼克·特拉卡基斯（Nick Trakakis）认为，二者的差异显示出分析哲学采取的是科学的方式，欧陆哲学采取的是人文艺术的方式（Nick Trakakis，"Meta-Philosophy of Religion：The Analytic-Continental Divide in Philosophy of Religion，"*Ars Disputandi* 7，no. 1（2007）：179－220）(2) 西蒙斯（J. Aaron Simmons）和本森（Bruce Ellis Benson）主张欧陆宗教哲学与分析宗教哲学并非迥然对立，而是相互补充。See J. Aaron Simmons and Bruce Ellis Benson，*The New Phenomenology: A Philosophical Introduction*（London and New York：Bloomsbury，2013）。

② 研究者基本上将卡普托与韦斯特法尔视为后现代宗教哲学的两种不同进路，但具体的结论有所不同。如亨利克森（Jan-Olav Henriksen）归纳为对超越性的不同态度，西蒙斯（J. Aaron Simmons）理解为主观性与客观性的差别，桑德斯（Justin Sands）概括为哲学关怀与神学关怀的分野，索洛维耶（Роман Соловій）归纳为激进解构主义与"方法论—知识论"的分歧。吉翁（Jacob Given）肯定了卡普托对确定性信条的质疑，批评韦斯特法尔将解构与教义信条对立。See Jan-Olav Henriksen，"Thematizing Otherness：On Ways of Conceptualizing Transcendence and God in Recent Philosophy of Religion，"*Studia Theologica* 64，no. 2（2010）；J. Aaron Simmons，"Apologetics after Objectivity，"in *Reexamining Deconstruction and Determinate Religion*，23－59；Justin Sands，"Radical Eschatology：Westphal，Caputo，and Onto-Theology，"*Louvain Studies*，no. 38（2014）；Роман Соловій，"Християнське богослов'я перед викликом постмодернізму：методологічний та радикальний підходи до взаємодії，"*Богословские размышления：Евро-Азиатский журнал богословия*，no. 17（2016）：222－233. Jacob Given，"Letting the Finite Vanishing：Hegel，Tillich，and Caputo on the Ontological Philosophy of Religion，"*Concept* 38，2015.

③ 关于卡普托与马克·泰勒的比较研究：(1) 既有对卡普托的支持，赞同卡普托对泰勒的"无/神学"的批判。See J. J. G. van den Bosch，*Een apologie van het onmogelijke：Een kritische analyse van Mark C. Taylors a/theologie aan de hand van Jacques Derrida en John D. Caputo*（Zoetermeer：Boekencentrum，2002）；Lars Sandbeck，"Rastløs uendelighed：Fantasibegrebets religionsfilosofiske relevans"（PhD diss.：Københavns Universitet，2009）：191.（2）也有为马克·泰勒辩护，如马诺洛普洛斯（Mark Manolopoulos）认为泰勒《越轨》（*Erring*）是在德里达关注宗教问题前出版的，有其前瞻性，不应过分苛责。See Mark Manolopoulos，"Caputo in a Nutshell：Two Very Introductory（and Slightly Critical）Lectures，"*Postmodern Openings Journal* 4，no. 2（2013）.（3）还有较为中立的态度，如尹文俊（윤원준）比较双方的神学和伦理学思想，既肯定卡普托对泰勒的批评，又指出卡普托存在建构另一种伦理体系的（转下页）

（Richard Kearney，1954—　　）①，还有诸多非神学领域的思想家，如瑞士心理学家宾斯万格（Ludwig Binswanger，1881—1966）②，英国思想家以赛亚·伯林（Isaiah Berlin，1909—1997）③、西蒙·克里奇利（Simon Critchley，1960—　　）④，法国哲学家扬凯列维奇（Vladimir Jankélévitch，1903—1985）⑤，德国哲学家狄尔泰（Wilhelm Dilthey，1833—1911）⑥、哈贝马斯（Jürgen Habermas，1929—　　）⑦，美国哲学家乔治·斯坦纳（George Steiner，1929—2020）⑧、理查德·罗蒂（Richard Rorty，1931—2007）⑨，爱尔兰哲学家戴斯蒙

（接上页）危险（윤원준，"포스트모던적 신의 죽음과 윤리：Mark C. Taylor 와 John D. Caputo 신학의 비교，" 한국조직신학논총，no. 42（2015）：87‒119）。

① Brain Treanor，"The God Who May Be：Quis ergo amo cum deum meum amo?" *Revista Portuguesa de Filosofia* 60，no.4（2004）：985‒1010.

② 施里赫斯（Joeri Schrijvers）试图利用宾斯万格的"爱的现象学"来克服卡普托与哈格隆德（Martin Hägglund）在读解德里达上的分歧，进而将其作为一种新的宗教哲学进路（Joeri Schrijvers，"Hedendaagse godsdienstfilosofie：Een inleiding，" *Tydskrif vir Geesteswetenskappe* 58，no. 3（2018）：445‒463）。

③ Ronald H. McKinney，S. J.，"Towards a Postmodern Ethics：Sir Isaiah Berlin and John Caputo，" *The Journal of Value Inquiry*，no. 26（1992）.

④ Calvin Dieter Ullrich，"Simon Critchley，John D. Caputo and Radical Political Theology?" *International Journal of Philosophy and Theology* 79，no. 1‒2（2018）. 作者认为二者的思想互补相辅。

⑤ 卢尼（Aaron T. Looney）由卡普托切入德里达与扬凯列维奇之争，比较了卡普托与扬凯列维奇对"遗忘""宽恕"的观点异同，特别指出扬凯列维奇过分关注宽恕是否可能，忽视了"时间"所扮演的角色。See Aaron T. Looney，*Vladimir Jankélévitch: The Time of Forgiveness*（New York：Fordham University Press，2015）.

⑥ Jocab Owensby，*Dilthey and the Narrative of History*（Ithaca and London：Cornell University Press，1994）. 作者主张狄尔泰的诠释学与卡普托的激进诠释学相类。

⑦ 约翰·杜比（John A. Doody）认为，卡普托的激进诠释学与哈贝马斯的商谈伦理学具有诸多相似性，尤其是均批判了亚里士多德的伦理学。See John A. Doody，"Radial Hermeneutics，Critical Theory and the Political，" *International Philosophical Quarterly* 31，no. 3（1991）.

⑧ 索埃罗（Ricardo Gil Soeiro）比较了斯坦纳的超越性诠释学与卡普托的激进诠释学，认为斯坦纳的观点仍属于在场形而上学。See Ricardo Gil Soeiro，*Grammatical da Esperança: Da Hermeneutica da Transcendencia à Hermeneutica Radical*（Lisboa：Nova Vega，2009）；Ricardo Gil Soeiro，"From the Meaning of Meaning to Radical Hermeneutics，" *E-LOGOS‒Electronic Journal for Philosophy* 24，no. 2（2017）：33‒44.

⑨ 博顿·安德烈（Berten André）认为，卡普托虽看似不虔诚，但沉迷于宇宙的奥秘，罗蒂则将这种对不可能性的理解视为一种想象，并且拒绝卡普托由海德格尔继承而来的激情。See Berten André，"Comment peut-on être un Américain continental?" *Revue Philosophique de Louvain* 99，no. 2（2001）：291‒297. 李泰夏（이태하）比较罗蒂的宗教观与卡普托的"没有宗教的宗教"，认为双方的相似性在于更积极对待绝望与苦难中的盼望，迥异于福柯的悲观态度（이태하，"탈근대성의 시각에서 바라본 종교：푸코와 로티，" 철학연구，no. 32（2006）：169‒198）。

德(William Desmond，1951—)①；既有上述的西方思想家，也包括东欧、拉美、亚洲、非洲的思想家，如罗马尼亚哲学家塞尔杜（Alexandru Surdu，1938—)②、捷克天主教神学家哈利克（Tomáš Halík，1948—)③、拉美解放神学代表人物古铁雷斯（Gustavo Gutiérrez，1928—)④、巴西哲学家努涅斯（Benedito Nunes，1929—2011）⑤、韩国民众神学代表人物安炳茂（1922—1996）⑥、日本哲学家田边元（1885—1962）⑦、南非神学家约翰·西利尔斯（Johan Cilliers，1954—)⑧。这种比较虽然涉及"上帝苦弱还是全能"、神人关系、政治神学、神学与马克思主义、宗教与无神论之关系、死亡等诸多议题，但没有直接涉及"诗学"（即如何言说上帝）的问题。

其四，第四种类型注重应用研究，将卡普托的思想作为理论工具或方法论，应用于诸多领域的研究，如西方思想研究⑨、伦理

---

① Christopher Ben Simpson，*Religion, Metaphysics, and the Postmodern: William Desmond and John D. Caputo*，（Bloomington and Indianapolis：Indiana University Press，2009）；Dennis Vanden Auweele，"The Poverty of Philosophy：Desmond's Hyperbolic Gifts and Caputo's Events，"*American Catholic Philosophical Quarterly* 87，no. 3（2013）.二者在比较中，均站在戴斯蒙德一侧，批评卡普托否定了具体的神学内容。

② Sergiu Bălan，"O perspectivă asupra relației dintre subsistență și transcendență，"*Revista de filosofie* 90，no. 1（2018）：5－14.作者介绍了包括卡普托在内的当代西方宗教哲学家与神学家对超越性的看法，并试图用塞尔杜观点，将"超越性"视为"持存性"，来解决内在性与超越性的问题。

③ Leo Oosterveen，"Naar een nieuwe omgang. Tomàs Halik en John Caputo over geloof en ongeloof，"*Tijdschrift voor Geestelijk Leven*，2018：65－77.作者比较了卡普托与哈利克对宗教信仰和无神论的见解。

④ Raúl Zegarra，"Esbozos del reino de Dios：hacia un lenguaje teológico solidario con la historia，"*Cuestiones Teológicas* 39，no. 92（2012）：303－320.作者聚焦卡普托与古铁雷斯在肯定历史性、处理信仰与人类实存、天国与人世之关系上的思想共性。

⑤ Elton V. Sadao Tada，"O Ateísmo Metodológico：Teologia e hermenêutica existencial，"*REFLEXUS: Revista de Teologia e Ciências das Religiões* 8，no. 11（2014）：151－165.作者通过分析萨特、蒂利希、海德格尔和卡普托的观点，并借用努涅斯的观点对之展开批判，最终将"方法论的无神论"作为存在主义、诠释学与宗教的交汇处。

⑥ 김민아，"카푸토의'약한 신학'과 안병무의 민중신학 비교 연구-약자를 위한 신학의 가능성을 중심으로-，"종교와 문화，no. 30（2016）：67－98.作者通过比较卡普托的苦弱神学与安炳茂的民众神学，探究"为弱者的神学"（theology for the weak）之可能性。

⑦ 田島樹里奈，《「死の哲学」と「不可能なもの」：田辺元からJ・カプートへ》，《比較思想研究》，第 39 期，2012 年，第 50—58 页。作者比较了卡普托的"不可能性"与田边元的"死亡哲学"。

⑧ Rein Brouwer，"The（Beauty of the）Foolishness of God，"*Stellenbosch Theological Journal* Supp. 5，no. 2（2019）：29－50.

⑨ 卡普托对西方思想家的读解经常被作为重要研究成果加以使用（譬如其早年的阐释仍被用于为海德格尔的"新人道主义"辩护，参见 Richard J Bernstein，"Heidegger（转下页）

学①、神学理论建构②、《圣经》研究③、政治神学④、宗教对

（接上页）on Humanism," in *Existentialist background: Kierkegaard, Dostoevsky, Nietzsche, Jaspers, Heidegger* (New York：Garland, 1997), 175 - 194)，这一点在非英语学界尤为如此，譬如被用于探究德里达的"khôra"概念（Ieva Rudžianskaitė, "Sąvokos Chōra Permąstymas Derrida Filosofijoje：Tikėjimo be Ontoteologijos Dominavimo Galimybė," *Problemos*, no. 85（2013）：118 - 129)、德里达的终末论批评（Iwona Boruszkowska and Michał Koza, "Ostateczna de（kon）strukcja. Nuklearna apokalipsa Derridy," *Czas Kultury*, no. 5（2014）：92 - 103)、埃克哈特的神学（손호현, "신정론과 위안：에크하르트의『하나님의 위안』연구," 神學研究, no. 72（2018）：63 - 90)、"诠释学循环"的问题（Patryk Szaj, "Zwi（ch）nięte koło radykalnohermeneutyczne," *Przestrzenie Teorii*, no. 30（2018）：231 - 234)、西方现代诠释学哲学［Włodzimierz Lorenc, *Filozofia hermeneutyczna: Inspiracje, klasycy, radykalizacje*（Warszawskiego：Wydawnictwa Uniwersytetu, 2019)］。萨德（Elie A. Saade）借鉴卡普托的苦弱神学，读解威廉·詹姆斯的宗教哲学。Elie A. Saade, "The Call to Believe and The Weak God in William James's Philosophy of Religion"（PhD diss.；Villanova University, 2016)。

① 马克·杜利（Mark Dooley）借鉴卡普托的相关阐释，探讨克尔凯郭尔的责任伦理学（Mark Dooley, *The Politics of Exodus: Soren Kierkegaard's Ethics of Responsibility*（New York：Fordham University Press, 2001))。卡普托批评列维纳斯的伦理与政治二分，这启发了学者对伦理与政治、共同体之关系的讨论（Barry Smart, *Facing Modernity: Ambivalence, Reflexivity, and Morality*（London, Thousand Oaks and New Delhi：SAGE, 1999)。

② 斯蒂芬·摩尔（Stephen D. Moore）在卡普托激进诠释学的启发下，提出后现代解经学（Stephen D. Moore, *Literary Criticism and the Gospels: The Theoretical Challenge*（New Haven：Yale University Press, 1989), 108 - 170)；借鉴卡普托的事件神学，福尔廷（Jean-Pierre Fortin）试图建构后现代基督论（Jean-Pierre Fortin, "Symbolism in Weakness：Jesus Christ for the Postmodern Age," *The Heythrop Journal* 58, no. 1（2017))，金秀妍（김수연）试图建构"无—神学"（non-theology)（김수연, "'비-신학'의 틀로서 신학-하기：급진적 관계성의 실현을 위한 정치신학담론 연구," 한국조직신학논총, no. 55（2019）：41 - 76)，罗察（Abdruschin Schaeffer Rocha）试图建构"对话神学"（Abdruschin Schaeffer Rocha, "Entre o dizer e o não-dizer：por uma epistemologia da revelação nos limites da linguagem," *Teoliterária* 8, no. 15（2018）：92 - 121)。

③ 伊琳娜·香宾（Elaine Champagne）借助卡普托的阐释，重新读解福音书对马大与玛利亚的描述，探究"迎袭"（*hospitalité*）与沉思的关系（Elaine Champagne, "L'Autre Autrement：Hospitalité et contemplation," *Laval théologique et philosophique* 74, no. 2（2018）：243 - 254)；安提尔（Guilhen Antier）将卡普托的神诗学应用于对《圣经》的读解，探究神诗学如何介入政治（Guilhen Antier, "Des miettes pour les chiens（Mt 15,21 - 28）ou comment jouer théopoétiquement avec la police," *Études théologiques et religieuses* 94, no. 2（2019）：313 - 336)。

④ 罗宾斯（Jeffrey W. Robbins）将卡普托的神学应用于政治神学，提出"弥赛亚性政治神学"（messianic political theology)，对抗卡尔·施米特的政治神学；施米德尔（Ulrich Schmiedel）将卡普托的神学与朱迪斯·巴特勒（Judith Butler）的理论结合，讨论难民问题中的政治神学。See Jeffrey W. Robbins, "Left Behind：The Messianic without Sovereignty," *Journal for Cultural Research* 14, no. 3 - 4（2009); Ulrich Schmiedel, "Mourning the Un-mournable? Political Theology Between Refugees and Religion," *Political Theology* 18, no. 7（2017）：612 - 627.

话①、新兴教会运动②、教牧学③、讲道学④、实践哲学⑤、文化研究⑥、电影研究⑦、城市研究⑧、性别研究⑨、心理学⑩、历史学⑪、教育

---

① 如上文所述的印尼案例。

② 莫迪（Katharine Sarah Moody）从理论层面，论证如何将卡普托的"没宗教的宗教"应用于新兴教会运动的实践。See Katharine Sarah Moody, *Radical Theology and Emerging Christianity*（London：Ashgate，2015）.

③ Pascale Renaud-Grosbras, "Pour une théologie du mouvement：l'épreuve de la pratique pastorale," *Études théologiques et religieuses* 90, no. 3（2015）：453-464.

④ Phil Snider, *Preaching After God: Derrida, Caputo, and the Languages of Postmodern Homiletics*（Eugene, Oregon：Cascade Books, 2012）；David Schnasa Jacobsen, "Review of *The Insistence of God*," *Homiletic* 39, no. 2（2015）：57；David Schnasa Jacobsen, "Review of *Hoping against Hope*," *Homiletic* 41, no. 1（2016）：92-93.

⑤ 加拉格尔（Shaun Gallagher）和雅努什凯维奇（Michal Januszkiewicz）用卡普托的激进诠释学，探究诠释学的"实践智慧"。See Shaun Gallagher, "The Place of *Phronesis* in Postmodern Hermeneutics," in *The Very Idea of Radical Hermeneutics*, 22-30；Michał Januszkiewicz, "*Phronesis*：racjonalność hermeneutyczna," *Przestrzenie Teorii*, no. 25（2016）：81-94.

⑥ 瓦德（Pete Ward）指出卡普托的宗教观对大众文化与宗教之关系研究具有启发价值（Pete Ward, *Gods Behaving Badly: Media, Religion, and Celebrity Culture*（Waco, Tex.：Baylor University Press, 2011））；李泰光（이택광）将卡普托的理论应用于对流行文化的分析，认为超级英雄及其消费印证了卡普托的"没有宗教的宗教"（이택광, "얼굴, 코스튬, 슈퍼히어로：대중문화와 영성", 비평과이론 19, no. 1（2014）：141-162）。

⑦ 约翰·麦克道威尔（John C. McDowell）对《星球大战》与宗教之关系的研究借鉴了卡普托的宗教读解（John C. McDowell, *The Gospel Accoding to Star Wars*（Louisville：Westminster John Knox Press, 2007））。

⑧ 贝彻尔（Sharon V. Betcher）将卡普托关于"肉身"（flesh）、"责任"（obligation）的理解应用于城市研究（尤其牵涉残障人群问题）。Sharon V. Betcher, *Spirit and the Obligation of Social Flesh: A Secular Theology for the Global City*（New York：Fordham University Press, 2014）.

⑨ 布兰特（Wil Brant）将卡普托的"反对伦理学"和"非宗教的宗教"应用于对男同性恋夜店文化（gaymale clubculture）的研究，要将卡普托的理论"酷儿化"（Wil Brant, "Why Go to Church When You Can Drink with Mary? Gaymale Clubculture as Religion without Religion against Ethics," *Theology & Sexuality*, no. 15（2001）：32-44）；阿莫尔（Ellen T. Armour）在卡普托对德里达之读解的基础上，选择德里达《割礼忏悔》（*Circumsfession*）中被卡普托忽视的"母亲"形象，探究性别差异如何形塑本体—神学之后的宗教观。See Ellen T. Armour, "Beyond Belief：Sexual Difference and Religion after Ontotheology," in *Difference in Philosophy of Religion*, ed. Philip Goodchild（London and New York：Routledge, 2018）.

⑩ Ryan Kemp, "Rock-Bottom as an Event of Truth," *Existential Analysis* 24, no.1（2013）：106-116.作者将卡普托的事件理论应用于分析戒瘾治疗（oddiction treatment）。

⑪ 马森（Mark Mason）力图用卡普托的理论解构现代历史哲学，主张后现代历史哲学应围绕"不可能性"、弥赛亚性（而非弥赛亚主义），体现"对不可能性的激情"。See Mark Mason, "Exploring 'the Impossible'：Jacques Derrida, John Caputo and the Philosophy of History," *Rethinking History* 10, no. 4（2006）. 在此基础上，马森还借用卡普托对德里达的诠释，回应对后现代历史学的批评。Mark Mason, "Historiospectography? Sande Cohen on Derrida's Specters of Marx," *Rethinking History* 12, no. 4（2008）：483-514.

学①、科学②、法学③、商学④、管理学⑤、宗教人类学⑥、宗教社会学⑦、社会工作⑧，成果十分丰富。不过最主要的成果出现在文学与艺术领域，卡普托的思想不仅被应用于文学理论领域，如小说在后现代世界中的认识论意义、⑨

① 一些学者借助卡普托的激进神学，探究后世俗时代的宗教教育。See Jacob W. Neumann，"Critical Pedagogy and Faith"，*Educational Theory* 61, no. 5（2011）；François Nault，"John D. Caputo, penseur de l'éducation: philosophie, hantologie, théologie," *Études théologiques et religieuses* 90, no. 3（2015）: 433 – 451；James Michael Nagle，"How We Get Somewhere Religiously: Religious Education and Deconversion," *Religious Education* 112, no. 3（2017）.也有学者将其应用于伦理教育。See Claudia W. Ruitenberg, *Unlocking the World: Education in an Ethics of Hospitality*（New York: Routledge, 2015）.

② Robert Crease, "The Hard Case: Science and Hermeneutics," in *The Very Idea of Radical Hermeneutics*, 96 – 105.

③ Rick Linden, *Criminology: A Canadian Perspective*（Toronto: Nelson Education, 2009）. 作者借鉴卡普托对"法律"与"正义"之关系的看法，评论了批判犯罪学（critical criminology）中的加拿大原住民问题。

④ 古斯塔夫森（Andrew Gustafson）将卡普托《反对伦理学》中的观点作为后康德主义伦理学代表，借此建构新型商业伦理学（Andrew Gustafson，"Rorty, Caputo and Business Ethics without Metaphysics: Ethical Theories as Normative Narratives," *Business Ethics: A European Review* 19, no. 2（2010））；莫兰德（Molle Painter-Morland）和洛斯（René Ten Ros）利用卡普托的后现代主义伦理学，探讨商业伦理中的揭发检举内幕（"吹哨"）（whistle-blowing）问题（Molle Painter-Morland and René Ten Ros, "Whistle-blowing," in *Buiness Ethics and Continental Philosophy*（Cambridge: Cambridge University Press, 2011）, 199 – 219）。

⑤ 德斯兰德斯（Ghislain Deslandes）将卡普托的弱思想应用于管理学，提倡以"弱管理"对抗泰勒主义的强管理。See Ghislain Deslandes, "Weak Theology and Organization Studies," *Organization Studies* 41, no. 1（2020）.

⑥ 亨利（Christine Tind Johannessen-Henry）将卡普托的事件神学纳入终末论的理论范畴，应用于探究信仰在癌症患者日常生活中所扮演的角色。See Christine Tind Johannessen-Henry, "Hverdagskristendommens polydoksi: En empirisk-teologisk undersøgelse af tro i cancerrejsens kontekst"（PhD diss.: Københavns Universitet, 2013）.

⑦ Richard K. Fenn, "Epilogue: Toward a Scular View of the Individual," in *The Blackwell Companion to Sociology of Religion*（Oxford and Malden: Blackwell, 2003）, 445 – 468. 作者的讨论利用了卡普托的观点。

⑧ 霍纳（Lindsey K. Horner）将卡普托的后世俗理论应用于菲律宾棉兰岛的和平与发展工作。See Lindsey K. Horner, "Rethinking Development and Peacebuilding in Nonsecular Contexts: A Postsecular Alternative in Mindanao," *Third World Quarterly* 38, no. 9（2017）: 2009 – 2026.

⑨ Sara Marzana, "One and Many Truths Artistically Acknowledged," *Exchanges: The Interdisciplinary Research Journal* 5, no. 2（2018）. 作者的依据是她认为卡普托主张多元真理观。

欧陆宗教哲学对文学研究的启发①、"阅读的伦理"问题,②还被应用于对具体作家作品的分析,包括了英国作家莎士比亚、③格雷厄姆·格林(Graham Greene, 1904—1991)④、珍妮特·温特森(Jeanette Winterson, 1959—)⑤,美国作家托妮·莫里森(Toni Morrison, 1931—2019)⑥、科马克·麦卡锡(Cormac McCarthy, 1933—)⑦、托马斯·品钦(Thomas Pynchon, 1937—)⑧,意大利作家普里莫·莱维(Primo Levi, 1919—1987)⑨,荷兰诗人兹瓦格曼(Joost

① Elisabeth M. Løvlie, "Kallet fra en kommende hemmelighet - Om den religiøse vending i kontinental teori og mulige åpninger mot det litterære," *Norsk litteratur-vitenskapelig tidsskrift* 13, no. 1 (2010): 38 - 53. 作者借助卡普托的观点,归纳了欧陆宗教哲学的三大观念(秘密、到来的未来、不可读解性),将其用于文学研究中。

② Krystyna Koziołek, "Ziemia niczyja. Zwroty badawcze w literaturoznawstwie i ich konsekwencje dla nauczania literatury," *Postscriptum Polonistyczne* 2, no. 10 (2012): 109 - 126. 作者试图借鉴卡普托的神学思想,强调阅读的伦理反应,克服文学阅读的价值论问题,并应用于具体的文学教学之中。

③ 伯内特(Mark Thornton Burnett)将卡普托对"hospitality"的阐释用于对《李尔王》的分析(Mark Thornton Burnett, "King Lear, Service and the Deconstruction of Protestant Idealism," in *The Shakespearean International Yearbook*, Vol. 5, ed. Michael Neil (Aldershot and Brookfield: Ashgate, 1999), 76)。卡普托的观点还被用于分析《雅典的泰门》(Michelle Lee ed., *Shakespearean Criticism* (Farmington Hills: Gale, 2008))。

④ Elisabeth A. Burke, "Postmodern Christian Faith and the Literature of Graham Greene: A Radical Hope Envisioned" (PhD diss.: Claremont Graduate University, 2019). 作者借助卡普托的后现代神学,以格林笔下的人物为例,思考后现代基督教信仰如何可以被付诸实践。

⑤ Emily McAvan, *Jeanette Winterson and Religion* (London: Bloomsbury Academic, 2000).

⑥ Belinda du Plooy and Pamela Ryan, "Identity, Difference and Healing: Reading *Beloved* within the Context of John Caputo's Theory of Hermeneutics," *Literator* 26, no. 1 (2005). 作者主张卡普托发展了福柯的理论,将"疯狂"解释为一种人类苦难,提出了一种回应与矫正的诠释学和一种治愈姿态的疗法。因此,作者选择将卡普托的观点应用于读解托妮·莫里森的《宠儿》(*Beloved*),认为这能够帮助我们理解苦难与希望。在此,笔者需要补充指出的是,2009 年卡普托在一个完全不同的语境中曾提及莫里森的《宠儿》,指出如果依据齐泽克读解保罗时采取的逻辑,那么,《宠儿》主人公塞丝(Sethe)以及希腊神话中美狄亚牺牲自己儿子的行为,将与上帝牺牲耶稣的行为一样,都是"超越律法,打开新的自由与恩典秩序"(John D. Caputo, "Postcards from Paul: Subtraction versus Grafting," in *St. Paul among the Philosophers* (Bloomington and Indiana University Press, 2009), 11)。

⑦ Zachary A. Williams, "The Weakness of God in Cormac McCarthy's *Blood Meridian*," *Critique: Studies in Contemporary Fiction* 57, no. 3 (2016). 作者借用卡普托的"上帝的苦弱",读解麦卡锡的《血色子午线》(*Blood Meridian*)。

⑧ Judith Cahmbers, *Thomas Pynchon* (New York: Twayne, 1992). 作者利用卡普托《激进诠释学》中的相关理论,主张卡普托与品钦的思想相契,共同追问伦理在后现代何以可能。

⑨ Em McAvan, "The Reprieve: Weak Messianism and the Event in Primo Levi's *Moments of Reprieve*," *Literature and Theology* 25, no. 2 (2011). 作者借助卡普托的事件神学,分析莱维的奥斯威辛回忆录《缓刑时刻》(*Moments of Reprieve*),试图解释其中的弱弥赛亚思想。

Zwagerman，1963—2015）①，巴西作家李斯佩克朵（Clarice Lispector，1920—1977）②，波兰诗人密茨凯维奇（Adam Mickiewicz，1798—1855）③、瓦塔（Aleksandra Wata，1900—1967）④、沃普斯扎（Witold Wirpsza，1918—1985）⑤、鲁热维奇（Tadeusz Różewicz，1921—2014）⑥，波兰作家梅德斯齐娅（Ewy Madeyskiej，1971—　）⑦，俄国作家马卡宁（Vladimir Makanin，1937—2017）⑧、罗马尼亚作曲家埃内斯库（Goerge Enescu，1881—1995）⑨，印度文学家泰戈尔⑩等人。

　　不过，我们发现，尽管外国学界已有上述研究成果，然而对卡普托的事件诗学的研究较为匮乏，不仅较少有学者从事件诗学的视角出发，对他的哲学、神学、伦理学、政治学等思想进行系统诠释，而且尚未有学者以诗学为线索，全面整合卡普托的思想体系。而在现有的研究成果中：

---

① Rein Brouwer，"God as Burden：A Theological Reflection on Art，Death and God in the Work of Joost Zwagerman，" *HTS Theological Studies* 73，no.4（2017）．

② Cicero Cunha Bezerra，"Clarice Lispector：acontecimento，Deus e literature，" *Horizonte* 15，no. 48（2017）：1504‐1524．作家将卡普托的激进诠释学应用于对李斯佩克朵小说的读解。

③ Agnieszka Bednarek-Bohdziewicz，"'Sługa panu zaprzedany'… Mickiewiczowskie wieszczenie teologii słabego Boga，" *Konteksty*，no. 3（2019）：77‐83．作者以卡普托的"上帝的苦弱"讨论密茨凯维奇对苦弱上帝的理解。

④ Patryk Szaj，"Dotkliwe wiersze Aleksandra Wata，" *Pamiętnik Literacki*，no. 1（2018）：105‐127．作者借用卡普托对身体（body）和肉身（flesh）的区分，读解瓦塔的诗歌。

⑤ Piotr Bogalecki，"'Trójka widm w bezokoliczniku'．Spektralne koniugacje Witolda Wirpszy，" *Teksty Drugie*，no. 2（2016）：254‐271．作者借助卡普托、德里达、阿甘本等人的理论，讨论沃普斯扎的诗歌《悲痛与远光》（*gryzota i dalekie światło*）中的幽灵问题和后世俗性。

⑥ 萨伊（Patryk Szaj）利用卡普托的激进诠释学与责任诗学读解鲁热维奇作品中人与非人的伦理关系。See Patryk Szaj，"Niepokoje．Tadeusz Różewicz wobec tzw. zwierząt hodowlanych，" *Narracje o Zagładzie*，no. 3（2017）：103‐120；Patryk Szaj，"Zimna hermeneutyka Tadeusza Różewicza"，*Pamiętnik Literacki*，no. 1（2017）：49‐75．

⑦ Anna Sobiecka，"Interpretacje nowego dramatu polskiego．Przypadek Pętli Ewy Madeyskiej，" *Białostockie Studia Literaturoznawcze*，no. 12（2018）：151‐167．作者借助卡普托、伊利亚德的理论，讨论了梅德斯齐娅戏剧《环》（*Pętli*）中的神圣与世俗关系。

⑧ Krzysztof Tcyzko，"Utrata Władimira Makanina‐ku hermeneutycznemu radykalizmowi，" *Przestrzenie Teorii*，no. 30（2018）：303‐313．作者利用卡普托激进诠释学的"流动"概念，分析马卡宁的微小说《失落》。

⑨ Maria-Roxana Bischin，"Elemente Ale De-'De-Constructieţ' În «Oɔdipe，Opus 23» de Goerge Enescu，" *Sæculum* 46，no. 2（2018）：105‐110．作者借助卡普托等人的理论，探究埃内斯库音乐作品中对"存在"的双重"解—解构"。

⑩ Bharatwaj Iyer，"*Gitanjali's* Weak Theology：The Poetics of Tagore and Caputo，" *CrossCurrents* 69，no.2（2019）：164‐173．该文利用卡普托的思想，分析泰戈尔的《吉檀伽利》（*Gitanjali*）。

（1）一些学者虽然涉及"诗学"话题，但并未与卡普托的事件诗学相勾连，止步于谈论卡普托的写作风格，将"诗学"作为文学修辞手法。如拉贝尔（Gerda Wever-Rabehl）、卡恩斯（Cleo McNelly Kearns）和斯托法尼克（Štefan Štofanik）认为，卡普托在写作中采取了诗学的修辞手法，令后现代思想的重要主题得到贴切的表现，从而能够走出学院象牙塔，获得公众的广泛接受。①

（2）有学者从美学的角度出发，认为卡普托忽视了艺术的问题，主张通过对审美经验的现象学分析，可以帮助我们获得一种契合卡普托观念的责任观。至于诗学的问题，作者仍将其局限于写作风格。②

（3）上文提及的那些将卡普托理论应用于文学领域的研究，仅仅将卡普托的理论当成一种诗学之外的神学或哲学思想工具，几乎都未提及卡普托的事件诗学，只有布劳沃（Rein Brouwer）在读解荷兰诗人兹瓦格曼（Joost Zwagerman，1963—2015）的作品时，曾经提及卡普托的"不可能性诗学"，但只是将其理解为如何用具体的诗歌言说事件，未能展开更深入的讨论。③

（4）在直接讨论卡普托的事件诗学的研究中，诗学时常遭受误解：一些学者认为事件诗学乃是一种浪漫主义或审美主义的主张，譬如作为事件诗学的构成部分之一的"责任诗学"被视为一种否定伦理规范、放弃道德责任的相对主义。④ 也有一些学者将"诗学"与诗歌或诗性言说相等同，譬如大卫·米勒将卡普托的事件诗学等同于"神诗歌"（theopoetry），菲尔·施耐德将事件诗学等同于"含蓄言说"（implicitly speaking）；亦有学者将诗学与卡普托的事件神学乃至伦理学、政治学观念相割裂，忽视了事件诗学的整体性。⑤

（5）在现有关于事件诗学的较为客观的研究中，胡格斯塔拉滕将卡普托

① Gerda Wever-Rabehl, "Review," *Philosophy in Review* 26, no. 1 (2006): 9; Cleo McNelly Kearns, "*The Prayers and Tears of Jacques Derrida*: Esoteric Comedy and the Poetics of Obligation," in *A Passion for the Impossible: John D. Caputo in Focus*, 283 - 294; Štefan Štofanik, "Popularization and Autobiography Toward an Accessible Theology," *Theologica* 4, no. 1 (2014).

② R. Philip Buckley, "Of Phenomenology: A Recollection of Truth, Religion, and Art in the Work of John D. Caputo," in *Cross and Khôra: Deconstruction and Christianity in the Work of John D. Caputo*, 263 - 277.

③ Rein Brouwer, "God as Burden: A Theological Reflection on Art, Death and God in the Work of Joost Zwagerman," *HTS Theological Studies* 73, no. 4 (2017).

④ Marko Zlomislic, *Jacques Derrida's Aporetic Ethics* (Lanham and Plymouth: Lexington Books, 2007), 271.

⑤ Silas C. Krabbe, *A Beautiful Bricolage: Theopoetics as God-Talk for Our Time* (Eugene, Oregon: Wipf & Stock, 2016).

的事件诗学置于宗教对话的视域中加以研究;①卡立德·基费—佩里的《向水之路:神—诗学入门》一书对卡普托的讨论,仅仅着重于他与德里达的关联,未深入探究卡普托的事件诗学的具体内涵,全面呈现事件诗学的整体结构,也没有在"神—诗学"的历史谱系中对卡普托的思想进行准确定位。② 凯斯·普特在《恶的存在与上帝的坚持》一文中探讨了卡普托的事件诗学,将这一理论作为一种有关"神圣干预"的话语。丹尼尔·霍然《暴力世界中的上帝之国的语法》肯定了卡普托用具有终末论色彩的象征性诗学话语代替了二元论的逻辑语法,以此言说作为"事件"的上帝,同时,他也将卡普托对诗学的讨论方法应用于对暴力的神学讨论。③

综上所述,外国学界虽然对卡普托展开了不少研究,涉及诸多领域,胜义纷呈,但是对卡普托事件诗学以及基于其上的卡普托整体思想的系统研究仍有待进一步展开。

0.2.2　汉语学界

截至 2020 年 3 月,在译介方面,汉语学界对卡普托作品的翻译工作尚不充分,较诸卡普托的丰富著述,汉语译作数量十分有限(4 部著作、6 篇论文),主要集中于卡普托近 20 年的作品(仅一篇论文属于前期作品),无法呈现卡普托思想的全貌。西方研究卡普托的学术成果则罕有被翻译(仅一部论文集被翻译出版)。至于"事件诗学"(或"神—诗学"),无论是卡普托还是其他人的论述,相关译介付之阙如。具体而言,卡普托被译为中文的四部专著分别是:《耶稣如何解构?:后现代主义给教会的好消息》④(*What Would Jesus Deconstruct?: The Good News of Postmodernism of the Church*, 2007)、《哲学与神学》⑤(*Philosophy and Theology*, 2006)、《真理》⑥(*Truth*, 2013)、

---

① Marius van Hoogstraten, *Theopoetics and Religious Difference* (Tübingen: Mohr Siebeck, 2021).

② L. Called Keefe-Perry, *Way to Water: A Theopoetics Primer* (Eugene, Oregon: Cascade Books, 2014).

③ Daniel Horan, "The Grammar of the Kingdom in a World of Violence: The (Im)possible Poetics of John D, Caputo," in *Violence, Transformation, and the Sacred*, eds. Margaret R. Pfeil and Tobias L. Winright (Maryknoll, New York: Orbis Books, 2012), 71–84.

④ [美]约翰·卡普托:《耶稣如何解构?:后现代主义给教会的好消息》,陈永财译,台北:台湾基督教文艺出版社,2009 年。

⑤ [美]约翰·卡普托:《哲学与神学:追寻生命的激情》,邓绍光译,香港:基道出版社,2011 年。

⑥ [美]约翰·卡普托:《真理》,贝小戎译,上海:上海文艺出版社,2016 年。

《上帝的苦弱：一个事件神学》①(*The Weakness of God: A Theology of Event*, 2006)，均属于卡普托 2006 年以来的作品，大多与神学相关，但除了《上帝的苦弱》是严格意义上的学术著作外，其余皆为面向一般社会公众的普及读物。

汉语学界还翻译了卡普托的 6 篇论文，分别是《不可能者的使徒——德希达与马西翁的上帝概念与赠礼概念》②("Apostles of the Impossible：On God and the Gift in Derrida and Marion")、《直视不可能性：克尔凯郭尔、德里达以及宗教的再现》③("Looking the Impossible in the Eye：Kierkegaard, Derrida and the Repetition of Religion")、《弥赛亚性：等待未来》("The Messianic：Waiting for the Future")、《〈存在与时间〉之后的解释学》④、《哲学研究基础：论激进诠释学的核心观念》("A Philosophical Propaedeutic：On the Very Idea of Radical Hermeneutics")(与罗伊·马丁内兹合著)⑤、《玫瑰无意——对后期海德格尔的一种解读》⑥("The Rose is Without Why：An Interpretation of the Later Heidegger")。其中，前 3 篇论文共同表达了卡普托对"不可能性"(the impossible)的后现代神学理解，第 4、5 篇论文是卡普托从哲学角度出发，对激进诠释学的小结。第 6 篇论文属于卡普托的早期作品，虽是对海德格尔思想的讨论，但其中对"没有为什么"(without why)的聚焦与论述，不仅启发了卡普托日后对"事件"的理解，而且为卡普托嗣后因接触德里达而提出的"没有宗教的宗教"(religion without religion)埋下伏笔。此外，有一部讨论卡普托成名作《激进诠释学》的论文集(《激进诠释学精要》[*The Very Idea of Radical Hermeneutics*, 1997])被中译出版，值得注意的是，目前中国学者对卡普托的激进诠释学的研究，尚未能超越该书的论

---

① ［美］约翰·卡普托：《上帝的苦弱：一个事件神学》，芮欣译，台北：台湾基督教文艺出版社，2017 年。

② ［美］约翰·卡普托：《不可能者的使徒——德希达与马西翁的上帝概念与赠礼概念》，邓元慰译，载《道风：基督教文化评论》第 20 期(2004 春)，第 51—88 页。

③ ［美］J. D. 凯普图：《直视不可能性：克尔凯郭尔、德里达以及宗教的再现》，王齐译，载《世界哲学》，2006 年第 3 期，第 4—21 页。

④ ［美］约翰·卡普托：《〈存在与时间〉之后的解释学》，曾誉铭译，载《江海学刊》，2009 年第 1 期，第 25—32 页。节译自《激进诠释学》(*Radical Hermeneutics*)第 4 章 "Hermeneutics after *Being and Time*"。

⑤ ［美］约翰·卡普托、罗伊·马丁内兹：《哲学研究基础：论激进诠释学的核心观念》，载罗伊·马丁内兹主编，《激进诠释学精要》，汪海译，北京：中国人民大学出版社，2011 年，第 1—14 页。

⑥ ［美］约翰·卡普托：《玫瑰无意——对后期海德格尔的一种解读》，吴三喜译，载《基督教文化学刊》第 35 辑(2016 春)，第 23—47 页。

述范围。①

在研究方面,揆诸汉语学界,对卡普托的研究主要集中在他的后现代神学思想与激进诠释学两个方面,虽有数篇论文对卡普托进行了探讨,但尚未有全面呈现卡普托思想体系的学术论文、学位论文或学术专著。至于对无论是卡普托还是其他人的事件诗学的研究,则付之阙如。

在神学方面,卡普托的"没有宗教的宗教"与"苦弱神学"受到较多关注。杨慧林将《激进诠释学精要》列入其主编的《诠释学与当代世界书系》中,并较早地阐述了卡普托的以"没有宗教的宗教"为代表的后现代神学,视之为重要的思想资源与方法论,纳入自朋霍费尔、德里达、瓦蒂莫至巴丢、阿甘本、齐泽克的"基督教的非宗教诠释"(non-religious interpretation of Christianity)这一后现代思想谱系中,突显了卡普托的思想价值。② 任教于中国台湾的马来西亚华人学者曾庆豹对卡普托的理解侧重于其与德里达的关系,主张卡普托是"一位真正维护信仰并在学术界中传播'福音'(好消息)的基督徒学者……向各种思潮主义的代表人物'对话',向他们传福音"③。在《盲者的视域》中,曾庆豹征引和介绍了卡普托的一些观点,作为讨论解构与神学之关系的理论资源。中国香港学者邓绍光在其所译的卡普托《哲学与神学》的译者序言中,将卡普托定位为"海德格尔与德里达专家"。芮欣《约翰·卡普托的弱神学:以〈上帝的苦弱:一个事件哲学〉为中心》概述了卡普托《苦弱的上帝》一书内容,介绍了卡普托的"弱神学"。朱彦明《弱小神学:瓦蒂莫与卡普托》未提及卡普托与瓦蒂莫的思想分歧,只是批评两位论主存在令宗教失去具体信仰内容的危险。刘阳《事件思想史》将卡普托作为事件神学的代表,阐述了克罗克特(Clayton Crockett)《书写终结后的德里达》(Derrida After the End of Writing)一书对卡普托的评论。④

在诠释学方面,国内有几篇论文以《激进诠释学》一书为主要文本依据与研究对象,介绍了卡普托的激进诠释学。覃世艳《激进解释学的神话及其

---

① 譬如曹志平对卡普托的介绍复述了约翰·卡普托、罗伊·马丁内兹的《哲学研究基础:论激进诠释学的核心观念》一文。(曹志平:《科学解释与社会理解》,厦门:厦门大学出版社,2017 年,第 277—281 页。)

② 杨慧林:《从"差异"到"他者"——对海德格尔与德里达的神学读解》,载《中国人民大学学报》,2004 年第 4 期,第 135—143 页;杨慧林:《"非宗教"的基督教与"无神论"的神学》,载《基督教文化学刊》第 35 辑(2016 春),第 1—26 页。

③ 曾庆豹:《中译本前言》,载约翰·卡普托:《耶稣如何解构?:后现代主义给教会的好消息》,陈永财译,台北:台湾基督教文艺出版社,2009 年,第 18—19 页。

④ 刘阳:《事件思想史》,上海:华东师范大学出版社,2021 年,第 399—401 页。

死亡》从卡普托对"激进解释学"的两句评语出发,泛论后现代主义的解释学主张,但未对卡普托的激进诠释学进行研究;同时,作者将激进诠释学与解构理论视为"神话""恶作剧"乃至"理性的自慰",有失偏颇。较之覃文,李河《Repetition 与激进解释学的理论取向》的讨论相对集中,从"重复"概念出发,阐述激进解释学的基本主张,并将其与伽达默尔的思想相对立。李河另外在《"解构论解释学"与解释学的范式转换》中,将卡普托提出的"radical hermeneutics"翻译为"解构论解释学",肯定其给解释学带来了范式转换。王鑫鑫的《论激进解释学的范式转换》紧随李河的步伐,介绍了卡普托《激进解释学》一书内容,指出卡普托在"推进"和"发掘"海德格尔思想。但作者未提及卡普托与海德格尔思想的重要差异,尤其是自 1990 年代起,卡普托在《对海德格尔的解神话化》等一系列论著中,对海德格尔展开的峻厉批判。常红《激进诠释学社会科学观探析》介绍了卡普托的激进诠释学,试图揭示这一理论对社会科学的解构效用。

"事件诗学"又被卡普托称为"theo-poetics"(神—诗学),不过,无论是"事件诗学"还是"神—诗学",迄今都未被中国学界提及和研究。虽有某些著作提及相似的汉语词汇(譬如"神学诗学"),然而其英文原文、来源与用法均迥异于卡普托。如刘光耀《诗学与时间:神学诗学导论》用"theological poetics"翻译"神学诗学"(准确而言,不应译为"神学诗学",而应译为"神学的诗学"),视为一种表达基督教信仰的文学体裁,而非一种神学理论,没有像卡普托那样,更新对于神学或者宗教信仰本身的理解,进入后现代神学的领域中,也未曾试图将"神学诗学"建构为一种超越狭义层面上的"诗学"或"神学"的方法论。

综上所述,中国学界对卡普托的研究十分匮乏,尚停留于(不充分的)引介阶段,而对其事件诗学的研究,更是付之阙如,遑论以事件诗学勾连其整体思想的系统研究。

第一章

克服本体—神学：从海德格尔到卡普托

　　"本体—神学"（onto-theology）又作"本体—神—逻辑学"（onto-theo-logy），乃当代西方思想界的核心议题。对卡普托而言，"本体—神学"不是一种浅表的语言游戏，而是一种深层的思想语法；不是一种昙花一现的历史现象，而是一种根深蒂固的文化传统；不只是一个抽象的理论命题，更是一种具体的生活形式。因此，"克服本体—神学"（overcome onto-theology）是要重新打开和创造思想语法、文化传统和生活形式。这项任重道远的使命被卡普托赋予了"事件诗学"。

　　"本体—神学"概念最初由康德抉发。它由"本体论"（onto-logy）与"神学"（theo-logy）延展而来。"本体论"指"关于存在/本体的研究"，就其词源，虽由古希腊语"ὄν"和"λογία"构成，但在历史上，最初以拉丁语形式（ontologia）出现在雅各布·洛哈德（Jakob Lorhard，1561—1609）、鲁道夫·哥克尔（Rudolph Göckel，1547—1628）、马提亚斯·洛布坦茨（Matthias Lobetantz）等人的著作中，并被后继者不断使用。至莱布尼茨时，"本体论"更被认可和确立为一种区别于其他特殊科学的"普遍科学"（scientia generalis）。① 这也为嗣后的康德讨论"本体论"奠定了基础。而"神学"由"Θεός"与"λογία"构成。在古希腊，"神学"具有三种主要含义：（1）"古代神谱或宗教文本"②；（2）"对神话的寓意解释"；（3）"柏拉图、亚里士多德或

---

① Michaël Devaux and Marco Lamanna, "The Rise and Early History of the Term Ontology (1606–1730)," *Quaestio*, no. 9 (2009)：173–208.
② 伽达默尔曾指出，在希罗多德口中，"神学"与荷马相关，而"在希罗多德之后，当我们说那一时代的'神学'时，我们所另指的其他诗人是赫西俄德及其作品《神谱》。如今可以肯定，荷马和赫西俄德也是亚里士多德所提到的最早对神进行反思的作者。"（［德］伽达默尔：《哲学的开端》，赵灿译，上海：华东师范大学出版社，2019年，第40—41页。）

新柏拉图主义者所提出的关于第一原理的理论"。① "神学"一词未出现在《圣经》中,早期基督教最初认为其属于"异教词汇"②,故而对是否接受它犹豫不决,③甚至会避免使用它。之后的雅典那哥拉(Athenagoras)和革利免(Clement)等早期教父虽然接纳"神学"一词,但是将其等同于颂歌(doxology),而非一种关于上帝本质的知识。④ 直至奥古斯丁表示"神学依希腊文作'神的学问'"⑤,神学方才被纳入基督教思想框架中。海德格尔指出这实乃双向互动:基督教为古希腊的"神""灵魂"等概念赋予了新内涵,但也因此同时被纳入哲学—神学的沉思中。在中世纪晚期,"神学"兼涵亚里士多德所谓的思辨科学与基督教的《圣经》教导("神圣教理"[sacra doctrina]),⑥印证了比利时中世纪哲学史家伍尔夫(Maurice de Wulf)的看法:"严格意义上说,神学作为一种理论学科是十三世纪西方公教会采纳亚里士多德的知识学说(工具论和修辞论)促成《圣经》知识公理化所致。"[注释:李丙权:《马里翁、济宙拉斯和克服本体—神学》,第132—133页。]这一相互定位所牵涉的哲学与宗教之张力,不仅为启蒙运动背景下康德的讨论埋下伏笔,亦可勾连当代欧陆思想中哲学与神学日益交叠的状况(前有存在论与神学的对话,后有现象学与神学的转向之争,今有解构主义与神学的相互转化)。

康德提纲挈领地讨论了"本体—神学",只是在其后的很长时间内较少被人提及,且在当代未受研究者足够重视,但康德的探究实则为后世的相关探赜初步奠立了基础。"本体—神学"一词在当代思想界的流行则要直接归功于海德格尔。他的深入阐发,令"本体—神学"成为当代欧陆思想的核心议题,乃至当代欧陆哲学与神学的交汇点。⑦ 之后的德里达、瓦蒂莫(Gianni

① [法]皮埃尔·阿多:《伊西斯的面纱》,张卜天译,上海:华东师范大学出版社,2015年,第50页。卡普托也指出"神学"在亚里士多德处指代科学(scientia)的最高形式,是一种有序理性的话语,被编入概念、命题和论点中,以支撑自身的论断。

② John D. Caputo, "The Theopoetic Reduction:Suspending the Supernatural Signified," *Literature and Theology* 33, no. 3 (2019):252.

③ [德]潘能伯格:《神学与哲学》,李秋零译,北京:商务印书馆,2013年,第19—20页。

④ Graham Ward, *True Religion* (Oxford:Blackwell, 2003), 3.

⑤ [古罗马]奥古斯丁:《天主之城》,吴宗文译,高凌霞校,台北:台湾商务印书馆,2014年,第266页。

⑥ [澳]彼得·哈里森:《科学与宗教的领地》,张卜天译,北京:商务印书馆,2016年,第27页。

⑦ John D. Caputo and Michael J. Scanlon, "Introduction," in *God, the Gift, and Postmodernism*, eds. John D. Caputo and Michael J. Scanlon (Bloomington:Indiana University Press, 1999), 1.

Vattimo，1936—　）、马里翁（Jean-Luc Marion，1946—　）、马克·泰勒（Mark C. Taylor，1945—　）、韦斯特法尔（Merold Westphal，1940—　）等人，从不同的立场出发，采取诸种进路，细究了"克服本体—神学"的相关议题。此乃卡普托"事件诗学"置身的话语场域（field of discourse），亦为其"事件诗学"力图回应甚至解构的对象。卡普托通过厘清"克服本体—神学"诸多进路的内涵、特点与得失，提出了自己的"克服本体—神学"方案——"事件诗学"，明确了"事件诗学"试图解决的具体问题，解释了"事件诗学"与其他方案的异同。对卡普托"事件诗学"的探究与定位，无法脱离这一思想线索与处境。

因此，本章将简要梳理当代西方"克服本体—神学"的基本状况，聚焦各方（尤其是那些曾被卡普托提及并回应的思想家）对本体—神学的诊断与克服，并在此基础上，阐发卡普托在"克服本体—神学"方面的思考历程、诊断意见、基本原则与相关回应，进而指出这种理解最终开启了"事件诗学"，奠立了"事件诗学"的根本任务与逻辑结构。借此，我们能够解答"卡普托为何提出事件诗学""在何种处境中提出""试图如何解决问题"，揭橥"事件诗学"的出场方式，昭示"事件诗学"的基本问题意识与独特思想进路。

1.1　当代西方对"本体—神学"的诊断

面对"本体—神学"，当代西方思想界做出了不同诊断，这构成了卡普托反思"本体—神学"的前理解结构与对话对象，直接影响了卡普托的观点。因此必须首先考察当代西方对"本体—神学"的诊断意见。

1.1.1　海德格尔的诊断

当人们讨论"本体—神学"时，①几乎异口同声将该术语的发明者追溯至

———————————

① 由于从海德格尔到卡普托，"本体—神学"不是狭隘意义上的神学，而是往往与形而上学可以互相替换，共同指向西方形而上学的内在构成机制，"本体—神学"还常常被卡普托等人写诸如"形而上学神学""在场形而上学""因果性形而上学""客体性形而上学"等，克服本体—神学也就是要克服形而上学。甚至在康德那里，本体神学虽被纳入神学领域，但实际上康德在讨论本体神学时，也是在讨论传统形而上学，而非仅仅落脚于神学。唯有如此，方能理解卡普托的"事件诗学"的方法论意义，而不会画地为牢，困囿于狭隘的神学领域。这也印证了杨慧林在讨论本体—神学时所说的"学科的界限几乎必定是模糊的"。因此，在本书的语境中，笔者对"本体—神学"与"形而（转下页）

康德,其中,极少数的英语世界学者或许还会提及在英语世界,旅居英国的普鲁士人韦利希(A. F. M. Willich,？—1804)最早在 1798 年使用了"ontotheology"一词来英译康德的"ontotheologie",释之为"纯粹通过概念来认识至高存在"(the cognition of a Supreme Being from bare conceptions)①。然而,绝大多数研究者一方面仅仅以康德的《纯粹理性批判》作为论述的文本凭据,甚至对此凭据匆匆一笔带过,未加详论;另一方面却又颇为武断地强调此后的海德格尔对"本体—神学"的用法与康德的理解"迥异"。美国学者韦斯特法尔、伊恩·汤姆森(Iain D. Thomson,1968—)等人皆为此中代表。②"虽然'本体神学'这一术语首先被康德使用,但是这一概念及其相关问题来自海德格尔"③的论断基本反映了学界的主流看法。这种无视历史连续性的态度也使得除了马里翁曾提及叔本华在《充足理由律的四重根》中使用过"本体—神学的"(ontotheologischen)一词外,④海德格尔之前的"本体—神学"概念史在众多学者那里仿若无垢真空。

诚然,单就《纯粹理性批判》而言,康德对"本体神学"的论述寥寥一句,仅此而已。⑤ 韦利希当初在译介该词时,也是依据了《纯粹理性批判》的观点。康德在该书中将神学分疏为理性神学(theologia rationalis)和启示神学,其中,理性神学分为"先验神学"("仅仅通过纯粹理性,借助于纯然先验的概念来设想它的对象")和"自然神学"("通过一个它从自然中[从我们的灵魂中]借来的概念而将其对象设想为最高理智"),而"先验神学"又可继续分为"宇宙神学"("把原始存在者的存有从一般经验中推导出来[而不对经验所

（接上页）上学"二者不做特别的区别。另见杨慧林:《选择中的限制与"形而上学的语法"》,载李丙权著《马里翁、济宙拉斯和克服本体—神学》,香港:道风社,2015年,第 5 页。
① Anthony Florian Madinger Willich, *Elements of the Critical Philosophy* (London: T. N. Longman, 1798), 171.
② Merold Westphal, *Overcoming Onto-Theology: Toward a Postmodern Christian Faith* (New York: Fordham University Press, 2001), 3; Iain D. Thomson, *Heidegger on Ontotheology* (Cambridge: Cambridge University Press, 2005), 7.
③ Joeri Schrijvers, *Ontotheological Turnings?* (New York: SUNY Press, 2011), 5.
④ Jean-Luc Marion, *On Descartes' Metaphysical Prism: The Constitution and the Limits of Onto-theo-logy in Cartesian Thought*, trans. Jeffrey L. Kosky (Chicago and London: The University of Chicago Press, 1999), 4. 然而,《充足理由律的四重根》的中译本将叔本华笔下的"本体神学的命题"(ontotheologischen Satz)错译为"本体论命题"。见[德]叔本华:《充足理由律的四重根》,陈晓希译,洪汉鼎校,北京:商务印书馆,1996 年,第16 页。
⑤ 由于康德在自己的著作中,都是使用"本体神学"一词,其与"本体—神学"仅是写法不同而已,但为了尊重文本原貌,故而在行文中谈及康德时,一概使用"本体神学"。

属的这个世界作进一步规定]的神学")和"本体神学","本体神学"意指"可以通过单纯概念而没有丝毫经验之助来认识这种存有的神学"。① 若仅以此为准,则康德所谓的"本体神学"似是一个基于概念与经验之认识论二分法的传统理性主义概念,虽然能"阻止我们使用从经验性原则得来的'拟人化'的上帝概念"②,但最终被用于证明"一切从理性的思辨原则而来的神学"的谬误("理性在神学上的单纯思辨运用的一切尝试都是完全无结果的,并且按其内部性状来说毫无意义"③)需要道德神学来纠正,这显然与海德格尔的用法大异其趣。换言之,在讨论本体神学时提及康德,似乎常常只是为了符合学术规范的"政治正确性",是对术语发明人的悬搁式致敬,而非以严格的谱系学方法来探究康德与海德格尔之间的思想关联性,若以奥卡姆的"如非必要,勿增实体"的剃刀原则观之,"花瓶美人"康德几近可弃。

但就康德的全部文本而言,上述追溯尚不完备,更遮蔽了康德关于"本体神学"之论述的重要价值与巨大贡献,因为除《纯粹理性批判》外,康德还在其他地方使用了"本体神学",并予以更详细的解释。同时,正如下文所示,海德格尔的用法与康德的用法并非判然有别,康德对"本体神学"的解释实际上影响了海德格尔。在《宗教哲学学说演讲》(*Lectures on the Philosophical Doctrine of Religion*)中,康德再次讨论了"本体神学"。较诸《纯粹理性批判》,康德此时对神学的分类略有不同,将理性神学分为"思辨神学"(speculative theology)和"道德神学","思辨神学"可再分为"先验神学"和"自然神学"。其中,"自然神学"包括"宇宙神学"和新增添的"物理神学"(physiocotheology)("利用当下世界的普遍经验,并由此推断出创世者的存在及其属性"),"本体神学"则是"先验神学",既不诉诸启示,也不借助经验,而是"仅仅以概念思考上帝"(considers God merely in terms of concepts)④。需要指出的是,这一点非常重要,实则开启了后世在克服本体—神学(本体—神—逻辑学)时对"逻辑学"的批判。于是,在康德那里,上帝被规定为:(1) 没有任何限制、超越经验范畴的"至高存在者"(ens summum)、"最伟大

---

① [德]康德:《纯粹理性批判》,邓晓芒译,杨祖陶校,北京:人民出版社,2010 年,第498 页。
② [美]艾伦·伍德:《康德的理性神学》,邱文元译,北京:商务印书馆,2014 年,第88 页。
③ [德]康德:《纯粹理性批判》,第 501 页。
④ Immanuel Kant, *Religion and Rational Theology*, trans. Allen W. Wood and George Di Giovanni (Cambridge: Cambridge University Press, 1996), 349.

存在者"(ens maximum)、"最实在存在者"(ens realissimum);①(2)"不来自其他任何存在者"的"原初存在者"(ens originarium),即自因;(3)奠立其他事物存在的"一切可能事物的根据"(the root of all possible things)②、"一切存在者的存在"(拉丁文为 ens entium,英文为 being of all beings)③,即"世界的原因"(拉丁文为 causa mundi,英文为 cause of the world)④。事实上,虽然《纯粹理性批判》已提出本体神学所隶属的先验神学将认识对象(即上帝)设定为"原初存在""最真实存在"和"一切存在者的存在",又主张上帝是"具有一切实在性的存在者"和"世界的原因",⑤但未给出相应解释,导致难以对其描述进行分疏和归类。而直至《宗教哲学学说演讲》,康德方才对上述概念分别予以详释,使我们得以深入理解本体神学的内涵。在康德看来,安瑟伦(Anselm of Canterbury)最早试图建立本体神学,⑥此后,笛卡尔继续着这条进路,但这种对上帝存在的本体论证明难以成立,概念的预设无法必然推导出现实的存在。

由此可见,在康德对本体神学的论述中,"上帝"具有"原初存在者""至高存在者"和"一切存在者的存在者"的特性,既是自因,又是世界的原因,只能通过概念得到认识,而它们也正是海德格尔在讨论"本体神学"时聚焦和批判的对象。因此,尽管海德格尔讨论"本体神学"时未提及该词的直接出处,然而康德的论述乃是无可否认的前文本(pre-text)之一。这说明了海德格尔对"本体神学"的探究,决非无本之木、无源之水,而是在康德的基础上,进行了更为深入、更具创造性的抉发与扩展,并使"本体—神学"一词得以广播当代学术界。

---

① Immanuel Kant, *Religion and Rational Theology*, 358.

② Immanuel Kant, *Religion and Rational Theology*, 347.

③ Immanuel Kant, *Religion and Rational Theology*, 358. 关于本体神学对上帝的描述,康德在不同的地方给出了说明,其中,此处的论述较为完整,即三种关于上帝的构成性概念(constitutive concepts):"原初存在者""至高存在者""一切存在者的存在者"。根据康德给出的详细诠释,并联系康德在其他地方的描述,可以发现其中的"原初存在"和"一切存在者的存在者"分别指代"自因"和"世界的原因"("上帝不仅仅是不来自其他存在者的原初存在,而且还是一切其他事物的至高根据,是作为一切其他事物之来源的存在者")。而通过这种归纳,我们方能理解康德使用"本体神学"一词所指代的基本内容。

④ Immanuel Kant, *Religion and Rational Theology*, 347. 相较于此,自然神学将上帝视为"世界的创造者"(author of the world),道德神学将上帝视为"世界的立法者"(lawgiver for the world)。

⑤ [德]康德:《纯粹理性批判》,第498页。

⑥ Immanuel Kant, *Religion and Rational Theology*, 349.

"克服本体—神学"被卡普托视为海德格尔最关注的议题。关于海德格尔对本体—神学的讨论，就文本而言，可以给出这样的谱系学梳理：在1915—1916年的博士论文中，海德格尔虽已触及本体—神学的问题，但仍停留在旧有的形而上学框架中；①在1924年与马克斯·舍勒（Max Scheler，1874—1928）的交谈中，对于经院哲学基于"超越"（transcendentia）的概念而将上帝视作"最真实存在者"的做法，海德格尔表达了不满；②1924—1925年的《柏拉图的〈智者篇〉》（Plato's Sophist）讨论了亚里士多德的形而上学中存在与存在者的关系，并指出形而上学具有本体论与神学的"二重性"，即"神学的主题是（存在者的）最高最本真的在场，本体论的主题是令（存在者）普遍在场的构成者"③，这种论述奠定了海德格尔日后的思想进路，堪称其关于本体—神学之论述的雏形；1926—1927年的讲稿《哲学史：从托马斯·阿奎那到康德》（Geschichte der Philosophie: von Thomas von Aquin bis Kant）将一般形而上学（关于"总体而言的存在者之存在"）与特殊形而上学（关于"特殊存在领域的存在者之存在"）的划分，④追溯至托马斯·阿奎那，并以之为中心，向上推回亚里士多德，向下延展至康德，实则绘制了"本体—神学"的概念谱系，而且海德格尔指出托马斯·阿奎那乃至莱布尼茨对上帝存在的证明，将上帝视为"原因"和"最真实存在者"，⑤这实则也是"本体—神学"的基本含义；1927年的《现象学的基本问题》（The Basic Problems of Phenomenology）指出，康德在《纯粹理性批判》中批判了对上帝的本体论证明，这种本体论证明之所以能够将存在的问题与上帝的问题紧密联系，是因为亚里士多德把"第一哲学"称为"神学"，使"存在论以上帝理念为取向"，决定了西方形而上学的"历史和命运"；⑥1928年的《逻辑的形而上学基础》（The Metaphysical Foundations of Logic）指出，亚里士多德提供了对形而上学

① John van Buren, *The Young Heidegger* (Bloomington and Indianapolis：Indiana University Press，1994)，123.
② Martin Heidegger, *Becoming Heidegger: On the Trail of His Early Occasional Writings, 1910－1927*, eds. Theodore Kisiel and Thomas Sheehan (Evanston, Illinois：Northwestern University Press，2007)，233.
③ Martin Heidegger, *Plato's Sophist*, trans. Richard Rojcewicz and André Schuwer (Bloomington：Indiana University Press，1997)，154.
④ ［德］马丁·海德格尔：《哲学史：从托马斯·阿奎那到康德》，第8页。
⑤ ［德］马丁·海德格尔：《哲学史：从托马斯·阿奎那到康德》，第335页。
⑥ ［德］马丁·海德格尔：《现象学之基本问题》，丁耘译，上海：上海译文出版社，2008年，第34页。

的双重描述:"本体论"和"神学",①形而上学是"'本体论'与'神学'的统一"②;作于 1928 年(出版于 1929 年)的《论根据的本质》(*On the Essence of Ground*)批评了亚里士多德对"根据"的理解,指出对"根据"的重新思考通向对形而上学的克服;③到了 1929 年的《康德与形而上学疑难》(*Kant and the Problem of Metaphysics*),海德格尔虽未直接使用"本体—神学"一词,但继续分析了此前论及的特殊形而上学(涵盖以"最高存在物"为对象的神学)与"关于一般存在物"的一般形而上学,④"触及了形而上学研究对象的两重性"⑤;1929 年的讲稿《德国观念论与当前哲学的困境》(*Der Deutsche Idealismus*(*Fichte*,*Schelling*,*Hegel*) *und die Philosophische Problemlage der Gegenwart*)继续讨论一般形而上学与特殊形而上学,并追问在亚里士多德那里,"存在者之为存在者"与"神"是"偶然并置在一起,还是本身就必然共属"⑥;1929—1930 年的《形而上学的基本概念》(*The Fundamental Concepts of Metaphysics*)指出,形而上学分为本体论与神学,虽分别追问"存在者的本质和性质"和"至高终极的存在者",但又具有"特殊联系",相互统一。⑦ 海德格尔对形而上学的这些解释已经十分接近其后来对本体—神学的论述,也印证了康德对"本体神学"的论述是海德格尔讨论的起点之一。

海德格尔第一次公开使用"本体—神学"一词,根据美国学者塔拉比克(Joseph Gerard Trabbic)的统计,出现在 1930—1931 年的《黑格尔的〈精神现象学〉》(*Hegel's Phenomenology of Spirit*)中,嗣后又出现在许多文本中,诸如《谢林论人类自由的本质》(*Schelling's Treatise on the Essence of Human Freedom*)、《黑格尔的经验概念》(*Hegel's Concept of Experience*)、《尼采》(第4卷)(*Nietzsche*,*Vol. IV*)、《〈什么是形而上学〉的导论》(*Introduction to "What is Metaphysics?"*)、《同一与差异》(*Identity and Difference*)、《康德关

① Martin Heidegger, *The Metaphysical Foundations of Logic*, trans. Michael Heim (Bloomington and Indianapolis: Indiana University Press, 1992), 14.

② Martin Heidegger, *The Metaphysical Foundations of Logic*, 25.

③ Martin Heidegger, "On the Essence of Principle," in *Pathmarks* (Cambridge: Cambridge University Press, 1998).

④ [德] 马丁·海德格尔:《康德与形而上学疑难》,王庆节译,上海:上海译文出版社,2011 年,第 5 页。

⑤ 李丙权:《马里翁、济宙拉斯和克服本体—神学》,第 25 页。

⑥ [德] 马丁·海德格尔:《德国观念论与当前哲学的困境》,庄振华、李华译,赵卫国校,西安:西北大学出版社,2016 年,第 45 页。

⑦ Martin Heidegger, *The Fundamental Concepts of Metaphysics*, trans. William McNeil and Nicholas Walker (Bloomington and Indianapolis: Indiana University Press, 2001), 43.

于存在的论点》(*Kant's Thesis on Being*)、《哲学的终结与思想的任务》(*The End of Philosophy and the Task of Thinking*)。① 不过,根据笔者自己的统计,除此以外,"本体—神学"还出现在 1938—1939 年《黑皮书》(*Black Notebooks*)(即《沉思录》[*Ponderings*]第 7 卷)、《黑格尔的〈精神现象学〉导论部分的说明》(*Elucidation of The "Introduction" to Hegel's "Phenomenology of Spirit"*)、《留心》(*Mindfulness*)、《尼采》(*Friedrich Nietzsche*)(第 2、3 卷)、《(事件)哲学献稿》(*Contributions to Philosophy [of the Event]*)等著作中。这充分说明"本体—神学"问题贯穿海德格尔思想的始终,是其念兹在兹的核心问题,绝非无足轻重,或一时奇想。

基于上述文本,可以发现,在海德格尔看来,本体—神学"不只是一个古希腊问题"②,更指涉自古希腊到尼采的整个西方形而上学"构成机制"③。这正如卡普托所言,海德格尔关注的是本体—神学如何得以形成的问题,"并非形而上学家所说的'存在',而是那个保证存在成为形而上学主题的东西","不是存在与存在者的差异……而是那个在每一个形而上学时代打开这种差异的东西"④。海德格尔指出,西方形而上学自其开端就"遗忘"了存在与存在者的本体论差异,⑤将"存在"混同为"存在者",将"存在"作为"存在者的存在",忽视了存在的"遮蔽—解蔽"机制,既"不指引存在自身去言说"也不从"无蔽"的角度去理解存在和真理(Aletheia)。⑥ 换言之,形而上学只从存在者的层面("在存在者的基础上并通过参照存在者⑦")去思考存在,思考"存在者自身和存在者整体"⑧这两个方面,牵涉了一个不可分离的"二重性"

---

① Joseph Gerard Trabbic, "Aquinas, God, and Ontotheology" (PhD diss.: Fordham University, 2008), 5.

② Martin Heidegger, *Mindfulness*, trans. Parvis Emad and Thomas Kalary (London and New York: Continuum, 2008), 331.

③ Martin Heidegger, *Identity and Difference*, trans. Joan Stambaugh (New York, Evanston and London: Harper & Row, 1969), 42. 关于"constitution"(德: *Verfassung*),孙周兴译作"机制",李丙权译为"构成机制",笔者采纳李丙权的译法,因其兼得"构成性"(constitutive)和"机制"之意。(见李丙权:《马里翁、济宙拉斯和克服本体—神学》,第 25 页。)

④ John D. Caputo, *Heidegger and Aquinas: An Essay on Overcoming Metaphysics* (New York: Fordham University Press, 1982), 3.

⑤ Martin Heidegger, *Identity and Difference*, 50. 笔者为了在行文上与"本体—神学"统一,故而将"ontological difference"译为"本体论差异",而非通行的"存在论差异",特此说明。

⑥ Martin Heidegger, "Introduction to '*What is Metaphysics?*'" in *Pathmarks*, 280.

⑦ Martin Heidegger, *Nietzsche, Vol. IV*, trans. Frank A. Capuzzi (San Francisco: Harper & Row, 1991), 209.

⑧ Martin Heidegger, *Identity and Difference*, 54.

（Zwiefalt）问题：（1）在本质（essentia）的问题上，作为普遍存在者的存在者；（2）在实存（existentia）的问题上，作为终极存在者的存在者。① 形而上学的本体—神学特性（亦即形而上学之所以是本体—神学）正来自对这一问题的回答：因为形而上学将存在视为对普遍存在者普遍有效的根据（ground），以此解释"存在者自身的本质"②，所以它是本体论；由于形而上学为了解释存在者整体实存的原因，便将存在视为"至高终极的"存在者，③既是"第一因"，又是"自因"（causa sui），④故而它是神学。二者相互统一，"神学从本体论中获得存在者的本质，本体论……在存在者的实存问题上，将存在者转换为神学继续表象的第一因"⑤。正如上文所言，在古希腊，"神学"具有三种主要含义：（1）"古代神谱或宗教文本"；（2）"对神话的寓意解释"；（3）"柏拉图、亚里士多德或新柏拉图主义者所提出的关于第一原理的理论"，据此而言，海德格尔的"本体—神学"乃是在第三种意义上使用"神学"，"神"也以这种方式进入哲学，"在能够直接解释存在者作为存在者的问题和神的问题之间关系以前，亚里士多德已经将本真意义上的哲学与神的知识紧密联结"⑥，亚里士多德的"神学"是"第一哲学"，着眼于最高等级存在者的存在，即"不动的推动者"（第一因），形而上学是在"至高的存在根据"的意义上谈论"神"。

在此基础上，海德格尔指出，本体—神学"提供了存在者自身的根据，并解释了它们作为整体的原因"，亦即解释了表示"根据"的逻各斯，所以，它是"关于逻各斯的逻辑学"（the logic of the Logos），可以写作"本体—神—逻辑学"（onto-theo-logic）。⑦ 故而，克服本体—神学需要克服其中的逻辑学。海德格尔进而指出，笛卡尔的"我思故我在"开启了现代主体性哲学，令无条件的、确定的主体变成为世界奠基的根据，兼为第一因和自因，康德、黑格尔、尼采正是笛卡尔这一传统的继承者，⑧因此，本体—神学又可以表述为"本体—神—自我—逻辑学的"（onto-theo-ego-logical）⑨问题，而后世对本体—神学的

① Martin Heidegger, "Kant's Thesis on Being," in *Pathmarks*, 340.

② Marin Heidegger, *Schelling's Treatise on the Essence of Human Freedom*, trans. Joan Stambaugh（Athens, Ohio and London：Ohio University Press, 1985）, 66.

③ Martin Heidegger, *Identity and Difference*, 61.

④ Martin Heidegger, *Identity and Difference*, 72.

⑤ Martin Heidegger, *Nietzsche*, *Vol. IV*, 210.

⑥ Martin Heidegger, *Hegel's Phenomenology of Spirit*, trans. Parvis Emad and Kenneth Maly （Bloomington and Indianapolis：Indiana University Press, 1988）, 98.

⑦ Martin Heidegger, *Identity and Difference*, 59.

⑧ Martin Heidegger, *Ponderings VII-XII: Black Notebooks 1938–1939*, trans. Richard Rojcewicz（Bloomington：Indiana University Press, 2017）, 7.

⑨ Martin Heidegger, *Hegel's Phenomenology of Spirit*, 126.

批判,也得以从本体的问题、神的问题延伸至逻辑学的问题和主体性的问题。

1.1.2 后海德格尔时代的诊断

借由海德格尔的论述,"本体—神学"的概念迅速广播思想界,成为当代西方哲学与神学领域的核心议题之一,甚至被应用于圣礼神学(sacramental theology)①等具体领域的讨论中。此中,德里达、马克·泰勒、瓦蒂莫、马里翁、韦斯特法尔等诸多当代思想家在海德格尔的基础上,采取不同的进路,对"本体—神学"的问题展开了更进一步的诊断。

海德格尔所欲克服的本体—神学,也是德里达一直思考的问题,甚至被德里达认为是德勒兹、福柯同样关注的问题(即便他们竭力否认与海德格尔的关系)。② 但是对德里达而言,海德格尔的思想中仍留存本体—神学的因素,譬如"逻各斯和语音中心主义在海德格尔那里仍然运作着……在场拥有着特权"③,这也成为德里达讨论本体神学的起点之一:

> 假使没有海德格尔开启问题,那么我所试图做的将绝无可能。首先……倘若没有注意到海德格尔所谓的存在与存在者的差异,即存在者—存在论的差异,那么那将是不可能的,因为在某种程度上,哲学尚未思考这一点。然而,尽管对海德格尔的思想有所亏欠,或者更确切地说,正是因为这种思想的亏欠,我才试图在海德格尔的文本中找到……属于形而上学或他所称的本体—神学的符号。……将存在者—存在论的差异作为终极的测定标准(无论这是多么必然和具有决定性意义),在我看来,仍然是以一种怪异的方式被形而上学俘获。④

这恰如卡普托所言,德里达看似与海德格尔说着相同的事情,实际上谈

---

① Louis-Marie Chauvet, *Symbol and Sacrament: A Sacramental Reinterpretation of Christian Existence*, trans. Patrick Madigan, S. J., and Madeleine Beaumont (Collegeville, Minnesota: The Liturgical Press, 1995); Conor Sweeney, *Sacramental Presence after Heidegger: Onto-theology*, *Sacraments*, *and the Mother's Smile* (Eugene, Oregon: Cascade, 2015).

② Jacques Derrida, Hans-Georg Gadamer and Philippe Lacoue-Labarthe, *Heidegger, Philosophy*, *and Politics: The Heidelberg Conference*, trans. Jeff Fort (New York: Fordham University Press, 2016), 31.

③ Jacques Derrida, Hans-Georg Gadamer and Philippe Lacoue-Labarthe, *Heidegger, Philosophy*, *and Politics: The Heidelberg Conference*, 35.

④ Jacques Derrida, *Positions*, trans. Alain Bass (Chicago: The University of Chicago Press, 1981), 9 - 10.

论的却是迥然不同的事情。① 德里达对本体—神学的诊断,前期较少直接涉及神学,主要指向哲学领域的形而上学,本体—神学的问题主要是一个哲学问题,它或许对神学有所启发,但首先不是一个神学问题,也不应被限制在神学领域。前期的德里达从"延异"(Différance)的概念出发,将本体—神学诠释为自柏拉图以来的"在场形而上学"(metaphysics of presence)、"逻各斯中心主义"(logoscentrism)、"语音中心主义"(phonocentrism)、"白色神话学"(white mythology)。但到了后期,德里达开始涉及宗教,将本体—神学的范围扩展至包括否定神学在内的传统神学,批评本体—神学将宗教理解为建制性教会,将信仰等同于特定宗派的教义信条,混淆了"弥赛亚性"(messianic)与具体的"弥赛亚主义"(messianism)。② 进而,德里达指出本体—神学对于"赠予"(gift)③、"宽恕"(forgiveness)、"正义"(justice)、"迎袭"(hospitalité)④

① John D. Caputo, *The Prayers and Tears of Jacques Derrida: Religion without Religion* (Bloomington and Indianapolis: Indiana University Press, 1997), 349.
② Jacques Derrida, "Faith and Knowledge," in *Religion* (Stanford: Stanford University Press, 1998), 1–78.
③ "gift"一词是在自海德格尔的"Ereignis"以来的西方哲学特定脉络中使用的,故而,译为"赠予"不仅可避免将其误解为某种实体,化约为名词,而且体现了一种相互性的宗教与伦理维度。
④ 在汉语学界,"hospitalité"多译为"好客",然而这与德里达的解释相去甚远。译事甚难,今可知矣!"hospitalité"脱胎于拉丁文"hospitalitas",词根"hospes"由"hostis"而来,兼具"host"和"hostile"的双重含义,故而德里达又将其写作"hostipitalité"。德里达的意思是陌生人的造见(visitation)若未获邀请(invitation),就会引发敌意,成为敌人,然若陌生人是受邀而来的,那么,虽不存在敌意,但客人也只是与我相同的对象,而非异质的他者,我的款待和好客已然设定条件,变得虚假。德里达借此指出纯粹的、无条件的"hospitalité"必然是克服自我中心主义,欢迎那些我一无所知、不期而至、不请自来、会带来无法预见之风险与威胁的异质性他者。最终的结果是客人成为主人的主人,这颠覆了传统的主客关系,所以他的 hôte 既可以译为主人(host),也可译为客人(guest),既是给予者,也是接受者。尽管"hospitalité"词义复杂,近乎悖论,但查检各种西文译本,西方学者在翻译德里达的"hospitalité"时,大体采取了两类做法:(1)若本国语言有与之词根相同者,则用之,如英语的"hospitality",罗曼语族(意大利语的"ospitalità",西班牙语的"hospitalidad",葡萄牙语的"hospitalidade",罗马尼亚语的"ospitalitate");(2)若无相同词根,则选取表示"好客、款待"的词语(同一语族中的译名皆来自同一词根),如日耳曼语族(词根:"gast"[客人] + "fri/frei"[自由无拘],如德语的"Gastfreundschaft",荷兰语的"gastvrijheid",瑞典语的"gästfrihet",丹麦文"gæstfrihed",挪威语"gjestfrihet")、斯拉夫语族(词根:gost[客人],如俄语的"гостеприимство",波兰语的"gościnność",捷克语的"pohostinství")、现代希伯来语的"ארחים הכנסת"。但一些学者意识到第二类译法欠缺了"hostile"这一层词义,无法在字面上呈现"hospitalité"本身的复杂意蕴,故而径直使用法文"hospitalité"(若以英语写作,则使用"hospitality")而不加翻译。而在我们的邻国,日本学界的通行译法为"歓待",但亦有个别学者译为"異人歓待";韩国学界的通行译法是"환대"("款待")。但正如中文的"好客"一样,日译、韩译均未能准确呈现德里达"hospitalité"的丰富含义。转到汉语学界,(转下页)

等不可解构的概念缺乏更深入的思考。

马克·泰勒深受德里达前期(1960—1970 年代)思想的影响,尤其是德里达对在场形而上学和逻各斯中心主义的批判,以及对"延异"和"踪迹"等概念的解释。泰勒认为海德格尔虽然指出了本体—神学的问题,但未在"存在"之外思考他者,反而"通常倾向于通过逻各斯的聚集来赋予统一的韵律……未能颠覆本体—神学的预设"[①],所以仍停留在本体—神学之中。本体—神学总是与存在的形而上学相联系,以某一"先验所指"为中心、能指与所指对应的意指结构奠立了西方本体—神学的传统。在这种封闭的意指结构中,上帝被化约为"完全的在场、稳固的基础、权威的来源与终极的目标"[②],既是至高造物者,为一切存在者奠基,赋予其以终极意义,又是独一造物者(solo Creator),超越一切存在者,自我在场,自我闭合,自我中心,自我同一,拒绝任何变化。延展至时间维度的终末论,本体—神学表现为目的论,通过抹除和压抑不确定的"踪迹",令历史的意义和路径被总体化为确定不变、能被把握的整体,即从确定的起源(创世)经由确定的中介(道成肉身)而指向确定的终点(救赎或天国)。《圣经》的诠释被限定于封闭的意指网络中,不被视为开放的文本。泰勒从中指出一个反讽的悖论,即对上帝采取上述理

(接上页)译名除了常见的"好客"外,还有"待客""客道""待客之道""盛情""殷勤""友善接纳"等,存在的问题大体相似。略有不同的是台湾学者傅士珍的译法"悦纳异己",但这很可能受到上述日文译法的影响。这一译名虽用心良苦,但措词不达意,不符合德里达的本义。简言之,"悦"(可能受到日译"歓"的影响)既忽视了他者不期而至所可能引发的"hostile",也不符合主体对高于自己的他者的态度;"纳"不仅贬低了他者的地位和特性,而且误解了"host"的内涵,因为他者高于主体,拥有全然的他异性,进行未获邀请的造访,既非被动地遭遇主体,也无法被主体吸纳和整合,毕竟德里达表示真正的"hospitalité"是主人在自己家中成为客人乃至人质(hostage),所以,"host"既非一种纯然主动的自律行为,也不是主体自上而下的接纳与收摄,而是虚己地回应他者的突然造访。换言之,这种译法仍然是一个强词语,而非弱概念。
　　笔者在此不揣浅陋,尝试提出一种新译名:"迎袭",主要理由是"迎袭"乃一种呼召—回应(call-response)的结构:"迎"(卬[仰面]+走[行进])的造字本义,是上前仰视接客,在此可表示一种虚己的行为,即以下敬上,充满敬意和热情地迎接他者,乃至主客位置互换,较为符合德里达强调的他者高于主体的非对称关系;"袭"的字义是突然的攻击或进入,在此指代他者如幽灵般(德里达称之为"specter"/"ghost")不期而至的突然造访与侵扰(德里达称之为"haunt")。这其中既有"袭"可能造成的"hostile",也有"迎"表示的"host"。"无条件的迎袭""纯粹的迎袭"意味着以下对上的景仰之情,全身心地迎接他者(如幽灵般)未获邀请的突然造访/袭扰(若套用德里达的"X without Y"句式,则可作卡普托所谓的"visitation without invitation")。若将其回译为英文,或可作"welcome the haunting"(或"welcome to be haunted")。从这个角度看,"幽"/"奇"(?)宾夺主似乎也是合理的。

① Mark C. Taylor, "Non-Negative Negative Atheology," *Diacritics* 20, no. 4 (1990): 14.
② Mark C. Taylor, *Erring: A Postmodern A/theology*, 179.

解,是因为上帝"无论如何都不能承受任何变化"①,上帝看似无所不能,实则被终结一切"越轨"(erring)的可能性,不再是德里达的"延异"。换言之,本体—神学对上帝之确定性和封闭性的强化反而导致上帝的虚弱和无能。基于此,泰勒批评新宗教右翼的新基要派是本体—神学的当代变体,看似维护宗教,实则堕入虚无主义。② 泰勒进一步指出,借助本体—神学强调的自我同一性,笛卡尔以来的主体性哲学将人类理解为自我同一的绝对主体,现代人本主义对"上帝之死"的论述,遵循了这一与本体—神学相同的逻辑,仅仅颠倒了造物主与受造物的关系,用人类取代了上帝,将神学转变为人类学。而且一如本体—神学的内在悖论,主体的自恋是为了否定自己的死亡,这反而暴露了主体的虚无,"自我肯定最终成了自我挫败,上帝之死反讽地在自我的消失中达致顶点。"③换言之,上帝之死实为本体—神学的逻辑产物。而沿着德里达对否定神学的批评态度,泰勒强调否定神学由于将上帝视为至高实体或纯粹虚无,故而仍然"模仿"了本体—神学的内在逻辑。④

而在瓦蒂莫看来,"本体—神学"是形而上学的另一种说法,⑤又可称为"客体性形而上学"(metaphysics of objectivity)或"形而上学客观主义"(metaphysical objectivism)。它虽宣称存在终极客观真理,但实则奠基于海德格尔所批判的"表象性思维",主体借此建构客观的世界秩序。本体—神学发展至顶峰,便是海德格尔所谓的"集置",也被瓦蒂莫称为"总体性组织"(total organization)。它"将存在的真理等同于可被科学技术计算、测量与完全操纵的客体"⑥,但悖论的是,根据客体化原则,主体此时也被彻底客体化,沦为可被完全操纵的纯粹客体。因此,形而上学在"建立了自身的普遍性"而"将所有存在者还原为客体性、完全实现自己的时候,恰恰否定了自己"。⑦同样,本体—神学在将上帝客体化为世界的"至高原则""终极基础"与根本

① Mark C. Taylor, *Erring: A Postmodern A/theology*, 36.
② Mark C. Taylor, *After God* (Chicago and London: The University of Chicago Press, 2007), xvii.
③ Mark C. Taylor, *Erring: A Postmodern A/theology*, 14.
④ Mark C. Taylor and Carl Raschke, "About *About Religion*: A Conversation with Mark C. Taylor," *Journal of Cultural and Religious Theory* 2, no. 2 (2001).
⑤ Gianni Vattimo, *After Christianity*, trans. Luca D'Isanto (New York: Columbia University Press, 2002), 132.
⑥ Gianni Vattimo, *Belief*, trans. David Web (Stanford: Stanford University Press, 1999), 30.
⑦ Gianni Vattimo, "After Onto-theology: Philosophy Between Science and Religion," in *Religion after Metaphysics*, ed. Mark A. Wrathall (Cambridge: Cambridge University Press, 2003), 33.

目的时,暴露了自身的致命缺陷,没有揭示出上帝的真正意义,反而令上帝走向死亡。

具体而言,一方面,自然神学沿袭客体性形而上学的逻辑,将"至高原则"与"终极基础"理解为逻辑命题的内容,把上帝客体化为自然法则与宗教教条,使上帝沦为偶像,因为它不仅忽视了上帝不是物理定律或者数学定理,无法以逻辑命题的方式言说或通过客观知识去把握,而且掩盖了教条只是人类的主观投射,由特定的人类权威施加,①更可能导致将上帝的旨意等同于既有的不平等社会制度,堕入狭隘的宗教右翼保守主义。② 另一方面,启示神学诉诸启示真理,将"至高原则"与"终极基础"理解为绝对的超越性,隔绝上帝与人类,甚至主张"只有通过凸显人类无可救药的缺陷,上帝的真理才能被证明"③,从而既否定人类的自由,也忽视世界的苦难,导致上帝在完全实现超越性地位的时候否定了自身,远离了人类的救赎史。例如卡尔·巴特的辩证神学将上帝视为"全然他者",片面强调神人的绝对差别,无视世俗化的积极意义;列维纳斯复兴《旧约》的上帝观念,推崇上帝的超越性和他异性,无视"时代的印记"④、他者的具体性与个体性。

瓦蒂莫指出,本体—神学的上述缺陷根源于罔顾人类存在的历史性(即海德格尔所谓的"实际性"[facticity]),未能摆脱将上帝视为"根据"的形而上学思维,从而转向存在的事件性、偶然性、自由。进言之,本体—神学忽视了上帝并不只是《旧约》中全然他者的上帝,更是《新约》中道成肉身的上帝。上帝通过虚己的弱化行为,转变为对人类的惠爱(charity),基督教不是"逻辑的命题"或者"真理的启示",而是"爱的行为"。以此观之,本体—神学实为"强思想"。

马里翁的立场与上述诸人不同。他受到海德格尔的影响,始终关心"本体—神学"问题,强调从柏拉图、亚里士多德到黑格尔、尼采,本体—神学贯穿西方哲学史。在早年的《偶像与距离》(*The Idol and Distance*,1977)中,马里翁便聚焦海德格尔对本体—神学的论述,批评本体—神学实则将上帝理解为偶像。故而,本体—神学表现为偶像崇拜,⑤不仅涉及针对上帝的还原主义,

① Gianni Vattimo, *After Christianity*, 9.

② Gianni Vattimo and René Girard, *Christianity, Truth, and Weakening Faith*, 34.

③ Gianni Vattimo, *After Christianity*, 36.

④ Gianni Vattimo, "The Trace of the Trace," in *Religion* (Stanford：Stanford University Press, 1998), 85–92.

⑤ 根据托马斯·卡尔森(Thomas A. Carlson)的说法,马里翁虽然主张基督教的真正上帝与本体—神学的偶像上帝存在本质差异,但也承认二者在历史上存在交叠,（转下页）

而且与主体性哲学紧密相关。具言之,本体—神学忽视了"存在"与"存在者"的差异,将上帝理解为作为第一因的至高存在者,以"存在者"的范畴规定上帝,将不可见的上帝还原为在场的、完全可见的偶像,迥异于作为既遮蔽又启示的"不可见性的可见性"(visibility of the invisible)的圣像(icon)。由此,不可见性与可见性、上帝与人类之间的"距离"(distance)被"固定"与"废除",①不仅上帝丧失了神圣性与超越性,可以被人类完全把握,而且偶像使得"神圣性屈从于人类对神圣性的体验"②,如同镜像一般,反映的不是客观的神圣性,而是人类的主观经验,导致上帝沦为费尔巴哈所谓的人类主观投射,人类取代了上帝的地位。本体—神学本质上也是主体性哲学的产物。

　　韦斯特法尔呼应马里翁的看法,他对本体—神学的讨论采取有神论神学(theistic theology)的立场,试图澄清本体—神学不等于神学本身,并努力调和基督教信仰与后现代哲学。③ 他认为对海德格尔而言,本体—神学"依据充足理由律,采用抽象的、非位格的概念",试图"使上帝被人类的理智完全认识"。④ 它具体指涉计算性思维、表象性思维和"糟糕的神学"。计算性思维是实践层面现代科技的"集置"作用,表象性思维是理论层面主体性哲学思维对世界的控制,将存在者视作客体,二者彰显了理性主义试图支配一切,实现"完全可理解性","霸占柏拉图的善和基督教的上帝的地位"⑤。这产生了"没有令上帝成为上帝"⑥的"糟糕的神学",即上帝的奥秘和超越性消失,

　　(接上页)尤其体现在托马斯·阿奎那的二重性上:托马斯·阿奎那回应了神学的"特殊概念要求",又用形而上学禁锢了基督教的上帝。Thomas A. Carlson, *Indiscretion*, (Chicago and London: The University of Chicago Press, 1999), 193. 卡普托也在自己的著作中,批评马里翁将托马斯·阿奎那归于本体—神学的做法是错误的。相关批评不一而足。或许受此影响,马里翁在《没有存在的上帝》(*God Without Being*)2012 年新版序言中,公开声明自己已经修正了过去的观点,承认托马斯·阿奎那并未将基督教的上帝等同于形而上学的存在。这意味着在马里翁这里,偶像崇拜完全是本体—神学的特性,本体—神学与真正的信仰泾渭分明。

① Jean-Luc Marion, *The Idol and Distance*, trans. Thomas A. Carlson (New York: Fordham University Press, 2001), 9.

② Jean-Luc Marion, *The Idol and Distance*, 6.

③ 为此,韦斯特法尔批评了范胡泽(Kevin Vanhoozer)等人对后现代主义的贬低以及将后现代主义与基督教思想相互对立的做法。Merold Westphal, "Of Stories and Languages," in *Christianity and the Postmodern Turn: Six Views*, ed. Myron B. Penner (Grand Rapids, Michigan: Brazos Press, 2005).

④ Merold Westphal, "Aquinas and Onto-theology," *American Catholic Philosophical Quarterly* 80, no. 2 (2006): 173.

⑤ Merold Westphal, "Onto-theology, Metanarrative, Perspectivism, and the Gospel," in *Christianity and the Postmodern Turn: Six Views*, 145.

⑥ Merold Westphal, *Transcendence and Self-Transcendence* (Bloomington: Indiana University Press, 2004), 34.

不再是全然他者,而是沦为服务人类目的、满足人类要求的工具和手段,信仰也不再是活的信仰,而是堕落为"工具性宗教"①和"概念性偶像崇拜"②。故而本体—神学也被韦斯特法尔称作对他异性上帝的"本体论仇外症"。韦斯特法尔认为,海德格尔对本体—神学的讨论虽然是无神的(god-less),但只是方法论的无神论,即以中立的立场对待上帝的存在问题,后期海德格尔更澄清了基督教有神论不必然是本体—神学。相反,"拥有必胜信念的世俗主义"是实质的无神论与傲慢的人文主义,滥用了"本体—神学"概念,将其等同于基督教信仰,忽视了海德格尔对本体—神学的批评并非指向神学本身。因此,在韦斯特法尔看来,所有的本体—神学演变为"人类的傲慢",对它的讨论必然与主体主义问题相联结,③德里达对本体—神学的分析之所以不是虚无主义,乃在于他指出人类不是意义的终极来源,人类将规范性系统施加于世界,必然是一种诠释学的暴力,也因此,德里达实则为将上帝理解为"神圣他异性"的奥古斯丁主义神学打开了大门。④

1.2　当代西方对"本体—神学"的克服

那么,究竟该如何对待"本体—神学"呢? 如果说因袭守旧已不可能,那么究竟应该予以完全摧毁,还是采取其他方法呢? 在此,海德格尔给出的回答是"克服"(overcome)。然而,这不仅未能平息争论,反而由此生发出诠释学的新问题:"克服"应当作何解? 面对这一聚讼纷纭的问题,我们或许可以暂且离开海德格尔,回溯到"本体—神学"概念的最初提出者康德那里,探究康德如何理解对本体—神学的"克服"。正如在"本体—神学"的用法上海德格尔借鉴并发展了康德,海德格尔对"克服"的理解也是对康德的进一步发展,而之后的西方思想家在海德格尔的基础上,提出了一系列的克服方案。

1.2.1　海德格尔的克服

在康德看来,本体神学隶属"先验神学"乃至本身即"先验神学",虽未能

---

① Merold Westphal, *Transcendence and Self-Transcendence*, 7.
② Merold Westphal, *Overcoming Onto-theology: Toward a Postmodern Christian Faith* (New York: Fordham University Press, 2001), xvii.
③ Merold Westphal, *Overcoming Onto-theology: Toward a Postmodern Christian Faith*, 18
④ Merold Westphal, *Overcoming Onto-theology: Toward a Postmodern Christian Faith*, xix-xx.

证明上帝,但也没有否定上帝的客观实在性,仍然含藏"重要的消极的运用"①,并非全然错谬,其缺陷可由道德神学(moral theology)弥补。"这样一来,以前只是悬拟的先验神学就通过对自己的概念的规定,通过不断地检查一个经常被感性狠狠欺骗的并和它自己的理念总是不一致的理性,而证明了它的不可缺少性"②。因此,对形而上学的批判,不是摒绝形而上学,而是"对一般形而上学的可能性和不可能性进行裁决,对它的根源、范围和界限加以规定"③,排除"无根据的非分要求",完成"自我认识的任务"④,所以它本质上是"形而上学的形而上学"(metaphysics of metaphysics)⑤。瑞士现象学家皮埃尔·德维纳兹(Pierre Thévenaz,1913—1955)将此解释为"一种更加意识到自身、自身处境、自身目标和自身局限性的形而上学"⑥,强调这意味着康德对传统形而上学的批判不同于休谟的怀疑主义进路,更不是实证主义的"否定"和"遗弃"。⑦ 由此可见,在康德那里,对本体—神学的批判从来不是对本体—神学的全盘否定。

19世纪后期的欧洲见证了形而上学的衰落,直至20世纪初,伴随诸如柏格森《形而上学导论》(*Introduction à la métaphysique*,1903)的出版,以及现象学从最初的反形而上学立场转向建立新的本体论等一系列哲学进展,形而上学得到了复兴与更新。⑧ 海德格尔在其中居功至伟,并且很早就指出必须重新审视和解释形而上学,从而与柏格森等不同的"形而上学家"拉开距离。⑨ 逻辑实证主义代表人物卡尔纳普(Rudolf Carnap,1891—1970)充分意识到海德格尔开创了一种有别于传统形而上学的特殊形而上学,其对形而上学的"克服"直指海德格尔,⑩也因此,在对待形而上学的态度上,康德与实证

① [德]康德:《纯粹理性批判》,第504页。
② [德]康德:《纯粹理性批判》,第505页。
③ [德]康德:《纯粹理性批判》,第4页。
④ [德]康德:《纯粹理性批判》,第3页。
⑤ [德]康德:《康德书信百封》,李秋零译,上海:上海人民出版社,2006年,第77页。
⑥ Pierre Thévenaz, *What is Phenomenology?*, trans. James M. Edie (Chicago: Quadrangle Books, 1962), 136.
⑦ Pierre Thévenaz, *What is Phenomenology?*, 136.
⑧ Pierre Thévenaz, *What is Phenomenology?*, 153. 海德格尔就峻厉批评过胡塞尔曾经(如1910年的《哲学作为严格的科学》)落入实证主义的窠臼。见[德]马丁·海德格尔:《哲学史:从托马斯·阿奎那到康德》,第38页。
⑨ Martin Heidegger, *The Heidegger-Jaspers Correspondence (1920-1963)*, trans. Gary E. Aylesworth (New York: Humanity Books, 2003), 102.
⑩ [美]迈克尔·弗里德曼:《分道而行:卡尔纳普、卡西尔和海德格尔》,张卜天译,南星校,北京:北京大学出版社,2010年,第12页。

主义的对立,重现在海德格尔与卡尔纳普的分歧上。①

对卡尔纳普而言,形而上学已然破产,可以通过"语言的逻辑分析"(logical ananlysis of language)而被"克服"(Überwindung)。② 海德格尔的诸如"无"之类的形而上学概念建基于"语法的诞妄"(grammatical mirage)③之上,"没有意义"(nonsensical)。因此,"克服形而上学"(Überwindung der Metaphysik)意味着反对形而上学、抛弃形而上学(尤其是以海德格尔为代表的各种形而上学现代变体),"肯定逻辑和精确科学在哲学上的核心地位",抵制海德格尔"推翻逻辑和精确科学的权威性和首要性"。④ 此后的英美分析哲学即便使用了"形而上学"(如斯特劳森[Peter Strawson, 1921—2006]的《个体:论描述性形而上学》[*Individuals: An Essay in Descriptive Metaphysics*]),也只是为了批评既往的分析哲学家们对传统形而上学的拒斥态度不够彻底。⑤

对此,海德格尔批评卡尔纳普"令所有思想与言说臣服于一种能够被逻辑性地或者技术性地建构的符号系统,亦即保证思想与言说是科学的工具"⑥,

> 通过数学和数学演算建立起严格的科学基础,从而构造一种"逻辑上正确的"语言,其中形而上学的命题(全都是伪命题)未来将变得不可能。……对传统判断理论的最极端的碾平和根除是在数学科学性的外表下完成的……真理不再是存在者的敞开,也不再是正在敞开的此在的共识与基础,真理被转向确定性——转向思想的保障,即保护数学思想免于一切不能由数学来思考的东西的侵扰。⑦

---

① 事实上,卡普托也非常清楚这一论争,在对海德格尔的解释中,一直重视对实证主义的批判。

② 卡尔纳普的原文是"Überwindung der Metaphysik",英文被译为"Elimination of Metaphysics",尽管单就字义而言,Überwindung 不应译为 elimination,但若揆诸卡尔纳普的用意,这种英译反而显得十分恰当。Rudolf Carnap, "The Elimination of Metaphysics Through Logical Analysis of Language," trans. Arthur Pap, in *Logical Positivism*, ed. A. J. Ayer (New York: Free Press, 1959).

③ Lee Braver, "Analyzing Heidegger: A History of Analytic Reactions to Heidegger," in *Interpreting Heidegger: Critical Essays*, ed. Daniel O. Dahlstrom (Cambridge: Cambridge University Press, 2011), 240.

④ [美]迈克尔·弗里德曼:《分道而行:卡尔纳普、卡西尔和海德格尔》,第 10—11 页。

⑤ [法]让—热拉尔·罗西:《分析哲学》,姜志辉译,北京:商务印书馆,1998 年,第 68—69 页。

⑥ 转引自 Lee Braver, "Analyzing Heidegger: A History of Analytic Reactions to Heidegger," 242。

⑦ 转引自[美]迈克尔·弗里德曼:《分道而行:卡尔纳普、卡西尔和海德格尔》,第 21 页。卡尔纳普对海德格尔的批评文章发表于 1931 年,海德格尔曾在 1935 年《形而上学》讲座的原稿(而非 1953 年发表的版本)中,特别提及了这篇文章,对卡尔纳普进行了回应,上述引文即出自讲座原稿。

以实证主义去解决实证主义所酿成的危机,显然是一出"悲剧"①。

海德格尔对卡尔纳普的这一批判,源于他继承和发展了康德在"克服本体—神学"上的方法论原则。在海德格尔看来,实证主义误以为康德的"克服"是要消灭信仰,令超感性之物让位于感性之物。这种误解不仅没有克服形而上学,反而夸大了一种存在者先于存在的形而上学,忽视了对存在的追问。② 事实上,康德的方法"不是一种纯然摒弃的行为,而是对思想的本质进行原初厘定"③。这种克服又被海德格尔称作"拆解"(Destruktion 或者 Abbau),对立于"抛弃"(Ab-sage,英译为 re-nunciation)④、"毁灭"(Zerstörung)⑤,毫无否定色彩。根据美国学者约翰·范·布仁(John van Buren)的看法,"拆解"最早出现在海德格尔 1919—1920 年的弗莱堡讲座上。⑥ 但其实"拆解"亦见诸几乎同一时期的海德格尔关于雅斯贝尔斯《世界观的心理学》(*Psychology of Worldviews*)的书评中,指向对思想传统之根基的重新"占有"而非全然否定,拆解与重建相伴。⑦ 这实则奠定了海德格尔的"拆解"观基调。卡普托在一个不起眼的注释中,更是表示如果将"拆解"理解为"诠释学暴力"(hermeneutic violence)的话,那么海德格尔其实在 1916 年论邓·司各特的著作(*Duns Scotus' Theory of the Categories and of Meaning*)中业已表露了"拆解的计划"(the project of destruction)。⑧

不过,无论"拆解"发轫于何时,海德格尔的克服("拆解")始终涵盖两层含义:

(1)"克服"不是否定、丢弃(verlassen)或灭绝(annihilation),决非摧毁(devastation),因为摧毁不仅是推倒现存的一切,更是"阻挡所有的未来发展和禁止一切的构造"⑨,是思想本身的彻底毁灭,而"克服"是一种"对思想的

---

① Martin Heidegger, *The Question Concerning the Thing*, trans. James D. Reid and Benjamin D. Crowe (London and New York:Rowan & Littlefield, 2018), 45.
② Martin Heidegger, *Ponderings XII-XV: Black Notebooks 1939－1941*, trans. Richard Rojcewicz (Bloomington:Indiana University Press, 2017), 19.
③ Martin Heidegger, *The Question Concerning the Thing*, 173.
④ Martin Heidegger, *Hegel*, trans. Joseph Arel and Niels Feuerhah (Bloomington and Indianapolis:Indiana University Press, 2015), 11.
⑤ [德] 伽达默尔:《德法之争》,孙周兴等译,北京:商务印书馆,2015 年,第 133 页。
⑥ John van Buren, *The Young Heidegger*, 162.
⑦ Martin Heidegger, "Critical Comments on Karl Jasper's *Psychology of Worldviews*," in *Becoming Heidegger: On the Trail of His Early Occasional Writings*, *1910－1927*, 117－120.
⑧ John D. Caputo, *Radical Hermeneutics*, 303.
⑨ Martin Heidegger, *What is Called Thinking?*, trans. J. Glenn Gary (New York, Evanston and London:Happer & Row, 1968), 29.

转化"①,借此实现思想在未来的发展。因此,海德格尔强调"克服既不是一种摧毁,也不只是一种对形而上学的否定。想摧毁和否定形而上学,乃是一种幼稚的僭妄要求,是对历史的贬低。"②

（2）"克服"要求思想退回（regress）起源,在思想的开端拆解传统,抉发思想沉沦与遮蔽的历程,诊断其病因,令思想直面自身的困境,进而从源头上对思想进行重新发展,解放存在的原初意义,开启新的开端。开端即未来,"唯有错误在源头上得到理解……错误的原因才能被克服"③,"当传统得到批判性的拆解时",才能避免在此陷入本体—神学的旧有困境中。④ 这一解蔽的过程类似克尔凯郭尔的向前创造的"重复"（repetition）,迥异于柏拉图的向后退缩、逃避新变、自我封闭的"回忆"（anamnesis/recollection）。借用阿伦特之言,海德格尔的"克服"就是将本体—神学"思到底",使思想"在自由之中"。⑤

沿此进路,在海德格尔那里,"克服本体—神学"意味着超越摧毁与固守的二元论,回到本体—神学的起源,重新思索存在的原初意义,克服奠基性结构,摆脱表象性思维。为此,海德格尔将本体—神学强调的"根据"（ground）转化为超越根据与非根据之二元论的"无根据"（Abgrund,亦译作"深渊"）,⑥继而提出了"泰然任之"（Gelassenheit）的概念,以"任其发生"（lassen/letting-go）的"非意志"（non-willing）（不是简单地克服自我意志、走向"不去意愿的意志"[willing to not will],而是真正超越意志本身）去"释放事物,向奥秘敞开"⑦,既取消将存在对象化的主体意志乃至意志本身,指出人类对待存在的正确方式,又给出存在对人类的现身方式,不再将存在视为

① Martin Heidegger, *Mindfulness*, 354.
② ［德］马丁·海德格尔:《在走向语言的途中》,孙周兴译,北京:商务印书馆,1997 年,第 91 页。
③ Martin Heidegger, *Basic Concepts of Ancient Philosophy*, trans. Richard Rojcewicz (Bloomington and Indianapolis: Indiana University Press, 1993), 54.
④ Martin Heidegger, *Ontology: The Hermeneutics of Facticity*, trans. John van Buren (Bloomington and Indianapolis: Indiana University Press, 1999), 59.
⑤ ［德］马丁·海德格尔、汉娜·阿伦特:《海德格尔与阿伦特通信集》,朱松峰译,南京:南京大学出版社,2019 年,第 251 页。
⑥ 卡普托指出就英译而言,"深渊"（abyss）虽逊色于"un-ground"和"non-ground",无法在字面上直观体现德文中"Ab-grund"和"Grund"的鲜明对比,但因其与"空无"（void）的联系,故而保留了"缺乏根据"的含义（John D. Caputo, *The Way Back into the Ground: An Interpretation of the Path of Heidegger's Thought*, Dissertation, Bryn Mawr College, 1968, 13）。
⑦ Martin Heidegger, *Discourse on Thinking*, trans. John M. Anderson and E. Hans Freund (New York: Harper & Row, 1966), 54.

"存在者"(无论是"根据"还是"原因")。海德格尔认为西方传统的真理观可以用三个命题描述出:(1)真理的"处所"是命题(判断);(2)真理的本质在于判断与其对象的"符合";(3)亚里士多德既把判断认作真理的处所,又把真理定义为"符合"。① 而将"存在"释为"缘构"(Ereignis),把"真理"解作"无蔽",恰恰迥异于传统的符合论命题真理观。

为此,海德格尔特别批评了埃克哈特。虽然埃克哈特最先提出"泰然任之"的概念,并且最先指出存在与存在者、上帝与创造物的本体论差异,但是他取消人类意志的真正目的不是走向"非意志",而是凸显一种奠基性的神圣意志。换言之,埃克哈特仍然将上帝作为一种存在者,停留于本体—神学的领域。② 对海德格尔而言,更重要的是,必须在此基础上克服现代科技的"集置"作用,不能再"将人聚集起来,使之去订造作为持存物的自行解蔽者的要求"③,去"促逼"自然,强求自然作为工具提供超过其本身可能性的东西。这是"克服本体—神学"在"世界图像时代"(Die Zeit des Weltbildes)最重要、最迫切的任务。

1.2.2　后海德格尔时代的克服

依据让-吕克·南希(Jean-Luc Nancy,1940—　)的说法,海德格尔虽然认为"克服"("拆解")是唯一可能开启另一种开端的方法,但是又对此颇为恐惧,因为谁也无法确保通往这一开端的进路或者"克服"("拆解")能够最终完成。④ 对于海德格尔之后的思想家而言,甚至连海德格尔本人的"克服本体—神学"的进路都未必能保证开启另一个新的开端,或者说是"克服本体—神学"的唯一进路。尽管这些思想家大多认同海德格尔关于"克服"不等于全盘否定的看法,然而就像在"本体—神学"的理解方面存在诸多差异一样,他们基于不同的思想进路,对于如何理解"克服"的具体内涵,仍旧聚讼纷纭。只不过这正如伽达默尔所言,无论赞同抑或反对海德格尔,唯有避

---

① ［德］马丁·海德格尔:《存在与时间》,陈嘉映、王庆节合译,熊伟校,陈嘉映修订,北京:生活·读书·新知三联书店,2011 年,第 247 页。

② Martin Heidegger, *Country Path Conversations*, trans. Bret W. Davis (Bloomington and Indianapolis: Indiana University Press, 2010), 70.

③ ［德］马丁·海德格尔:《演讲与论文集》,孙周兴译,北京:生活·读书·新知三联书店,2005 年,第 101 页。

④ Jean-Luc Nancy, *The Banality of Heidegger*, trans. Jeff Fort (New York: Fordham University Press, 2007), 45.

免"模仿"海德格尔,才会具备新的"哲学价值"。①

在德里达那里,"解构"被用于解释"克服",它既与海德格尔的"拆解"有关,但矛头又指向海德格尔。② 德里达认为,一方面,海德格尔的"拆解"不是摧毁,"海德格尔意识到不管是在机制上还是策略上,他都不得不借用形而上学语言的语法与词汇资源,正如一个人在解构一种语言时总是必须这么做"③;另一方面,海德格尔的"拆解"指向重新回返起源、复归神话而非创化传统,并未真正要求改变哲学的根基,肯定断裂与差异,反而"重复那些隐含于奠基性概念和原初问题意识中的东西"④。海德格尔继承了古希腊和基督教的传统,既为哲学和神学开辟新的发展道路,但又停留在旧有的本体—神学传统之中。⑤ "克服本体—神学"必须"跟上"海德格尔,从海德格尔的问题出发,⑥并要逾越海德格尔,走得比海德格尔更远、更激进,亦即既需要借助海德格尔的思想资源,又需要对海德格尔的观点予以解构。只有通过一种对海德格尔的非正统性、非语文学的读解,"扭转"(bend)、"回转"(turn back)而非"分解"(resolve)海德格尔,⑦才能最终实现目标。

据此,德里达的"解构"关乎改变、转化与创造,代表了一种"肯定"(affirmation)而非"否定"的态度。⑧ 一方面,"解构"不是"摧毁",⑨德里达之所以选用"解构"而非海德格尔的"拆解",就是要在字面上避免被误解为"否定",⑩

① Jacques Derrida, Hans-Georg Gadamer and Philippe Lacoue-Labarthe, *Heidegger, Philosophy, and Politics: The Heidelberg Conference*, 7.
② Jacques Derrida, "Hospitality, Justics and Responsibility: A Dialogue with Jacques Derrida," in *Questioning Ethics: Contemporary Debates in Philosophy*, eds. Richard Kearney and Mark Dooley (Londona and New York: Routledge, 1999), 82.
③ Jacques Derrida, *Positions*, 10.
④ Jacques Derrida, "The Ends of Man," trans. E. Morot-Sir et al., *Philosophy and Phenomenological Research*, Vol. 30 (1969): 56.
⑤ Jacques Derrida. "How to Avoid Speaking," 53.
⑥ Jacques Derrida, *Margins of Philosophy*, trans. Alan Bass (Chicago: The University of Chicago Press, 1982), 128.
⑦ Jacques Derrida, Hans-Georg Gadamer and Philippe Lacoue-Labarthe, *Heidegger, Philosophy, and Politics: The Heidelberg Conference*, 36.
⑧ Jacques Derrida and Alan Montefiore, "Talking Liberties," in *Derrida and Education*, 180.
⑨ 德里达的"解构"不等于"摧毁",这几乎已成公论,伽达默尔甚至略带夸张地表示,他一听见德里达的"解构",就立刻想起了年轻时耳边回响的"拆解",知道"解构"与否定、"摧毁"毫无关系。Jacques Derrida, Hans-Georg Gadamer and Philippe Lacoue-Labarthe, *Heidegger, Philosophy, and Politics: The Heidelberg Conference*, 7.
⑩ Jacque Derrida, "Letter to a Japanese Friend," in *Derrida and Différance*, eds. David O. Wood et al. (Warwick: Parousia Press, 1985), 1.

去除法语词汇"destruction"所包含的"毁灭"之意。① 同时,"解构"也不是"清算"(liquidation),因为"解构"不会将自身视为正义的化身、塑造为权威的执法者,将被"解构"的对象预设为应被谴责的罪犯,"一个人只有身处法律甚至警察的位置上,才会说'清算'"②。另一方面,"解构"不是"重构"(reconstruction),不是对既有模式的回归或者沿袭既有模式进行构造,"解构"所代表的"肯定"不是"固定"(firmness)或者"封闭"(closedness),③而是指向"不可能性的可能性"(possibility of the impossible),朝向未来敞开,"将要到来"(to come)是一种无法被预见、无法被规划、无法被重构的状态。

马克·泰勒跟随德里达的观点,批评海德格尔在"克服本体—神学"上的不彻底性,指出"克服本体—神学"既不是像宗教新基要派那样去重复甚至窄化传统神学的范式,也不是像人本主义那样否定宗教。泰勒借鉴德里达的"延异"概念,指出应从"居间性"而非"对立性"来理解"克服",④它既非黑格尔的辩证法之"合题",也非克尔凯郭尔的反辩证法的"非此即彼",而是"既不既此又彼,也不非此即彼"(*neither* both/and *nor* either/or),即居于肯定与否定之间的"不/否定"⑤、"没有否定的否定"或"非否定的否定"。⑥ 此中,"不"(not)的地位至关重要,思考"不"就是去思考"思想的限度",思考如何能在本体—神学之外思考上帝。⑦ 为此,泰勒提出"无/神学"(a/theology)来替代本体—神学,它既不是反神学的(antitheological),也不是实定神学或否定神学,而是借助解构理论,将上帝理解为"延异"的"书写",将自我作为"踪迹",将历史作为"越轨",将《圣经》作为"文本",以此回应"上帝之死""自我消亡""历史终结"与《圣经》封闭"。⑧ 因此,无/神学既不像黑格尔、阿尔蒂

① [法]德里达:《德里达中国演讲录》,杜小真译,北京:中央编译出版社,2003年,第230页。

② Jacques Derrida, "'Eating Well', or the Calculation of the Subject: An Interview with Jacques Derrida," in *Who Comes After the Subject*, eds. Eduardo Cadava, Peter Connor and Jean-Luc Nancy (New York and London: Routledge, 1991), 96.

③ Jacques Derrida, "'Eating Well', or the Calculation of the Subject: An Interview with Jacques Derrida," 100.

④ Mark C. Taylor and Carl Raschke, "About *About Religion*: A Conversation with Mark C. Taylor," *Journal of Cultural and Religious Theory* 2, no. 2 (2001).

⑤ 泰勒的原文是"denegation",该词一语双关,既是"否定",又是"不—否定"(de-negation),故而,仿照泰勒的"无/神学",笔者译为"不/否定"。当然,还可以利用汉语的双关义,将其译为"去否定",既可指"去进行否定",也可指"去除否定"。

⑥ Mark C. Taylor, "Denegating God," *Critical Inquiry* 20, no. 4 (1994): 595.

⑦ Mark C. Taylor, *Nots* (Chicago: The University of Chicago Press, 1993), 11.

⑧ Mark C. Taylor, *Erring: A Postmodern A/theology*, 13.

泽(Thomas J. J. Altizer，1927—2018)那样，将神人同一，也不像克尔凯郭尔、卡尔·巴特那样，令神人悬隔两端，而是将有神论与无神论、上帝与人的边界转变为延异、踪迹，即"没有边界的边界"①。基于此，泰勒主张解构神圣与世俗的二元论，将本体—神学转化为文化神学，从延异的"宗教为何"（what religion is about）走向具象的"何为宗教"（what is about religion），②从宗教的对象转向对象中的宗教，关注世俗文化（尤其是未被传统神学关注的摄影、电影、电视等视觉文化）中的宗教维度，强调神学的未来取决于深刻理解当前文化。③

在瓦蒂莫看来，海德格尔谈及"克服"时，意指"Verwindung"而非"Überwindung"，因为"Überwindung"指向"超越"，"Verwindung"则"不包含辩证升华（扬弃）或者'抛弃'的概念"，既非全盘肯定和接受，也非彻底否定和摧毁，而是以诠释学进路去"回忆"、"扭转"（twist）、"修正"、"恢复"。④ 这意味着，在经过世俗时代的洗礼和对世俗时代的反思批判后，"克服"既不是摧毁宗教，也不是全盘否定世俗化，回返前现代、前世俗时代，而是采取非形而上学与非客体化的进路，恢复海德格尔所谓的"实际性"（瓦蒂莫称之为"历史性"），通过历史化、诠释学的转向，以"弱思想"（weak thought）去转化本体—神学。

具言之，"克服本体—神学"尤其需要借助"虚己"（kenosis）的概念。上帝不再是本体—神学所谓的"根据"，而是道成肉身，进入人类救赎史。尼采的虚无主义、朋霍费尔的"非宗教的基督教"正指向上帝的虚己与弱化。海德格尔的"事件"即可理解为"存在的弱化"（weakening of Being）。借此，瓦蒂莫指出上帝实则弱化为"事件"，发生在历史中，发生在历史的语言中，发生在人类的"交谈"中。⑤ 形而上学宣称的客观真理被弱化为"历史性"中的

① Mark C. Taylor, *Erring: A Postmodern A/theology*, 36.

② Mark C. Taylor, *About Religion* (Chicago and London：The University of Chicago Press, 1999), 1–6. 这种问题的转变，似乎有些类似于柏拉图《理想国》将"真、善、美是什么"的问题转化为"什么是真的、善的、美的"问题，只不过二者的哲学立场截然相悖。马克·泰勒决不会接受柏拉图的理念论，后者属于本体—神学。

③ Mark C. Taylor, "Postmodern Times," in *The Otherness of God*, ed. Orrin F. Summerell (Charlottesville and London：University Press of Virginia, 1988), 174–175.

④ Gianni Vattimo, "Verwindung：Nihilism and the Postmodern in Philosophy," *Substance* 16, no. 2 (1987)：7–17.

⑤ Gianni Vattimo, *Not Being God: A Collaborative Autobiography*, trans. William McCuaig (New York：Columbia University Press, 2009), 108. 另外，瓦蒂莫在此同时使用了"交谈"（conversation）与"对话"（dialogue），并未严格判别二者的差异。其学生扎巴拉（Santiago Zabala）在2017年12月的中国人民大学讲座《存在与交谈》（Being （转下页）

"解释"与"交谈",弱化为诠释学的真理与交谈的真理,表现为自由多元主义平等互动,排除暴力权威,所有信仰团体成员都拥有"倾听、自由解释教义、互助和纠偏"的权利。① 由此,"克服本体—神学"走向伦理学,将上帝弱化为在具体历史语境中针对具体邻人的"惠爱",并进而对任何自称终极真理的意识形态予以政治批判,走向诠释学共产主义(hermeneutic communism)。经过历史性、诠释学的弱化后,本体—神学最终被转化为"非宗教的基督教",摆脱了形而上学与实证主义的异化。在此,瓦蒂莫批评列维纳斯与德里达将"历史性"误读为历史决定论的"实定性"(positivity),②导致二者在克服本体—神学上,不仅重新推崇《旧约》上帝的超越性与他异性,而且以抽象的他者代替历史中的具体他者,更以"尚未到来的弥赛亚"代替历史中到来的具体弥赛亚,使得他们的"弱弥赛亚主义"无法判别希特勒与弥赛亚。③

与海德格尔、德里达、瓦蒂莫等人的主张相近,马里翁强调"克服"不等于摧毁或否定,因为我们难以彻底摆脱本体—神学。然而,在马里翁看来,"克服本体—神学"的常见方案,无论是尼采的"颠倒柏拉图主义"、海德格尔的"摧毁本体论历史",还是德里达的"解构意义",存在着两大共同缺陷:

> 它们仅仅是历时性地、在形而上学展开的终点处,克服形而上学。相应地,在形而上学的历史性终结或者历史学终结之前,它们中没有一个可以被付诸实践或者出现。因此,它们中的每一种方案都使得那种它们既要占有又要禁止的形而上学不可能出现。由于它们对形而上学的

(接上页)and Conversation)中,曾借助瓦蒂莫和罗蒂的理论,细分侧重于回应事件的"交谈"与预设真理目标的"对话"。笔者认为无论瓦蒂莫此处的原意为何,至少像扎巴拉那样解释瓦蒂莫的"交谈"概念,确实符合瓦蒂莫的事件观。

① Gianni Vattimo, *After Christianity*, 85.

② Gianni Vattimo, "The Trace of the Trace," 86–88.

③ Gianni Vattimo, *Not Being God: A Collaborative Autobiography*, 151. 德里达也将"弱弥赛亚主义"称为"没有弥赛亚主义的弥赛亚性"(Jacque Derrida, *Specters of Marx* [New York and London: Routledge, 2006], 82)。但笔者认为,面对瓦蒂莫的诘问,按照德里达的一贯逻辑,德里达的回答很可能会是:"弱弥赛亚主义"就是要通过具体弥赛亚的不在场、尚未到来,从而否定纳粹主义是弥赛亚主义、希特勒是弥赛亚,正如所谓的民主,不是任何当下既有的民主,而是"到来中的民主"(democracy to come),幽灵般的弥赛亚性高于具体的弥赛亚主义,"到来"(to come)永远高于任何具体的、在场的弥赛亚主义或者民主。事实上,卡普托有一段关于希特勒的评论,可以用来回答瓦蒂莫的这一诘问:希特勒的问题不在于他是相对主义者,而是在于他"混淆了自身的有条件性与无条件者……混淆了自身与上帝"。反讽的是,卡普托的这段话正是为了解释弱思想(weak thought)。在卡普托看来,弱思想旨在打破类似希特勒的这类"非常危险的幻想"。(John D. Caputo, *The Folly of God*, 55.)由希特勒所衍生出的争论,实则凸显了卡普托的解构主义弱思想与瓦蒂莫的弱思想之间的差别。也许,卡普托可以反诘一句:瓦蒂莫,你的历史化真的能够判别希特勒和弥赛亚吗?

克服仅仅通过完成形而上学,并用自己来加以替代,故而它们是通过一种不可见的暴力而得以进行的。①

换言之,这些方案仅仅是对形而上学的"拒绝"(refutation)、"禁止"、"摧毁"、"重新占有"(reoccupation)、"取而代之"或者"限定"(delimitation)。② 真正的"克服"是一种"解放"③,更确切地说,是帕斯卡尔口中的"贫乏"(destitution),意味着"从我们所在的地方,重新拾起本体—神学","沿着本体—神学的界限与边界,穿过本体—神学自身",④从内部去反思本体—神学,暴露它的界限,进而打开新的思想方向。

在马里翁看来,克服本体—神学就是摆脱偶像崇拜,不将上帝理解为偶像。虽然海德格尔的存在论通过"存在"与"存在者"的本体论差异,不再将上帝还原为"存在者",从而避免了像本体—神学那样将上帝理解为作为自因的至高存在者,但是它并没有走向无条件性,而是以"存在"的范畴去规定上帝。因此,海德格尔在消除第一种偶像崇拜的同时,"庇护了第二种偶像崇拜"⑤,没有完成克服本体—神学的任务。"克服本体—神学"需要令上帝摆脱条件性范畴的界说,无论是"存在"还是"存在者",都是偶像。马里翁因此提出"没有存在的上帝"(God without Being)。这不是指上帝之死,而是指"存在"这一范畴不能定义上帝,上帝超越了包括"存在"在内的所有"测定标准"⑥。只有从无条件性的角度去理解上帝,才能克服偶像崇拜。这也彰显了马里翁的否定神学立场。在此基础上,马里翁对"克服本体—神学"的理解不断发展,从"无限性"上升至"爱的秩序",最终抵达基于"被给予性"现象学的惠爱和赠予,⑦经此三变,"没有存在的上帝"被进一步理解成作为"充溢现象"(saturated phenomenon)的启示。由此,"克服本体—神学"最终面对的问题是如何用一种非教义性的语言去思考爱与赠予。⑧ 这要求主体放弃形

① Jean-Luc Marion, *On Descartes' Metaphysical Prism: The Constitution and the Limits of Onto-theo-logy in Cartesian Thought*, trans. Jeffrey L. Kosky (Chicago and London: The University of Chicago Press, 1999), 351.
② Jean-Luc Marion, *On Descartes' Metaphysical Prism*, 351.
③ [法]让-吕克·马里翁:《还原与给予:胡塞尔、海德格尔与现象学研究》,方向红译,上海:上海译文出版社,2009年,第141页。
④ Jean-Luc Marion, *The Idol and Distance*, 19.
⑤ Thomas A. Carlson, *Indiscretion*, 195.
⑥ Jean-Luc Marion, *God without Being*, trans. Thomas A. Carlson (Chicago and London: The University of Chicago Press, 2012), xxii.
⑦ 李丙权:《马里翁、济宙拉斯和克服本体—神学》,第147页。
⑧ 李丙权:《马里翁、济宙拉斯和克服本体—神学》,第147页。

而上学语言,摒弃命名(de-nomination),"放弃对认识性言说的执着,在赞美和祈祷中接受上帝的赠予,在倾听中言说。以赠予的方式思考上帝,不仅是上帝名称的转化,根本上是转化思考本身,对赠予的思考逻辑上要求放弃基于自我的思考,以接受赠予的方式接受关于赠予的思想,也就是接受来自上帝的思想的赠予"①。马里翁以一种被注视、被构造的被动性(passive)主体,代替了现代主体性哲学的构造性主体,实现了"克服本体—神学"中对主体的批判工作。

而在韦斯特法尔那里,本体—神学是理性主义和人类中心主义的产物,因此对本体—神学的克服不是摧毁神学,既不能像现代启蒙主义者那样,以计算性—表象性的工具理性替代信仰,也不能像后现代世俗主义者那样,将宗教简单归于现代性的元叙述而一并抛弃,那反而印证了"对本体—神学的抗议行为能够演变为一种本体—神学的姿态"②。"克服本体—神学"应采取启示神学进路,回返奥古斯丁、克尔凯郭尔,借助列维纳斯等人的后现代思想资源,恢复上帝的超越性和他异性。具体而言,这要求承认人类的有限性,令人类的理性为上帝的启示腾出空间。康德的理性神学虽然也提出"理性为信仰腾出空间","预感到人类理性存在着无法克服的有限性"③,但旨在单纯理性限度内讨论宗教。与之不同,韦斯特法尔采取启示神学进路,强调正如奥古斯丁所言,信仰与理性对立,人类无法通过理性去把握上帝,通过概念去言说上帝,更不可能通过本体论方法证明上帝,只能凭借信仰去回应上帝的呼召,通过启示,在崇拜与祈祷中接近上帝。上帝不仅在宇宙论层面超越世界,而且在认识论层面超越自我的认识能力,更在伦理学与宗教层面,超越了人类的内在自我,使自我意识到列维纳斯的"他者即邻人"、克尔凯郭尔的"他者即上帝"。④ 因此,上帝的超越性要求双重的自我超越性,即一方面转化自我,在自我中为上帝、为他者腾出空间;另一方面将自我"重新安置"于超越自我的天国中,融入终末论的盼望中。这也就是克服唯我论,"称颂他律"(in praise of heteronomy)⑤,走向谦卑。换言之,韦斯特法尔对本体—神学的克

① 李丙权:《马里翁、济宙拉斯和克服本体—神学》,第303—304页。笔者用"赠予"替代了原文的"赠礼"。
② Merold Westphal, *Overcoming Onto-theology: Toward a Postmodern Christian Faith*, 24.
③ Merold Westphal, "The Importance of Overcoming Metaphysics for the Life of Faith," *Modern Theology* 23, no. 2 (2007): 265.
④ Merold Westphal, *Transcendence and Self-Transcendence*, 9‑11.
⑤ Merold Westphal, *In Praise of Heteronomy: Making Room for Revelation* (Bloomington: Indiana University Press, 2017).

服,沿循启示神学进路,从对理性神学的批判,走向对主体性哲学的批判。

1.3 卡普托对"本体—神学"的反思

"本体—神学"又被卡普托称为"形而上学神学"(metaphysical theology)[①]、"客体性神学"(objectivistic theology)、"作为科学的神学"(theology as *scientia*)、"因果性形而上学"(metaphysics of causality)、"强神学"(strong theology)、"强本体论"(strong ontology)、"崇高神学"(high theology)、"全能形而上学"(metaphysics of omnipotence)、"全能神学"(omnipotence-theology)、"全能者的全能形而上学"(Mighty Metaphysics of the Almighty)、"荣耀神学"(*theologia gloriae*)等,从中即可初窥卡普托对"本体—神学"的基本理解:"本体—神学"建基于形而上学之上甚至本身即是形而上学,采取了客体性、表象性的思维,受制于因果律,将上帝视为强力的全能者,赞美上帝的荣耀,而非十字架的受难。

"克服本体—神学"乃卡普托一以贯之的根本立场。自其学术生涯伊始,卡普托便十分关注如何实现对本体—神学的"激变与改造"[②]。他曾自述,"克服本体—神学"或"解构在场形而上学",对自幼被禁锢于"梵二会议"前封闭保守的天主教传统中的他而言,具有一种"解放的诱惑力"[③]。那时的卡普托深受理性与信仰之冲突的折磨。法国新托马斯主义代表雅克·马利坦(Jacques Maritain, 1882—1973)的"知识层级"(degrees of knowledge)理论调和了托马斯·阿奎那的"科学"(scientia)和奥古斯丁的"智慧"(sapientia)、理性与信仰,打破了经院哲学的桎梏,暴露了理性论证的限度,令大学时代的卡普托第一次接触到对现代性的批判或者说对形而上学的克服。[④] 另一位新托马斯主义者皮埃尔·罗塞洛(Pierre Rousselot, 1878—1915)的《圣托马斯的理智主义》(*The Intellectualism of St. Thomas*)一书提出了关于"存在的形而上学经验"如何界定的问题,引导卡普托关注克服本体—神学。并且罗塞洛指出托马斯·阿奎那实则认定理性(ratio)低于理智

---

① John D. Caputo, *The Weakness of God*, 23.
② John D. Caputo, *The Mystical Element in Heidegger's Thought*, 3.
③ John D. Caputo, "If There is Such a Thing," *Journal of Cultural and Religious Theory* 17, no. 1 (2017).
④ Russ Leo, "A Theology of Our Desire: A Dialogue with John D. Caputo," *Polygraph*, no. 19–20 (2008): 163.

（intellectus），理智不能被肤浅地视为"推论证明的能力"，而应当被理解为"神秘合一的能力"。① 这种看法不仅令卡普托从最初就对现代性采取了批判的态度，而且启发了日后卡普托对托马斯·阿奎那的分析，被卡普托引申为对客体主义、表象主义的拒斥，亦即对形而上学的克服。② 与之相伴，埃克哈特的神秘主义暴露了"形而上学理性的限度"③，加深了卡普托对形而上学的质疑。本科毕业后，卡普托接触海德格尔的思想，海德格尔承诺给予形而上学一个新的开端，令卡普托感到无比兴奋。卡普托的博士论文探究了后期海德格尔对形而上学根据律（principle of ground）的克服，而其学术生涯公开发表的处女作也追索了海德格尔对形而上学的克服，将其视为一条迥异于卡尔纳普逻辑实证主义的思想进路。④ 此后，卡普托在论著中持续探究克服本体—神学的相关问题，并且在海德格尔的帮助下，超越了早年所受的新托马斯主义影响。之后，在德里达等人的影响下，卡普托摆脱海德格尔的魔咒，对海德格尔的"克服本体—神学"的方案展开了批判。正是在此意义上，笔者认为卡普托在 1980 年代出现的是转变而非断裂，其克服本体—神学的努力从未中断，而是一以贯之，甚至不断深化。卡普托绝非像某些研究者（如波克森［Judith L. Poxon］）所谓的那样，在 1980 年代发生思想的断裂，放弃了此前的前现代进路。⑤

事实上，在将"苦弱神学"疏解为"事件神学"、"事件诠释学"、"没有神学的神学"（theology without theology）、"神—诗学"、激进神学（radical theology）、"后世俗神学"（post-secular theology）、"后现代十字架神学"（postmodern theology of the Cross）之前，卡普托对"神学"一词惊惶不安（skittishness），甚至为了凸显自己"克服本体—神学"的坚定立场，曾经长期回避使用该词，强调自己所从事的乃是宗教哲学，迥异于"神学"。"神学"将上帝作为概念分析的客体，并且用认信教条去定义上帝，属于本体—神学、在

---

① 卡普托的硕士论文即研究了托马斯·阿奎那的"理智"（intellect）概念。

② John D. Caputo, *Heidegger and Aquinas: An Essay on Overcoming Metaphysics*, 10. 值得注意的是，罗塞洛思想的形成和发展深受现代性与宗教之争的影响，旨在回应现代性的挑战。但同时，他拒绝沿袭传统经院神学进路，与其他坚持理性主义进路的新托马斯主义者拉开距离。

③ John D. Caputo, "The Power of the Powerless," 115.

④ John D. Caputo, "Review of *Martin Heidegger on Being Human: An Introduction to 'Sein und Zeit'*," 860–866.

⑤ Judith L. Poxon, "Caputo, John D.," in *Encyclopedia of Postmodernism*, eds. Victor E. Taylor and Charles E. Winquist (London and New York: Routledge, 2001), 46.

场形而上学。① 除了反思本体—神学并提出"克服本体—神学"的基本原则之外,卡普托还对"克服本体—神学"的不同进路展开了积极而又广泛的回应,进而最终建构了自己的"克服本体—神学"的方案,事件神学也由此得以出场。

1.3.1 卡普托的诊断

卡普托分解、扩充与改写了"本体—神学"这一概念。在卡普托看来,"本体—神学"一般被理解为在本体论上将存在作为至高实体、在神学上将存在作为第一因和自因。然而,更进言之,本体—神学是一种逻辑学,借用托马斯·阿奎那之言,实乃一种关于存在的认识。本体—神学不仅仅涉及一般意义上的本体论和神学,更指向"本体—逻辑学与神—逻辑学的逻辑学"(logic of onto-logic and theo-logic)②,故而又应写作"本体—神—逻辑学"(onto-theo-logic),这是一个三重概念(a tripartite conception),含摄三个层次:

首先是逻辑学,它本质上是计算性思维而非沉思性思维,甚至可以说它根本不是思想,而是计算,指向对世界的"数学—科学解释"(mathematical-scientific interpretation)和宰制。

其次是本体—逻辑学(本体论)(onto-logic),它属于以某种一般性的本体特性来描述和分析存在特性的科学。存在被规定为理念、本质、实体、行动、意志、精神等本体的一般特征,亦即用存在者的某种特征或某种特定存在者来定义存在。

最后是神—逻辑学(神学)(theo-logic),采取了因果性思维,存在不仅被理解为一种本体,还被视作一种原因,亦即至高存在者成为其他存在者的原因,被纳入因果律之中。

所以,作为一种逻辑学,形而上学是关于存在者的因果性科学;作为一种神学,形而上学仰赖作为"自因"和"第一因"的最高存在者,上帝与世界的关系被阐发为奠基与被奠基的因果关系。③ 这又可以被概括为:(1)存在者先于存在;(2)逻辑学优先,概念性、逻辑性的思维能够穷尽无法穷尽与无法完

---

① John D. Caputo, *The Weakness of God: A Theology of the Event*, 301. 即便后来接受了"神学"的用法,卡普托也反复强调自己将神学视作"一种对上帝之名的持久反思"(a sustained reflection on the name of God),区隔本体—神学意义上的"神学"。

② John D. Caputo, *The Insistence of God: A Theology of Perhaps*(Bloomington and Indianapolis: Indiana University Press, 2013), 11.

③ John D. Caputo, "Heidegger's God and the Lord of History", *New Scholasticism* 57, no. 4 (1983): 447.

全把握的存在。① 其采取的是客体性、推论性、因果性的方法。②

　　受到德里达批判逻各斯中心主义的影响后,卡普托又将"本体—神—逻辑学"改写与转译为"本体—神—逻辑学—中心主义"(onto-theo-logico-centrism),它指存在一个绝对中心,而且指人类有能力去把握或占据这个中心,将存在者、上帝或者逻辑学建构为这个中心。③ 卡普托后来将"事件"(event)引入神学,即旨在解构此种中心主义。在伦理学中,"本体—神—逻辑学—中心主义"表现为普遍原则、先验图式或者神圣本源,即所谓的"始基"(arche),将伦理学化约为原则和命题的应用,此乃卡普托提出"责任诗学"(poetics of obligation)这一替代方案的原因所在,"责任诗学"强调忠诚于对不同伦理事件中的异质性他者的无条件责任。而在政治学中,本体—神学充斥于制度性权力(institutional power)中,④人们依循本体—神学的逻辑,将上帝塑造为主权的"磐石之基"(rock-solid ground),亦即奠立政治规范、支配政治秩序的"至高主宰者"(sovereign master)、"神圣主权者"、"天国君主"(heavenly monarch),因此,"本体—神学"又被卡普托改写与转译为"本体—神—政治学",⑤亦即本体—神学意义上的政治神学。卡普托提出被称为"神政治学"(theopolitic)、"不可能性的政治学"(a politics of the impossible)的政治诗学,即旨在解构这种政治神学。又由于本体—神学所理解的上帝从人类世界扩及自然世界,从政治学拓至宇宙论,被视作宇宙的全能造物主、宇宙的根源、宇宙的至高力量,不啻一种创造宇宙与支配宇宙的超自然力量,"一种能够阻止(或发动)火山爆发、山石崩塌、洪水肆虐的全能气象学本体—力量,或者一种全能的历史性超级力量,能够停止或发动战争,阻止大屠杀,终结色情片、肥胖症、肥皂剧、电脑垃圾邮件、街头犯罪和环境毁灭"⑥,因此,"本体—神学的"问题被扩展与转译为"本体—神—宇宙—逻辑学的"(onto-theo-cosmo-logical)⑦问题,为其后注目自然生态和"后人类"等问题的"宇宙

---

① John D. Caputo, "What is Merold Westphal's Critique of Onto-theology Criticizing?" in *Gazing through a Prism Darkly*, ed. B. Ketih Putt (New York: Fordham University Press, 2009), 107 - 108.

② John D. Caputo, *Heidegger and Aquinas: An Essay on Overcoming Metaphysics*, 11.

③ John D. Caputo, "What is Merold Westphal's Critique of Onto-theology Criticizing?" 109.

④ John D. Caputo, *The Weakness of God*, 302, n. 1.

⑤ 在《上帝的苦弱》(*The Weakness of God*)一书中,卡普托在谈及"本体—神—政治学"时,曾使用了副词形式"onto-theo-politically"与形容词形式"onto-theo-political",据此可知,若写成名词形式,则应是"onto-theo-politics"。

⑥ John D. Caputo, *The Weakness of God*, 39.

⑦ John D. Caputo, *The Weakness of God*, 39.

诗学"（cosmopoetics）或"宇宙—神—诗学"（cosmo-theo-poetics）奠定基础。

不过，无论"本体—神学"如何被改写或扩充，卡普托对"本体—神学"的措意始终凭依"呼召—回应"（call-response）的结构（存在的呼召与世界的回应），立足于两个方面：（1）本体—神学对呼召的理解；（2）本体—神学对回应的理解。事实上，早在1971年的《海德格尔的本源伦理学》（"Heidegger's Original Ethics"）一文中，卡普托就已指出，海德格尔对本体—神学的质疑直指关于上帝存在的神学与关于言说上帝的逻辑学。[1]

具言之，一方面，在上帝的现身方式上，本体—神学从在场的存在者角度，将上帝理解为"某种在场之物，一种超越其他一切的纯粹、完美和完全的在场，一种通晓、构造和超越潜藏结构的全在"[2]，类似于"超级英雄""超级存在""超级实体""居于更高世界的超级在场"，[3]上帝为世界奠基，堪称亚里士多德所谓的"第一因"或者"不动的推动者"。换言之，上帝总是被纳入"存在者"、"实体"（substance）、"原因"（cause）等范畴，乃思辨构造的产物。卡普托凝视苦难在本体—神学中缺席，本体—神学的上帝无法体验苦难，本体—神学不能解释上帝何以能够受难，更忽视了那些边缘者、局外人、被遗忘者。[4]

另一方面，关于言说上帝，本体—神学囿于表象性思维、客体主义和理性主义，推崇逻辑学的优先性，断言可以借助理性，完全捕获和把握上帝，可以用逻辑学的方式（概念、命题、论证与论断）定义和言说上帝。此乃推论性的概念表达形式，"采取述谓的方式言说上帝，将上帝把握为一种被建构的话语对象、谓词的主语和某种概念属性的承担者，采用一种命题的方式来表达上帝，声称可以确定某种神圣属性"[5]，实为"主宰性与总体化"[6]的言说。

1.3.2 卡普托的"克服"原则

如果说康德、海德格尔认为无法完全抛弃本体—神学，那么，卡普托同样认为本体—神学"不可避免"，我们必须"不被形而上学所克服"，但又无法完

[1] John D. Caputo, "Heidegger's Original Ethics," *New Scholasticism* 45, no. 1（1971）：133.

[2] John D. Caputo, "Proclaiming the Year of the Jubilee：Thoughts on a Spectral Life," in *It Spooks: Living in Response to an Unheard Call*（Rapid City：Shelter50 Publishing Collective, 2016）, 30.

[3] John D. Caputo, "The Weakness of God：A Theology of the Event," 294.

[4] John D. Caputo, *The Weakness of God*, 34.

[5] John D. Caputo, *Cross and Cosmos: A Theology of Difficult Glory*, 107.

[6] John D. Caputo, *Against Ethics*（Bloomington：Indiana University Press, 1993）, 231.

全脱离或者"中立化"本体—神学，唯有"最小化"（minimalize）本体—神学，摆脱对本体—神学的"虔信"。[①] 由此，若欲克服本体—神学，就必须从上述两个方面进行突破。对卡普托而言，"克服本体—神学"又可称作"解构本体—神学"。卡普托参详约翰·范·布伦（John van Buren）之言，追索了"解构"从《圣经》希腊文七十士译本、《圣经》拉丁语通俗译本（即武加大本［Vulgata］）、马丁·路德、海德格尔到德里达，从 apolo、destruere、destructio、Destruktion 到 deconstruction 的概念谱系：

> （《新约·哥林多前书》一章 19 节）征引了《旧约·以赛亚书》二十九章 14 节的经文，先知令上帝说："我要灭绝智慧人的智慧。"（I will destroy the wisdom of the wise）如果我们回忆一下"destroy"（apolo）在武加大本《圣经》中作拉丁文"destruere"，路德在《海德堡辩论论纲》（Heidelberg Disputations）中将其挑出，倡导对异教哲学（亚里士多德的形而上学）的"destructio"，这一观念之后传至海德格尔，他倡导对形而上学历史的"Destruktion"，它此后又被德里达翻译为"deconstruction"。于是，我们能够将上述《圣经》经文翻译为："我要解构哲学家的在场形而上学，上帝说。"（I will deconstruct the metaphysics of presence of the philosophers, says the Lord God）

据此，卡普托表示：首先，解构不是摧毁、抛弃、否定或者"锯断"（saw），与否定一切哲学与神学的虚无主义判然有别。其次，解构不代表一种怀疑主义、相对主义的立场，对差异、独异性、多元性的肯定不等于无条件、无标准地承认或者怀疑一切价值。最后，解构并非"创造性摧毁"（creative destruction），不是以摧毁的方法进行创造，用摧毁正义来创造新的不义。尽管卡普托未曾提及"创造性摧毁"的引文出处，然而由其叙述可推知典出大卫·哈维（David Harvey，1935—　）。"创造性摧毁"被大卫·哈维用于形容资本主义的运作形式，视作现代性乃至"后现代性的状况"，许多人亦将"后现代""解构"贬为资本主义的同路人。[②] 由此可知，卡普托对"解构"与"创造性摧毁"的辨析与区隔，旨在替"解构"在现代政治文化处境中正名与辩污。卡普托强调"创造性摧毁"同"解构"南辕北辙，尤其在伦理与政治的层面，"解构"坚定地站在资本主义受害者一侧，资本主义的"创造性摧毁"致力于"创造"富

---

① John D. Caputo, *Against Ethics*, 221.
② David Harvey, *The Condition of Postmodernity: An Enquiry into the Origins of Cultural Change* (Cambridge, MA and Oxford: Blackwell, 1992).

人的财富、"摧毁"穷人的财富。因此,"资本主义是解构的主题,而非解构的模式,换言之,资本主义亟需被解构"。① 解构指向的是改革(reform)与转化(transform)。

解构与摧毁的差别,亦是海德格尔的"*Überwindung*"和"*Verwindung*"的区别之所在。海德格尔曾一度释"Überwindung"为"克服",但卡普托指出海德格尔最终放弃了此种译解,择定"Verwindung",因为前者暗示"超越"(Über),自诩可以外在摧毁,后者则知晓如何处理置身其中、无法外在超越的对象。不过,在卡普托看来,海德格尔的"拆解"在字面意义上易被误解为暴力的"摧毁",在精神实质上侧重对被遗忘对象的"恢复"(retrieval)或"回撤"②,易与柏拉图的向后退回原初既定开端、陷于同一性重复的"回忆"(recollection)混淆,这最终将令人联想起海德格尔与纳粹同谋的斗争哲学(philosophy of struggle)与"存在的神话"(myth of Being):通过"斗争"/"奋斗"(*Kampf*)③而走向"本源"。

卡普托为了凸显解构的特性,遣词造句极为谨慎,斟酌再三。初涉"解构"时,他就选用了德里达的"deconstruction"而非海德格尔的"Destruktion"一词,避免"解构"被误解为"摧毁",④颇似德里达最初弃用海德格尔的"Destruktion"一词的理由:在字面义上避免被理解为"否定",剔除法语"destruction"所含的"毁灭"之意。⑤ 同时,卡普托摒弃与"retrieval"同义的"recovery"一词,揭橥"解构"并非哀叹"存在的遗忘"、重归本源或开端、回返"存在的神话",与海德格尔的立场判然有别,凸显"解构"在"克服本体—神学"上的激进特性。具言之,(1)该词源自拉丁文"recuperare",指向过去的

---

① John D. Caputo, *The Folly of God*, 25. 此外,在笔者看来,卡普托未明言的是,大卫·哈维的"创造性摧毁"更直接地指向资本主义通过"时空压缩"(time-space compression)破坏地理环境,牵涉人文地理与自然地理,引发了严重的生态危机(参见 David Harvey, *Justice, Nature and the Geography of Difference* (Oxford: Wiley-Blackwell, 1997))。卡普托的宇宙诗学恰恰抨击全球资本主义犯下的此种劣迹,彰显社会批判维度和宗教唯物主义(religious materialism),道明其未陷溺于某些批评者所谓的个人反讽与唯心主义,不经意间与大卫·哈维的历史—地理唯物主义(historical-geographical materialism)共振,尽管二者的解决方案颇多殊异。

② John D. Caputo, "Idolatry and Metaphysics," in *The Mystical Element in Heidegger's Thought*, xxiii.

③ 尽管"Kampf"也被英译为"struggle",即"斗争",然而,鉴于卡普托指出该词也在希特勒的《我的奋斗》(*Mein Kampf*)中出现,同时,书名"Mein Kampf"也被英译为"My Struggle",因此,为尊重既有译法习惯,本书统一译为"奋斗"并配以"斗争"。

④ John D. Caputo, *Heidegger and Aquinas: An Essay on Overcoming Metaphysics*, 247.

⑤ Jacques Derrida, "Letter to a Japanese Friend," in *Derrida and Différance*, eds. David Wood et al.(Warwick: Parousia Press 1985), 1.

被遗忘者,易在字义上与柏拉图的"recollection"(回忆)混为一谈,①堕入德里达所批评的"对在场的怀旧"(nostalgia for presence)或拉库—拉巴特(Philippe Lacoue-Labarthe)所拒斥的"愈合"(guérison)②。(2)"Destruktion"所主张的"Wiederholung"虽应依海德格尔之意,译作"retrieval",③但也曾被英译为"repetition"④;而克尔凯郭尔《重复》(Gentagelse)英译本题为*Repetition*,影响甚大的德译本则作*Wiederholung*,⑤其义与柏拉图的"recollection"迥异,⑥亟需用法分殊。(3)德勒兹《差异与重复》(*Différence et Répétition*, 1968)批评克尔凯郭尔的"重复"乃同一性的复归而非纯粹差异、新变的发生,是向内的、精神性的,意欲一劳永逸复原自我与上帝,并非尼采笔下纯粹播撒的、尘世的、自然的、需要一次又一次肯定的"生成"。换言之,它仍然是同一性的复归,不是纯粹差异、新变的发生。卡普托力图凸显"重复"重视差异、不确定性以及由此萌生的"恐惧与战栗",为克尔凯郭尔辩护。因此,必须放弃"recovery"一词,免于沦为德勒兹的醒目箭靶。在敷陈德勒兹所批评的"复原"时,卡普托特别使用了与"recovery"词根相同的"recuperative"一词。

相较于此,卡普托青睐德里达的"解构",着重于"重新打开"(re-opening)和"重新发明"(reinvention)⑦,"松开"(loosen up)和"解放"(liberate)对象,

---

① John D. Caputo, *Radical Hermeneutics*, 6.

② [法]菲利普·拉古—拉巴特:《海德格尔、艺术与政治》,刘汉全译,桂林:漓江出版社,2014年,第71页。海德格尔本人恰恰指出真正的"克服"有别于人类从痛苦中恢复,创伤不是完全消失,而仅仅是被贮存于"尚未揭示的真理之中"[Martin Heidegger, "The Turning," in *The Question Concerning Technology and Other Essays*, trans. William Lovitt(New York:Harper, 1977), 39]。

③ 卡普托在早期也沿袭了这一译法,甚至还曾经使用了后来遭到他本人严厉批判的"recollection"一词作为相近译名(John D. Caputo, "The Thought of Being and the Conversation of Mankind:The Case of Heidegger and Rorty," 666–667)。

④ John D. Caputo, *Radical Hermeneutics*, 298, n.5.

⑤ "回忆是向后的运动(因为古希腊人认为我们失去了永恒,需要重新寻获),但重复是向前的运动(因为基督教认为我们已经被置于生活之中,以便看看我们是否有勇气去赢得永恒)。……重复因此不是同一性的重复,不是古希腊的'复—制'(re-production),而是一种创造性生产,它向前推进,像重复一般生产,生产其所重复者,在流变的困难中为自己创造生活。"(John D. Caputo, *Radical Hermeneutics*, 3–4)。

⑥ Sören Kierkegaard, *Gesammelte Werke*, B. 3, *Wiederholung*, trans. H. Gottsched(Jena:Diederichs, 1909). 伽达默尔指出,归功于这套德译本,克尔凯郭尔的思想得以深刻冲击了19世纪末20世纪初被新康德主义主宰的德国哲学界并促成观念论的崩溃,"存在"(Existenz)一词恰也得自克尔凯郭尔的作品。卡普托据此指认海德格尔必然知晓这套译本(John D. Caputo, *Radical Hermeneutics*, 298, n. 6)。

⑦ John D. Caputo, *Cross and Cosmos: A Theology of Difficult Glory*(Bloomington:Indiana University Press, 2019), 20.

对传统予以创造性重构,阻止传统走向僵化封闭,赋予其崭新的未来,而不是"拉平、抹除、摧毁然后超越,仿佛存在某种纯粹的破裂"。① 解构昭示了将要到来的不可解构者。这是一种肯定性的激进姿态,是朝向不可能性的敞开姿态。倘若用一个形象化的比喻来形容,那么,解构就是撬开封闭的贝壳,使之不安,从而拥有新的未来。② 因此,"克服本体—神学"并非像法国哲学家布鲁诺·拉图尔(Bruno Latour, 1947—   )所误解的那样,反对现代性本身,终结现有的一切(却又因此内化了现代性的逻辑:"某一个时代已经无可挽回地逝去了,过去必然被整个取消"),③而是既在形而上学之中,又在形而上学之外。④ 卡普托在布尔特曼(Rudolf Bultmann, 1884—1976)的"解神话化"基础上,申说"解构"是"解神话化"(demythologizing)与"再神话化"(remythologizing)的统一,既反对回归形而上学神学,又拒绝走向世俗主义无神论,转而针对本体—神学的缺陷,借助"不可能性的可能性"等解构主义观念,提出新的解决方案,重新读解形而上学和神学。解构意味着必须重新疏解"神"/"本体"和"逻辑学"两个方面,即(1)并非没有上帝,而是要正确理解"上帝存在的独特方式";(2)并非不可言说上帝,而是要"以适合他的存在方式的术语"去言说上帝。⑤ 这也构成了卡普托的事件诗学的根本任务。

1.3.3 卡普托的回应

在卡普托看来,解构的全部意义在于"松绑事物"(loosen the thing up),亦即"肯定""腾出空间""解放"。欲实现这一目标,就不能"离开传统",而应当深入传统之中、从传统的内部着手,"观察传统是何等难解的复杂"⑥。从上述的立场出发,卡普托对当代西方"克服本体—神学"诸种方案,进行了一系列分疏与辨析,进而引出了事件诗学亟需解决的难题。

卡普托指出笛卡尔乃本体—神学的分水岭,不啻现代本体神学的真正开端。在此之前,托马斯·阿奎那虽然以亚里士多德的四因说来解释神学,将上帝作为第一因,但是坚持上帝置身因果律之外,上帝并非存在者,并且后期

---

① James L. Marsh, John D. Caputo, and Merold Westpha, "A Philosophical Dialogue," in *Modernity and Its Discontents*, 135–136.
② John D. Caputo, *Deconstruction in a Nutshell*, 32.
③ [法]布鲁诺·拉图尔:《我们从未现代过》,刘鹏、安涅思译,苏州:苏州大学出版社,2010 年,第 55 页。
④ John D. Caputo, *Against Ethics*, 93.
⑤ John D. Caputo, "Heidegger's God and the Lord of History," 447–448.
⑥ James L. Marsh, John D. Caputo, and Merold Westpha, "A Philosophical Dialogue," in *Modernity and Its Discontents*, 136.

阿奎那思想中的神秘主义元素重视神人合一,理智(intellectus)高于理智(ratio),绝非本体—神学。然而,笛卡尔引入了"自因"(*causa sui*)概念,上帝从托马斯·阿奎那笔下外在于因果律的"非因果的第一因"(first cause uncaused)沦为自因于因果律的"自因",被纳入"必然的、普遍的、无历史的、无条件的、绝无例外"的理性原则(principles of reason)的支配。①

与笛卡尔不同,康德在形而上学历史中占据着十分暧昧的地位。一方面,卡普托承认康德在克服形而上学上的首创之功,不仅将上帝"从一切的特殊恩宠主义、一切的教义神学或者认信神学中解放出来"②,而且批判了基于思辨理性的理性神学进路,拒绝蹈袭笛卡尔,接受所谓的"安瑟伦的本体论证明",③将上帝纳入知识领域。然而另一方面,卡普托指出康德基于知识与信仰的二分,以理性监管宗教,用伦理学取代本体—神学,将上帝塑造为"道德的上帝"(moral God),把宗教还原为基于实践理性的"道德律""绝对命令",故而仍然是基于理性与启示二分的"理性信仰"(rational faith)。④ 换言之,康德只是将一种新的理性形式(实践理性)赋予了形而上学,并没有背离形而上学。⑤

相较之下,海德格尔身兼本体—神学的"记录者"与"承受者",⑥"从未停止形塑着我们时代的哲学方向"⑦:

一方面,海德格尔并未回避形而上学,而是要追索和深究被形而上学自身遗忘的形而上学本源。他宣告了本体—神学的破产,析辨了形而上学如何背弃了存在的真理,以新的方式推开了"克服本体—神学"的大门,奠立了当代欧陆思想的基本图景。⑧ 在海德格尔的启发下,当代思想家们在本体—神

① John D. Caputo, *Philosophy and Theology* (Nashville: Abington Press, 2006), 39 – 43.

② John D. Caputo, *Philosophy and Theology*, 47.

③ 在卡普托看来,被笛卡尔接受、康德批判的"安瑟伦的本体论证明"并非安瑟伦本人提出的观点,而是安瑟伦的论敌高尼罗(Gaunilo)歪曲安瑟伦观点后的产物,与安瑟伦本人几乎毫无关系。本书第二章第三大节第二小节(2.3.2)《事件与"上帝"之"名"》将会讨论这个问题。

④ John D. Caputo, *The Insistence of God: A Theology of Perhaps*, 88.

⑤ John D. Caputo, "Metaphysics, Finitude and Kant's Illusion of Pure Practical Reason," *Proceedings of the American Catholic Philosophical Association*, no. 56 (1982): 90.

⑥ John D. Caputo, "Introduction: Who Comes After the God of Metaphysics," in *The Religious* (Oxford: Blackwell, 2002), 2.

⑦ John D. Caputo, "Presenting Heidegger," in *American Catholic Philosophical Quarterly* 69, no.2 (1995): 129.

⑧ John D. Caputo, "Continental Philosophy of Religion," in *A Companion to Philosophy of Religion*, eds. Paul Draper, Charles Taliaferro and Philip Quinn (Oxford: Wiley-Blackwell, 2010), 668.

学之外审思探幽,诸如列维纳斯的"超越存在的上帝"、马里翁的"没有存在的上帝"、伊利格瑞(Luce Irigaray, 1930—)的"成为神圣"(becoming divine)等。卡普托非常感激海德格尔的思想帮助自己从天主教的本体—神学传统中脱身。①

　　另一方面,海德格尔未能完全克服本体—神学,尤其背离了早期的实际性诠释学(hermeneutics of facticity),在《存在与时间》中坚持对"本真性"(authencity)与"非本真性"(inauthencity)进行危险的划分;②1920年代中后期,海德格尔受到云格尔(Ernst Jünger)的影响,用"危险"替代了"困难"(实际性困难),背叛了实际性;自1930年代起,海德格尔明确以某种总体化的方式,消除偶然性,遮蔽和超越自我与他者的实际性痛苦与苦难,③把握必然性与因果性,拥抱某种更高、更本质、更本源的存在。海德格尔将存在的问题与纳粹的主题(伟大、坚强、历史、精神、民族、命运)相互混淆。在《形而上学导论》中,海德格尔更使用了也出现在希特勒那里的、臭名昭著的"Kampf"一词,将对"为存在而奋斗/斗争"(*Kampf* for Being)的执着与热爱,融入"一种命运与伟大的神话"④之中,"试图告诉德国人,参与存在的问题乃是伟大的历史奋斗,这种奋斗将影响他们的伟大历史命运",这与纳粹意识形态的内在

<hr>

① John Caputo, "Marcel and Derrida: Christian Existentialism and the Genesis of Deconstruction," in *Living Existentialism*, eds. Gregory Hoskins and J. C. Berendzen (Eugene, Oregon: PICKWICK Publications, 2017), 12.

② 在此必须指出的是,对海德格尔《存在与时间》的"本真性"与"非本真性"之分的批判,是卡普托在1980年代后期才提出的,伴随着对海德格尔的质疑不断深入。此前,卡普托并未予以明确的批判,而是多次为海德格尔辩护,譬如批评"非本真性"极端狭隘卑怯,澄清不能用"自我主义"(egoism)与"非自我主义"(non-egoism)的二元论来解释这种区分,"本真性"更多的是朝向自我敞开,不再回避自我的自由和责任,"非本真性"则指放弃自持,被他者吞噬(John D. Caputo, "Journey to Authencity," *Research in Phenomenology* 12 (1982): 238-239);譬如在《激进诠释学》(1987)中,他甚至针对德里达对这一区分的批判(即这一区分沿袭了柏拉图主义二元论),为海德格尔进行辩护,主张"本真性"与"非本真性"之分是"时间性的区分",指涉"此在时间化自身的两种不同方式",海德格尔未曾判别"本真性"是合理的、"非本真性"是不合理的,故而,德里达的批评失焦,与海德格尔的原意无关。(John D. Caputo, *Radical Hermeutics*, 175.)卡普托此时断言《存在与时间》仍秉持了实际性诠释学,其后,他觉察《存在与时间》同样囿于在场形而上学,对此在之本真性的追求,指向了"本源"和"开端",反映了"存在的神话"。

③ 卡普托在最早提及海德格尔忽视苦难时,并未予以批判,而是旨在基于比较哲学的视域,说明海德格尔思想聚焦"存在的遗忘",有别于佛教对"苦"(suffering)的关注(John D. Caputo, *The Mystical Element in Heidegger's Thought*, 209)。但自1980年代后,海德格尔对苦难的漠视遭到了卡普托的猛烈抨击。

④ John D. Caputo, *Demythologizing Heidegger*, 41-42.

逻辑吻合,导致了他与纳粹之间难以被洗刷的政治勾连。① 需要注意的是,卡普托早年曾积极为海德格尔辩护,尤其在最初遭遇德里达对海德格尔的批判时,力证海德格尔不属于德里达所批评的"在场形而上学"和"逻各斯中心主义",②指认德里达对海德格尔的批评实际上忽视了克服形而上学指向"恢复"(retrieval)而非单纯的狄奥尼索斯式拆解。③ 彼时,卡普托指证后期海德格尔虽未臻其极,但主张"向奥秘敞开"(openness to the mystery),警惕对形而上学的偶像崇拜。④ 不过,后来随着对海德格尔和德里达的理解不断深入,卡普托逐渐意识到海德格尔思想中的形而上学残余,改变了自己的看法,在《对海德格尔的解神话化》中,进一步修正了之前对后期海德格尔的看法,更为彻底、更为系统地批判了后期海德格尔,指出"向奥秘敞开"也仍然未能克服形而上学。

在近期的作品中,卡普托对待海德格尔的态度更趋峻厉,将这种政治勾连的思想根源从 1930 年代的"转向",一直向前追溯至早期海德格尔对青年路德十字架神学的读解,而且修正了之前对早期海德格尔"实际性"思想的解释,指认海德格尔与纳粹的共谋也许并非背叛实际性诠释学的思想转向的产物,反而可能是一种思想的内在逻辑延伸:

> 海德格尔是那些从一战中返乡,并读解青年路德十字架神学的战后一代思想家中的一员,然而他的读解所引发的政治后果,日后被证明完全令人憎恶,彻底伫立在同代德国人朋霍费尔的对立面。海德格尔对苦难的解释彰显了此种差异,使其大肆鼓吹坚韧(tough)。当像海德格尔与政治右翼这类人看见十字架时,他们眼中浮现的不是钉子,而是如钉子般坚韧(tough)⑤的人;他们看见的不是怜悯,而是激情/受难(passion)。虽然海德格尔看到了十字架神学的积极面,即令哲学家回归

---

① John D. Caputo, *Demythologizing Heidegger*, 162.

② John D. Caputo, "From the Primordiality of Absence to the Absence of Primordiality," in *Hermeneutics and Deconstruction*, eds. Hugh Silverman and Don Ihde (Albany: SUNY Press, 1985), 191–200.

③ John D. Caputo, "The Thought of Being and the Conversation of Mankind: The Case of Heidegger and Rorty," 685; John D. Caputo, "'Supposing Truth to Be a Woman ...': Heidegger, Nietzsche, Derrida, " *Tulane Studies in Philosophy* 23, 1984: 21.

④ John D. Caputo, "Idolatry and Metaphysics," xxiv.

⑤ 卡普托此处所说的"坚韧"也是纳粹的核心概念之一。譬如希特勒将纳粹德国青年的理想描述为"如猎犬般迅捷,如皮革般坚韧,如克虏伯钢铁般坚强"(Flink wie die Windhunde, Zaeh wie Leder, Hart wie Kruppstahl/as swift as a greyhound, as tough as leather, and as hard as Krupp's steel)。

实际性生活的困难,但是对于十字架神学的消极面,他欺骗了世人。设若苦难激起了灵性的坚强,那么它也应当激起对受难者的怜悯。这是政治右翼与政治左翼互搏的谱系。海德格尔热爱的是斗争(struggle)与奋斗(*Kampf*),是我们必须承担的困难,毫不悲悯他者遭受的困难。① (引按:斜体为原文所有,着重号则是引者所加。)

可见,在卡普托看来,海德格尔的读解罔顾他者的苦难,甚至坚称"实际性生活的困难"(difficulty of the factical life)能够凸显"奋斗"之意义。对于实际性诠释学,卡普托勾连十字架神学,海德格尔却归诸荣耀神学,称颂全能者的凯旋、幻影论的胜利,摒弃哀悼被钉十字架的苦弱与受难,推崇与苦难斗争的"意志的胜利",契合纳粹的"奋斗"与"坚强",为日后走向"存在的神话"(myth of Being)奠定了基础。卡普托借此提炼出一条内在连续的思想线索,论证了海德格尔与纳粹的思想联结可能从海德格尔思想的最初阶段就已形成,纠正了自己早年关于海德格尔的政治污点属于"严重错误的个人判断"(a gravely mistaken personal judgement)而与哲学思想"没有内在关联"(no internal connection)的错误看法,②反驳了理查德·罗蒂所持的"海德格尔加入纳粹的行为纯粹偶然,与其思想无关"的流行观点。③

依卡普托之见,列维纳斯、马里翁、韦斯特法尔都裁断本体—神学贬低了上帝的超越性,没有将上帝作为"全然他者",而是把上帝还原为"存在者"或者"存在"这些有限范畴,故而他们试图通过进一步凸显上帝的超越性和他异性,提升至"超越存在的超越性"(transcendence beyond being)、"超超越性"(hypertranscendence)、"终极超越性"(ultratranscendence),以此克服本体—神学。譬如对列维纳斯而言,西方形而上学的历史就是一部摧毁超越性的历史,"形而上学"意味着"努力粉碎匿名性,肯定某种超越匿名性、无限压制匿名性之'物'(根本不是某种事物,而是他异者)"④。克服形而上学就是要进一步凸显超越性、无限性,确立支配一切的"锚点或深层维度",⑤"对形而上学予以'超形而上学'激进化"("hypermetaphysical" radicalizing of metaphysics)⑥。列维纳斯以新柏拉图主义的有限与无限之二元论框定"超

① John D. Caputo, *Cross and Cosmos*, 77.
② John D. Caputo, "Heidegger's Original Ethics," *The New Scholasticism* 45, no. 1 (1971), 138.
③ Richard Rorty, "Taking Philosophy Seriously," *The New Republic* 11, 1988: 31–34.
④ John D. Caputo, *Against Ethics*, 18.
⑤ John D. Caputo, *The Weakness of God*, 276.
⑥ John D. Caputo, *Against Ethics*, 252.

越性"与"无限性"。尽管如此,卡普托未全盘否定列维纳斯在"克服本体—神学"上的贡献,尤其称赞列维纳斯对"升越"(transascendence)的申说,视为列维纳斯思想中的例外状态之一,与德里达后来的幽灵纠缠论(hauntology)密切相关,可助克服超越性与内在性的对立,对事件神学颇有启发。

卡普托指陈马里翁采取了一条"无限性现象学"(phenomenology of infinity)的进路,带有新柏拉图主义色彩,"纯粹的、无限制的、绝对的无限性飞离了现象学经验的范围"①。马里翁意欲避开一切有条件的、相对的、有限的中介,拒绝理性、概念、范畴的限制,逃离语言性、历史性、文本性(textuality)和语境性(contextuality),迈向无条件性、绝对性、无限性。② 马里翁的"没有存在的上帝"乃是基督教新柏拉图主义的超级本质(hyperousios),诉诸启示神学,迥异于德里达对现象学的改造进路。马里翁的"充溢现象"(包括五种类型,其中以启示为最高形式)深受如尼萨的格列高利(Gregory of Nyssa)和托名狄奥尼修斯(Pseudo-Dionysius)等"基督教新柏拉图主义的神秘主义神学家"(Christian Neoplatonic mystical theologians)的启发,以"还原的越多,被给予的就越多"为根本原则,坚持无限的被给予性(givenness)溢出了意向(intention),关注的不是无法被充实的意向,而是无法被意向的充实,上帝呈示于不能被意向的被给予性而非不能被给予的意向之中。卡普托认为,基督教新柏拉图主义的影响使得马里翁几乎蹈袭了在场先于缺席、在场超越缺席的本体—神学逻辑,陷入了无限在场、"超在场的元形而上学"(meta-metaphysics of hyper-presence),也就是马里翁自己所谓的"在场的绝对模式"(le mode absolu de la présence)。卡普托据此主张马里翁是"至大主义者"(maximalists)③,要求无限溢出一切限度,是对卡尔·巴特、巴尔塔萨的非关联性神学(nonrelational theology)的进一步强化,马里翁的神学仍然是强神学、荣耀神学,迥异于卡普托自己的苦弱神学。同时,马里翁的"被给予性"虽然超越了一切限度,但是已然被给予了,并以天主教信仰的启示为最高形式,并非德里达的"总是尚未被给予"(always yet to be given)。马里翁的弥赛亚即便占据至高无上的绝对地位,却也已经到来了、被给予了、实际在场了,限囿于确定的信仰传统中,而非尚未到来,尚未确定,不可预见,从而未能给"无弥赛亚主

---

① John D. Caputo, "God and Anonymity: Prolegomena to an Ankhoral Religion," in *A Passion for the Impossible: John D. Caputo in Focus*, 5.

② John D. Caputo, "God is Wholly Other-Almost," in *The Otherness of God*, ed. Orrin F. Summerell (Charlottesville: University of Virginia Press, 1998), 193–194.

③ John D. Caputo, "The Violence of Ontology," in *A Passion for the Impossible: John D. Caputo in Focus*, 148.

义的弥赛亚性"（the messianic without messianism）"没有宗教的宗教"
（religion without religion）留出空间。韦斯特法尔则同样采取了一种启示神
学的进路，重复了永恒与时间、自我与世界、信仰与知识的传统二元分断，①
最终退回"上帝神秘"或"上帝不可把握"这类传统神学概念，②演变为"超本
质主义"（hyperessentialism），承袭了奥古斯丁的两个世界理论，重复了否定
神学的进路，切割了上帝与人类、圣言与人言。

也因此，在如何回应上帝的问题上，马里翁与韦斯特法尔主张采用"赞
美""颂赞""崇拜""祈祷"等方式，舍弃逻辑的概念言说，但是提前预设了上
帝的不可言说性，神学的核心在于神，神学是上帝的话语，人类的任何言说都
是僭越，纯属"语言的始基—暴力"（archi-violence of language）③，此乃一种更
高版本的否定神学语言观，虽非盲目的"反形而上学"，亦难称"后形而上学"
（postmetaphysics），实为"超形而上学"（hypermetaphysics）。

与马里翁等人的进路截然相反，马克·泰勒、瓦蒂莫抉择了一条可被称
为"后超越性"（post-transcendence）的进路。无论是泰勒的"无/神学"（a/
theology），还是瓦蒂莫基于"虚己"（kenosis）的"弱思想"（weak thought），均
有别于列维纳斯、马里翁，拒绝推崇绝对的超越性和他异性，主张本体—神学
的缺陷不是没有高举存在之于存在者的超越性，而是未能将超越性落实于具
体的历史文化语境中，轻忽"有限性"（finitude）。然而，卡普托指出泰勒和瓦
蒂莫的最主要问题是立足于"上帝之死"这一前提，过分强调历史化、语境
化、世俗化，将上帝与世界、超越性与内在性隔绝，令上帝与世界的关系走向
了另一个极端，未能真正革除超越性与内在性的二元装置，反而演变为一种
强思想（strong thought），没有远离阿尔蒂泽等人立足上帝之死、诉诸上帝"完
全临在"（total presence）④与神人"完全合一"（total union）⑤的"上帝之死神
学"（death of God theology），反而具有"深层的家族相似性"（deep family

① John D. Caputo, "Methodological Postmodernism: On Merold Westphal's Overcoming Onto-Theology," *Faith and Philosophy* 22, no. 3 (2005): 292.
② John D. Caputo, "What is Merold Westphal's Critique of Onto-theology Criticizing?" 115.
③ John D. Caputo, "The Good News about Alterity: Derrida and Theology," *Faith and Philosophy* 10, no. 4 (1993), 460.
④ Thomas J. J. Altizer, The Descent into Hell: A Study of the Radical Reversal of the Christian Consciousness (Philadelphia & New York: J. B. Lippincott Company, 1970), 42.
⑤ Thomas J. J. Altizer, The Gospel of Christian Atheism (Philadelphia: The Westminster Press, 1966), 25.

resemblance）①。

其中，泰勒以尼采主义的视角审视德里达，聚焦"无尽的能指游戏"（endless play of signifers），用"延异"（différance）概念（而非"延异"引发的效应）读解上帝，导致"延异"与上帝均遭受实体化、本质化，沦为本体—神学所执迷的"根据"或"始基"（arche）。泰勒将解构"先验能指"释读为"上帝之死"，把解构定义为"上帝之死的诠释学"（hermeneutics of the death of God），疏漏了"不可决断性"。② 同时，此种参悟止步德里达的前期思想，始终忽略列维纳斯对德里达的影响，无视 1990 年代之后德里达对"将要到来""不可能性""没有弥赛亚主义的弥赛亚性""赠予""宽恕"等重要概念的深入究析，未能厘清德里达思想的全貌与真谛，加深了世人对德里达与"克服本体—神学"的误解，将其与世俗主义等量齐观，③也酿成泰勒无法在后世俗时代，以新的方式疏解"宗教回归"（return of religion）现象。

依卡普托之见，瓦蒂莫部分修正了旧有观点，意欲重新解释基督教介入当代社会政治文化的可能性与具体方式，回应"宗教回归"现象，然而，他的"弱思想"不够弱，弱化得不够彻底。瓦蒂莫从强形而上学趋向弱形而上学，从异己的上帝转向道成肉身于世界之中的上帝，从正统的基督教教条迈入当前后现代世界的基督教世俗化真理，然而，基督教的道成肉身仍属瓦蒂莫思想中的强名称（strong name）。类似理查德·罗蒂偏好"我们的国家"（our country）而陷入美国中心主义，瓦蒂莫嗜谈"我们的宗教"（our religion），赋权西方基督教，轻忽多元差异的世界图景与宗教光谱，将世俗世界归结为西方基督教道成肉身的产物，普遍化了马克斯·韦伯的论点（资本主义源于西方的新教精神），囿于西方基督教中心主义。瓦蒂莫以一种近乎马西昂主义（Marcionism）的口吻，过分夸大犹太教与基督教在"虚己"问题上的分野，未能公正评判犹太教传统，贬低了列维纳斯对超越性的讨论，误将列维纳斯与德里达的"全然他者"（tout autre）等同于"两个世界的二元论"（dualism of two worlds），全然忽视了列维纳斯将上帝的超越性"转向"（deflected）邻人的面孔，"转录"（transcribed）为邻人之爱，实则契合瓦蒂莫的"虚己"概念。于是，瓦蒂莫的"虚空"由于力图将基督教的道成肉身规定为一种权威的形象、确定的范本，在世俗世界中予以现实化，故而近乎伽达默尔所谓的"经典"

① John D. Caputo, "Spectral Hermeneutics: On the Weakness of God and the Theology of the Event," 79.
② John D. Caputo, "Book Reviews," *Man and World* 21, 1988: 107 - 114.
③ John D. Caputo, *Deconstruction in a Nutshell*, 158.

（classic）之"应用"（application），甚至是黑格尔的"绝对精神"之历史具体化，最终反讽地重复了黑格尔主义的逻辑，沦为一种"强力的诠释学"（robust hermeneutics），隐秘而又吊诡地重蹈本体—神学的覆辙。尚未到来、无法预测的"事件"在瓦蒂莫的思想中不复存在。①

卡普托对西方"克服本体—神学"的考辨与疏解最终开启了"事件诗学"，奠立了"事件诗学"的根本任务与逻辑结构。综摄前述，或可解答本章开篇疑问：

（1）卡普托为何提出"事件诗学"？

答：旨在克服本体—神学（亦即"上帝的逻各斯"［logos of God］、"至高存在者的逻辑学"［logic of the Supreme Being］、"全能逻辑学"［logic of omnipotence］），"上帝需要以符合其存在模式的方式得到理解"②和言说，超自然主义与理性主义应被双重悬搁。

（2）卡普托在何种语境中提出"事件诗学"？

答：依卡普托之见，海德格尔以降，西方思想家虽提出诸多"克服本体—神学"方案，但亦存在不少缺陷，未能在现身方式（onto-theo）与言说方式（-logy）两个方面寻获一条新的思想进路，亟需新方案去肩负这项思想重任。

（3）卡普托的"事件诗学"试图如何解决这些问题？

答：卡普托的"事件诗学"并非简单否定或者摧毁本体—神学，而是采取"解构"的方式，重新打开和重新发明哲学、神学和诗学。"事件诗学"由事件神学（theology of the event）与诗学（poetics）共构，以"事件"解构"本体—神"，告别对实体性思维和因果律思维的执迷；用"诗学"解构"逻辑学"，摆脱表象性思维与概念化言说的规训；它们分别指向上帝现身的方式与言说上帝的方式，对应"克服本体—神学"（本体—神—逻辑学）的两个方面，既为"事件"进入"诗学"赋予了示例，也为"诗学"言说"事件"提供了指引，进而作为一种方法论，生发责任诗学、政治诗学、宇宙诗学。这也将是第二章与第三章分别要探究的内容。

---

① John D. Caputo, "Spectral Hermeneutics: On the Weakness of God and the Theology of the Event," 78–84.

② John D. Caputo, "Heidegger's God and the Lord of History", *The New Scholasticism* 57, no. 4 (1983): 448.

第二章

卡普托的事件神学：解构"本体—神"

正如第一章所言，卡普托的"克服本体—神学"（即"克服本体—神—逻辑学"）指向两个方面，分为两个步骤，其中，首要步骤是摆脱形而上学对"本体—神"的理解，重新解释上帝的现身方式。为此，卡普托将目光转向"事件"，用"事件"解构"本体—神"。

"事件"（event）是当代西方思想的关键词、"共同术语"（a common term），①被卡普托视为后现代主义最重要的哲学术语，也是卡普托在克服本体—神学、建构事件诗学中采用的核心概念。尽管海德格尔、列维纳斯、利奥塔、德勒兹、德里达、巴丢都曾对"事件"进行了论述，建构了不同的事件哲学，然而，如果细察卡普托的著作，我们会发现卡普托没有简单模仿或因袭上述诸家理论，而是在重新读解、调和乃至改造各家思想（"重新打开和重新发明"）的基础上，进一步发展出自己的事件哲学，显示诸多创新之处。更为重要的是，卡普托巧妙地将事件哲学应用于神学领域，提出了"事件神学"（theology of the event），更新了传统的上帝论，解构了本体—神学对于"本体—神"的理解，构成了"事件诗学"的第一个部分。

当然，就思想的出场形式而言，卡普托对自身上帝论的表达和阐发经历了一个变化过程，即从现代性的问题转向后现代的问题，从"我不知道我是谁或者我是否相信上帝""我不知道我所相信的是否是上帝"，走向"当我爱我的上帝的时候，我爱的是什么"，最后抵达"当我们爱我们的上帝之时，我们爱的是什么"。对卡普托而言，后现代的激进神学首先意味着提问方式的改变。具体而言：

（1）在《激进诠释学》中，卡普托提出"我不知道我是谁或者我是否相信上帝"（I do not know who I am or whether I believe in God）。

（2）或许意识到上述的表述容易令人产生误解，被等同于一则不可知论

---

① Alain Badiou，"The Event in Deleuze，" *Parrhesia*，no. 2（2007）：37.

的宣言,将信仰的问题还原为认识论的问题,与激情、盼望、爱无关,①卡普托随后转向了"我不知道我所相信的是否是上帝"(I do not know whether what I believe in is God or not)。

(3)不过,这样的运思并未将信仰从知识论的范畴中完全解放,而且可能被误会为一个否定神学的观点,再次违背卡普托的初衷。然而,正是在这一持续反思的基础上,随着德里达的《割礼忏悔》的出版,②卡普托从中发现了与奥古斯丁《忏悔录》(Confessions)的互文性。德里达著作的法文本题为"Circonfession",英译本题为"Circumfession",二者共同揭示了"confession"与"circumcision"的双重内涵,卡普托正是在此意义上,展开了他的相关讨论,德里达、奥古斯丁、让—路易斯·克力田(Jean-Louis Chrétien, 1952—2019)甚至马克思皆被囊括在内,指向"不安之心"的"割礼忏悔"(而非实际的具身性"割礼"),③亦即"心的转化"(metanoia)④,追问"当我爱我的上帝

---

① 但同时卡普托的表述颇具启发价值,对信仰群体的成员尤为如此,使信仰者意识到信仰的要义就是拒绝自以为义,承认自身宗教信念、道德信念乃至自我身份的不确定性、敞开性和神秘性(Andrew Fulong, "Jesus and Resurrection," *Irish Pages* 1, no. 1 (2002): 206)。

② 法文本出版于1991年,英译本出版于1993年。

③ 德里达特别强调了从圣保罗开始,心灵的割礼(cricumcision of the heart)就高过身体的割礼(circumcision of body or flesh),亦即精意割礼高过"字义割礼"(circumcision "according to the letter")(Jacques Derrida, "A Silkworm of One's Own," in *Veils* (Stanford: Stanford University Press, 2002), 76)。卡普托对此展开了进一步论述。

④ "metanoia"由"meta"(意为"超越""越过")和"noia"(意为"心灵")构成。尽管"metanoia"常被译为"悔改"(repent),限定于狭隘的认信宗教之中,然而,卡普托明确表示这种译法的字面意思是"我自己再次(re)遭受了痛苦(poena)",强调人的罪责,遮蔽了"metanoia"的真正意涵,尤其是其中蕴含的积极意义。在卡普托那里,"metanoia"被作为事件神学的核心概念之一,特别指向"heart",以便与"logos"区隔,被解释为"transformation and reformation of the heart""becoming something new""a new mind, a new heart, a new creation, a new order of both spirit and flesh""metamorphosis",与之相似的译解还包括了"a new birth""a new beginning""a new innovation of ourselves",卡普托还曾经使用了阿伦特的译法("I have a new heart")。阿伦特在译解《路加福音》十七章4节时,指出"metanoia"的确切之义并非诸多英译本的常见译文"repent",而是"心灵的转变"(change of mind)、"回向"(return)、"回溯踪迹"(trace back one's steps)(Hannah Arendt, The Human Condition [Chicago and London: The University of Chicago Press, 1998], 240)。另外,这一观念似也有其犹太源流,如马丁·布伯(Martin Buber)所言,耶稣所谓的"Teshuvah"(字面义是"回归",但被基督徒译为"悔改")实为犹太教的核心概念,"赋予最强化的果敢行为的一个名称。它指一个人一生中的关键的转折点,指在他正常的人生旅途中所发生的自新和彻底的倒转。当陷在'罪恶'中的时候,即处在不能做出决断的境况下时,决断意志就被唤醒了,日常生活的盖子就被打开了,并且原始的力量也迸发了出来,直冲云霄。在回归的人身上,创造性重新出现。在他的自新中,世界的本质也得到了再生。据说,在世界被创造出来以前,没有任何东西,只有上帝和他的名称。然后上帝就创 (转下页)

的时候，我爱的是什么"（what do I love when I love my God）。

　　具体而言，德里达指出"*circum-*""不是一个圆满之环，而是一处伤口"（not a full circle, but a wound）①，卡普托表示这处"伤口"（wound）、"切口"（cut）或者"缺口"（breach）打破了主体的封闭性，解构了唯我论以及自律的神话，令自我朝向"他者事件"（event of the other）、"全然他异的每一位他者"（*tout autre*）②敞开。③ 进而，卡普托借助克力田的祈祷现象学中的"创伤语词"（wounded word）④概念，将"伤口"与"祈祷"（prayer）联结，并勾连奥古斯丁《忏悔录》中的"不安之心"（拉丁文为 inquietum est cor nostrum；英文为 the restless heart）。

　　在卡普托看来，德里达的"割礼忏悔"背后所隐含的正是"不安之心"，这是一颗受伤的心，甚至是一颗患有"dis-ease"的心，⑤即一颗"恙"心、染"恙"之心（dis-ease：既指疾病，又有不安，汉语的"恙"恰好兼具此二意，且额外含

（接上页）造了世界，并且他还为自己拟就了一幅世界的草图。不过他感到，这个世界不能持续下去，因为它没有一个持久的基础，——于是他就创造了回归的行动"（马丁·布伯：《东方精神与犹太教》，洪敏译，《哲学译丛》，2000 年，第 4 期，第 22 页）。故而对应"Teshuvah"的"metanoia"更应远离狭隘的认信宗教译法（"悔改"）。一些《圣经》英译本将"metanoia"译作"改变我的道路"（change my ways）、"背离他的罪"（turn from his sin）、"改变"（change）、"革新"（reform），有的英文字典甚至将"metanoia"直译为"reformation"（革新）。与之相类，《马太福音》十八章 3 节被中文和合本《圣经》译作"我实在告诉你们：你们若不回转，变成小孩子的样式，断不得进天国"，使用的是"回转"而非"忏悔"，而几种权威的《圣经》英译本也使用了类似的词汇：英王钦定版（KJV）作"be converted"，新国际版（NIV）和新修订标准版（NRSV）均作"change"。另有一些译本作"turn""turn around"。与之相似，西方当代马克思主义思想家伊格尔顿也将"metanoia"译解为"根本的自我更新"（fundamental self-renewal）［Terry Eagleton, Radical *Sacrifice*（New Heaven：Yale University Press, 2018），ch. 5］。因此，笔者选择翻译为"心的转化"，指称心的改变、更新与翻转。这也将与传统认信宗教的"悔改"教义拉开距离，符合卡普托的解构立场。

① Jacques Derrida, "Confessions and 'Circumfession': A Roundtable Discussion with Jacques Derrida," in *Augustine and Postmodernism*, 44.

② 之所以将"tout ature"翻译为"全然他异的每一位他者"，是因为卡普托将"tout autre est tout autre"翻译为"every other is wholly other"（每一位他者都是全然他异的），旨在将他者伦理学予以普遍化，既是针对列维纳斯将他者局限于人类的范畴，也是在尽力避免堕入卡尔·巴特的强调神人差异的"全然他者"（wholly other），故而，笔者选择将"tout ature"译为"全然他异的每一位他者"。

③ John D. Caputo, *The Prayers and Tears of Jacques Derrida: Religion without Religion*, xxv.

④ Jean-Louis Chrétien, "The Wounded Word：Phenomenology of Prayer," in *Phenomenology and the Theological Turn: The French Debate*, ed. Dominique Janicaud（New York：Fordham University Press, 2000），147 – 175.

⑤ John D. Caputo, *Philosophy and Theology*, 96.

有"噬心之虫"之意,亦可与"割礼忏悔"契合)。① 故而,德里达从"伤口"流出的语词,作为"创伤语词",乃是"不安之心"("恙"心)朝向"全然他异的每一位他者"的"祈祷",是"不安之心"无法抑制的"泪水"。"祈祷"不是对僵化信条的重复,不是对自我信念的确认,而是心的盼望与冒险,不是走向安宁,而是持存于不安之中。同时,"泪水"本身不仅是犹太教的核心特征,②也是天主教传统的重要概念,天主教(尤其是神秘主义者)一直重视"泪水的恩赐",这种"神圣之泪"包括了"悔罪的眼泪""爱(或恩典)的眼泪"和"为基督受难而同情哀泣的眼泪",③由此反观卡普托的"泪水",可知那乃是对犹太-基督教"泪水"观念的进一步发展,揭露了泪水的发生机制,指向心的泪水。因此,"祈祷与泪水"最终导向了"心的转化"、心的"割礼忏悔",亦即深入内心的忏悔与更新,"拥有一颗新的心"(have a new heart)。而正如下文所言,卡普托落脚在"心"(kardia)的转变,从"心的转化"出发,卡普托极力称赞德勒兹的"令自己配得上事件"(making oneself worthy of an event)这一观点的重要价值,从而联结了德里达与德勒兹的事件观。

然而,卡普托的解释并不是要将宗教完全内在化、主观化、情感化,以浪漫主义甚至精神分析的方式去阐发宗教。卡普托指出这种"祈祷与泪水"尤其来自无力者(the powerless),来自于受伤的弱者,来自于他们那颗受伤的、痛苦的心灵,弱者的"祈祷与泪水"指向正义,指向对世界的转化和更新,要求消除无视弱者的麻木冷酷之心(hard of heart),具有重要的伦理、政治等实践维度,这是海德格尔自始至终不曾关注的对象:

> 心的转化因此告诉我们要去改变我们的心,变得充分仁慈,解除法律的桎梏,让自己被召唤,被他者、被那些因其自身他异性而受苦受难的

---

① 《说文解字》曰:"恙,忧也。"后引申为"疾病"。(李学勤主编,《字源》,天津古籍出版社,2012 年,第 949 页。)此外,"恙"还指一种噬心之虫(《玉篇·心部》:"恙,噬虫,善食人心"),这使得心的伤口永远不会愈合、心永远处于受伤的状态,而如果联系"心"对正义的呼唤,那么,噬心之虫对心的吞食,比喻了不正义制度对弱者心灵的压迫。故而,"恙"与卡普托所理解的"割礼忏悔"较为契合。故而,笔者认为卡普托的"心"是一颗"恙"心、一颗染"恙"之心。抛砖引玉,以俟方家指正。

② 西古姆菲尔特(Inge-Birgitte Siegumfeldt)便从犹太教的角度,进一步将卡普托的"泪水"(tears)与德里达的"circumcision"相互联系,认为卡普托的"tears"一语双关,既可以指涉犹太教诸多痛哭流涕的仪式,又可指代德里达全部作品中的泪水。(Inge-Birgitte Siegumfeldt, "Secrets and Sacrifices of Scission," in *Derrida and Religion: Other Testaments*, 292, n. 7.)

③ [罗马尼亚] E. M. 齐奥朗:《眼泪与圣徒》,沙湄译,北京:商务印书馆,2014 年,第 5—6 页。

人所围绕。心的转化关乎个体如何被苦弱的力量所触动。心的转化意味着悲痛于冷酷无情,遵从仁慈的要求,让自己被触动,被卑微者的诉说所影响。心的转化意味着在脆弱的他者面前变得脆弱,在苦弱的他者面前变得苦弱,被他们的创伤所伤及,被他们的痛苦所影响。①

　　为此,卡普托将"心"与马克思《〈黑格尔法哲学批判〉导言》的"无情世界的感情"(the **heart** of a **heartless** world)一语②相联结。长久以来,人们多聚焦马克思的"宗教是人民的鸦片"一语,将马克思视为宗教的敌人,忽视了马克思对宗教的精深见地,而不少辩护者又陷溺于对"鸦片"一词的历史考察,导致宗教被理解为一种麻醉苦痛的安慰剂。卡普托摒除这类偏见,称赞马克思正确指出了宗教的核心特征:"心"对"正义"的"祈祷"。于是,卡普托实际上也将马克思纳入上述"不安之心"的思想谱系中,将马克思对正义的追求与宗教对正义的祈祷相互联结,马克思的"祈祷与泪水"乃是"不安之心"的先知性"祈祷与泪水",是"无情世界"中"被压迫心灵"的"祈祷与泪水"。进而,卡普托指出德里达"割礼忏悔"的目标乃是"在无心世界中有心"(have a heart in a heartless world)③(亦即在无情世界中有情),是对马克思命题的回应和发展。换言之,德里达的"马克思的幽灵"(specters of Marx)与"不安之心"互为表里,"幽灵纠缠论"(hauntology)与"割礼忏悔"("心的转化")相互统一。因此,信仰的祈祷最终旨在"使世界的铁石心肠(the hardness of heart of the world)受到打击,令世界的冷酷逻辑学(cold-hearted logic)感到羞耻,使世界的无情/无心经济学(heartless economics)遭到曝

---

① John D. Caputo, *The Weakness of God*, 143.
② 马克思这句话的德文是"das Gemüth einer herzlosen Welt"。卡普托强调人们不能仅仅只关注马克思的"宗教是人民的鸦片"而误以为马克思全盘否定宗教,相反,人们更应当意识到马克思对弱者的关注,对宗教与弱者、正义之关系的论述联结,为此,卡普托主动选取了 Joseph O'Malley 的译本(Karl Marx, "Introduction" to *A Contribution to the Critique of Hegel's Philosophy of Right*, ed. Joseph O'Malley, Camrbridge University Press, 1970)。事实上,遵循卡普托的论证逻辑,即便没有这一英译本,熟稔德语的卡普托很可能也会采取上述译法,凸显"心"的地位,勾连奥古斯丁、德里达与马克思。值得一提的是,马克思著作的中译本虽然将该句译为"无情世界的感情"(而非"无心世界的心灵"),但是将前一句"der Seufzer der bedrängten **Kreatur**"译为"被压迫心灵的叹息"(而非英译文的"the sigh of the oppressed **creature**"),同样凸显了"心"的重要性,可谓异曲同工。据此,套用卡普托的术语,共产主义理想体现的乃是马克思的"祈祷与泪水",是"不安之心"的"祈祷与泪水",是"无情世界"中"被压迫心灵"的"祈祷与泪水"。(此处及下文的黑体字与着重号皆为笔者所加,特此说明。)
③ John D. Caputo, *The Prayers and Tears of Jacques Derrida: Religion without Religion*, 119. 若据马克思著作的中译本译法,那么该句可译为"在无情世界中有情"。

光"①,指向具体的实践,直指伦理、政治乃至自然领域的正义问题(这一点将在第三章第三节"超越诗学的诗学:事件诗学的实践"中得到详论),体现了卡普托所谓的"无力者的力量"(power of the powerless)。据此可言,卡普托理想中的宗教乃是"心"的宗教、"正义"的宗教。由此出发,笔者认为卡普托实际上通过"心的转化",进一步发展了德里达的述行理论(performativity)。

然而,在卡普托看来,尽管都关注"不安之心"的"祈祷",德里达与奥古斯丁对信仰的理解却存在着本质区别:

> 奥古斯丁已经抓住了并决定了一个确定的历史名称,来命名他的信、望和爱之对象,他将自己"托付"或"递交"给那些由他的传统所传给他的专名。然而,对德里达而言,信、望、爱竭尽所能在黑夜中前行。因为夜是它们的构成要素,而我们的信、望、爱中所呈现的特殊形象,却总是可以由其他构成要素所决定。②

问题的关键不再是信或不信的非此即彼,因为一切具体的、特殊的信仰总是具有历史的偶然性,总是可以呈现为其他的形象。相反,奥古斯丁与德里达的差异在于奥古斯丁在特殊的、确定的、有限的信仰传统、信仰共同体中,预先知晓、确信并决断了自己所爱的"上帝"是什么,并将其作为一种强力位格神的确定专名。③ 然而德里达悬搁了确定性,拒绝将自己框定于这些具体的、确定的、有限的回答,他不知道自己所爱的是什么,没有任何事先信

---

① John D. Caputo, *The Weakness of God*, 107.

② John D. Caputo, "What do I Love When I Love My God? Deconstruction and Radical Orthodoxy," in *Questioning God*, 311.

③ 卡普托根据奥古斯丁研究权威彼得·布朗(Peter Brown)的统计,指出奥古斯丁《忏悔录》中,超过百分之八十的章节出现了"你"(tu),这意味着在奥古斯丁眼中,上帝是"你",是一个位格神,"上帝"是"某人的名称"(name of someone),相反,无论是德里达还是卡普托,都拒绝了将"上帝"的定义限定于位格神或者非位格神的二元论之中。(Mark Manolopoulos, *With Gifted Thinkers*, 57－58.)更进言之,奥古斯丁的上帝乃是强力的上帝,"至高、至美、至能、无所不能、至仁、至义、至隐、无往而不在、至美、至坚、但又无从执持,不变而变化一切,无心无故而更新一切"(奥古斯丁《忏悔录》,第5—6页),这与卡普托的苦弱上帝背道而驰。事实上,卡普托的解释也间接地回应和批评了海德格尔对奥古斯丁《忏悔录》相关段落的解释,海德格尔说有一件事对奥古斯丁是确定的,"这就是他爱神。'但是当我爱你时,我所爱的是什么呢?'通过探究值得爱的东西具有什么,在其中是否有属于神的东西,或者,当其亲历神之爱时,有什么向'充实性直观'呈现,什么东西满足和充实他在对神之爱中所意指的东西——奥古斯丁寻求赢得对于这个问题的回答。('我所爱的是什么呢'……在这一爱中为着某种确定的东西)"([德]海德格尔:《宗教生活现象学》,欧东明、张振华译,北京:商务印书馆,2018年,第192页),换言之,在海德格尔看来,奥古斯丁的爱的行为和爱的对象均已确定。

靠(pre-assurance)、预见和规划,持守不可决断性,"爱是尊重他者的不可见性,使他者安全,向他者缴械投降"①,"忏悔"(confession)由"非知"(non-knowing)的"谜"(enigma)所牵引,不会走向"一个确定的和特殊的终点"②。奥古斯丁的忏悔是为了最终挣脱不安之心,达到"完全的和平"③,"我们的心如不安息在你怀中,便不会安宁"(our hearts are restless till they rest in Thee)④,奥古斯丁渴望上帝"降入我的心灵,使我酣畅,使我忘却忧患"⑤,声称"我以整个的我投入你的怀抱后,便感觉不到任何忧苦艰辛了"⑥,似乎也力图借此尽快摆脱摩尼教的二元论影响。若是化用齐奥朗之言,那么,奥古斯丁坚信"耶稣的心是基督徒的枕头……一心想在那上面倒头安睡"⑦。而依卡普托之见,这在政治神学上反映了一种丧失先知精神、放弃盼望正义、屈从既定法权的"秩序安宁"(tranquility of order)。⑧ 相较之下,德里达的心才是真正的"不安之心",他的割礼忏悔更为纯粹、更为谦卑、更为不安、更为无知,拒绝了对具体的教义和信念的迷恋,向全然他者完全敞开。

因此,尽管德里达和奥古斯丁都没有简单地直接以陈述句表达"我们爱上帝"(we love God),而是采取了疑问句的形式,然而,德里达的疑问才真正忠诚于不可决断性,避免了将祈祷转变为断言,他在奥古斯丁《忏悔录》中的问题("当我爱上帝的时候,我爱的是什么"[what do I love when I love God])的基础上,拒绝了奥古斯丁的自问自答、自我信靠、自我限定、自我决断,更进一步地质问:"当我爱我的上帝的时候,我爱的是什么?"(what do I love when I love my God)。⑨ 换言之,德里达针对奥古斯丁的问题,重新探究

---

① John D. Caputo, *The Prayers and Tears of Jacques Derrida: Religion without Religion*, 49.

② John D. Caputo, *Philosophy and Theology*, 88.

③ [古罗马]奥古斯丁:《忏悔录》,周士良译,北京:商务印书馆,1996 年,第 212 页。

④ [古罗马]奥古斯丁:《忏悔录》,第 3 页。

⑤ [古罗马]奥古斯丁:《忏悔录》,第 6 页。

⑥ [古罗马]奥古斯丁:《忏悔录》,第 209 页。

⑦ [罗马尼亚]E. M. 齐奥朗:《眼泪与圣徒》,沙湄译,北京:商务印书馆,2014 年,第 7 页。

⑧ John D. Caputo, *The Weakness of God*, 304, n. 13.

⑨ 卡普托特别指出,单纯就语言形式而言,德里达的"当我爱我的上帝的时候,我爱的是什么"(quid ergo amo cum deum meum amo)这个问题,实际上融摄了奥古斯丁《忏悔录》的"当我爱我的上帝的时候,我那时爱的是什么"(quid ergo amo, cum deum amo)和"当我爱你的时候,我爱的是什么……当我爱我的上帝的时候,我爱的不是这些事物"(quid autem amo, cum te amo . . . non haec amo, cum amo deum meum)两个问题。(John D. Caputo, "What do I Love When I Love My God? Deconstruction and Radical Orthodoxy," in *Questioing God*, 314, n. 1.)

了"爱"的内涵(何谓"爱")与对象(何谓所"爱"之"上帝"),解构了传统见解,趋向了没有爱的爱(love without love)、超越欲望的欲望(desire beyond desire)。在卡普托看来,"当我爱我的上帝的时候,我爱的是什么"是元问题,是"所有问题的问题"(the question of all questions)①,是解构所追问的真正问题。对这一问题的追索,符合解构的真正精神:"不安之心"对不可能性的激情和热爱,对"全然他异的每一位他者"的肯定与敞开。② 如果说卡普托通过批评亚里士多德的"实践智慧"(phronosis),提出了直面"流变"(flux)的解构主义"元实践"(meta-phronosis),那么,卡普托以德里达来解构奥古斯丁的信仰观,提出的乃是直面"不安之心"的解构主义"元信仰"。问题的关键不在于"是否"(whether)、"什么"(what),而在于"如何"(how),不在于"信"或"不信"、"信"此或"信"彼,而在于信仰的发生机制(即"何以"谓之"信")。

(4)在德里达问题的基础上,卡普托将"我"更进一步扩展为"我们"(自我与他者),扩展为共同体,将后现代神学的焦点从一个现代性的问题("上帝是否存在""我们是否爱上帝"[whether we love God])转化为一个后现代的问题("当我们爱我们的上帝之时,我们爱的是什么"[what we love when we love our God],亦即"如果一个人谈论'后现代上帝',那么,这个'上帝'的意思是什么"?[what does "God" mean if one speaks of a "postmodern God"]③)。它也可以进一步延伸为:"在我对上帝的深不可测之爱中、在我所爱的深不可测上帝中、在我称为上帝之爱的深不可测名称中,被爱的是什么?"(What is being loved in my bottomless love of God, in the bottomless God I love, in the bottomless name I call the love of God?)④而对此的回答,也是对让·吕克—南希的"在形而上学的上帝之后,何者到来"(what comes after the God of metaphysics)问题的答复。事实上,正是由于上帝是"我们的上帝"(our God),是自我与他者共有的上帝,而非完全以"特殊启示"现身的上帝,故而,"祈祷不是信徒的私人财产,而是一种共同的激情,亦即我们共同的命运,因为我们都为某种将要到来者祈祷与哭泣"⑤。由此,我们才能跳脱狭隘

---

① John D. Caputo, *More Radical Hermeneutics* (Bloomington and Indianapolis: Indiana University Press, 2000), 258.
② John D. Caputo, *The Prayers and Tears of Jacques Derrida: Religion without Religion*, 331-332.
③ Edith Wyschogrod and John D. Caputo, "Postmodernism and the Desire for God: An Email Exchange," *CrossCurrents* 48, no. 3 (1998): 294.
④ John D. Caputo, *The Weakness of God*, 115.
⑤ John D. Caputo, *The Weakness of God*, 18.

的教义信条,在伦理、政治、自然等领域讨论他者、上帝等问题,第三章所探究的责任诗学、政治诗学和宇宙诗学也才得以可能。

对卡普托而言,若要回答上述问题,必须首先认识到:上帝终究不是一个"实体",一个"东西"(what/*quidditas*),就像天国不是一个实体性的"地方"(where)。①"上帝"这一名称是一个事件的名称(the name of God is the name of an event),甚至可以说是一种"假名"(pseudonym)②。换言之,当我们说"上帝是事件"(God is event)或者"事件是上帝"(event is God)时,"上帝"与"事件"均沦为本体—神学的述谓(predicative)语法的牺牲品。我们可以说上帝呼召、上帝到来,但不能说上帝"is"(是/存在),将上帝或者事件变为一种具体的实存。卡普托嗣后严格判别事件与"上帝"之"名",并提出"上帝恒存,但不实存"(God insists, but does not exist)、"上帝,可能"(God, perhaps),不说"上帝是……"而只说"'上帝'这个名称是……",实则与这种逻辑语法密切相关。

本章分为三部分,探究事件神学的出场方式与具体内涵,首先考察卡普托对西方事件哲学的谱系梳理,其次分析卡普托如何将事件哲学应用于神学、解构神学,最后将阐述卡普托事件神学的基本内涵。

2.1　卡普托对事件哲学的谱系梳理

卡普托指出,在现代欧陆哲学中,从海德格尔的"缘构"(Ereignis,亦译作"事件")③开始,经过列维纳斯、利奥塔、德勒兹与德里达,一直到当代的巴

---

① John D. Caputo, *The Weakness of God*, 276.
② John D. Caputo, *The Weakness of God*, 298.
③ 关于"Ereignis"的中译,张祥龙最初提出"缘构发生",杨慧林后将"Ereignis"译为"缘构",将它置于中西思想对话的语境中,通过勾连西方的事件哲学(海德格尔、德里达、巴丢、齐泽克、德勒兹)、《圣经》传统与中国的思想传统(儒、释、道),解释了将"Ereignis"译为"缘构"的原因,并追索将其作为一种解释工具的可能性。(杨慧林:《语言留给我们的哲学问题》,未刊稿。)笔者之所以选择将海德格尔的"Ereignis"译为"缘构",与此有关,试图借此凸显它的方法论意义,特此说明。事实上,由于对应于事件思想逻辑的西文即德语的"es gibt"、法语的"il y a"、英语的"there is"与"it happens"。换言之,"事件"由西方思想的问题意识所生发,由西方语言的内在结构所奠立,似乎独属西方,欲译而不可译。关及于此,"事件"一词在汉语学界遭遇了上述种种翻译困境乃至纷纭聚讼,似可引为佐证。然而,这一事实本身恰恰凸显了思想译解的重要性:唯有经过深入的界说、绵密的分疏与恰切的例示,"事件"(乃至各类异域概念)方能在跨文化的旅行中获得有效的理解乃至于方法论的意义,海德格尔的"Er-eignis"(转下页)

96

丢,"事件"得到了全面深入的论述,事件哲学走向成熟,也因此才成为一种能够被应用于不同领域的解释工具。而从海德格尔到巴丢的这条思想谱系也构成了卡普托使用和论述"事件"概念时的基本语境甚或前理解结构。①卡普托正是通过对这一思想谱系的批判性梳理和评析,最终提出了自己的事件哲学乃至事件神学。

2.1.1 为何事件:海德格尔

在卡普托看来,事件概念的提出,事件哲学的产生,旨在克服本体—神学对"本体""神"的理解,"思考事件就是克服形而上学"②。正是出于此种根本目的,后期海德格尔提出了"缘构"(Ereignis)亦即"事件"③的概念,它既是

(接上页)与"Ent-eignis"之互渗、德里达等人的"e-venire""in-venire"与"ad-venire"之转换才可避免"语言游戏"的戏谑甚或"呓语黑话"的指摘。

① John D. Caputo, "A Taste for Theory," in *The Sleeping Giant Has Awoken*, eds. Jeffrey W. Robbins and Neal Magee (New York and London: Continuum, 2008), 1.

② John D. Caputo, "Time and Being in Heidegger," *The Modern Schoolman* 50, 1973: 341.

③ 卡普托最早将"Ereignis"英译为"event"或者"event of appropriation",偶尔也使用过"happening",后来多直接使用"event"(或者保留"Ereignis",承认该词属于不可译的专业术语)。不过,需要注意的是,卡普托非常清楚"缘构"包含的是狭义的"event"("coming to pass")和"appropriation"("bring a thing into its own, into what is proper to it")两层含义,但二者并不分裂对立,卡普托的落脚点是用宽泛意义上的"event"将二者整合为一体。譬如,他最初谈论该词时便指出这一观念试图表达的是:在存在与人类的关系中,事件使得"存在通过在人类中显现自身而进入存在自身,人类通过向存在敞开自身而进入人类自身";在存在与时间的关系中,事件使得存在于时间中"给出"(send)自身、时间于存在中"交出"(hand over)自身。卡普托所说的"event"乃是一种动词而非名词,并非某种实体(事情/事物/事故/事实……),不能以客体性思维去理解。(John D. Caputo, "Time and Being in Heidegger," 332 – 333.)也因此,卡普托对这两种译法的使用在本质上是一致的。英语学界目前的通行做法是或保留"Ereignis"原文,或将"Ereignis"通译为"event"(海德格尔《(事件)哲学献稿》[*Beiträge zur Philosophie (Vom Ereignis)*]第一个英译本[*Contributions to Philosophy (From Enowning)*], trans. Parvis Emad and Kenneth Maly, Bloomington and Indianapolis: Indiana University Press, 1999]的译者曾将"Ereignis"译为"enowning",但难以服众,遭到诸多学者的批评(相关讨论可见如 Theodore Kisiel, "Recent Heidegger Translations and their German Originals: A Grassroots Archival Perspective," *Continental Philosophy Review* 38, 2006: 263 – 269.),这一译名与该译本在英语学界已非主流,现在通行译本为 *Contributions to Philosophy (of Event)*, trans. Richard Rojcewicz and Daniela Vallega-Neu, Bloomington and Indianapolis: Indiana University Press, 2012)。此外,"Ereignis"也偶尔被英译为"the occurrence of own-ing"(Karin de Boer)、"eventuation"(Susan Schoenbohn、David Wood)、"emergence"(John Bailiff)、"befitting"(Gail Stenstad),不过同样未能服众。See Richard Polt, *The Emergency of Being: On Heidegger's "Contributions to Philosophy"* (Ithaca and London: Cornell University Press, 2006), 10. 事实上,若以卡普托的译法与诠释,再加上"Ereignis"的英译史,来观照海德格尔术语的汉译,或可助于剪除横生之枝蔓,化解纷纭之聚讼,不致买椟还珠。

海德格尔最激进、"最无法回避"（most uncircumventable）①的思想，后期海德格尔的重要概念如"泰然任之"（Gelassenheit）、"无根据"（Abgrund，亦译作"深渊"）、"无—蔽"（A-letheia）、"澄明"（Lichtung）等均与"缘构"有关，也是当代事件哲学的滥觞，日后对事件哲学的讨论常由此生发或与之相关。对事件哲学的谱系学探究，必须回溯至作为起源的海德格尔。卡普托关注存在的发生机制（而非存在本身），以海德格尔对根据律的批判为切入点。

　　具体而言，海德格尔对"缘构"或"事件"的重视，"既非没有上帝，也非对上帝的谈论要超越'思想'的方法论限度，而是上帝需要以符合其存在模式的方式得到理解"②，以不同于本体—神学的方式得到理解。"缘构"亦即"事件"不依赖根据或原因，也不等同于实体，无论是"存在"还是"存在的'意义'或者'真理'"③。相反，"缘构"是存在的发生机制，表达方式是德语特有的无人称句式："有……/给出……"（es gibt/there is/it gives）。不能说"存在'是'……"（Being 'is'……），而只能说"有存在"（there is Being）、"存在被给出"（es gibt Sein/Being is given/it gives Being）。④ 缘构"给出存在"（that which gives Being）⑤、"授予存在"（grant Being）⑥，令存在得以可能并被思考。"缘构"在给出存在的同时，又不断回撤（withdrawal），拒绝被"决定"、被还原、被占有、被实体化。故而，"Er-eignis"又可作"Ent-eignis"（Event of Expropriation），此即如"遮蔽"（letheia）始终处于朝向"无—蔽"之过程的中心。⑦在此，卡普托的意思实际上是：不能将"缘构"中的"Er-"理解为某种基于因

---

① John D. Caputo, *Radical Hermeneutics*, 238.

② John D. Caputo, "Heidegger's God and the Lord of History," *The New Scholasticism* 57, no. 4 (1983): 448.

③ John D. Caputo, "Disseminating Originary Ethics and the Ethics of Dissemination," in *The Question of the Other*, eds. Arleen B. Dallery and Charles E. Scott (New York: State University of New York Press, 1989), 57.

④ 杨慧林指出海德格尔对"Being is ..."这一语法的批判，其实在前期的《存在与时间》中就已经有了清楚的表达，与后期的"缘构"思想存在连续性："我们并不知道什么是存在。但是当我们问'什么是存在'的时候，我们已经处在对于'是'的某种领悟之中，尽管我们无法在概念上确认这一'是'的所指。……其所问已经包括了何所问者。"（转引自杨慧林：《"对极性"与"相互性"的思想空间》，载《中国高校社会科学》2017年第6期，第100页。杨慧林进一步借用图根德哈特（Ernst Tugendhat）、扎巴拉（Santiago Zabala）、巴丢的看法，指出"Being is ..."是"存在"的自我重复，无法言说的Being只能通过"缘构"才能得以言说。（杨慧林：《"经文辩读"中的思想对话》，载《社会科学战线》，2019年第8期，第199页。）

⑤ John D. Caputo, "Disseminating Originary Ethics and the Ethics of Dissemination," in *The Question of the Other*, 57.

⑥ John D. Caputo, *Heidegger and Aquinas: An Essay on Overcoming Metaphysics*, 4.

⑦ John D. Caputo, "Time and Being in Heidegger," 332.

果律的实体性本源。所以，存在的发生是匿名的（anoymous）、无根据的（groundless），"没有为什么"（without why），逃离了形而上学的因果律、根据律，其背后没有柏拉图的"理念"（eidos）、逻各斯（logos）、努斯（nous）、黑格尔的"精神"（Geist）来作为"根据"。这正是德国神秘主义诗人 Angelus Silesius 所谓的"The Rose Blooms Without Why"。发生即是发生，任何对始基的追问都悖逆了"缘构"。卡普托称赞海德格尔的"缘构"能够对"克服本体—神学"产生重要启示，上帝不再是至高存在、实体或者第一因。故而，"缘构"不仅超越人类的理解与掌控，还超越了存在或上帝的掌控，存在或上帝的现身依赖"缘构"，"看、实体、原因、概念的范式让位于听、事件、呼召和泰然任之"。① 由此，在海德格尔、卡普托处，"克服本体—神学"从根本上说是对西方传统形而上学语法的克服。卡普托早期曾指出这便是海德格尔自己所说的"游戏"。

然而，随着对海德格尔的理解深化、对德里达与列维纳斯等人思想的不断吸纳以及受到菲利普·拉库—拉巴特、利奥塔等人对海德格尔与纳粹关系（"海德格尔丑闻"）的批判的影响，卡普托逐渐觉察到海德格尔思想中的形而上学残余，由此，其对海德格尔的态度更具批判性，②对海德格尔予以"解神话化""解纳粹化"。他发现海德格尔的"缘构"或"事件"退回到一种本源的（originary/orgin-al）、根本的（primordial）、大写的"拯救事件（Saving Event）"③，亦即奠定所有小写事件的"元—事件"（Meta-event），远离了生活世界的"实际性"（facticity）。这尤其反映在海德格尔的关于"本源"（Ursprung）的"存在的神话"（myth of Being）、对"本质"（Wesen）的关注和"只有一个上帝能够拯救我们"（Only a God can save us）④上，代表着"对一个

① John D. Caputo, "Heidegger's God and the Lord of History," 463.
② John D. Caputo, *Demythologizing Heidegger*, 2.
③ John D. Caputo, *Against Ethics*, 2.
④ 卡普托曾经翻译过海德格尔的采访《唯有一个上帝能够拯救我们》[Martin Heidegger, "Only a God Can Save Us: *Der Spiegel's* Interview with Martin Heidegger," trans. John D. Caputo and Maria P. Alter, *Philosophy Today* 20, 1976: 267 - 284.] 值得注意的是，德里达也曾评论过海德格尔的"唯有一个上帝能够拯救我们"。在德里达那里，如果这句话指涉的是卡普托批评的那种本体—神学所理解的上帝，那么，他将坚决反对；但如果它是指我们在盼望某种不可预知、尚未到来的对象，并且必须以"迎袭"（hospitalité）的态度加以迎接，那么，这将符合"没有弥赛亚主义的弥赛亚性"，是可以被接受的。（Kristine McKenna, "The Three Ages of Jacques Derrida," *LA Weekly*, Nov. 6, 2002, https://www.laweekly.com/the-three-ages-of-jacques-derrida/ 访问时间：2019 年 11 月 1 日。）由此可见，卡普托与德里达在这一问题上的观点十分相近。不过，正如下文所言，卡普托也接受了德勒兹的影响，这个到来的上帝不只是自外闯入，还是自内爆发而出。

失落世界的诺斯替式渴望和对一个崭新黎明的翘首企盼"①。因此,如果就"缘构"的语法"*es gibt*"而言,海德格尔实则"将'gibt'变成虔信的对象"②,亦即将"缘构"变成实体性偶像。于是,"缘构"或"事件"被等同于"存在""真理"甚或"上帝",等同于"第一开端"(the First Beginning),即亚里士多德的"第一因",成为不可逾越的终极根据,悖逆了海德格尔本人强调的"无根据"概念,背叛了自己的事件哲学。这不仅是德勒兹意义上"可笑的与令人失望的"(comical and disappointing),③更是悲剧性的。

这也改变了卡普托对海德格尔伦理学的看法。早年,卡普托曾为海德格尔对伦理学的敌视态度进行过辩护,强调海德格尔的立意在于反抗理性主义异化,否定形而上学伦理学,批判现代价值理论。④ 然而,在经过上述的"解神话化"之后,卡普托放弃了这些辩护词,转而批评海德格尔。在卡普托看来,海德格尔虽然试图用"事件"去克服建基于"根据"之上的伦理学,但是未能真正走向"泰然任之"的伦理学,抉发"缘构"或"事件"的原本意义,反而回归一种"本源伦理学"(originary ethics)或"始基—伦理学"(arche-ethics)。一些学者曾经将海德格尔的"本源"视为一种非形而上学的发生学起点,⑤然而,卡普托指认海德格尔将"本源"作为一种奠基性根据,在拒绝具体的、确定的伦理原则的同时,却又寻求某种本源的伦理原则,忽视了"泰然任之"对他者的伦理意义。这意味着海德格尔"用再中心来去中心"(decenters by recentering)⑥,对神庙的关注压倒了对凡人"实际性"的关注,纯粹性、总体性压倒了混杂性、他异性,未能完成对本体—神学的真正克服。

不过,卡普托虽然指出了海德格尔的上述思想缺陷,但是从未否定海德格尔的思想贡献及其在 20 世纪欧陆哲学中的统治地位。卡普托强调"真正重要的是去理解作者的主题而非作者的主体性"(Ultimately what matters is to understand not the authorial subjectivity but the author's subject matter),无论如何,海德格尔已经初步提出了事件的发生结构("缘构""*es gibt*"),奠立了

① John D. Caput, *Demythologizing Heidegger*, 36.
② John D. Caputo, *Against Ethics*, 230.
③ François Zourabichvili, *Deleuze: A Philosophy of the Event*, trans. Kieran Aarons (Edinburgh: Edinburgh University Press, 2012), 57.
④ John D. Caputo, "Heidegger's Original Ethics", *New Scholasticism* 45, 1971: 127–138; John D. Caputo, *The Mystical Element in Heidegger's Thought*, 256; John D. Caputo, *Radical Hermeutics*, 89.
⑤ Charles E. Scott, "Caputo on Obligation without Origin: Discussion of *Against Ethics*," *Research in Phenomenology* 25, 1995.
⑥ John D. Caputo, "Disseminating Originary Ethics and the Ethics of Dissemination," 56.

日后事件哲学与事件神学相关讨论的基础。相反,美国学者托马斯·希恩(Thomas Sheehan)将卡普托归入海德格尔研究的"驳斥派",对立于"把海德格尔的思想带入与其他哲学家的对话之中,并在此基础上补充或修正其思想"的"自由派",①这种做法明显曲解了卡普托对待海德格尔的辩证态度,更罔顾卡普托在发展海德格尔思想(尤其是克服本体—神学)上的贡献,有失公允。

2.1.2 何种事件:列维纳斯与利奥塔

卡普托对后期海德格尔的上述批判显示出:事件哲学的建立首先面临着应用的问题,必须处理其与宗教、伦理乃至政治的关系,对"事件"予以更为细致的考察。在卡普托看来,与海德格尔不同,列维纳斯对"事件"进行了一种宗教化和伦理化的解释,将"上帝"转译为"事件",更准确地说,转译为"伦理学的事件"(event of ethics)。②"事件"被表达为法语无人称句式"*il y a*"("有……"),与海德格尔的"*es gibt*"结构相似。不过,卡普托对列维纳斯的"事件"并非完全满意,认为其存在一些缺陷,未能完全克服本体—神学,主要表现在两个方面:

第一,根据事件思想,"*il y a*"应是一种完整而不可分割的结构,然而,列维纳斯在《总体与无限》(*Totalité et Infini*)中过分凸显上帝的超越性和无限性,③反而将"*il*"从"*il y a*"结构中分隔出来,成为某种"支配一切的行动者或行事者""超级原因"和"始基"。④ 列维纳斯未能真正持守上帝与"*il y a*"之间(也被卡普托称为"*il y a* 的 *il* 与 illeity 的 *il*"之间⑤)"可能的混淆"(possible confusion)⑥,忽视了这种结构性混淆不可避免,也无法根除。⑦ "*il*

---

① 马琳:《海德格尔论东西方对话》,北京:中国人民大学出版社,2010 年,第 8 页。

② John D. Caputo, *The Weakness of God*, 271.

③ 卡普托最早在其博士论文的脚注中提及列维纳斯与《总体与无限》一书,将其与卡尔·洛维特等人的著作一道列为批评海德格尔的参考资料,但未说明自己所理解的列维纳斯著作的批评要点(John D. Caputo, *The Way Back into the Ground: An Interpreation of the Path of Heidegger's Thought*, 325, n. 2)。从卡普托对洛维特等人批评意见的回应来看,卡普托在那时意在维护海德格尔(以及自己对海德格尔的阐释),由此或可推论,卡普托当时可能不同意列维纳斯对海德格尔的批评。

④ John D. Caputo, *Against Ethics*, 227.

⑤ John D. Caputo, "God and Anonymity: Prolegomena to an Ankhoral Religion," in *A Passion for the Impossible: John D. Caputo in Focus*, 7.

⑥ Emmanuel Levinas, *Emmanuel Levinas: Basic Philosophical Writings* (Bloomington: Indiana University Press, 1996), 41.

⑦ John D. Caputo, "To the Point of a Possible Confusion: God and *il y a*," in *Levinas: The Face of the Other*, ed. David L. Smith (Pittsburgh: The Simon Silverman Phenomenology Center, 1988), 2.

y a"否定了任何根据律,拒绝对始基的追问,不存在可以超越、掌控甚至驱动"il y a"这一事件结构的始基。①

这种做法导致伦理责任被误解为来源于这种被单独分离出来的超越性上帝,被上帝所赋予,并对上帝负责,不再是一种发生着的事件,一种摆脱了因果律和奠基性思维的事件。事件的发生本该超越因果律,指涉"深层的匿名性"(deep anonymity)而非任何实体,②现在却依赖被视作第一因的上帝,等于重新堕入本体—神学传统。同时,也由于"il"从"il y a"中分离,列维纳斯的"事件"脱离了"实际性","伦理学的事件"与"实际性事实"、与活生生的他者相互隔绝,③不再是一种"本土事件、人间事务……血肉问题"④,从而与新柏拉图主义乃至卡尔·巴特主义合流,重新陷入二元论的泥淖。

第二,"il y a"是一种不稳定的结构,不是一种组织化、稳固化、教条化甚至使世界陷入僵死状态的力量,而是令人类困惑、不安的扰乱力量。事件的发生总是打破既有的秩序,解除始基的决定,冲出根据律的桎梏,造成一种"神圣无序"(sacred anarchy)。在卡普托看来,列维纳斯似乎没有将这种激进的事件精神贯穿始终,他的缺陷在于将康德与犹太教的"妥拉"结合,把"妥拉"读解康德式伦理学著作,将"你应当……"(thou shalt …)的康德绝对命令与"你不可……"(thou shalt not …)的"十诫"相互联结与融合,走向了"除了伦理之外一切皆为虚空的虚空"的"终极伦理主义"(ultra-ethicism)和"终极康德主义"(ultra-Kantianism)。⑤

事件被框定为"严苛的伦理范畴",即"一种深层的、奠基性的、最为原初的伦理学,科学、法律、政治和体制化生活都来自于它,受到它保护并得以持存"⑥,沦为伦理主义、律法主义、理性主义的教条,甚至被称为类似天主教的"法令"⑦,譬如列维纳斯对克尔凯郭尔《恐惧与战栗》的批评,正源于该书将上帝塑造为伦理秩序之外,摆脱了伦理秩序的存在。列维纳斯的这种观念趋向伦理结构主义(ethical structuralism),使得他者沦为了可以通过伦理范畴

---

①   John D. Caputo, "Abyssus Abyssum Invocat," in *A Passion for the Impossible: John D. Caputo in Focus*, 126.

②   John D. Caputo, *Against Ethics*, 18.

③   John D. Caputo, *Against Ethics*, 85.

④   John D. Caputo, *Against Ethics*, 227.

⑤   John D. Caputo, "Temporal Transcendence: The Very Idea of *à venir* in Derrida," in *Transcendence and Beyond*, eds. John D. Caputo and Michael Scanlon (Bloomington: Indiana University Press, 2007), 190.

⑥   John D. Caputo, *Against Ethics*, 226.

⑦   John D. Caputo, *The Weakness of God*, 276.

而被捕获、把握、主题化（thematized）的客体，丧失了全然他异性，而且阻碍了事件的溢出，主体不再朝向他者而溢出自身，承担对他者的无限责任，最终令列维纳斯的他者伦理学陷入自相矛盾的困境。卡普托指出，这就像利奥塔所说的那样，列维纳斯过分夸大了伦理的地位，将伦理学变成了"城里唯一的把戏"（the only game in town），未曾给诸如美学等其他形式留下空间。① 真正的事件应当是"异形的"（heteromorphic）、污染的（contaminated）、非纯粹的，既无法被通达、无法被化约，又促使我们朝向它敞开自身，以多元的形式进行回应。

因此，对卡普托而言，列维纳斯对"事件"的论述并未真正克服形而上学，更难以被称作"后形而上学"，反而陷入伦理形而上学（ethical metaphysics），"以更加新柏拉图主义或者'超形而上学的'（hypermetaphysical）方式令形而上学变得愈发极端"②。

与列维纳斯相比，卡普托认为利奥塔的事件观未将事件框定为"伦理学的事件"，陷入列维纳斯的伦理中心主义，并且否定事件背后存在某种更本源的奠基者。利奥塔的"事件"不是实体，不是发生成为什么，而是发生本身，利奥塔更是用"*il arrive*"加以指代，卡普托将其解释为"它发生在我抵达之前，在我根本不在那里的时候，它就总是已经发生了"③。作为"语言游戏"，事件具有独异性、扰乱性（disruptiveness）、多元性、异质性、不可还原性、敞开性的特征。一方面，事件并不是某种直接被给定的客体或意指对象，而是需要呈现在短语或句子（phrases or sentences）之中，甚至短语或句子本身也是一种事件（利奥塔称之为"短语—事件"［phrase-event］④），也因此，事件的问题关乎"元叙述"的有效性。然而，另一方面，事件具有一种异质性的强度，能够不断闯入和扰乱我们，事件的"日期"只是这种扰乱的标志，事件无法被短语或句子完全呈现，被我们的叙述"吸收"（absorbed）或"缓和"（smoothed over），故而将人们置于"歧见"（differend）之中，"分歧先于共识"⑤，面对将要到来的事件（event to come）及其引发的种种后果，人们应当始终保持敞开。⑥

---

① Mark Manolopoulos, *with Gifted Thinkers*, 53.

② John D. Caputo, *Against Ethics*, 252.

③ John D. Caputo, *Against Ethics*, 7.

④ Jean-François Lyotard, *The Differend: Phrases in Dispute*, trans. Georges Van Den Abbeele,（Minneapolis：University of Minnesota Press, 1988）, 66.

⑤ John D. Caputo, *Against Ethics*, 212.

⑥ John D. Caputo, *Against Ethics*, 270.

在这种事件观的观照下,语言游戏"没有标准"(without criteria),这不意味着相对主义的"无度放纵"(wild caprice),而是指任何预设的标准都无法衡量事件的发生,标准不能先于事件的发生,决定事件的有效性,而只能是事件的产物。① 于是,一切先于事件发生的元叙述都变得"可疑"②,不再具有普遍有效性。在实践中,这将引向拒绝先验图式和普遍原则,放弃那种无法应对异质冲突情境的"实践智慧"(phronesis),为卡普托的激进诠释学铺平道路;在政治上,这将导向"政治多元主义和实验主义",肯定"歧见"的价值,走向多元主义的正义观。③ 对卡普托而言,利奥塔的事件观对多元性的强调,提供了一条有效远离海德格尔的"唯有一个上帝能够拯救我们"的思想进路:

> 我并不想要(want)一个上帝来拯救我们。如果我们必须被任何更多的诸神或者圣人造访,那么我宁愿他们全都偶然到来……当谈到诸神和善的时候,我是一个多元主义者。这是我所喜爱的利奥塔意义上的异教主义,一种不虔敬的、多神论的多元主义,它令诸神对抗、德目倍增。④

这种观念关联着利奥塔所谓的"非人"(inhuman)概念,将多元主义的信念从人类世界扩展至非人的自然世界,这不仅可助破除人类中心主义,更批判了宗教中神人隔绝的两个世界理论。我们在下文第三章的"宇宙诗学"部分将会对这一问题进行更为详细的论述。

而在宗教内部,利奥塔对宗教的态度常常引发两种评价:一种看法认为利奥塔将基督教作为最根本的元叙述而加以批判,另一种看法主张依据利奥塔对"元叙述"的定义,基督教实际上并非利奥塔所谓的"元叙述"或者"宏大叙述"。⑤ 上述评价看似迥异,实则都将利奥塔的事件观归诸虚无主义。与之不同,卡普托采取了第三条进路,中肯地评价了利奥塔对宗教的启发价值。一方面,卡普托指出利奥塔主张"无法在宗教中寻获盼望——因此对宗教不抱有任何的盼望"⑥,忽视了宗教所提供的盼望或者说宗教与盼望的紧密关系,有失偏颇;另一方面,卡普托敏锐地指出,利奥塔在描述自身对宗教的态

---

① John D. Caputo, *Demythologizing Heidegger*, 211.
② John D. Caputo, *Against Ethics*, 268.
③ John D. Caputo, *Demythologizing Heidegger*, 3.
④ John D. Caputo, *Against Ethics*, 33.
⑤ Merold Westphal, "Onto-theology, Metanarrative, Perspectivism, and the Gospel," in *Christianity and the Postmodern Turn: Six Views*, 150.
⑥ John D. Caputo, *Hoping Against Hope*, 13.

度时,使用的词汇是"怀疑"(incredulity)而非"拒斥"(refutation),利奥塔并没有用一个形而上学的元叙述(世俗主义)去拒斥另一个形而上学的元叙述(宗教),从一个极端走向另一个极端,重复形而上学的内在逻辑,而是旨在揭露本体—神学的缺陷:认信宗教混淆信仰与教条、宗教采取超自然主义进路、建制性教会的权力结构问题积重难返、教会与神权政制(theocracy)合谋……这些才是宗教之为"不可信"的"古老宏大叙述中的最宏大叙述"①的根本原因。利奥塔的批判实际上为克服本体—神学提供了有益的启发。

对卡普托而言,这就要求从利奥塔的"思想的终结"(end of the thought)走向"对终结的思考"(thought of end),②参详利奥塔的事件思想中的重要观点,采取新的视角去审视宗教,克服本体—神学的影响,重塑宗教与事件、宗教事件与盼望的关系,亦即"敢于盼望"③、"在无可指望的时候……仍有指望"(《新约·罗马书》4∶18)。

2.1.3 何以事件:德勒兹、德里达与巴丢

那么,回归事件自身,事件究竟是如何发生的,或者说,事件是何以"事—件"(e-vent)的呢? 为此,卡普托将视线投向了德勒兹、德里达、巴丢。三者的事件哲学令卡普托深受启发。

卡普托对德勒兹的事件观多有称赞。在他看来,德勒兹同样秉持事件的无实体性特征。④ 相较于利奥塔的事件观所强调的"what happens",德勒兹的最大功绩是将"事件"的定义从"what happens"转化为"something in what happens"。⑤ 德勒兹的重点不是事件发生成为什么(即衍生),而是在事件中发生了什么(即发生),或者说,不是什么事物发生了,而是在发生的事物中究竟发生了什么。用德勒兹的话来说,事件"准确来说不是发生了什么,而是发生中之所生,是当与所生相符而又尚未到来的发生","事件不是发生了什

---

① John D. Caputo, "Atheism, A/theology and the Postmodern Condition," in *The Cambridge Companion to Atheism*, ed. Michael Martin (Cambridge∶ Cambridge University Press, 2007), 267.

② John D. Caputo, *Hoping Against Hope*, 180.

③ John D. Caputo, *Hoping Against Hope*, 44.

④ 德勒兹称之为"incorporeal",与实体(substance)、本质(essence)相对。Gilles Deleuze, *The Logic of Sense*, trans. Mark Lester and Charles Stivale (New York∶ Columbia University Press, 1990), 1.

⑤ 卡普托在2018年接受巴西学者采访时,明确表示德勒兹与德里达、海德格尔、本雅明等人一道,影响了自己的理论建构。见 Cicero Cunha Bezerra, "Entrevista John Caputo e a Teologia do acontecimento," *Teoliterária* 8, no. 16 (2018)∶ 456.

么(意外事故),相反,它处于发生之所生中,是纯粹被表达的内容。它指示并等待我们"。① 在这一点上,德勒兹帮助卡普托注意到事件的内在性(inmmanent)维度。

也正因此,不同于巴丢对德勒兹的批判(即德勒兹选择"定数"、陷入宿命论),②卡普托认为,虽然德勒兹没有像巴丢那样舍弃尼采的"命定之爱"和"永恒复归"这些看似与"事件"截然相悖的旧概念,③但是德勒兹对这些概念进行了重新阐释和发展,聚焦事件的内在性特征,立足"差异的逻辑"④,反对黑格尔的辩证法和解论,解放了存在于事件之中、不屈从于同一性的纯粹差异(pure difference),令事件不再是"相同者的复归"(the recurrence of the same),而是"新事物的发生"(the occurrence of the new)与差异的重复。⑤ 于是,根据德勒兹的观点,并非所有发生的事物都可以称为"事件",真正应当热爱的事件乃是发生在这些事物中的纯粹差异、强度与生成,是差异一次又一次地向前重复。由此,德勒兹重释了尼采的旧概念,摒弃了对事件的宿命论理解,凸显了纯粹的差异游戏,强调了事物的无限转化。⑥ 卡普托对德勒兹的这些评价,主要依据了德勒兹的《尼采与哲学》(*Nietzsche et la philosophie*, 1962)一书。卡普托曾经在一个不起眼的注释中,列出了该书,将其作为德勒兹的差异思想的来源。⑦ 而我们在《尼采与哲学》中确实能够发现卡普托相关论述的依据,譬如"永恒回归决不是一种同一的思想,而是综合的思想,是强调绝对差异的思想"⑧。

① Gilles Deleuze, *The Logic of Sense*, 149.
② Alain Badiou, "The Event in Deleuze," *Parrhesia*, no. 2 (2007): 39.
③ 卡普托在此应是指巴丢在《德勒兹:存在的喧哗》(*Deleuze: The Clamor of Being*)一书第六章中对尼采(以及被他认为接受了尼采观点的德勒兹)的批评,巴丢将自己与德勒兹的分歧归结为马拉美与尼采的对立。卡普托在讨论巴丢与德勒兹的差异时,曾在一个不起眼的注释中专门将此书列为参考书目。另外,在 2005 年雪城大学秋季学期课程大纲中,卡普托明确表示巴丢的《德勒兹:存在的喧哗》一书是巴丢出于自身哲学立场对德勒兹的"强力读解"(strong reading),揭示了"巴丢的思想在何种程度上真正不同于德勒兹[的思想]"(John D. Caputo, "Phi 600- Fall 2005- Syracuse University: Postmodernisms: A Philosophical Introduction")。关于巴丢对马拉美的论述,可见杨慧林:《"世界文学"何以"发生":比较文学的人文学意义》,载《北京大学学报(哲学社会科学版)》,2017 年第 1 期,第 114—115 页。
④ John D. Caputo, "Atheism, A/theology and the Postmodern Condition", in *The Cambridge Companion to Atheism*, 269.
⑤ John D. Caputo, *Radical Hermeneutics*, 301.
⑥ John D. Caputo, "Spectral Hermeneutics," in *After the Death of God*, 184.
⑦ John D. Caputo, "Atheism, A/theology and the Postmodern Condition," 280.
⑧ [法]吉尔·德勒兹:《尼采与哲学》,周颖、刘玉宇译,开封:河南大学出版社,2016年,第101页。

在卡普托看来,德勒兹对"内在性"和"生成"的关注拒绝了超自然主义,反对内在性与超越性的二元对立,避免了柏拉图与奥古斯丁的两个世界理论。"对德勒兹来说,'超越性'是哲学的基本罪恶。哲学的意义应该是肯定纯粹的生成、'内在性的平面'(plane of immanence)"①,于是,事件乃是"没有内部性或内在深度的表面"(a surface without interiority or inner depth),能够自由地在不同领域(词与物、本质与实存)之间移动。事件作为一种未被现实化的"潜在性"(virtuality),不会被特定的领域"囚禁",拒绝沿袭固定的模式而被现实化,即德勒兹所谓的"反现实化"(counter-actualization)②。相反,事件会突然地自内而外地爆发(break-out[e-venire]),③打破亚里士多德的潜能走向现实的目的论模式,"对德勒兹来说,潜在性比现实性更深刻,生命的流变比它的特定波动更重要,生命的事件比出生的意外事故更深刻"④。

然而,如果这种潜在性被视为"无法被还原的非实在"(irreducible irreality)或者"绝对的本质",⑤位于存在之下、比存在更深层的位置,⑥那么,这就有可能产生一种疑似新柏拉图主义的二元论:即先验潜在性(transcendental virtuality)与转瞬现实性(transient actualities)的对立。这会导致将生命还原至无主体的"匿名领域",将事件还原为"匿名冲动",聚焦更为深层的生命的先验之流、"纯粹生命的无限不朽之流",贬低经验个体的转瞬即逝,忽视生死交替的"经验现实性",从而最终破坏了事件的"呼召—回应"结构。⑦

卡普托的批评固然符合他一贯反对柏拉图主义的立场,但是其他学者的相关论述也影响了他对德勒兹的理解,强化了他对德勒兹的质疑。譬如,卡普托在一个注释中特别表示,美国学者维彻格洛德(Edith Wyschogrod)的

---

① John D. Caputo, "PHI 600: *Levinas and Deleuze: Transcendence and Immanence*-Syracuse University-Fall, 2007."
② Gilles Deleuze, *The Logic of Sense*, 150.
③ John D. Caputo, *The Insistence of God*, 50.
④ John D. Caputo, *The Insistence of God*, 80.
⑤ John D. Caputo, "Spectral Hermeneutics," in *After the Death of God*, 184.
⑥ Clayton Crockett, "From Sacred Anarchy to Political Theology: An Interview with John D. Caputo," in *The Essential Caputo: Selected Works*, ed. B. Keith Putt (Bloomington: Indiana University Press, 2018).
⑦ John D. Caputo, *The Insistence of God*, 255. 德勒兹将生命理解为"纯粹的内在性""内在性的内在性"(immanence of immanence),置于先验领域(transcendental field),仅仅包含潜在性,与基于主客二元结构的具体经验对象无关。内在事件(immanent event)无法被真正现实化。卡普托对德勒兹的批评与此相关。Gilles Deleuze, *Pure Immanence: Essays on A Life*, trans. Anne Boyman (New York: Zone Books, 2001), 25 – 33.

107

《圣徒与后现代主义》(*Saints and Postmodernism*, 1990)一书提出了一个与自己看法相似的观点,即德勒兹的著作是"一种新柏拉图主义和一个'全体的神话'"(a kind of Neoplatonism and a "myth of the plenum")①。此外,卡普托或许也受到了巴丢批评德勒兹的直接影响,或者说,巴丢的批评有可能让卡普托更加确信德勒兹的二元论问题。因为在卡普托引用过的《德勒兹:存在的喧哗》(*Deleuze: The Clamor of Being*)中,巴丢明确指认德勒兹陷入了潜在性和现实性的二元论。②

卡普托指出,要消除这种可能存在的危险,就必须肯定活生生的具体存在能够回应事件,拒绝以亚里士多德的"潜能—现实"模式理解德勒兹的事件观。事件总是已经处于命名、解释和翻译之中,不能脱离具体的存在语境而被直接给定。③ 唯有如此,德勒兹才能逻辑自洽地说:事件深深嵌入我们的生命中,存在于所有地方、所有事物之中,"等待我们并邀请我们进入",是我们必须对其回应、为之负责的对象。并且唯有肯定经验性存在,才能使人们意识到自身及其信念的"偶然性与历史化的特征",才能通向德勒兹由邓·司各特(Duns Scotus)处发展而来的"存在的单义性"(univocity of being),即"所有事物的共同之处在于他们差异的独异性"。④ 卡普托强调德勒兹的"存在的单义性"乃是解构的核心理念之一,凸显了差异性、独异性,故而绝不能像"激进正统派"(Radical Orthodoxy)那样,将其误解为"绝对冷漠对待每种独特差异"(absolutely indifferent to each particular difference)或者"所有的差异一模一样"(all differences are the same)。⑤

故而,这种对"存在的单义性"的肯定,也引向了对他异性问题的讨论。根据卡普托的梳理与评析,德勒兹《尼采与哲学》(*Nietzsche et la philosophie*, 1962)所强调的"肯定"指向的不是他者,而是"同一性的无限溢出"(infinite excess of the same),拒绝"作为法则的他者,作为为意志立法的他者"⑥,忽视了自我对他者的责任,甚至将自我对他者的回应贬低为"被动的、奴性的、卑躬屈膝的、柯尼斯堡式的,是对自身生命力的贬低,用禁欲冲动去消灭自身的

① John D. Caputo, *Against Ethics*, 260, n. 18.
② Alain Badiou, *Deleuze: The Clamor of Being*, trans. Louise Burchill (Minnesota: University of Minnesota Press, 1999).
③ John D. Caputo, *The Weakness of God*, 50.
④ John D. Caputo, "The Power of the Powerless," in *After the Death of God*, 129.
⑤ John D. Caputo, "What do I Love When I Love My God? Deconstruction and Radical Orthodoxy," in *Questioning God*, 316, n. 22. 不过,卡普托也指出,"单义性"一词本身确实具有某种误导性。
⑥ John D. Caputo, *Against Ethics*, 56.

肯定性本能和自我肯定的驱力"，相反，自我"总是想要占据发送者而非接收者的地位"①。换言之，在卡普托眼中，德勒兹的"肯定的肯定""纯粹的肯定"("肯定"优先于"否定"，包含两个"否定"，并将"否定"转变为"肯定")②似乎没有以他异性为前提。而在《差异与重复》(Différence et répétition 1968)中，德勒兹对克尔凯郭尔的批评包括了克尔凯郭尔的"重复"是向内的(inward)、精神性的(spiritual)，要求一劳永逸地复原自我与上帝，从而未能克服差异对同一性的屈从。③ 然而，卡普托指出在之后的《感觉的逻辑》(Logique du sens, 1969)一书中，德勒兹的观点发生了明显的变化，不仅没有否定他者的优先性，反而特别强调了"令自己配得上事件"(making oneself worthy of an event)，要求自我进行自我改造，以便能够回应他者事件，令自身配得上他者事件，他异性与内在性得以相互联结。卡普托对德勒兹著作的评价之所以出现转变，很可能受到了邦德斯(Constantin V. Boundes)的直接影响。在《反对伦理学》(Against Ethics)一书第264页注释74中，卡普托特别提及邦德斯对自己曾经支持的维彻格洛德(Edith Wyschogrod)的回应。邦德斯指出维彻格洛德对德勒兹的批判聚焦《反俄狄浦斯》(Anti-Oedipus)一书，忽视了德勒兹在《感觉的逻辑》中所说的"令自己配得上事件"一言，那才代表了德勒兹的真正观点。④ 这显然提醒了卡普托必须重新解释德勒兹，予以更为公允的评价。

由此，从"内在性的平面"到"存在的单义性"，再到"令自己配得上事件"，卡普托梳理出理解德勒兹事件观的一条重要线索。据此，卡普托一方面批评德勒兹在《差异与重复》等著作中预设了上帝之死，贬低了宗教的价值，"德勒兹将上帝之名视为'反动的'力量，属于'再现'的等级体系，试图融摄生成之流，阻止新奇无序的效果"⑤，但另一方面高度评价了德勒兹《感觉的逻辑》对神学的启发价值，相较于过程神学(Process Theology)以"生成"(becoming)的生机论含摄德勒兹思想，卡普托更重视德勒兹的"事件"概念，称赞德勒兹不仅放弃了将上帝视为超自然主义的超越性实体，摒绝了基督教新柏拉图主义的两个世界理论，而且意识到神学结构与事件逻辑的相似性，

① John D. Caputo, *Against Ethics*, 62.
② ［法］吉尔·德勒兹：《尼采与哲学》，第383—384 页。
③ John D. Caputo, *Radical Hermeneutics*, 301.
④ Constantin V. Boundes, "Gilles Deleuze：The Ethics of the Event," in *Joyful Wisdom*, eds. David Goicoechea and Marko Zlomislić (St. Catharines, Ontario：Thought House, 1992).
⑤ John D. Caputo, "Continental Philosophy of Religion," 668.

更特别指出了"内在性的平面"成为事件发生的领域,主体必须自我转化("令自己配得上事件"),避免成为事件发生的障碍,才能回应不可预见、不可掌控的事件,从而激活事件神学所要求的"心的转化"(metanoia)。

不过,对卡普托的事件观影响最大的,莫过于德里达。尽管在"事件"概念上,德里达与德勒兹存在诸多不同看法,然而,卡普托否认德里达与德勒兹的立场截然相反。卡普托主张二者的事件观代表了事件的不同面向,可以并且应当相互结合。根据卡普托的观点,如果说德勒兹关注的是"what is going on in what happens"而非"what happens",侧重于自内而外的"爆发"(break out/e-venire),亦即德里达所谓的"内在主义"(immanentism)①,那么,德里达关注的便是事件自外向内的打断,侧重于"in-venire",即"闯入"(break in)、"到来"(in-coming)。如果说德勒兹聚焦的是潜在性,那么,德里达强调的乃是应许(promise)。② 二者的事件观都打破了亚里士多德的目的论模式,并且最终指向事件要求的"心的转化"。

具体而言,德里达所追求的"绝对事件"代表着"不可还原的独异性"(irreducible singularity),亦即"全然的他者"。它拒绝一切形式的在场,不会在当下发生,③而是发生在未来,更准确说是"绝对的未来"(absolute future)而非可以被把握、被预测、被规划的"在场的未来"(future present)或者"未来的现实性"(future actuality)④,所以是"将要到来"(to come/*à venir*)、"在未来到来"、尚未到来。事件的到来总是突如其来,超出我们对相同者(the same)的期待视野,不可预见,不可把握,不可计划,出乎意料,"既是史无前例的第一次,也是无法重复的最后一次"⑤,引发"绝对的惊讶",所以乃是一种无法被决断的"不可能性"。⑥ 卡普托指出德里达的事件与托马斯·库恩

① Jacques Derrida, "Hospitality, Justics and Responsibility: A Dialogue with Jacques Derrida," in *Questioning Ethics: Contemporary Debates in Philosophy*, eds. Richard Kearney and Mark Dooley, (London and New York: Routledge, 1999), 76.

② John D. Caputo, *The Insistence of God*, 50.

③ "当下""在场"是为了翻译卡普托使用的"present"一词。卡普托对"present"的用法可谓一语双关,一方面强调德里达的"事件"作为一种应许,发生在未来而非当下,使卡普托与侧重于在当下时间中未被现实化的德勒兹拉开一定距离(卡普托曾举例,就"到来的民主"[democracy to come]而言,德里达强调的是对未来的民主的应许,而德勒兹强调的是在当下民主中未被实现的潜在性),另一方面指出德里达的"事件"反对任何形式的"在场",无论是当下的在场,还是未来的在场,抑或是过去的在场。

④ John D. Caputo, *The Insistence of God*, 286.

⑤ John D. Caputo, *The Prayers and Tears of Jacques Derrida: Religion without Religion*, 51.

⑥ John D. Caputo, "Hoping Against Hope: The Possibility of the Impossible," *Journal of Pastoral Theology* 26, no. 2 (2016): 96.

（Thomas Kuhn，1922—1996）的范式（paradigm）之间的差异颇能凸显事件的上述特性：

> 德里达的全然他者不会满足于新视域的形成、新范式的建立，即便它确实解释了新视域的形成、新范式的建立是如何发生的。未来的图景是绝对的惊讶，德里达称之为"怪物"。……全然他者赢得了革命，如果弥赛亚确实现身，如果你认为正义已经到来——这将毁了一切。①

尽管库恩将范式转换（paradigm shift）与累进转换（incremental shif）对立，然而他将科学革命的结果理解为新范式的建立，导致了科学中的反常之物重新被还原为一种可被把握与规训的认识对象，相反，事件挣脱还原、掌控和构造，是对认识模式的"打破"（shatter）而非"转换"（shift），是对"将要到来"（to come）的呼召，是库恩的范式无法容纳的。对德里达而言，"任何范式都是虚构与偶然，……不能宣称地位绝对或者免于改革"，反而可以被颠覆。故而，德里达的观念实则更接近费耶阿本德的"反归纳主义"（counterinductionism）而非库恩的理论。② 事实上，如果进一步追索，我们会发现，库恩基于实用主义立场，将范式作为能够成功解决问题的工具。③ 然而，德里达的"事件"恰恰力图解构这种工具论，因为"事件"指向的不是"认识事物、想象事物的新方式"，而是一种经受了割礼忏悔的"视盲"（blindness）与"见证"（witness），④对范式（法则）的应用将在事件的发生中遭到解构。

在此基础上，卡普托指出，德里达继承和发展了本雅明、布朗肖对"弥赛亚性"的论述，赋予了事件一种特殊的弥赛亚性，即"没有弥赛亚主义的弥赛亚性"，事件发生于将要到来却又不会完全实现的弥赛亚时间，不仅不会局限于某种具体的弥赛亚主义，而且会不断扰乱现实，打断历史时间中的具体弥赛亚主义。⑤ 德里达在解放了事件之弥赛亚性的同时，避免了事件与现实的对立，没有陷入新的二元论之中。⑥如果说本雅明未曾充分谈论对未来的盼望，侧重对过去的记忆或者说"在过去中的盼望"（hope in the past），选择了"背退的弥赛亚主义"（backward-directed messianism），那么，德里达乃是将哀

---

① John D. Caputo, *The Prayers and Tears of Jacques Derrida: Religion without Religion*, 74.
② John D. Caputo, *Radical Hermeneutics*, 220.
③ John D. Caputo, *Truth*, (London：Penguin Books, 2013), 273.
④ John D. Caputo, *The Prayers and Tears of Jacques Derrida: Religion without Religion*, 74.
⑤ John D. Caputo, "There are No Truths, Only Texts," *ARC: The Journal of the Faculty of Religious Study, McGill University*, no. 31（2003）：17.
⑥ John D. Caputo, *The Weakness of God*, 53.

悼与盼望、记忆与期待统一,弥赛亚性不仅关乎过去,还与未来相关,二者不可偏废。① 而随着德里达 1990 年代(准确而言应是 1989 年,是年,德里达发表《法的力量》[Force of Law]演讲)的"弥赛亚转向",尤其伴随《马克思的幽灵》(Specters of Marx)等著作的出版,表达"没有弥赛亚主义的弥赛亚性"的"幽灵纠缠论"(hauntology)受到了卡普托的高度重视。事件"动摇了在场者,使之渴望未来,又对未来感到不安"②,既是应许,又是威胁,③故而,这种弥赛亚性事件后来也被卡普托称为"幽灵"或"幽灵事件"(ghost-event)。

因此,面对事件,德里达要求采取肯定的态度,无条件忠诚于事件,向未来敞开和暴露自己。这尤其表现为:无论事件何时发生、是否发生,主体都必须对事件重复说"来吧,是的,是的"(viens, oui, oui),迎接事件的到来。这不仅要求主体采取"迎袭"(hospitalité)的态度,迎接异质他者的"未受邀请的拜访"(visitation without invitation),④而且要求呼唤正义的到来,正义区别于法律并不断地解构法律,表达了法律所难以实现的"无条件赠予"等要求。德里达与海德格尔的一大不同就在于德里达的事件呼唤正义而非真理,更具犹太色彩,有别于海德格尔的古希腊—日耳曼式"无蔽"。⑤ 同时,这也导向了对信仰的重新理解。这一点将在本章第二节与第三节中得到更为详细的解说。

在卡普托看来,如果说德勒兹关注的是事件的内部性,德里达强调的是对独异性的肯定,那么,与德勒兹针锋相对的巴丢为事件哲学补充了一种外部性、普遍性的维度,但相较于德里达等人的论述,巴丢的观点仍存在不少缺

① John D. Caputo, *The Insistence of God*, 95‒96.
② Clayton Crockett, "From Sacred Anarchy to Political Theology: An Interview with John D. Caputo," 34.
③ John D. Caputo, *Truth*, 76.
④ 在"迎袭"(hospitalité)的问题上,卡普托并没有毫无保留地支持德里达,他同样肯定法国左翼思想家朗西埃(Jacques Rancière, 1940—)对德里达的批评,即德里达虽然强调社会针对他者的无条件"迎袭"(hospitalité),但是忽视了那些社会施加于他者、维持社会运行的必要条件。对卡普托而言,德里达与朗西埃的差异只是侧重点或视角的不同,彼此并不对立(决非伦理与政治、独异性与平等性的对立),反而可以相互补充,而且,要求德里达全知全能、说出一切,本身就是一种不合理也不切实际的要求。参见 John D. Caputo, "Foreword," in *Unlocking the World Education in an Ethics of Hospitality* (New York: Routledge, 2015), xii. 事实上,卡普托在解释正义与法律之关系时,就十分重视正义不是对法律的否定,法律有其必要的价值,二者缺一不可。而这一点,如果对照卡普托与巴丢、齐泽克在对待资本主义的不同态度(改良 vs 革命)时,将能得到更为具体的凸显。
⑤ John D. Caputo, *The Prayers and Tears of Jacques Derrida: Religion without Religion*, 98.

陷,需要被"谨慎地"对待。①

卡普托指出,对德勒兹而言,事件是一切,一切都是事件,事件早已"在所有地方和所有事物之中等候着"(waiting everywhere and in everything)我们,然而,在巴丢那里,德勒兹的内在主义遭到批判,真正的事件是外部的"例外瞬间"(exceptional moment),是未被邀请的意外造访,它的到来出乎意料,不可预见,不可规划,不可控制甚至毫无根据,我们真正要做的是无条件忠诚于这种外部事件,让自身为事件所"刺激、组织和锻造"。换言之,如果我们用"心的转化"与事件来描述,那么,德勒兹的"心的转化"("令我们配得上事件")指向在"内在性平面"上发生的事件,巴丢的"心的转化"("忠诚"[fidelity])则指向外在事件。也正是由于巴丢对事件之外在性的强调,我们对事件的意愿避免了命定论,即"任何发生的事情都不可避免",都应当被意愿。② 外在的事件观超出了特定群体的掌控与特定范畴的限制,趋向更具普遍性的维度,"不是某个宗派的事件,不能被限定于那些受过割礼的人"③。于是,巴丢的事件观不仅肯定了事件的普遍性,而且避免了列维纳斯的"终极伦理主义"进路,没有将事件还原为"伦理学的事件",框定于伦理学范畴,而是拓展了事件的表现形式,扩大为"艺术""科学""政治"和"爱"这四种真理程序(truth procedure)。

然而,卡普托对巴丢的这种真理程序分类颇有微词,批评巴丢将宗教或者神学贬低为"神话"甚或"非真理",排除于真理程序之外,④导致巴丢没有真正远离世俗主义的预设。卡普托的目的并非要维护建制宗教或者认信神学,而是试图证明它们不等于"宗教"或"神学"自身,更没有耗尽"宗教"或"神学"的全部意义,真理事件可以出现在"没有宗教的宗教"("没有神学的神学")之中。因为根据巴丢自己的普遍主义内在逻辑,真理程序应当从四种有限的类型扩展至"不可计数"的"无限"范围,如此方能符合事件的"不可预见"和"不可控制"的特征,避免限缩事件。⑤ 卡普托的这一观点实则有其合理之处:齐泽克的"通向真理之路,与真理本身相耦合"(the way our path toward truth coincides with the truth itself)⑥一语曾被杨慧林与彼得·霍尔沃

---

①　John D. Caputo, *The Insistence of God*, 96.

②　John D. Caputo, "Spectral Hermeneutics," in *After the Death of God*, 183 - 184.

③　John D. Caputo, *The Weakness of God*, 134.

④　John D. Caputo, *The Weakness of God*, 339, n. 14.

⑤　John D. Caputo, "Temporal Transcendence: The Very Idea of *à venir* in Derrida," 345.

⑥　Slavoj Žižek, *The Sublime Object of Ideology* (London: Verso, 2008), 68.

德(Peter Hallward)用于解释巴丢事件观的核心观点。① 据此,在逻辑上,巴丢的"真理程序"("通向真理之路")蕴含着必须对自身予以普遍化的规范性要求,如此方能"与真理本身相耦合"。于是,卡普托对"真理程序"的看法也便吻合了巴丢思想的题中之义,切中了巴丢事件观的内在逻辑。换言之,唯有在意义结构上,超越"字句的"(literal)层面而深入"精意的"(spiritual)层面,一方面,卡普托才能看到他自己与巴丢在"真理程序"问题上的共通性;另一方面,我们也才能发现在逻辑上,巴丢的"真理程序"确实可以(而且应当)被普遍化。有趣的是,在真理程序的问题上,巴丢的观点曾发生变化,似也印证了上述解释,因为最早在《存在与事件》(Being and Event)中,巴丢坚称只有四种有限的真理程序以及相关的主体,②但是到了后来,巴丢自己也很不情愿地承认了真理程序普遍化的内在要求,在《第二哲学宣言》(Second Manifesto for Philosophy)的一个不起眼的注释中,巴丢一方面依旧批评四种真理程序以外的其他可能的真理程序(如工作、宗教、法律等)不能令人满意和信服,但是另一方面又不得不承认四种真理程序终究不能囊括全部真理程序,无法垄断对普遍性的宣称。③ 据此,"宗教"(更准确说是"没有宗教的宗教"而非传统的认信宗教)也应当被视为一种真理程序。

　　不过,卡普托批评巴丢的事件观存在一些缺陷,主要集中于内部性和独异性的问题。巴丢未"在神学或宗教的秩序中"探究真理事件(event of truth),从宗教的内部去理解事件。④ 同时,巴丢的事件观忽视内在性,采取了与"本地的差异或身份"相分离的"减法"(substraction)⑤立场,将事件抽象化、绝对化,塑造为一种断裂、一次重生,导致事件脱离了"事件所继承并扰乱的具体历史传统"⑥,忽视了自身的历史化。卡普托固执地认为:这种缺陷导致巴丢及其思想伙伴齐泽克在政治上追求彻底的革命事件,执着于从外部批

① 杨慧林:《"经文辩读"中的思想对话》,载《社会科学战线》,2019年第8期,第197页;陈永国编:《激进哲学:阿兰·巴丢读本》,北京:北京大学出版社,2010年,第8页。
② Alain Badiou, *Being and Event*, trans. Oliver Feltham (London and New York: Continuum, 2005), 16 – 17.
③ Alain Badiou, *Second Manifesto for Philosophy*, trans. Louise Burchill (Cambridge: Polity, 2011), 142.
④ John D. Caputo, *The Weakness of God*, 339.
⑤ John D. Caputo, "Postcards from Paul: Subtraction versus Grafting," in *St. Paul among the Philosophers* (Bloomington and Indiana University Press, 2009), 2.
⑥ John D. Caputo, "Afterward: An Ear for My Voice," in *The Adventure of Weak Theology: Reading the Work of John D. Caputo through Biographies and Events* (New York: State University of New York Press, 2018), 269.

判(卡普托称之为"抱怨")资本主义制度,却没有详细具体地提供关于如何改变资本主义制度的现实建议和替代方案,忽视了内部改良工作。①

---

① John D. Caputo, "The Power of the Powerless," 124－125. 不过,卡普托的批评并不能令巴丢和齐泽克信服。齐泽克对此的回应是:

> 这里的问题不是卡普托的结论:倘若一个人能够在资本主义内部实现所有那些(改良目标),那么为什么不留在那儿呢? 存在问题的是那个深层的"乌托邦"前提,即我们有可能在当前全球资本主义的坐标范围内实现所有那些目标。如果卡普托列举的资本主义的特殊失灵并非偶然的干扰,而是在结构上必然的,那该怎么办? 设若卡普托的梦想是一个普遍性(普世资本主义秩序)梦想,没有自身的症候(symptom),没有自身"被压抑的真理"可自我表达的临界点,那该怎么办呢? (Slavoj Žižek, "*The Liberal Utopia: The Market Mechanism for the Race of Devils*," https://www.lacan.com/zizliberal2#1;访问时间:2019 年 11 月 1 日。)

这实际上是说:卡普托满足于从内部对资本主义的小修小补,未触及资本主义的深层制度结构,忽视了这种渐进的改良工作在当前全球资本主义的内部是不可能实现的,罔顾当前种种危机乃是资本主义的结构性必然产物,决非一时的失灵。因此,卡普托的普遍主义之梦是"普世资本主义秩序"之梦,否定了自身的症候(symptom),也令被压抑的真理无法显示自身。如果用齐泽克的另一个术语来说,那么,卡普托乃是在"去事件化"(de-eventualization)。齐泽克的回击其实也代表了巴丢的观点。这尤其体现在对川普的评价上,对左翼社会民主主义者、民主党支持者的卡普托而言,川普是危险的煽动家和撒谎者,代表着基督教右翼民族主义,是美国的巨大危机甚至"灾难"(John D. Caputo, "The Time in America," in *Doing Theology in the Age of Trump*, eds. Jeffrey W. Robbins and Clayton Crockett (Eugene:CASCADE Books, 2018), 77－81)。然而,巴丢(也包括齐泽克)强调川普恰恰是这种资本主义的"症候"(symptom)而非卡普托口中的"危机"(crisis),因此,我们必须回归到"真实的二"(the real Two)而非"虚假的一"(the deceptive One),即"用集体主义反对私人财产、多元合作反对特殊化、具体的普遍性反对封闭的身份认同",拒绝虚假的普遍性。如果说川普是用特殊性(诸如"美国优先""白人至上")否定普遍性,那么,我们必须设想出一种真正的具体普遍性、一种真正的普遍主义。(Alain Badiou, *Trump* (London:Polity, 2019).)由此,巴丢和齐泽克通过指认资本主义无法从内得到改良,对卡普托的指责进行了回应。

事实上,卡普托的立场隐含着一种内在的矛盾,他认为存在两种修正社会不平等的方式,一种是"在自由民主体制中的公开公共辩论"(open public debate in liberal democratic institutions),另一种是"厌恶被掌控的民众自下而上地激涌"。(John D. Caputo, "A Final Word (Eight Famous Ones)," in *Modernity and Its Discontents*, 195.)然而,这两种方式如何得以调和? 资本主义制度能否因为体制内的公共辩论而得以改良,又能否足以容纳体制外民众运动的冲击力? 再譬如他在讨论"宽恕"和"馈赠"问题时,指出银行业拒绝馈赠,拒绝向具有信用风险的赤贫者放贷,真正的宽恕和馈赠不是要努力建立优秀的银行业,而是必须超越这种银行业逻辑。那么循此逻辑,如何才能在社会政治层面基于真正的"宽恕"和"馈赠",实现对资本主义银行业的彻底改造呢? 仍然只能基于资本主义内部的革新吗? 内部改良真的可以遏制贪婪的银行业吗? 我们能相信华尔街的忏悔和泪水吗? 对此,卡普托语焉不详。如果说遭到卡普托批判的共和党人是政治现实主义者,那么,满足于对制度的小修小补的卡普托,难道不同样是实在论者/现实主义者吗? 卡普托如何才能真正超脱实在论/现实主义的逻辑,走向他所期许的解构当下现实的"超实在论"/"超—现实主义"(hyper-realism)? 更进言之,卡普托能否跳脱出资本主义制度的预设条件,站在资本主义制度之外,思考一种新的政治可能性? 于是,问题恐怕又将重新回到巴丢与齐泽克那里,亦即判别(转下页)

巴丢聚焦绝对普遍性,主张保罗是彻底的普遍主义者,保罗的"普遍性"力图超越一切差异,不仅是宗教差异、性别差异、阶级差异,还包括了民族身份差异,但在卡普托看来,事实并非如此,因为保罗的普遍性是将所有不同的民族身份"移接"(graft)到"以色列人"这个独异的身份,亦即将"独异性"予以普遍化,而不是完全抛弃身份。① 卡普托强调必须在"独异性"的前提下接受"普遍性",真正的普遍性必须是独异的,只有独异性才是真正普遍的。② "被普遍宣讲的事件自身是每个独异事件的神圣性",拒绝了"普遍的图式"。③ 为此,必须辨别事件的"应用"(application)和"内容"(content):事件的应用范围是普遍的,事件的内容或意义是独异的。"普遍的原则不是关于普遍性的原则,而是关于独异性的原则"(The universal principle is the principle not of the universal but of the singular)。④ 在此意义上,卡普托指出,尽管巴丢对普遍性和独异性的论述存在一定缺陷,并且与德勒兹存在诸多差异,然而巴丢、德勒兹与德里达都承认了事件的独异性与普遍性之间的特殊关系,德里达的"独异性的普遍性"(universality of singularity)最为贴切地表述了事件的这种特征。⑤

2.2 从事件哲学到事件神学

在批判性梳理西方当代事件哲学谱系的基础上,卡普托提出了自己的事件哲学,并将其引向事件神学。

2.2.1 事件的双重效价

在卡普托那里,事件的"双重效价"(double valence)⑥是指事件由看似对

(接上页)川普的民粹主义与左翼的革命运动(巴丢)、全球资本主义与全球共产主义(齐泽克)。

① John D. Caputo, "On Not Settling for an Abridged Edition of Postmodernism: Radical Hermeneutics as Radical Theology," in *Reexamining Deconstruction and Determinate Religion*, eds. J. Aaron Simmons and Stephen Minister (Pittsburgh: Duquesne University Press, 2012), 341.

② John D. Caputo, "On Not Settling for an Abridged Edition of Postmodernism: Radical Hermeneutics as Radical Theology," 340.

③ John D. Caputo, *The Weakness of God*, 134.

④ John D. Caputo, *The Weakness of God*, 134 – 135.

⑤ John D. Caputo, "Spectral Hermeneutics," in *After the Death of God*, 185.

⑥ John D. Caputo, "The Sense of God: A Theology of the Event with Special Reference to Christianity," in *Between Philosophy and Theology: Contemporary Interpretations of Christianity*, eds. Lieven Boeve and Christophe Brabant (Surrey: Ashgate, 2010), 30.

立的不同面向所构成,尤其表现在主体与客体、内在性与外在性、独异性与普遍性、过去与未来的"交叉"(chiasm)上:

> 在事件之中有许多意义,但是没有一种可以涵盖全部事件的意义,没有一种支配一切的大写意义,可以作为事件的要义、逻各斯或目的、总数和实质。事件的总数与实质仅仅是事件本身。①

"双重效价"表达的是"不可决断性",即不能将事件框定于本体—神学的奠基性思维中,将事件还原为单一的大写意义,更不能用任何二元论去限定和还原事件。具体而言:

第一,事件既非主体,亦非客体,而是"主客体相遇的交汇点"。②"主体"与"客体"实为事件的相互补充的两面,应当从"呼召—回应"而非"主体—客体"的结构去理解事件:

一方面,事件不是主体,因为主体从来不是彻彻底底的施动者(agent)、"自律自我"(autonomous ego),不是事件的创造者,相反,"主体……顺从于事件"(the subject is ... subjected to events),顺从于"匿名的、前主体的力量"。设若将事件予以主体化、作为直接作用的施动者,那么,这不仅将陷入笛卡尔主义的主体性哲学,更会重蹈传统神学的"全能上帝"覆辙,将上帝视为掌控宇宙的至高主权者。

另一方面,事件不是被动的客体,因为事件是"一种无法含摄的到来"③,不遵循某种普遍的原理或法则,也不会被它们规训与宰制,④我们无法用表象性思维、计算性思维去理解事件、框限事件甚或掌控事件。因此,将"事件"单纯理解为"主体"或者"客体",实则简化了事件的深刻内涵,把无法掌控的复杂事件还原为可以把握、可以计算的单一命题。

据此,卡普托不同意齐泽克的"主体事件"(subjective events)概念。⑤ 齐泽克将意识形态的大他者视为"主体的预设"(subjective presupposition)、"虚构"(fiction),⑥譬如耶稣受难,呼唤"我的神! 我的神! 为什么离弃我"(《新

---

① John D. Caputo, *Against Ethics*, 234 – 235.

② John D. Caputo, *Against Ethics*, 95.

③ John D. Caputo, *The Weakness of God*, 4.

④ John D. Caputo, *Against Ethics*, 95 – 96.

⑤ 同样,沿循卡普托的思想逻辑,可推知卡普托也不会完全赞同萨特的主体事件观,即一方面,如德勒兹所言,萨特在《自我的超越性》中承认存在一种超越性;另一方面,萨特坚持这种超越性是主体的超越性,事件不会逾越主体之外、脱离主体掌控(Alain Badiou, "The Event in Deleuze," 37)。

⑥ John D. Caputo, *The Insistence of God*, 144.

约·马可福音》15：34），这一事件揭露了大他者的虚构性。卡普托虽然赞同耶稣的呼告代表着大他者的虚构性，但是指出这揭露的不是上帝之死，而是本体—神学所理解的强力上帝死了，要求的是重新理解上帝，理解作为非主体预设的上帝，这与齐泽克的观点有所不同，齐泽克的观点属于"过度的主体主义"（excessive subjectivism），轻视事件加诸主体的发生机制，令事件过于依赖主体及其"信念系统"（belief systems）。事件引发主观信念的回应，但绝对不能还原为主体的信念、想象甚或幻相（fantasy）。当然，卡普托的另一层隐含意思是："信仰"（faith）是一种"生命形式"（form of life），[1]朝向不可能性，"信念"（belief）却是某种命题或者僵化的信条，属于"意见"（doxa），总是试图"固化、缩减和僵化信仰"。[2] 因此，如果用"信念系统"去回应事件，那么就会以客体化的方式，将事件还原为僵化命题所表达的客体。

第二，在卡普托看来，"事件"代表着"不可能性的可能性"，是内在与外在的交叉，既是"e-vent"（e-venire/ex-venire），又是"in-vent"（in-venire），亦即德勒兹的"爆发"（break out）与德里达的"闯入"（break in）的交叉。于是，我们总是既处于事件之中、又处于事件之外，既不能完全内在于事件，又无法彻底外在于事件，事件乃是一种冒险（ad-venire）。

事件既自内而外地爆发出来，突然出现（come out），摆脱现实的禁锢，又自外而内地闯入其中，突然到来（come in），打断现实的进程。尽管德里达自称与德勒兹的思想差异显现在对待"内在性"（immanence）的不同态度上，拒绝接受德勒兹的"内在主义"（immanentism），[3]然而，对卡普托而言，德勒兹与德里达二人均强调了事件的不可预见、不可规划、不可掌控等特征，故而并不扞格；相反，倘若德勒兹强调潜在性必然会被现实化，或者德里达主张事件的到来可被预见和规划，那么，这种统一将不可能实现。也因此，卡普托通过对德勒兹与德里达的交叉，将"事件"的定义整合为："在发生之所生中的将要到来者"（what is to come that is going on in what is happening）。[4]

具体而言，一方面，"事件"从内而来，从下而来，准确而言是"what is going

---

[1] 从"生命形式"一词的使用中，可以发现卡普托的理解明显受到了前期海德格尔《存在论：实际性诠释学》（*Ontology: The Hermeneutics of Facticity*）、后期维特根斯坦《哲学研究》（*Philosophical Investigations*）的影响。

[2] Amy Frykholm, "A Restless Search for Truth," *Christian Century* 131, no. 26 (2014)：31－32.

[3] Jacques Derrida, "Hospitality, Justice and Responsibility：A Dialogue with Jacques Derrida," in *Questioning Ethics*, 76.

[4] John D. Caputo, *The Insistence of God*, 83.

on in what happens"而非"what happens",重点不是事件发生成为什么,而是在事件中发生了什么,或者说,不是什么事物发生了,而是在发生的事物中究竟发生了什么。不是任何发生的事物都能够被称作"事件",事件类似于某种"前人格和匿名的先验领域"①,内在于发生之事中,并且"在发生之事中被表达、被实现或者被塑形"②,但它又不是某种根基、本源或者始基,不是为万物奠基,令事件屈从因果律、根据律,而是不断搅动乃至解构发生之事,令其无法安宁:

> 对事件的运思,首先要将事件看作一种在名称中持续酝酿的潜能,看作一种居于名称之中的可能性,看作名称试图表达却又永远不能成功表达的……当我们回应名称中的事件时,我们不仅回应它"在现实层面"所指代的,而且被它应许或者呼召的所刺激。③

在此,卡普托实际上斩断了亚里士多德的"潜能—现实"模式,指出了不能依据目的论、因果律,将事件的潜在性直接地、全部地导向现实性。

另一方面,事件还从外而来,从上而来,朝向我们发生,超出我们的预测与掌控。事件不是现实存在的实体,而是尚未到来、有待到来者,"扰乱""中断""分离""敞开"和"暴露"当下现实,持续"挑衅""引诱"和"邀请"在场者越出自身。④ 也因此,卡普托方才如上文所说的那样,部分肯定巴丢对真理之外在性的强调(但又批评巴丢忽视了内在的历史与传统),批评瓦蒂莫的弱思想不仅忽视了"事件"正在到来并超出我们的理解范围,而且将"事件"等同于某种已被给定的权威人物在世俗世界中的道成肉身,亦即伽达默尔的"经典"之"应用",从而走向了强思想。⑤

第三,事件是独异性与普遍性的交叉。如上文所述,卡普托对德勒兹与巴丢的批评集中于独异性与普遍性的问题,二者被认为分别忽视了普遍性与独异性。而卡普托之所以称赞德里达的论述、肯定巴丢后来对自身观点的修正,也是因为看到了二者的表述(德里达:"独异性的普遍性";巴丢:"可普遍化的独异性")揭示出事件的特性。卡普托在此基础上,融合伦理层面的"他

① John D. Caputo, "The Sense of God: A Theology of the Event with Special Reference to Christianity," 30.
② John D. Caputo, "Spectral Hermeneutics", in *After the Death of God*, 47.
③ John D. Caputo, *What Would Jesus Deconstruct?*, 59.
④ John D. Caputo, "Praying for an Earthier Jesus: A Theology of Flesh," in *I More than Others: Response to Evil and Suffering*, ed. Eric R. Severson (Cambridge: Cambridge Scholars Publishing, 2010), 8.
⑤ John D. Caputo, "Spectral Hermeneutics," in *After the Death of God*, 84.

异性"（alterity）与"多样性"（diversity），提出所谓的"百衲被普遍性"（patch quilt universality）（另一个形象化的名称是"彩虹联盟"[rainbow coalition]），力图弥合两种特性。①

具体而言，在卡普托看来，独异性与普遍性既不矛盾，亦不可分割。一方面，事件突然发生，"自由漂浮"，不可预见，不可掌控，不会被任何因果关系束缚，无论是溯及过去的效果性因果关系，还是朝向未来的目的论因果关系，②每个事件"在时间、空间和环境中的外化或具化"③都独一无二，不可复制；另一方面，独异性指涉的是性质而非范围，事件的发生逾越了特定的群体或者有限的范围，以独异性的形式发生在每一个对象身上，普遍有效。在此，事件的独异性构成了事件的普遍原则，唯有独异性方能被真正普遍化，并被普遍接受。卡普托因此才说"普遍的原则不是关于普遍性的原则，而是关于独异性的原则"④。这也客观上回击了齐泽克有关解构主义堕入抽象普遍性与独异他者性二元分断、忽视独异普遍性的指责，澄清了独异性与普遍性的相关互应性。

这种讨论也就趋向他者伦理学。卡普托将德里达所说的"*tout autre est tout autre*"改译为"每一位他者都是全然他者"（every other is wholly other），并将"独异性"与"他异性"联结。这一方面肯定了相对于自我而言的"他者的独异性"⑤，要求自我对所有的他者承担"不可解构的"无限责任，另一方面承认了相对于另一位他者的"他者的独异性"，即每一位他者都他异于另一位他者，要求将上述责任扩展至所有他者，延及包括动物在内的所有他者，跨越一切中心主义。这种对伦理责任予以普遍化的做法，以"他者的独异性"为前提，并以保证"他者的独异性"得到普遍实现为目的，与那种将伦理责任

---

① 更为有趣的是，卡普托经常在此意义上使用"constellation"一词，不禁令人想起马拉美《骰子一掷绝不会破坏偶然》（*A Throw Dice at Any Time Never Will Abolish Chance*）一诗中对"constellation"的使用，以及德勒兹与巴丢就马拉美的这一概念而展开的激烈争论。尽管没有直接文本依据表明卡普托是从马拉美那里借用了"constellation"一词，然而，卡普托曾经仔细阅读并援引过德勒兹与巴丢二者的论战文本，对二者的论争了然于胸（上文对此已详细说明）。而且，如果就事件哲学中的独异性与普遍性之关系而言，虑及卡普托对德勒兹与巴丢的批评，那么，卡普托的"百衲被普遍性"以及对"constellation"的特别使用或许客观上是对此争论的一种回应，为我们提供了另一种对马拉美的"constellation"的界说。

② John D. Caputo, "Reason, History and a Little Madness: Towards a Hermeneutics of the Kingdom," *Proceedings of the American Catholic Philosophical Association*, no. 68 (1994): 40.

③ John D. Caputo, *Against Ethics*, 95.

④ John D. Caputo, *The Weakness of God*, 135.

⑤ John D. Caputo, "The Good News about Alterity: Derrida and Theology," 453.

建基于某种先天原则、普遍根据的做法迥异。换言之,这种普遍化的原则指向最大程度的"多元性",①"在解构中,多元性不是整体性分化的效应,整体性却是差异游戏所产生的效应"②。

第四,过去与未来的交叉。从事件的内在性与外在性、独异性与普遍性的交叉中,可以发现卡普托眼中的事件拒绝在场,无论是过去的在场、当下的在场还是未来的在场(future present),都不会从在场的事物身上得到完全实现。卡普托指认在自亚里士多德到胡塞尔的西方时间观中,时间被当成中性的、"同质性的前后相继"(homogeneous succession)③,换言之,这是一种永恒在场的时间。然而,事件不是如传统形而上学所主张的那般外在于时间本身,而是打破这种稳定连续的线性时间观。由此,卡普托提出了"弥赛亚的时间"(messianic time),它是"时机化的而非年代学的"(more kairological than chronological)④,即在日常时间中,每一个瞬间都极为重要,都具有决定性意义,事件正是发生在倏忽而至、不可预知的瞬间中,冲破"过去—当下—未来"的线性时间桎梏,向不在场的过去和不在场的未来敞开当下的在场。因此,这是过去与未来的交错,是复归与将临的聚汇,是对过去的回召(recall)与对未来的呼召(call)的交叉,亦即记忆(memory)与应许(promise)的融合。⑤

一方面,事件由过去而来(或者说是"再来"[re-venire]),关乎对过去的记忆而非遗忘或者扬弃,"解构就是记忆"(Deconstruction is memory)⑥。卡

---

① John D. Caputo and Carl Raschke, "Loosening Philosophy's Tongue: A Conversation with Jack Caputo," *Journal of Cultural and Religious Theory* 3, no. 2 (2002).

② John D. Caputo, *The Folly of God*, 25.

③ John D. Caputo, "Hoping in Hope, Hoping against Hope: A Response," in *Religion without Religion: The Prayers and Tears of John D. Caputo*, 123. 卡普托同时指出,他不是简单地拒斥胡塞尔的时间观,而是对其的修正,因为胡塞尔的"滞留"(retention)肯定了独异的过去(其中必然包括了灾难、伤害、苦难……)必须被保留和铭记,"前摄"(pretension)具有朝向未来的维度,只不过仍轻忽了时间的异质、突变、断裂、怪异、未知、敞开,没有为瞬间留下位置,换言之,这不是一种事件时间观。这也是卡普托在德里达的《声音与现象》等基础上,对胡塞尔所做的善意解释与激进拓展。

④ John D. Caputo, *The Weakness of God*, 6.

⑤ 卡普托在前期似乎曾经一度偏重"未来"的维度,这或许与他以克尔凯郭尔的"重复"来批评柏拉图的"回忆"有关(重复指向未来,回忆指向过去,"对重复的爱是欢愉的,是一场振奋的、热忱的斗争,而对回忆的爱是对已然失去的乐园的怀旧忧郁的渴望,是一种如梦的惆怅伤感"[John D. Caputo, *Radical Hermeneutics*, 15])。尽管随着时间的变化,卡普托平衡了过去与未来,然而他对"过去"的理解依旧不曾退撤至柏拉图的立场,过去依旧不是封闭的,不是既定不变的,不是已然逝去的。

⑥ John D. Caputo, *What Would Jesus Deconstruct?*, 32.

普托认为，犹太—基督教建基于苦难的记忆上，无论是本雅明的"历史的废墟"①、德国神学家默茨（Johann Baptist Metz，1928—2019）的"危险的记忆"（dangerous memories）②，还是德里达关注的"哀悼"（mourning），乃至列维纳斯的"屠杀之不可能性"（the impossibility of murder）③的"升越"

---

① 对此问题的探讨，亦可见杨慧林：《历史的废墟与文化记忆》，载《基督教文化学刊》，2013 年第 30 辑，第 1—12 页。

② "危险的记忆"又称"受难的记忆"（*memoria passionis*），指因为不公义而遭受苦难的逝者所留下的记忆，蕴含颠覆和解放的力量，不仅是对基督教救赎论的发展，也是对"奥斯威辛之后"的直接回应和思考。默茨深受本雅明的影响，不仅认为本雅明的"驼背侏儒"象征了危险的记忆，抵抗了历史进步论，否定了无主体的历史观，而且强调"危险的记忆"是对当下历史的"中断"（interruption），会像本雅明所说的那样，引发"一场将重新决定我们逝者及其盼望之意义的革命"。（Johann Baptist Metz，*Faith in History and Society*，trans. D. Smith（New York：Crossroads，1980，），109‑115.）卡普托反复援引默茨的"危险的记忆"，替代海德格尔的"本源"，视为"所有从遗忘中追寻与记忆应当开始的地方"（John D. Caputo，*Against Ethics*，270），称赞"危险"乃是"解构的力量"（John D. Caputo，*What Would Jesus Deconstuct*，29），认为默茨的观点与解构理论存在共通性，共同指向对同一性的解构、对他者苦难的忠诚：

> 我们需要铭记苦难，而非仅仅铭记希腊神庙和古壶。这种记忆危险地解放着，扰乱那种纵容少数人从大多数人受难中获利的现行秩序。它不是一种通过怀旧之屏来过滤过去的慰藉记忆（不是"回忆"），而是一种向我们施加要求的不安记忆和危险记忆（"重复"）。它是一种解构的记忆，将使我们无法忘却，无法沉溺于对繁华现状的自得意满中。"每次针对苦难的反叛"，默茨说道，"是由被记忆之苦难的颠覆性力量所浇灌的。"那就是为什么默茨受够了在场的历史、胜利者与统治者的形而上学历史，放弃了它，转向了落败者、被遗忘者和被排斥者的解构性（我们为他提供这个词是因为我认为解构总是拥有一种政治的交换价值）和颠覆性历史，一种"被征服者的历史"，这种历史通过敷陈危险和解放的故事而发展着。这种记忆阻止对苦难进行排斥其政治维度的"私人化"。（John D. Caputo，*Radical Hermeneutics*，281.）

更需要注意的是，尽管卡普托没有论及默茨的上帝观，但是默茨实际上通过"危险的记忆"，突出了上帝的苦弱与虚己，批判了将上帝视作全能者的传统上帝观，否定了传统的神义论，用十字架神学替代了荣耀神学。同时，默茨主张神学的叙述性（narrativity），强调"危险的记忆"的留存，是通过叙述而非逻辑论证。卡普托的事件诗学与之多有契合，当然亦有诸多重要分歧。譬如，默茨将后现代主义等同于虚无主义，再譬如卡普托的后现代神学所主张的"没有宗教的宗教"很可能会被默茨批评为一种没有信仰内容、缺乏信仰批判力量、有悖于"教义式信仰"的现代世俗主义观念。只可惜，二者间的思想勾连尚未获得研究者的重视与细究（文森特·米勒（Vincent J. Miller）认为默茨与卡普托都主张基于受难者扰乱力量的终末论，但未考辨和深究二者的异同，参见 Vincent J. Miller，*Consuming Religion：Christian Faith and Practice in a Consumer Culture*（New York：Continuum，2004），133‑134）。

③ 由于列维纳斯对"the impossibility of murder"的讨论基于其二战集中营的经历，针对纳粹大屠杀，故而，笔者选择译为"屠杀"而非"谋杀"。任何杀戮都是丑陋的、残酷的、血腥的、暴力的、全体的，现代性的杀戮更是用冰冷迅捷的机器，充当加深社会距离、取消道德责任的"二手中介"（齐格蒙·鲍曼：《现代性与大屠杀》，杨渝华、史建华（转下页）

（transascendence）①，都摒弃了历史进步论，将对"过去"的重新思考作为起点，坚拒逃避甚或"取消"（undo）、"废止"（annul）、"抹除"（wipe out）过去，过去的苦难不会被遗忘，过去的逝者不会消亡，过去蕴藏本雅明所谓的"弱弥赛亚力量"（weak messianic force），当下是过去的逝者所等待的对象，事件来自过去，无法被化约、压抑和掌控，时刻作用于当下现实，对其加以战栗（tremble）、颠覆、重塑（reconfiguration）与拯救。20世纪是一个遍布废墟的年代（本雅明）、一个充满苦难的时代（默茨）、一个哀悼逝者的时代（德里达），更是一个劫后余生的时代（列维纳斯）。来自过去的事件，作为"他者"，解构"同一性"，时刻提醒着世人过去不是过去，过去不会过去，过去不能过去。人们必须拒绝残酷的历史目的论。

因此，记忆不是柏拉图的"回忆"（recollection），不是拒绝新变，向后退回既定的和封闭的对象，也不是黑格尔的"回忆"（Erinnerung）（卡普托译解为"竭力成为自身，成为其已然所是"的"内化回忆"［interiorizing memorialization］），②不是"单纯的知识论和历史学的行为，例如详细笔记、彻底的编年史或历史记载"③，这种记忆拒绝乃至敌视事件的突然发生。真正的记忆是克尔凯郭尔的"重复"（repetition），它意味着爱和创造。事件不是要用超自然主义的、实在的神力或魔法去改变过去、复活逝者，而是要求改变过去的意义，为过去创造新的意义，即列维纳斯所谓的"修补不能修补者"（repair the irrepairable），

（接上页）译，南京：译林出版社，2011），阻断了伦理的"面对面"。毒气室中的生命被还原为无名的、遥远的非人，随着热爱贝多芬的杀戮者轻轻一按开关，"像狗一样死去"（卡夫卡），"像一缕青烟"（尼采），化作灰烬（德里达）。汉语中的"屠"，《周礼》曰："凡屠者，敛其皮角筋骨，入于王府"，贾公彦疏："云屠者，谓屠宰豕羊之类"。（李学勤编，《字源》，天津：天津古籍出版社，2012年，第747页。）由此可见，"屠杀"不仅是宰杀牲口（可引申为像宰杀牲口一样杀）而且是彻底否定和毁灭，将一切都化为尸体、拆解为"皮角筋骨"，更是要以此献祭，故而，与列维纳斯所说的"murder"最为相称，能够凸显杀戮的本质，揭示杀戮对于他者的野蛮态度，没有任何的杀戮不是屠杀，不是试图把对方还原为非人，还原为畜生，还原为祭品。列维纳斯的"the impossibility of murder"试图揭示、奋力抗争的是：在伦理学上，他者永不灭！不过相较于列维纳斯的分析侧重强调受害者的无限他异性是屠杀者无法企及的，卡普托聚焦屠杀对幸存者的影响，强调幸存者被受害者的幽灵纠缠。换言之，受害者是幸存者永远不可舍弃的他者和永远不可剥离的责任。

① "transascendence"一词虽然是列维纳斯从法国哲学家让·瓦尔（Jean Wahl，1888—1974）处借用，却也是列维纳斯从犹太人大屠杀的切身经历中所直接体验到的，关联着列维纳斯所谓的"屠杀之不可能性"（the impossibility of murder）。在近期的作品（如 *Cross and Cosmos*）中，卡普托不仅将"transascendence"用于解释"复活"的问题，而且受此影响，将"existence"转化为"existance"，指涉事件神学中上帝的恒存（insistence）而非实存（existence）。

② John D. Caputo，*The Weakness of God*，135.

③ John D. Caputo，*The Weakness of God*，95.

唤醒对过去(尤其是那些无法挽回的苦难)的记忆,对那些因为不正义而受难的、被遗忘的、死去的人的记忆,指向"在过去中的盼望"(hope in the past)。解构的语法之一是"future anterior",是"will not have …",是对过去逝者的无条件忠诚,令逝者不再经历一次死亡。[1] 此乃所谓的"拯救过去"的真正意义。记忆不会抹去过去的他异性。记忆将令过去的他者始终作为他者,维持与逝者之间不可去除的距离,保留那些苦难,拒绝将逝者完全在场化,逝者是不可挽回的损失,不可用某种解释去代替和掩埋他们的死亡。逝者始终向我们发出呼召。

另一方面,事件指向未来的到来,与应许相关,解构即想象、盼望,"解构是对未来的爱"(deconstruction is a love of the future)[2]。事件是对某种不可能性的应许,具有绝对的不确定性,发生在无法预见、无法规划的"绝对未来",故而处于总是将要到来(always to come)之中,表现为未被"邀请"的突然"造访",扰乱和打破当下的现实,阻止其走向封闭。应许也就是"深渊性的应许"(abyssial promise)[3],无法依赖特定的因果律或根据律予以确认与把握,变成了威胁和危险,要求摆脱对同一性的期待,朝向他异性的未来敞开自身,保持"对未来的盼望"。

为此,卡普托特别对本雅明提出了批评。卡普托深受得厄文·沃尔法斯(Irving Wohlfarth)的《论本雅明最后沉思的弥赛亚结构》("On the Messianic Structure of Walter Benjamin's Last Reflections")一文的影响,后者在论文中讨论了本雅明的《历史哲学论纲》,特别凸显了本雅明的历史观对过去的重视和对进步的怀疑,指出"拯救即记忆"(redemption is remembrance)。[4]

于是,在对本雅明的讨论中,卡普托既如上文所述,充分肯定本雅明对过去之意义的记忆与拯救,但又批评本雅明因此牺牲了未来的维度:

> 本雅明观点的局限性在于他很少谈论盼望,这也许因为他不觉得盼望能够有很大的发展空间。他确实提及了"燃起过去中的盼望的火光",但这需要进一步地阐发。即便在本雅明那里有这种盼望,它也并非他竭力去关注的对象。……背退着进入未来的天使必须变成无望废墟中的盼望,并因此变成圣保罗所谓的以盼望对抗绝望的形象。本雅明应

---

[1] John D. Caputo, *What Would Jesus Deconstruct?*, 61.

[2] John D. Caputo, *Truth*, 77.

[3] John D. Caputo, *The Weakness of God*, 93.

[4] Irving Wohlfarth, "On the Messianic Structure of Walter Benjamin's Last Reflections," *Glyph*, no. 3 (1978): 148 - 212.

当记住的不仅是废墟的历史,还有上帝铭写历史时的原初肯定。①

本雅明的"背退的弥赛亚主义"(backward-directed messianism)必须与德里达的"将要到来"(to come)相结合,德里达为本雅明对过去的聚焦注入了一种未来的维度,为本雅明的"悲观"基调补充了一层积极的因素。② 哀悼与盼望、记忆与期待不再非此即彼,"无弥赛亚主义的弥赛亚性"关乎的不仅仅是过去逝者的幽灵(revenants),还有未来的将要到来者(arrivants)。这种"将要到来"的结构进一步暴露出现代发明了无数恐怖的历史神话,勾勒了无数虚假的总体蓝图,未来仿若可以按部就班,按图索骥,触手可及。在卡普托看来,这不是真正的未来,不是真正的盼望。

因此,未来是未曾结束的过去,过去含摄未来并将走向未来。③ 事件既属于过去,也属于未来,"事件的时刻就是古老久远的过去和无法预见的未来之间的距离"④,对事件的回应,融合了回召过去与呼召未来:对过去的记忆不是为了改变过去,而是为了实现一个更加正义的未来;⑤对未来的盼望离不开对过去之不义和苦难的记忆,"解构是……一种记忆与想象的工作、一种危险的记忆和敢于想象未来的工作"⑥。尽管卡普托并不完全同意莫尔特曼的观点,彼此甚至存在着严重分歧,譬如在卡普托看来,莫尔特曼没有真正趋向"上帝的苦弱",仍然维持了一个强力的上帝(即便是一个"强大到足以受难的上帝"、"强大到愿意受难的上帝"),⑦但是卡普托认为莫尔特曼的"没

---

① John D. Caputo, *The Weakness of God*, 95‐96.

② 根据卡普托的看法,通观德里达对本雅明的阅读史,德里达最初对弥赛亚问题的讨论,基本依循了本雅明所强调的"过去之于当下的影响",但《马克思的幽灵》在此基础上,增添了"未来之于当下的影响"这一维度。

③ John D. Caputo, "Let it Blaze, Let it Blaze: Pyrotheology and the Theology of the Event," 145.

④ John D. Caputo, "A Taste for Theory," in *The Sleeping Giant Has Awoken*, 3.

⑤ 在本雅明的不少批评者那里,我们发现了相似的观点。如马尔库塞曾将本雅明的主张解释为"记忆必须转换成历史行动,否则绝不是实在的武器",与卡普托一样都强调本雅明的重点是将记忆转换为实践,挑战当下、开创未来。(方维规:《20世纪德国文学思想论稿》,北京:北京大学出版社,2014年,第127页。)如果说马尔库塞的"行动"指向"大拒绝"(great refusal)的革命,那么,卡普托采取的是解构的态度,二者对于未来的构想也因而有所不同。

⑥ John D. Caputo, *What Would Jesus Deconstruct?*, 35.

⑦ 根据笔者的统计,截至2020年2月,在卡普托已发表的论著中,只有12处明确提及莫尔特曼,另有一处不具名地提及莫尔特曼。卡普托一方面肯定了莫尔特曼的十字架神学、盼望神学:(1)对盼望与记忆之关系的论述;(2)对被钉十字架的苦难上帝的强调、对他者苦难的关注;(3)主张被钉十字架(基督受难)是政治事件,由此提出批判政治压迫的政治神学;但是另一方面指认莫尔特曼的观点仍然"符合关于全能 (转下页)

有记忆的盼望导向幻想，与之相反，没有盼望的记忆造成弃世"（Hope without

（接上页）上帝的正统教义"，并未解构正统，他的"被钉十字架的上帝"（crucified God）不是卡普托的"苦弱的上帝"（weak God）。因为莫尔特曼的上帝是自由选择清空自己的全能，变成苦弱，而卡普托认为上帝本身不具有任何可以被清空的全能（omnipotence），也没有可以自由选择清空或不清空的全能，"苦弱"（weakness）与"无力"（powerlessness）是上帝的根本属性，从根本上清除了"全能""主权"，然而，莫尔特曼的"苦弱"不是否定了上帝的全能，而是更根本地佐证和彰显了上帝的全能，因为"苦弱"不是前提，而是结果，是全能上帝选择的结果，从而与莫尔特曼本人大加挞伐的幻影说（docetism）有些相似（这一批评十分致命，因为对幻影说的驳斥实为莫尔特曼思想的起点）。换言之，在卡普托看来，莫尔特曼没有真正解构本体—神学的上帝观。笔者认为，卡普托这一评论的潜文本（pre-text）之一，乃是尼采对基督教的批判。尼采认为，基督教是奴隶道理，它通过"奸诈"（treachery）和"怨恨"（resentment），假装"苦弱"来颠覆价值秩序，取代强者地位，"策略是将苦弱作为武器来击倒强者，从而赢得胜利"（John D. Caputo，The Folly of God，5）。卡普托指出，尼采的论断源于"对强力神学家而言，耶稣的伟大在于他的自我限制，就如电影中的强力沉默型演员一般，每位观众都知道如果他选择去做，他可以超越他的敌人，可他偏偏选择不去做"。（John D. Caputo，The Folly of God，62.）因此，为了回应尼采的这种批评，卡普托敦促基督教真正地转向"苦弱的上帝"，避免一切以"强力""全能""主权""荣耀""得胜"或"凯旋"为前提或目的的立场，弃绝"上帝卑己是为了嗣后从高处来临"的观念（John D. Caputo，The Folly of God，5）。此与何为真正的激进神学（radical theology）、"十字架神学"（theology of the cross）的问题休戚相关。

为此，卡普托强调必须比莫尔特曼向前更进一步，更加激进，更具解构精神，令上帝完全摆脱一切权力游戏，不能停留于"虽然耶稣身上有一种脆弱性，但是上帝保留了祂的绝对权力"的观念阶段（John D. Caputo，Kevin Hart，and Yvonne Sherwood，"Epoché and Faith: An Interview with Jacques Derrida," in Derrida and Religion: Other Testaments，42），而应该"超越那个受难的上帝，超越那个强大到足以受难的上帝，趋向一个真正的苦弱上帝，一个被重新思考为苦弱力量的上帝而非强大的上帝"（John D. Caputo，Cross and Cosmos，31）。换言之，在卡普托看来，即便是莫尔特曼，仍然预设了一个强力的上帝（即便是一个主动受难的强力上帝），没有令上帝彻底转向苦弱，无法真正回击尼采的批评。这也是卡普托拒绝传统的"虚己"（kenosis）理论的原因所在。

基于此，我们可以联想起卡普托对埃克哈特和库萨的尼古拉的批评：他们对意志与知识的否定，实则是对神圣意志与神圣知识的肯定。如果做一个更冒险的推论式猜想，那么，或许在卡普托的眼中，莫尔特曼与神秘主义达成了某种隐秘的共谋？事实上，莫尔特曼肯定自己对神秘主义的兴趣伴随一生，花费大量心血。（［德］莫尔曼特：《回应》，载《莫尔特曼与汉语神学》，香港：道风书社，2004 年，第 294—295 页。）莫尔特曼对神秘主义的批评，似乎主要只是针对伦理问题（批评神秘主义常常忽视对他者苦难的责任，令行动与默契断裂），强调神秘主义不能否定对终末的盼望，必须重视上帝在十字架的受难，承认上帝在一切之中、一切在上帝之中。See Jürgen Moltmann, "Theology of Mystical Experience," Scottish Journal of Theology 32, no. 6 (1979). 二十多年后，莫尔特曼对神秘主义的批评只是增加了"基督教的神秘主义不能与基督失去联系，而走向实存宗教之外的灵性……基督教的神秘主义也不许达到基督信仰的去终末化。基督教的神秘主义必须维持对殉道精神的思念"（［德］莫尔特曼：《回应》，第 298 页）。这似乎印证了笔者对卡普托观点的猜测？

由此，反观目前关于卡普托与莫尔特曼的比较研究，可以发现其中存在的相应缺陷：

（1）凯斯·普特（B. Keith Putt）是最早展开二者比较研究的学者。他聚 （转下页）

remembrance leads to illusion, just as, conversely, remembrance without hope

（接上页）焦卡普托 1997 年前的作品,主张莫尔特曼的盼望神学能够补救卡普托的后现代理论之不足,尤其是其中深藏的现代性认识论这一前理解结构。作者试图借此令卡普托既促进基督教思想走向开放,又符契基督教的正统观念。(B. Keith Putt, "(De) Constructing the (Non) Being of God: A Tritarin Critique of Postmodern A/Theology" (PhD diss.: Rice University, 1995); B. Keith Putt, "The Im/Possibility of a Passionate God: A Postconservative Mani(n)festation of Caputo's Kingdom Christology," *Religious Study*, no. 24 (1997): 447–467.)这一研究的最大问题在于未能完全跳脱正统宗教与世俗主义的二元论,将后现代性与现代性混淆,没有公正对待卡普托的后现代主义理论。

（2）海特泽尔(Peter Goodwin Heltzel)虽然认为卡普托和莫尔特曼都强调对上帝权能的限制,主张上帝的苦弱,但是批判卡普托忽视了三一论,陷入一位论,迥异于莫尔特曼以三一论为基础,同时,莫尔特曼对上帝的"自愿限制"(voluntary restraint)能够强化卡普托对苦弱上帝的论述。海特泽尔的评论有失公允,卡普托从未否认三一论,反而以事件神学改造并强化了三一论,进而既避免了重新将上帝视为如人类一般的施动者(agent),又令上帝的权能得以自我限制。更重要的是,卡普托反对"自愿限制"论,主张在上帝之中本身就存在着苦弱无力,"苦弱"不是全能上帝自愿限制的结果,而是上帝的根本属性,是一切的前提。See Peter Goodwin Heltzel, "The Weakness of God," *Journal for Cultural and Religious Theory* 7, no. 2 (2006): 98–99.

（3）韩国学者以撒·金(Issac Kim)关注莫尔特曼与卡普托均拒斥了上帝的全能,转向苦弱的上帝,转向历史中的十字架事件。See Isaac Kim, "The Powerless Power of God: Theology of the Cross in Jürgen Moltmann, Jacques Derrida and John Caputo" (PhD diss.: Drew University, 2012). 作者过分偏重二者十字架神学的思想共性和共同贡献,忽视了二者的重要差异,尤其是对"苦弱"的不同看法。

（4）亚德拉帕蒂(Madhuri Yadlapati)认为二者存在思想共鸣,都反对宗教教条主义,坚持极端的乐观主义,要求消除苦难与罪恶,并打破了信仰与怀疑的简单二元论,但是亚德拉帕蒂没有注意到笔者前述的卡普托有意识与莫尔特曼保持距离乃至进行批判的做法。See Madhuri Yadlapati, *Against Dogmatism: Dwelling in Faith and Doubt* (Champaign: University of Illinois Press, 2013).

（5）美国福音派神学家罗杰·奥尔森(Roger E. Olson)忽视了卡普托对莫尔特曼的具体论述,不过,他从平行比较的层面,意识到卡普托与莫尔特曼的思想差异:"卡普托对试图描述上帝存在的本体神学毫无兴趣,至少在一定程度上莫尔特曼和潘能伯格却对此甚有兴趣,即便他们将上帝的存在重新定义为未来性。卡普托毫无疑问将拒绝他们的终末论本体论,视之为一种不被允许的将上帝等同于存在者而非事件的尝试。" [Roger E. Olson, *The Journey of Modern Theology: From Reconstruction to Deconstruction* (Downers Grove, Illinois: IVP Academic, 2013), 693.]然而,在笔者看来,卡普托与莫尔特曼没有仅仅强调未来性,而是都关注过去与未来的关系,同时,彼此的差异并不能简单还原为事件与存在者的对立。

（6）特罗佐(Eric J. Trozzo)虽然认为卡普托与莫尔特曼都要求构建十字架神学而非荣耀神学,并对二者的思想异同进行了一些平行比较(譬如,莫尔特曼的应许和盼望是确定的、必将实现的,卡普托的应许处于将要到来中,不可决断、没有保证、未必会实现,而且同时是一种威胁),但是断然否认卡普托与莫尔特曼之间存在任何的影响关系,"二者之间没有一方对另一方面产生过影响。他们的话语共同体没有重合,他们的作品未曾谈及对方"(Eric J. Trozzo, *Rupturing Eschatology: Divine Glory and the Silence of the Cross*, (Augsburg: Fortress Publishers, 2014), 124)。这显然是错误的判断,忽视了笔者前述的相关文献材料。

（7）克拉比(Silas C. Krabbe)较为粗浅地认为卡普托与莫尔特曼的思(转下页)

can result in resignation）①较好地总结了记忆与盼望的关系：对未来的盼望与对过去的记忆相互统一，本质上都是"在无可指望的时候……仍有指望"（《新约·罗马书》4：18）。我们生活在记忆与应许之间，必须对过去与未来负责、对过去的逝者与未来的孩童负责，令过去获得一个不同的未来，令未来的应许得以实现。

2.2.2　事件哲学与神学：意义结构的"共鸣"

事件哲学是对本体—神学的克服，而非对神学的否定。事件哲学之所以能够被应用于神学（亦即事件哲学之于神学的重要性），源于二者在结构上的"共鸣"（resonances）②，事件哲学"在结构上与宗教相似"③，事件哲学自身

（接上页）想相似，都重视应许与盼望，相反，理查德·科尼与潘能伯格的思想相近。克拉比既未详细论证相似性，也未详细比较思想的差异。［Silas C. Krabbe, *A Beautiful Bricolage: Theopoetics as God-Talk for Our Time*（Eugene, Oregan：Wipf & Stock, 2016），71.］

（8）萨缪尔·扬斯（Samuel J. Yongs）指出，莫尔特曼所理解的后现代神学与卡普托的苦弱神学进路迥异，既无涉解构，也不关注海德格尔的思想，而是直指当下世界，采用了诸多前现代的理论资源。［Samuel J. Yongs, "Review：*All Things New: The Trinitarian Nature of the Human Calling in Maximus the Confessor and Jürgen Moltmann*," *Reviews in Religion and Theology* 23, no. 2（2016）：116.］

（9）韩国学者李成浩（Lee Sungho）却认为，由于卡普托重视犹太性和终末论，故而可以与莫尔特曼、潘能伯格进行比较。虽然他只是提出设想而未予以论证，但是考虑到他不仅借鉴了斯坎隆（Michael J. Scanlon）关于德里达与卡尔·拉纳（Karl Rahner, 1904—1984）的比较研究，并且特别援引了斯坎隆对德里达与拉纳之思想共性的论证，可知很可能在李成浩心中，卡普托与莫尔特曼的观点相似，都主张上帝是绝对的、不可能的未来。［Sungho Lee, "A Critical Review of Radical Orthodoxy and John Caputo's Weak Theology for a Postmodern Generation," *University and Christian Mission*, no. 35（2017）：290.］然而，这种观点不符合卡普托对未来的看法。与莫尔特曼的确信不同，卡普托更强调未来的不可预见、不可确定、不可规划，既是应许，也是威胁。

（10）凯瑟琳·凯勒（Catherine Keller）将卡普托与莫尔特曼的上帝观等量齐观，认为二者只是缩减了传统归诸上帝的力量，亦即二者所谓的"无力"（powerless）仍然囿于本体—神学范围。相反，过程神学代表大卫·格里芬（David Ray Griffin）提出了基于"说服"（persuasion）而非"强制"（coercion）的上帝之力（Catherine Keller, "God, Power and Evil：David Griffin Revisited," in *Reason and Reenchantment: The Philosophical, Religious, and Political Thought of David Ray Griffin*, eds. John B. Cobb, Jr., Richard Falk and Catherine Keller（Claremont, CA：Process Century Press, 2013），7）。凯勒的这种看法有失公允，不仅忽视了上文所述的卡普托与莫尔特曼之异、卡普托与本体神学的决裂，而且低估了卡普托对强制的批判（"事件"不能视为一种强力）。

① Jürgen Moltmann, *The Crucified God*, trans. R. A. Wilson and J. Bowden（Minneapolis：Fortress Press, 1993），ix.

② John D. Caputo, *What Would Jesus Deconstruct?*, 33.

③ John D. Caputo and Carl Raschke, "Loosening Philosophy's Tongue：A Conversation with Jack Caputo".

蕴含着与非本体—神学意义上的神学相似的"意义结构"。① 甚至可以说,解构是一种特殊的宗教:"没有宗教的宗教""原型-宗教"(proto-religion)②。事实上,正是后现代的事件哲学重新"发现了神学",从而证明了"神学为事件提供庇护"(theology provides a shelter for the event),亦即事件哲学能够并且应当被应用于对神学的解构,并在神学领域得到进一步发展。③

这也是卡普托的"去字句化"(deliteralization)诠释学立场的体现,迥异于基要派的字句主义。这好比我们只有从海德格尔的"崭新思维方式"(而非从他关于上帝或者诸神实际上说了什么)之中,才能发现海德格尔之于神学的重要价值。④ 也唯有如此,事件哲学才能成为一种有效的解释工具。卡普托的最终目的不是将海德格尔、德里达等人强行塑造或者夸大还原为神学家甚至宗教信徒,将解构予以神学化,而是要解构神学;⑤不是将事件哲学予以神学化,令事件哲学沦为神学的"婢女"或者"人质"⑥,更不是用神学来"屈辱和贬低"⑦事件哲学,而是要通过将事件哲学应用于神学,从而"给虔信

---

① 此处的"意义结构"一词借自杨慧林。卡普托虽然没有直接在能指层面使用"意义结构"一词,但是他将德勒兹的"logic of sense"译为"意义的逻辑",强调事件神学乃是对"意义的(神)逻辑"([theo]logic of sense)的贡献,从神学的角度丰富了对意义逻辑的理解。更重要的是,卡普托反复表示自己的研究关注研究对象的构成机制与内在逻辑,亦即"结构"(如"宗教结构""神学结构""经验结构""伦理结构"……),他也正是在此意义上对海德格尔、德里达等人进行了神学读解,故而,卡普托实则在所指层面指涉了"意义结构"。关于当代思想家(海德格尔、德里达、齐泽克、巴丢)如何从"意义结构"的角度读解神学,可见杨慧林:《意义》,北京:北京大学出版社,2013 年。

② John D. Caputo, *The Folly of God*, 39.

③ John D. Caputo, "Spectral Hermeneutics," in *After the Death of God*, 185.

④ John D. Caputo, "Heidegger's God and the Lord of History," 459–460.

⑤ John D. Caputo, "Unprotected Religion:Radical Theology, Radical Atheism, and the Return of Anti-Religion," in *The Trace of God: Derrida and Religion*, eds. Edward Baring and Peter E. Gordon (New York:Fordham University Press, 2014), 177.

⑥ 此处的"人质"借自雅尼卡德(Dominque Janicaud),雅尼卡德批评现象学的"神学转向"实际上是神学将现象学扣留为人质。[Dominique Janicaud ed., *Phenomenology and the "Theological Turn"*(New York:Fordham University Press, 2000), 43.]虽然卡普托与雅尼卡德的立场不同,不认为现象学与神学、事件哲学与神学截然相悖,不同意雅尼卡德将宗教经验排除在人类生存经验之外,批评他"调用一种对'纯粹'哲学的理性主义、现代主义甚至经院主义的理解"(John D. Caputo, "Rel 600/Phi 640:Theological Turn in French Phenomenology-Syracuse University-Fall, 2006"),但是卡普托也希望避免字句主义式的生搬硬套与片面解释,并且对马里翁等人的现象学神学转向的进路也感到不满,主张应当利用后现代理论资源去转化神学,而非借此巩固甚至强化旧有的本体—神学传统。(John D. Caputo, *The Insistence of God*, 67.)

⑦ Anthony Paul Smith and Daniel Whistler, "What is Continental Philosophy of Religion now?" 3.

者制造丑闻,给神学家制造绊脚石"①,重新铭写(reinscribe)神学、转化(transform)神学、"弱化"(weaken)神学,克服(overcome)本体—神学。若套用"转向"句型("X的Y转向"),则可以说:卡普托实践的不是事件哲学的神学转向,而是神学的事件哲学转向。

沿循这样的逻辑,在将事件哲学应用于神学的过程中,卡普托的主要创见表现在两个方面:在外在影响上,凸显事件哲学在意义结构上对神学的启发;在内在结构上,凸显事件发生的弥赛亚结构和回应事件的祈祷结构,其中涉及对德里达的"没有弥赛亚主义的弥赛亚性"的聚焦,还有以"心的转化"中介、对德里达与《忏悔录》版奥古斯丁(而非秉持二元论的《上帝之城》版奥古斯丁)的联结与发展。

具体而言:

(一)就外在影响而言,卡普托并未选择论证海德格尔、德里达等事件哲学先驱是本体—神学意义上的神学家、某一认信宗教的信徒甚或"宗教作家"②,而是着力凸显他们的思想在意义结构上对神学的启发价值,将事件哲学读解为对神学的"祝福"。

在卡普托看来,不必说列维纳斯对事件的宗教与伦理学解释,就是海德格尔、利奥塔、德勒兹、德里达、巴丢的事件哲学,不仅没有否定神学,反而有助于克服本体—神学。譬如,海德格尔的事件哲学虽然存在诸多缺陷,但没有否定上帝的存在,而是反对形而上学的上帝,批评本体—神学没有理解上帝的真正存在形式;③虽然德勒兹、德里达在早期都不承认事件与神学相关、事件能被应用于神学,但德勒兹对事件神学的影响非同寻常,突出了事件的内部性(由内而外的爆发),并要求"令自己配得上事件",也曾指出神学是"关于非实存实体的科学"④,在关于斯宾诺莎的论述中,更批评将上帝视为"秩序与宁静的守护者"的做法,强调上帝代表了对界限的突破,直接针对本体—神学;而德里达的解构理论不是传统无神论或者阿尔蒂泽等人"上帝之死神学"(death of God theology)的翻版,不是"宗教的敌手",⑤并且1980年

① John D. Caputo, "The Return of Anti-religion: From Radical Atheism to Radical Theology," 38.

② John D. Caputo, "The Good News about Alterity: Derrida and Theology," 466.

③ John D. Caputo, "Heidegger's God and the Lord of History," 447-448.

④ John D. Caputo, "Spectral Hermeneutics: On the Weakness of God and the Theology of the Event," 185.

⑤ John D. Caputo and Charles Winquist. "Derrida and the Study of Religion," *Religious Studies Review* 16, no. 1 (1990): 19-25.

代后，德里达非常关注宗教问题，出现了弥赛亚转向，解构了本体—神学；巴丢对圣保罗的诠释，客观上维护了基督教遗产，佐证了宗教可以与无神论相互沟通。① 此外，卡普托指出，利奥塔对宗教的理解虽有偏激之处，但从未否定宗教（利奥塔用的是"怀疑"一词），其批判的矛头主要针对本体—神学，利奥塔的"怀疑"揭露了本体—神学的种种缺陷，指出了这正是宗教之为"不可信"的"古老宏大叙述中的最宏大叙述"②的根本原因，他的虚无主义也可以被理解为"恩典的虚无主义"，被视作对本体—神学之恩典观的批判。

（二）就内在结构而言，事件哲学的意义结构是一种弥赛亚的结构，表现在事件的发生结构与对事件的回应结构两个方面。

（1）如上文所述，事件具有主体性与客体性、内在性与外在性、独异性与普遍性、过去与未来的"双重效价"。故而，事件是"在发生之事中的将要到来者"，总是不可预见，不可规划，不可把握，无法掌控。这种非实体性的事件又可称为"幽灵"或"幽灵事件"，具有"弱弥赛亚力量"（weak messianic force），总是出乎意料纠缠着现实，既来自过去对当下的回召，自内爆发出发，也来自未来对当下的呼召，从外闯入其中，具有终末性（而非某种具体的终末论或者"终末论形而上学"③）。事件的弥赛亚结构既脱胎于犹太-基督教传统，又是对这一传统的更新（"重新打开和重新发明"）：既肯定了弱弥赛亚力量对当下的拯救作用，又不将其还原为信奉特定教条的弥赛亚主义（无论是基督教与犹太教的宗教弥赛亚主义，还是黑格尔、海德格尔等人的哲学弥赛亚主义）④及其主张的某位确定的、已经到来的"弥赛亚"，也不将"弱弥赛亚力量"转变为来自全能主权者的神圣强力（divine power），更不把它当成某种元语言、元叙述，故而，可以用德里达的"没有弥赛亚主义的弥赛亚性"加以表达。

（2）作为具有弥赛亚力量的幽灵，事件纠缠当下，既赠予应许，又带来威

---

① 事实上，巴丢就曾表示，自己对圣保罗的诠释是要说明：与其成为迫害宗教的世俗女权主义者，他宁愿成为隐匿在宗教词汇之中的革命无神论者。（Alain Badiou, *Second Manifesto for Philosophy*, 141.）换言之，宗教与无神论、基督教与马克思主义在意义结构上并不矛盾，简单地将二者对立，反而会陷入资本主义的政治正确性圈套与世俗主义的陈旧观念，偏离革命的目标。对基督教的诠释也是要突破这些二元论。（关于齐泽克对基督教的"反向"解释，可见杨慧林：《"反向"的观念与"反转"的逻辑——对齐泽克"神学"的一种解读》，载《道风》，第 32 期，2010 年。）

② John D. Caputo, "Atheism, A/theology and the Postmodern Condition," in *The Cambridge Companion to Atheism*, ed. Michael Martin (Cambridge：Cambridge University Press, 2007), 267.

③ John D. Caputo, "Spectral Hermeneutics," in *After the Death of God*, 81.

④ John D. Caputo, "Praying for an Earthier Jesus：A Theology of Flesh," 321.

胁,充满不确定的风险,这要求个体的回应。在卡普托看来,这便涉及了德里达的"割礼忏悔"与奥古斯丁的"忏悔"的共同性:"心的转化"(metanoia)①。如果说在目前已出版的福柯著作中,福柯虽然令人惊讶地从未对奥古斯丁的"忏悔"进行过直接的探究,②但是在《性史》等著作中对"忏悔"的著名讨论,指向奥古斯丁之后的公开忏悔机制(权力装置),揭露了西方主体性的诞生(自我惩罚、自我规训),那么,卡普托对"心的转化"的讨论,明确指向对奥古斯丁的激活与解构,剥离了"忏悔"的本体—神学因素,涉及的乃是"忏悔"的"自体解构性"(auto-deconstructibility)。同时,倘若说汉娜·阿伦特在《爱与圣奥古斯丁》中对奥古斯丁的读解,侧重于开掘奥古斯丁的古希腊哲学渊源,刻意剥离奥古斯丁的犹太-基督教色彩,那么,卡普托对《忏悔录》版奥古斯丁的读解,③致力于开掘奥古斯丁的犹太思想渊源,或者说,对奥古斯丁予以犹太化的解构。于是,卡普托笔下的奥古斯丁不是阿伦特笔下的"几乎不像一个基督徒"④的古希腊哲学后裔奥古斯丁,而是"准犹太人"(quasi-Jewish)奥古斯丁,可以通过将其联结德里达,并对其予以解构,从而凸显信仰的弥赛亚结构。

因此,回应事件的"忏悔"(confession)不是对规范、法则、信条的确认与内化(即福柯所批判的"忏悔"),而是对"不可能性的可能性"(而非阿伦特所谓的"永恒""明确的对象")的激情,是对事件之到来的祈祷与盼望(而非阿伦特的"'持有'[tenere]和'享用'未来之永恒⑤")、对心灵的更新与创造。正如本章开篇所言,卡普托发现了德里达的《割礼忏悔》与奥古斯丁《忏悔

---

① 关于为何将卡普托所说的"metanoia"翻译为"心的转化"而非"悔改",本章开头处已给出说明。

② Chloë Taylor, *The Culture of Confession from Augustine to Foucault* (New York and London: Routledge, 2009), 26 - 27. 福柯在晚年意识到他在《性史》中对"忏悔"的讨论存在缺陷,故而曾经重新探究"忏悔",但是这份被视为《性史》第四卷、被称为《肉身的忏悔》(*Les Aveux de la chair*)的手稿据信已毁,其中或许含有关于奥古斯丁的直接讨论。福柯研究专家埃尔登(Stuart Elden)更是相信考虑到福柯档案尚未整理完毕,该手稿仍有可能残留于世,即便目前尚未寻获,但是总有一天会出版。See Stuart Elden, *Foucault's Last Decade* (Lodon: Polity, 2016); Antoinette Koleva, "Foucault and Intellectual History: An Interview with Stuart Elden on His Book *Foucault's Last Decade* (Polity Press, 2016)," *Foucault Studies*, no. 22 (2017): 238 - 253.(该手稿于 2018 年刊行,中译本于 2021 年出版。——补记)

③ 卡普托认为那位写就《上帝之城》的奥古斯丁是典型的新柏拉图主义二元论者,与那位写就《忏悔录》的奥古斯丁不同。

④ [德]汉娜·阿伦特:《爱与圣奥古斯丁》,王寅丽、池伟添译,桂林:漓江出版社,2019年,第 61 页。

⑤ [德]汉娜·阿伦特:《爱与圣奥古斯丁》,第 70 页。

录》的互文性。德里达指出"circum-""不是一个圆满之环,而是一处伤口"①,卡普托表示这处"伤口"(wound)、"切口"(cut)或者"缺口"(breach)乃是朝向"他者事件"(event of the other)、"全然他异的每一位他者"(tout autre)敞开,②进而,卡普托借助法国神学家让-路易斯·克力田祈祷现象学中的"创伤语词"(wounded word)③概念,将"伤口"与"祈祷"(prayer)联结,并勾连于奥古斯丁《忏悔录》中的"不安之心"。《忏悔录》不仅仅是西方第一部自传文学,更是一次伟大的祈祷。换言之,在卡普托看来,德里达的"割礼忏悔"背后所隐含的是"不安之心",德里达从"伤口"流出的语词,作为"创伤语词",乃是"不安之心"朝向"全然他异的每一位他者"的"祈祷""没有祈祷的祈祷"(a prayer without prayer),导向的不是屈从教义信条的确定性信仰,而是"心的转化"、心的"割礼忏悔"。这便是卡普托所理解的"主体诠释学"(the hermeneutics of the subject)④,堪称卡普托思想的最大贡献之一。

因此,事件不仅具有外部性,还有内部性,事件的作用不仅仅是外部的纠缠,更令心灵陷入不安,要求心灵的改变和转化,指向心灵的深层结构而非外在的至高实体,指向"深度"(depth)而非本体—神学的"高度"(height)。德勒兹所谓的"令自己配得上事件"点出了问题的关键:只有心的转化,才能回应事件。不安之心为了回应事件,需要的不是奥古斯丁的确定性信仰("自信的信仰"[confident faith]⑤),而是德里达的"祈祷和泪水":必须忠诚于事件、肯定事件,⑥"忏悔/承认"(confess)自己对事件的"非知"(non-knowing),这是没有知识的信仰(faith with knowledge)或者说没有预知的信仰。卡普托强调,这种"非知"是真正的不知道,迥异于否定神学的"无知"(unknowing),"非知"作为一种事件哲学的概念,可以一直追溯至海德格尔的"泰然任之"及其对埃克哈特"非意志"(non-willing)的批评与重释,否定神学的"无知"

① Jacques Derrida, "Confessions and 'Circumfession'": A Roundtable Discussion with Jacques Derrida", in *Augustine and Postmodernism*, 44.
② John D. Caputo, *The Prayers and Tears of Jacques Derrida: Religion without Religion*, xxv.
③ Jean-Louis Chrétien, "The Wounded Word: Phenomenology of Prayer," in *Phenomenology and the Theological Turn: The French Debate*, ed. Dominique Janicaud (New York: Fordham University Press, 2000), 147–75.
④ Michel Foucault, *The Hermeneutics of the Subject: Lectures at the Collège de France*, trans. Graham Burchell (New York: Palgrave Macmillan, 2005).
⑤ John D. Caputo, *Truth*, 87.
⑥ "忠诚"对于卡普托而言至关重要,贯穿其思想始终。早年他在探究海德格尔时,就曾特别指明了对"存在"的忠诚(忠诚地思考、忠诚地看护、忠诚地呈现)。

则预设了某种无法认识的至高存在者,已然预先做出了决断,即库萨的尼古拉(Nicholas of Cusa, 1401—1464)所谓的"有学识的无知"(learned ignorance)或者"神圣的无知"。海德格尔与卡普托之所以批判埃克哈特那个预设了上帝神圣意志(divine willing)的"非意志"概念,正是与此有关。

因此,"不安之心"需要在承认事件之于自身的"不可决断性"与"不可预见性"的同时,坚持"对不可能性的激情与祈祷"(a passion and a prayer for the impossible)①。个体不是遵从某种先验图式或普遍原则,而是在无数的独异性处境之中,以独异性的行动,一一回应弥赛亚事件的独异性要求。

依卡普托之见,这恰恰揭示了非本体—神学的信仰的真正结构:信仰的对象不是某种在场的至高实体,信仰不是"对优先性知识的……见证"(testimony ... to a priviledged knowledge)②,拒绝通过信奉命题式僵化信条,以此获得确定感、安全感。相反,信仰"预设了它自身缺乏同一性,预设了它自身分裂的、无法决定的无-本质(un-essence)"③,要求朝向"不可能性"去进行列维纳斯所谓的"美妙冒险"(beau risqué/fine risk)④。如果说奥古斯丁的信仰仍然是"自信的信仰"(confident faith),那么,卡普托的信仰是一种"由绝望的威胁所浇灌和强化"的信仰。⑤

据此,卡普托指出《新约·希伯来书》十一章1节的经文恰恰揭示了这种后现代信仰的内涵:

> 信就是所望之事的实底,是未见之事的确据。(Now faith is the assurance of things hoped for, the conviction of things not seen.)

关于这段经文,《圣经》拉丁语通俗译本(即武加大本[Vulgata])作"Est autem fides sperandarum substantia rerum, argumentum non parentium",英王钦定版《圣经》(KJV)作"Now faith is the substance of things hoped for, the evidence of things not seen",而相较于英文新国际版《圣经》(NIV)的"Now faith is being sure of what we hope for and certain of what we do not see",卡普托使用的英文新标准修订版《圣经》(NRSV)则不仅特别选用了"assurance"

---

① John D. Caputo, "Atheism, A/theology and the Postmodern Condition," in *The Cambridge Companion to Atheism*, 278 – 279.

② John D. Caputo, *The Prayers and Tears of Jacques Derrida: Religion without Religion*, 97.

③ John D. Caputo, *The Prayers and Tears of Jacques Derrida: Religion without Religion*, 64.

④ Emmanuel Levinas, *Otherwise Than Being or Beyond Essence*, trans. Alphonso Lingis (Dordrecht: Kluwer Academic Publishers, 1997), 167.

⑤ John D. Caputo, *Truth*, 87.

"conviction"这两个意蕴深刻的词语,而且继承了英王钦定版的句法,以被动时态的方式,呈现"呼召-回应"的信仰结构,更能契合并凸显卡普托的良苦用心。无论是武加大本的"substantia"还是"argumentum",新标准修订版的"assurance"("信靠")还是"conviction"("信念"),[1]和合本的"实底"与"确据",指向的都不是某个确定的、已知的、在场的对象,而是现象学上无法被充实的意向(intention),是现象学上(而非逻辑学上)的"不可能性":

> 驱使我们前行的,不是我们所见之事,而是我们未见之事,正如唤醒我们起身盼望的,不是在我们周身环绕的实体,而是我们所望之事,它是非实体的,几乎就像幽灵一样。[2]

事件是一种非实体的幽灵事件,它的发生拒绝在场,不能被预见与决断。我们无法对事件的到来予以事先的规划,对事件的内容予以事先的规定。相反,事件剥夺了我们的视力,打破了我们的视域,我们只能向不可预见性、不可决断性敞开自身,故而,"信仰之眼"(eyes of faith)需要的不是将一切摄入视域的凝视(全景敞视),不是知晓一切的全能视角,不是托马斯·内格尔(Thomas Nagel)所谓的"本然的观点"(the view from nowhere),而是一种剥夺了视力后的"视盲"(blindness)[3],一种经过了割礼忏悔的目光,放弃了将对象主题化、客体化、现实化、可见化、惯例化(routinized),这是对古希腊以来的视觉中心主义的解构:"看"(seeing)被"视盲"解构,被对呼召的无条件回应替代,并且由此拒绝了将"不可见者"(the invisible)还原为"可见者"(the visible)、以"在场"凌驾"缺席"的偶像崇拜。卡普托不是用眼睛观看,而是用心观看,不是用基督教神秘主义的内省之心观看,而是用解构主义的割礼忏悔之心观看。神秘主义知道要看什么,知道要怎么看:神秘主义预设并确信"隐匿上帝"的存在,心灵的视域已被框限,它拒斥世俗感官之眼,力图追寻更高的视力(还是看!神圣之眼!),追求更为清晰地凝视上帝。相反,卡普托是真正的盲人,他不安、祈祷、流泪,他不看!卡普托赶走了瞎眼的俄狄浦斯,因为简单地刺穿双眼反而可能会在理念与经验、永恒与流变的传

---

① 相较于和合本的翻译,杨慧林将"conviction"翻译为"信念""assurance"翻译为"信靠",并据此重新评析马克斯·韦伯、伽达默尔的伦理学。其论述与卡普托的观点颇为契合。参见杨慧林:《"意图"与"信念"何以应对"责任"》,载《基督教文化学刊》,第37期,2017年,第1—19页。

② John D. Caputo, *Philosophy and Theology*, 90.

③ 将"blindness"中译为"视盲",旨在区隔"盲目""盲视"(blindsight),真正摆脱视觉(sight)、摆脱"看"。

统二元论框架中强化视觉中心主义,追求更为纯粹的看。相反,唯有抛弃视觉的在场逻辑,向不可预见性、不可规划性敞开自身,才能回应事件的呼召,触及事件的反向逻辑。

换言之,对事件的"信靠"恰恰是对"实底"(substance)的克服,对事件的"信念"恰恰是对"确据"(evidence)的解构,"实底"见证的是"信靠"的不可能性,"确据"见证的是"信念"的不可能性。由《新约·希伯来书》所延展出的信仰观,便是卡普托所谓的"自体解构性"。它不是简单的"不信"与"绝望",而是对教条的不信与对确定性的绝望,"信仰不是可提前计算的",而是"时时刻刻被重新发明的"。① 对卡普托而言,这也正是《新约·罗马书》四章18节的"在无可指望的时候……仍有指望"(Hoping against hope)②之题中之义:盼望是"视盲"的盼望,是当"无可指望"确定性时所诞生的"指望"。能够预见结果的盼望不是盼望,能够得到确证的盼望也不是盼望。对确定性的"无所指望"燃起了信仰的激情,燃起了"对不可能性和不可预见性的欲望"③。

若要更进一步理解卡普托的这种观念,或可将其勾连阿甘本的相关读解。阿甘本在《剩余的时间》(*The Time that Remains*)中曾通过《新约·哥林多前书》与《旧约·传道书》的对读,指出保罗独特的信仰语法:"非是"(as not, *hōs mē*),即"借助一个概念确立另一概念的张力"(tension that sets one concept against another)④。这一语法亦适用于卡普托所引用的经文("在无可指望的时候……仍有指望"[Hoping against hope]),因为保罗所说的"against"并非简单的"反对""否定""割裂",即阿甘本所指出的《传道书》对两种时间的清晰划分,而是对不可决断性的肯定,涉及的是信仰的生成机制,故而,"在无可指望的时候……仍有指望"乃可解读为以一种盼望确立另一种盼望,以"无可指望"确立"仍有指望",以对确定性的"无可指望"确立对不可能性的"仍有指望",亦即盼望的自体解构性、不可决断性。据此,阿甘本的"非是"与卡普托的"不可决断性"(卡普托亦称为"污染性"[contamination])实则相

---

① John D. Caputo, *The Prayers and Tears of Jacques Derrida: Religion without Religion*, 66.
② 卡普托在引用经文时,仍然使用了新标准修订版《圣经》。
③ John D. Caputo, *The Prayers and Tears of Jacques Derrida: Religion without Religion*, 313.
④ Giorgio Agamben, *The Time that Remains: A Commentary on the Letter to the Romans*, trans. Patricia Daily (Stanford: Stanford University Press, 2005), 24. 转引自杨慧林:《作为方法的比较文学及其可能——以阿甘本的解经为例》,载《浙江社会科学》,2019年第1期,第134页。

互契合。这也正是"没有"（without）的内在逻辑。

"信仰乃无知的激情"（faith is the passion of unknowing）①，这种放弃掌控一切、决断一切的非确定性信仰（indeterminate faith），指向的也正是对唯意志论主体性决断的解构，要求个体放弃对生活的掌控，转而直面"生活的复杂性与混乱性"（the complexity and perplexity of life），"'确定感'并不意味着'确定性'；将安顿自身的'确定感'想象为'真'的追求，所谓的'确定'便成为'事先的信靠'（pre-assurance）"，由此，"作为'行动原则'的'确定感'从来不是'求真'，'不确定感'才可以成为'认知原则'"。② 无论是海德格尔的实际性诠释学，还是德勒兹的内在性事件，都强调了内在于生活中的不可预见、不可掌控的力量：

> （生活的）那种混乱性将美丽、深度、激情和力量赋予了生活，甚至当它将我们驱离中心，令我们不知所措，让我们无法从容应对日常生活的湍急流变，使我们失去掌控一切感觉时，亦是如此。

在此意义上，信仰也被称为"对生活自身的信仰"（faith in life itself）。③

因此，事件是"在发生之所生中的将要到来者"（what is to come that is going on in what is happening），个体既要忠诚于并盼望上帝不可预见的到来，又必须在不确定的实际性生活（factical life）中，持续地对其进行具体的回应，以具体的行动去回应弱弥赛亚力量，承担伦理与政治的责任，"去做真理之事，去使真理发生……去做正义之事，去做不可能之事……去我不能去的地方"④，"信仰是某种诠释学，是解释我们经验的方式"⑤。

综上所述，通过事件哲学对本体—神学的解构，尤其是对德里达的宗教读解（"心的转化""没有弥赛亚主义的弥赛亚性"），卡普托重新发明了宗教，揭示了"弥赛亚性-先知性的"（messianic-prophetic）根本结构⑥：

> 解构的效应不是去取消一种特定的宗教信仰，而是将其重新置于踪迹之中，从而让信仰成为信仰而非知识或得胜论。解构并不会反对信

---

① John D. Caputo, *The Prayers and Tears of Jacques Derrida: Religion without Religion*, 311.

② 杨慧林：《"意图"与"信念"何以应对"责任"》，第3页。

③ John D. Caputo, *Philosophy and Theology*, 96–98.

④ John D. Caputo, *On Religion*, 2nd ed. (London and New York: Routledge, 2019), 30.

⑤ John D. Caputo, "Hermeneutics and Faith: A Reply to Professor Olthuis," *Christian Scholars Review*, no. 20 (1990): 167.

⑥ John D. Caputo, "The Power of the Powerless," 140–141.

仰,因为解构本身就是信仰,在没有教条的信仰(faith without dogma)中,模仿和重复着信仰的结构。①

也因此,事件哲学绝非信仰的敌人,而是重新打开和更新信仰的新进路,是事件诗学得以成立的起点。

2.2.3　德里达"是""无神论者"吗?

事件哲学与神学是否真的在意义结构上存在共鸣?尽管卡普托从外在影响与内在结构两个方面出发,在意义结构层面论证了事件哲学的神学应用,但是,由于直接形塑了卡普托事件哲学的德里达,自其伊始,就常常被视为反对宗教的世俗主义无神论者,被视为宗教的敌对者。譬如 1970—1980 年代,德里达的早期解释者斯皮瓦克(Gayatri Spivak, 1942—　)、诺里斯(Christopher Norris, 1947—　)"尽管对解构的回应相差很大,然而……都将解构的力量假定并渲染为对宗教的去神秘化,证明神学是在场形而上学"②,乔纳森·卡勒(Jonathan Culler, 1944—　)也指出解构的任务是"对抗迷信……反对宗教独断论"③;自 1990 年代起,英国的"激进正统派"(如约翰·米尔班克)采取了卡普托所谓的"神学帝国主义"(theological imperialism)的武断保守立场,抨击德里达属于否定宗教、放逐上帝的虚无主义者,④指责德里达所说的一切纯属"诽谤"(malign)⑤;2000 年以后,马丁·哈格隆德(Martin Hägglund, 1976—　)等人着力强调德里达的思想是"激进无神论"……可以说,卡普托对德里达所作的宗教读解遭受诸多直接或间接的挑战,故而,卡普托着力对这些解释进行了回应和辩驳,其目的并非强行论证或者建构德里达"是"(is)宗教信徒、"秘密神学家"(crypto-theologian)⑥、"做神学"(do theology)⑦的神学家甚或属于"教会俱乐部名副其实的成员"

---

①　John D. Caputo, *The Prayers and Tears of Jacques Derrida: Religion without Religion*, 57.

②　Yvonne Sherwood and Kevin Hart, "Other Testaments," in *Derrida and Religion: Other Testaments*, 11.

③　Jonathan Culler, *Framing the Sign: Criticism and Its Institutions* (Oxford: Blackwell, 1988), 78.

④　从谱系学的角度而言,这一虚无主义肇始于中世纪晚期,之后包括了德国唯心论、俄国虚无主义、海德格尔、科耶夫、德里达(后现代主义)。See John Milbank, "The Programme of Radical Orthodoxy," in *Radical Orthodoxy- A Catholic Enquiry?*, ed. Laurence Paul Hemming (Aldershot: Ashgate, 2000), 42.

⑤　John Milbank, *Theology and Social Theory* (Oxford: Blackwell, 2006), 262.

⑥　John D. Caputo, *The Prayers and Tears of Jacques Derrida: Religion without Religion*, 115.

⑦　John D. Caputo, Mark Dooley, and Michael J. Scanlon, "Introduction: God Forgive," in *Questioning God*, 1.

（card carriers in the Ecclesiastical Club）①，而是要澄清解构不是要否定信仰，德里达的思想超越了有神论与无神论的二元对立，直探神学的意义结构，令神学敞开冒险而非僵化封闭，帮助神学克服本体—神学。唯有如此，才能维护事件神学的合法性。当我们提问"德里达'是''无神论者'吗"，我们其实是在解答"是"或"不是"、何种"无神论者"的问题。②

第一，从思想发展的进程而言，德里达日益关注信仰的意义结构，并对此进行了详细探究。尽管德里达早年将上帝等同于"先验所指"，视为对"踪迹"的阻碍，故而也就不承认事件与神学的关联性，不认可事件可被应用于神学，但他对在场形而上学的批判在客观上令人警惕《圣经》所批判的偶像崇拜，他对他者问题的讨论则唤醒基督教关注他者的问题。卡普托更是进一步指出德里达的"书写"（écriture）兼具"writing"与"scripture"的双重含义，含有神学的意蕴，然而，德里达作品的翻译者常常抹除了"书写"的神学意蕴。将其还原为普通的哲学概念。③ 在此过程中，德里达被迫不断地反驳那些将其视为否定宗教的虚无主义者、审美主义者的观点。

1980 年代后，德里达开始关注宗教，出现了所谓的"弥赛亚转向"，反复申说解构不是简单地否定宗教：

> （德里达）没有利用机会去对宗教发动启蒙主义的袭击或攻击。他也没有仿效海德格尔，去展现哲学能够"纠正"神学。解构既不是盛气凌人地"纠正"神学，也不是仿效新无神论者去飞车扫射。④

相反，在德里达那里，宗教被重新打开，"弥赛亚性"、"正义"、"赠予"、"迎袭"（hospitalité）、"宽恕"等宗教主题在意义结构的层面被详细探究，并被应用于伦理、政治等领域。卡普托通过文本细读，特别梳理了德里达对"弥赛亚性"的用法变迁：在 1989 年《法的力量》的公开演讲中，德里达提及不同类型的弥赛亚主义，包括了犹太教的、基督教的、伊斯兰教的、新黑格尔主义的、

① John D. Caputo, *The Weakness of God*, 269.
② 当然，尽管可能存在遭到文本解构的危险，卡普托也曾直接搬出德里达对自己的评价作为立论的依据。他指出自己对德里达的读解，尤其是对"无弥赛亚的弥赛亚性""来吧，是的，是的"（viens, oui, oui）的重视，获得了德里达的充分肯定，而且德里达多次表示自己对以解构的方式去"重新打开和重新发明"神学颇感兴趣。更重要的是，卡普托主张上帝不能被当作一种可能性而被认识和命名（即便被命名为"不可能性"），上帝与"上帝之名"迥异，对此，德里达深以为然。不过，这一节主要是从意义结构来讨论卡普托对这一问题的辨析。
③ John D. Caputo, *The Weakness of God*, 303, n. 3.
④ John D. Caputo, *The Folly of God*, 43.

马克思主义的、后马克思主义的;1993 年的《马克思的幽灵》提出了"没有弥赛亚主义的弥赛亚性",判别了普遍意义上的、未确定的弥赛亚性与圣经的或亚伯拉罕系的弥赛亚主义;在 1994 年出版的《法的力量》正式版本中,德里达分疏了"特殊弥赛亚应许的确定性内容"(the determinate content of particular messianic promises)和"应许自身和弥赛亚性自身的弥赛亚形式"(the messianic form of the promise itself, messianicity itself)。① 因此,就意义结构而言,虽然德里达不是先知或者宗教信徒,但他的著作是先知性的、宗教性的。② 相反,世俗主义者无视德里达的思想转变及其对神学的启发价值,仍然坚持将德里达塑造为新尼采主义者,局限于文学领域,与宗教隔绝甚或对立。③

第二,德里达的"(我)被理所当然地当成无神论者"([I] quite rightly pass for an atheist)④的夫子自道,被许多批评者当成是证明德里达乃"无神论者"的最主要也是最直接的论据。⑤ 德里达尽管嗣后曾多次对此进行解释与澄清,却未能阻止许多人认定他"是"无神论者。然而,在卡普托看来,德里达的这句话决不是确认其对宗教的否定立场,更不能被直接等同于"(我)是一名无神论者"([I] am an atheist),这句话的真正意涵是:德里达反对本体—神学,拒绝狭隘的护教学,并非认信某种宗教信条、归属某种宗教建制的信徒。具体理由:

(1)德里达曾解释其不说"我是"(I am),源于主体是被构成的而非构成性的,是多义的,不存在一个作为绝对权威、意义来源的"我"全知全能,可以回答和确认自身是否"是"。⑥ "我"是一个巨大的谜团、奥秘、问号。换言之,不存在一个立场(a position)、一个笛卡尔式的绝对支点,只有处于播撒中的多重立场(positions)。一旦这些文字进入播散中,"我"与德里达的同一性就消失了。在卡普托看来,这种反笛卡尔主义的解释粉碎了"我思"的中心

① John D. Caputo, *The Prayers and Tears of Jacques Derrida: Religion without Religion*, 117 - 118.

② 笔者在此仿效了海德格尔关于荷尔德林的论述,德里达曾加以引述:"当诗人作为诗人的时候,他们是先知性的(prophetic),但他们不是……'先知'。"转引自杨慧林:《哲学对文学的另类诠释》(未刊稿)。

③ John D. Caputo, *More Radical Hermeneutics: On Not Knowing Who We Are*, 189.

④ Jacques Derrida, "Circumfession," in *Jacques Derrida*, trans. Geoffrey Benningto (Chicago and London: The University of Chicago Press, 1993), 155.

⑤ 譬如休·雷蒙特-皮卡德(Hugh Rayment-Pickard)在批评卡普托的《雅克·德里达的祈祷与泪水》时,便将此理解为德里达是公共领域的无神论者,宗教只是私人语言(Hugh Rayment-Pickard, "Review," *Modern Believing* 39, no. 3 (1998): 52 - 53)。

⑥ John D. Caputo, "Jacques Derrida (1930 - 2004)," *Journal of Cultural and Religious Studies* 6, no. 1 (2004): 8.

地位,破除了主体主义的神话,解构了自我的同一性,准确揭示了信仰的结构:信仰不是主体遵奉某种基于确定性根据而建立的教义信条,而是表现为对被构成性主体身份的"无知",对主体权威的解构,对不确定事件的"无知"和忠诚,对不可能性的激情和肯定。这指向"不可决断性"。"是"只能用于对不可能性的肯定与回应("来吧,是的,是的"[viens, oui, oui]),而不能用于对可能性、确定性的确认、信靠与固守。事实上,德里达在《死亡的赠予》(*The Gift of Death*)中不断强调,即便是在自我的死亡中,自我也依旧无法赠予自己同一性。列维纳斯也曾表示第一人称的"我"不能说"我信"或"我不信",但是他的理由与德里达迥异:上帝的超越性与无限性是个体无权去判断甚或证明的。① 如果说德里达、卡普托表达的是对不确定性的忠诚,那么,列维纳斯表达的就是对(超[hyper-])确定性的忠诚。这也侧证了卡普托对列维纳斯乃至否定神学的批评。此外,布朗肖在《无限的对话》(*The Infinite Conversation*)中,也曾同样论及"我"不能自称无神论者,不能说"我是无神论者",因为那个能够说出"我是"的"我"取代了上帝,这将陷入一种以人替代神、人成为新神的人本主义之中,布朗肖更担心的还是现代主体性哲学。② 也许,我们可以仿照奥古斯丁—德里达—卡普托的句式("what do we love when we love X"),大声质问:"当我们爱我们自己的时候,我们爱的是什么?"

(2)德里达所说的"无神论"是在本体—神学的传统中所理解的无神论。事实上,德里达一直在这种意义上谈论"没有宗教的宗教"而非"认信宗教"(confessional religion)③,谈论上帝是"没有宗教的宗教"的上帝,④关注宗教的深层意义结构。在卡普托看来,德里达区分了教义和信仰,与克尔凯郭尔相类,试图避免任何教条主义,德里达的"(我)被理所当然地当成无神论者"与克尔凯郭尔的"我不是一名基督徒"颇有异曲同工之妙,⑤故而,如果说德里达"是""无神论者",那么,他也是热爱发生在"上帝"之名中的事件的

① Richard Kearney, *States of Mind* (Manchester: Manchester University Press, 1995), 183.
② Maurice Blanchot, *The Infinite Conversation*, trans. Susan Hanson (Minneapolis and London: University of Minnesota Press, 1993).
③ 卡普托早年曾使用"positive religion"一词进行指代,但由于在神学中,与"positive religion"对应的一般被认为是"negative religion",故而卡普托后来为了避免自己的观点与"否定神学"混淆,选择使用"认信宗教"(confessional religion),这一术语也涵盖了建制性宗教(institutional religion)。
④ John D. Caputo, *The Prayers and Tears of Jacques Derrida: Religion without Religion*, xviii.
⑤ John D. Caputo, *Philosophy and Theology*, 84.

"准—无神论者"(quasi-atheist),是主张"没有宗教的宗教"的无神论者,而非世俗无神论者、"教条主义"无神论者。为此,卡普托更曾以《旧约·阿摩司书》第五章来为德里达辩护,指出德里达的"没有宗教的宗教"恰恰符合经文所说的耶和华对"节期""严肃会""燔祭""素祭""平安祭"乃至"歌唱"的拒斥、对正义的执守(摩5:18-24),揭示出宗教的真正精神。对德里达的理解必须避免落入有神论与无神论的陈旧二元论,否则,正如德里达所言,由于未能理解其宗教观,"在过去二十年里人们对我的读解越来越糟糕"。如此,"我被理所当然地当成无神论者"似乎不是一份自我供认不讳的证词,反而成了一种因为遭受误解而产生的抱怨和反讽。关于这一点,德里达也曾有所表示,强调自己自始至终不是以世俗主义无神论的名义去批评宗教,而是不同意信徒对宗教的"误解""毫无思考"和"盲目重复"。① 未曾经历质疑和批判的信仰将是幼稚虚妄的。这意味着:问题的关键不是"信或不信"的问题,而是"何谓信仰""如何信仰"的问题,是一个关于信仰的意义结构的问题。也因此,我们必须跳脱出有神论与无神论的简单二元论,追问当我们谈论"信仰""无神论""有神论"的时候,我们究竟在谈论什么?

第三,卡普托从意义结构的角度出发,批判了世俗主义对德里达的神学解释。尽管马克·泰勒最早将德里达应用于神学领域,然而,在卡普托看来,马克·泰勒的研究仅仅涉及了德里达的早期思想,并且由于深受1960—1970年代美国学界对德里达的流行看法影响,②马克·泰勒将德里达理解为尼采式的人物,③聚焦"无尽的能指游戏"(endless play of signifiers),忽视了德里达后期对宗教的关注、对"不可能性"的肯定。当然,卡普托也曾经为马克·泰勒的视野盲区做过较为公允的辩护,认为一方面泰勒的《越轨》(Erring)一书出版于德里达的弥赛亚转向之前,没有提及德里达的后期思想亦属正常;另一方面,泰勒之后因为转向了文化神学,更关注艺术而非宗教,所以才不了解德里达后期的思想发展。但是当泰勒出版了《关于宗教》(1999)、《上帝之后》(2007)等著作后,卡普托认为上述理由不再成立,泰勒的论述显示出他

① Kristine McKenna, "The Three Ages of Jacques Derrida," *LA Weekly*, Nov. 6, 2002, https://www.laweekly.com/the-three-ages-of-jacques-derrida/,访问时间:2019年11月1日。

② John D. Caputo, "Atheism, A/theology and the Postmodern Condition," 277.

③ John D. Caputo, "Laughing, Praying, Weeping before God: A Response," in *Styles of Piety: Practicing Philosophy after the Death of God*, eds S. Clark Buckler and Matthew Statler (New York: Fordham University Press, 2006), 257.

对德里达的理解仍停留于1980年代。① 在马克·泰勒的论述中，德里达的解构理论被收摄于"上帝之死"神学，被理解为对一切中心和根基的否定，②属于一种取代了"人本主义的无神论"的"非人本主义的无神论"（nonhumanistic atheism），依循了从一阶的"上帝之死"到二阶的"人之死"再到三阶的"空无一物"（而非那种迥异于本体—神学的事件神学或者后世俗时代的"宗教回归"）的否定性逻辑，③并未突破世俗主义的解释框架。也因此，尽管泰勒无意将德里达等同于世俗主义无神论者，但他的论述加深了人们对德里达的误解，德里达的解构理论也被贬斥为"上帝之死的元叙述"④。

第四，卡普托从意义结构的角度出发，驳斥了将德里达解释为无神论者的做法。马丁·哈格隆德（Martin Hägglund）是近年来将德里达诠释为世俗无神论者的代表人物，主张必须思考宗教信仰背后的无神论，而不是探究世俗概念背后的神学根源。他拒绝卡普托对德里达的宗教诠释，主张德里达的思想自始至终都是"激进无神论"（radical atheism），不存在所谓的"宗教转向"。激进无神论强调在时空中的幸存，拒绝对超越性不朽的渴求，亦即将康德的认识论时空范畴转变为存在论的时空范畴（激进无神论称为"构成性条件"［constitutive condition］），宗教本质上必须是纯粹理性限度内、纯粹时空限度内的宗教。卡普托对其进行了专门批评和回应，强调必须重视超越性与内在性的关联，对永恒的思考与追求指向"无条件性""不可能性""敞开性"，不代表重回基督教新柏拉图主义的二元论，复归神话学的超自然主义。哈格隆德不仅误解了德里达的"我被理所当然地当成无神论者"的深刻含义，而且陷入了唯物主义与宗教的陈旧二元论，混淆了德里达与马里翁在否定神学问题上的差别，更曲解了德里达的"没有宗教的宗教"，压抑了朝向不可能性的激情和冒险，忽视了德里达思想之于正统基督教与犹太教的"异端性"不是对基督教与犹太教的全然否定，而是对这些宗教传统的深层更新（"重新打开与重新发明"）。因此，德里达既非世俗无神论者，也非本体—神学意义上的神学家或者某一认信宗教的信徒，而是"没有成为犹太教徒的犹太人，没

---

① 见 John D. Caputo, "Review of *After God* by Mark Taylor," *Journal of the American Academy of Religion* 77, no. 1 (2009)：164.

② John D. Caputo, "After Jacques Derrida Comes the Future," *Journal of Cultural and Religious Theory* 4, no. 2 (2003).

③ John D. Caputo, *The Prayers and Tears of Jacques Derrida: Religion without Religion*, 14.

④ John D. Caputo, *The Prayers and Tears of Jacques Derrida: Religion without Religion*, 158.

有犹太教的犹太人"(Jewish without being Jewish, Jewish *sans* Judaism)①,是那个永远抱持"对不可能性的激情"的"无神论犹太奥古斯丁"(atheistic Jewish Augustine)②。

故而,沿循德里达和卡普托的逻辑,我们既不能说德里达"是"或"不是"无神论者,也不能不加辨析地谈论德里达的"无神论"或"有神论",否则仍将重蹈本体—神学的覆辙。这不仅因为"是"或"不是"的问题牵涉了对主体性哲学的批判、对事件神学之"事件"的理解,更因为有神论与无神论的二元论既误解了宗教,也污名化了无神论。相反,我们必须将这个"是"或"不是"、"无神论"与"有神论"的非此即彼问题转化为对本体—神学的批判,转化为德里达与卡普托究竟是如何理解宗教的,转化为我们究竟应当如何理解事件哲学的神学应用、理解事件神学,转化为一个意义结构的问题。

2.3 事件神学的基本内涵

卡普托对事件哲学的改造(他称之为"协商"[negotiation])与应用,最终导向了对事件神学的建构。事件神学的核心内容是:上帝是苦弱的,"上帝恒存,但不实存"(God insists, but does not exist),上帝的"恒存"与"人类"的实存"交叉"。③

2.3.1 上帝"恒存"与人类"实存"的"交叉"

为了克服本体—神学对上帝的理解,事件的双重效价以"幽灵纠缠论"(hauntology)的具体形式,亦即上文所说的弥赛亚结构,在意义结构的层面,被应用于到神学,又被卡普托称为"幽灵-神学"(haunto-theology)④,亦即用"幽灵"来代替"本体"、"幽灵纠缠-神学"来代替"本体—神学"。它一方面,

---

① John D. Caputo, *The Prayers and Tears of Jacques Derrida: Religion without Religion*, xvii.

② John D. Caputo, "Introduction: Who Comes After the God of Metaphysics," in *The Religious* (Oxford: Blackwell, 2002).

③ John D. Caputo, *The Insistence of God*, 14. 另外,"exist"与"insist"(God insists but does not exist)是卡普托用来解释事件神学上帝观的一对核心词汇,二者相互对应,并具有相同的拉丁词根"sistere"(站立),字面义是"站-出"与"站-入"。基于卡普托以幽灵纠缠论的事件神学,笔者选择将二者分别译为"实存"和"恒存"。

④ John D. Caputo, *The Folly of God*, 30.

不同于本体论和形而上学神学;另一方面,有别于"非本体论"(me-ontology)、"去本体论"(de-ontology)和世俗主义的无神论。①

为此,卡普托将幽灵纠缠论应用于对传统事件哲学的改造,进一步凸显"事件"的非实体性,避免海德格尔的事件观可能包含的本体—神学色彩。在德里达提出幽灵纠缠论之前,卡普托对海德格尔事件观的改造,表现为提出"it happens"(es geschieht)优于"it gives",而"it plays"优于"it gives",这有助于避免堕入宏大叙述,进一步彰显事件的匿名性、非人个性、无根据性,摆脱"存在的神话"。② 而在接触到德里达的幽灵纠缠论之后,卡普托将"幽灵"的概念引入神学,将"缘构"转译为幽灵(specter/ghost)的纠缠(haunt/spook),不再说"es gibt"而说"es spukt",不再说"它给出"(it gives),而是说"它纠缠"(it spooks),不再说"有存在"(there is Being),而是说"有某种幽灵发生"(there is something spooky going on),③借此避免将事件实体化、本质化。

在此基础上,卡普托提出他的事件神学不仅要求更新对上帝现身方式的理解,而且要求重新解释神人关系,主张上帝的恒存与人类的实存"交叉"(chiasm),"不是一种双重束缚,而是一种双重黏合或者相互缠绕"④,可以表述为:上帝的恒存要求人类的实存,是呼召与回应的统一,上帝与人类相互需要,⑤"上帝需要人类,就像人类需要上帝一样"。(God needs us as much as we need God)⑥,展现出一种蒂利希所谓的"相关互应"(correlation)。

这也是上文所说的事件之双重效价的题中之义:既不是列维纳斯、马里翁主张的"超-超越性"(hyper-transcendence),也不是"空超越性"(empty transcendence)或者"无超越性"(no transcendence)⑦,而是对超越性与内在性之二元论的解构。它在客观上回击了那些声称卡普托排除超越性的流俗指责。⑧

具体而言,一方面,卡普托指出托马斯·阿奎那早在《神学大全》中便声

---

① John D. Caputo, "Proclaiming the Year of the Jubilee: Thoughts on a Spectral Life," in *It Spooks: Living in Response to an Unheard Call*, 31.

② John D. Caputo, *Against Ethics*, 98.

③ John D. Caputo, "Proclaiming the Year of the Jubilee: Thoughts on a Spectral Life," 31.

④ John D. Caputo, *The Insistence of God*, 20.

⑤ John D. Caputo, *The Insistence of God*, 38.

⑥ John D. Caputo, *The Insistence of God*, 116.

⑦ Frederiek Depoortere, *The Death of God: An Investigation into the History of the Western Concept of God* (London: T&T Clark, 2008), vii.

⑧ Robyn Horner, "Theology after Derrida," *Modern Theology* 29, no. 3 (2013): 241.

称上帝的本质在于祂的实存(*essentia dei suum esse est*),海德格尔虽然认为此在的本质在于其"实存"/"绽出"(ek-sistenz),但是没有因此仿效阿奎那,用"上帝"置换"此在",将此在等同于上帝,而是强调此在的有限性。① 受此影响,卡普托指出"潜存"(subsistence)乃是一个形而上学概念,不能将上帝视为"潜存的存在"(subsistent Being)。②

事实上,在当代西方思想界,"恒存"(insist)一词被诸多思想家使用,力图进一步发展海德格尔的"绽出"概念,回应甚或纠正海德格尔的存在论。拉康将"恒存"视为无意识的"重复自动机制"(repetition automatism)的"本质特征",③对拉康而言,"恒存"不是一种"施动者"(agency)④。卡普托的"恒存"亦拒绝将上帝视为"施动者"。而德里达在1948年也曾讨论过不同于"实存"(existence)的"existance",⑤侧证了卡普托拒绝以"实存"理解上帝的合理性。卡普托后来曾将德里达的这一概念与上帝的"恒存"进行比较,视为对传统形而上学二元论(本质与实存、主体与客体)的解构。在近期的作品,如《十字架与宇宙》(*Cross and Cosmos*)中,卡普托不仅将让-瓦尔和列维纳斯的"升越"(transascendence)用于解释"复活"的问题,而且受此影响,将"existence"转化为"existance",指涉事件神学中上帝的恒存(insistence)。

因此,在卡普托看来,事件神学所理解的上帝是苦弱的上帝(weak God),"既非至高存在者也非存在本身,既非本体的也非本体论的,既非存在者的原因也非存在的根据"(neither a supreme being nor being itself, neither ontic nor ontological, neither the cause of beings nor the ground of being)⑥,迥异于本体—神学的观点,乃是真正的反向内核(perverse core)。基于幽灵纠缠论,我们不能说"上帝实存"(God exists),或者"上帝潜存"(God subsists),而只能说"上帝恒存"(God insists),换言之,上帝不是一个名词,而是一个动词,我们所关注的不应是上帝是否存在,而是上帝如何发生("how"的问题)。⑦

---

① John D. Caputo, *Cross amd Cosmos*, 15－16.

② John D. Caputo, *Heidegger and Aquinas*, 240.

③ Jacques Lacan, *Écrits*, trans. Bruce Fink (New York and London: W. W. Norton & Company, 2006), 22.

④ Jacques Lacan, *Écrits*, 761.

⑤ John D. Caputo, "L'existance de Dieu: réconcilier le monde avec Dieu," *Études théologiques et religieuses* 94, no. 1 (2019): 37－54.

⑥ John D. Caputo, *The Weakness of God*, 9.

⑦ 在此,或可利用卡普托的这种从"God exists/is"到"God insists"的语法转变,反观当前东西思想比较研究中可资商榷之处。譬如,法国学者余莲(François Jullien,又译"朱利安")主张由于古代汉语没有"是"一词,不会说"神是/存在"(Dieu est),故而古代中国不存在类似西方基督教的信仰。(见[法]朱利安:《回应成中英——北京 (转下页)

于是，上帝既不同于否定神学的"超越—存在"(beyond-being)、"超—在场"(hyper-presence)和"超—存在者"(hyper-being)，也不是过程神学那种完全内在于世界的"生成"(becoming)，或者那种外在于现实世界的"潜在"(subsistence)乃至第一因，更不是某种静止的实体，而是不断地朝向世界呼召。换言之，不能以实体性和奠基性的思维去理解上帝，故而，我们只能说上帝恒存、上帝不实存(God inexists)，上帝是一种呼召、一种幽灵，在存在之中要求存在纠缠着世界，纠缠着人类存在的实际性、处境性，如同"不受欢迎的打扰，悄然而又持久的要求"。卡普托称之为"无止境的干预主义"(open-ended interventionism)①。事件神学与本体—神学的差异就表现在上帝的"恒存"与"实存"的区别上。上帝不是在场的，而是处于到来中的，不是向上超越，而是向下深越(in-scendence)。

卡普托的"上帝恒存，但不实存"，也是对蒂利希观点的进一步发展。在蒂利希看来，"上帝的实存"(existence of God)是"半渎神和神话学的"观念，是从存在者的角度去理解上帝。卡普托极为称赞蒂利希的看法，但同时批评蒂利希仍然采取了本体论进路，②"存在的根据"虽然拒绝将上帝视作存在者或实体，但实则将上帝视为"存在者的存在"(Being of beings)，即存在者的"内在本质""根源和基础"，赋予了上帝以"本体论的力量"(ontological power)。③ 卡普托指出由于"绝对精神"可以解释为一种决定个体的"深层根

（接上页）2012》，载《思想与方法：全球化时代中西对话的可能性》，方维规主编，北京：北京大学出版社，2014 年，第 63 页。）然而，余莲没有意识到，他的西方参照系实为拉丁系本体—神学的上帝观（语法：God exists/is），无法涵盖基督教信仰的外延，故而，其论证存在逻辑缺陷：古代汉语不说"神是"，不意味着古代中国取消关于神的问题，而是应该理解为古代中国的神明观不同于本体—神学的上帝观，正如卡普托不说"God exists/is"，不意味着他取消了关于上帝的问题，而是指他的事件神学迥异于本体—神学。"God insists"提供了一种不同的言说方式。基于此，余莲或许可以修正自己的上述论断，并对自海德格尔以来的西方思想内部克服进路，给予更为公允的评价？故而，这个案例不仅揭示了东西思想比较研究需要避免全称判断，更为全面和深入地认识东西方思想，而且启迪我们：或许可以双向地"迂回与进入"，消除余莲的视野盲区：将包括卡普托在内的当代激进思想家作为思考中国的理论资源与解释工具，激活中国传统思想，并开掘中国思想的内在克服进路，进而回应甚至激活西方思想。"间距"开启的应当是双向的激活。

① John D. Caputo, *More Radical Hermeneutics*, 124.

② 卡普托对蒂利希著作的援引最早出现在《海德格尔思想中的神秘主义元素》一书中，援引的对象是蒂利希的《宗教哲学的两种类型》(*The Two Types of the Philosophy of Religion*)。在卡普托看来，蒂利希辨别了本体论进路与宇宙论进路，虽然没有要求消灭宇宙论进路，但确实主张宇宙论进路从属于本体论进路。卡普托此时便已经意识到蒂利希神学的本体论倾向。嗣后，卡普托对蒂利希的本体论倾向进行了更具体的批评。

③ John D. Caputo, "Beyond Sovereignty: Many Nations Under the Weakness of God," 30.

据",故而,蒂利希的"存在的根据"在本质上是"绝对精神"的变体,是黑格尔思想的延续,"蒂利希在这一点上是优秀的黑格尔主义者"。① 同时,这也是对马里翁的"God without Being"、理查德·科尼的"God who may be"的纠正。

也因此,上帝是"可能"(maybe)、"或许"(might-be)、"也许"(perhaps)。之所以需要将意义相近的三者一一列出并分别译为中文,乃旨在凸显卡普托的特殊用意:(1)卡普托对"perhaps"的理解,受到了德里达的影响,但是德里达区分"perhaps"和"maybe",批评"maybe"接近形而上学:"有两种方式理解'可能'(may)。'我可能'(I may)是'也许';它也是'我能够'或'我可以'(I might)。'也许'(perhaps)指涉超越主权之外的无条件性。它是一种无条件的欲望,是对无力的欲望而非对权力/强力(power)的欲望。"②卡普托则认为未必需要通过这样的严格判别去否定"maybe"的积极意义;(2)卡普托与理查德·科尼虽然都使用了"maybe",但是用法不同:科尼的"maybe"取消了不可能性,专注于"可能性",不是卡普托所强调的"不可能性的可能性";(3)"might-be"一语双关,既代表了一种可能性,又与强力(might)相对,呼应了卡普托的苦弱神学。

对卡普托而言,"maybe"("might-be")是事件神学弱化了"强力上帝的强力"(the might of God mighty)、"至高存在者的存在"(being of Supreme Being)、泛神论的"存在之根据"(ground of being)乃至新柏拉图主义的"超越存在"(beyond-being)之后的结果,从"存在"走向"可能存在"(from *être* to *peut-être*)③,拒绝必然性和确定性,代表了"不可能性的可能性"而非基于因果律的"逻辑可能性"(the logically possible)④,既是应许,也是威胁,包含着"may-be"和"maybe not"两种截然相反的可能性,这意味着我们对上帝"非知"(non-knowing),无法对上帝进行确定性的定义和判断,将上帝限定于非此即彼的可能性之中。所以,卡普托的"可能"肯定了不可能性,确保了"不可决断的"不确定性,将我们从确定性的逻辑之中解放出来,打破了偶然性与必然性的陈旧二元论,既不同于理查德·科尼的那种取消了不可能性的"may-be"⑤(因为科尼预设了一种确定的终末论,上帝只可能是这种终末论

① John D. Caputo, *The Insistence of God*, 144.
② Richard Kearney ed., *Debates in Continental Philosophy: Conversations with Contemporary Thinkers* (New York: Fordham University Press, 2004), 13.
③ John D. Caputo, *The Folly of God*, 80.
④ John D. Caputo, *The Insistence of God*, 266.
⑤ John D. Caputo, *The Insistence of God*, 276.

的上帝,科尼试图借此消除不确定性和不可预见性,寻求安全的保障),也不会堕入德里达所批判的"maybe"(因为这种"maybe"是以从潜能走向现实的形而上学目的论为前提)。正是由于这种不可决断性、不可预见性,上帝所带来的绝不是完全的悲剧或喜剧、彻底的快乐或忧伤。卡普托借此回应了卡尔·拉斯克(Carl A. Raschke)(卡普托的上帝是"令人愉悦的上帝")①、詹姆斯·奥尔修斯(James H. Olthuis)(卡普托的上帝只会带来"悲剧")②等人的批评。

此外,卡普托也着力批判了马克·泰勒将"上帝"等同于"延异"的做法。在卡普托看来,马克·泰勒的定义既是对神学的误解,也是对德里达的误读,因为泰勒实则将"延异"本质化、概念化、实体化、静态化,使之沦为"确定的和可确认的事物",违背了德里达的观点,而在此基础上,将上帝定义为"延异",会重新堕入本体—神学。在卡普托看来,如果要将"延异"与"上帝"相互联系,那么也只能说上帝是"延异引发的效应"(a produced effect of *différance*),③不能说"上帝是延异"。泰勒并没从事件的角度解释"延异"。正如上文所言,"事件"以"es gibt/il y a"的形式发生,故而不能将"上帝"从这一结构中剥离出来,单独成为某种超越的实体。上帝的显现,依赖事件的形式,亦即上帝是事件的"效应"。

另一方面,上帝的恒存要求我们对之进行回应。卡普托反对神人分隔的两个世界理论。德里达所说的"我的宗教"(my religion)、"我的上帝"(my God)深受卡普托的赞许,而卡普托在此基础上提出"我们的上帝",正是因为这些概念展现了紧密的神人关系。在此,卡普托提出上帝并不是直接的行动主体,不会用神圣强力(divine power)去直接干涉世界。上帝从权力、暴力、威名中撤离,并不是凌驾于我们之上,与我们无关,上帝并不能为所欲为甚至神恩独作。相反,苦弱的上帝需要人类对祂的回应,才能获得力量,去产生影响,上帝需要人类去成为上帝,就像人类需要上帝去成为人类,"上帝在我们的回应中;我们的行动构成了上帝之名对这个世界所能造成的'效应'"④。上帝不是肆意直接干预世界的施动者(agent)或者超自然主义的神迹,上帝呼召和纠缠人类,但不是直接行动的施动者。

① Carl A. Raschke, *Postmodern Theology: A Biopic* (Eugene, Oregon: Cascade Books, 2017), 135.

② John D. Caputo, "Hoping in Hope, Hoping against Hope: A Response," in *Religion With/out Religion: The Prayers and Tears of John D. Caputo*, 120 – 149.

③ John D. Caputo, "Review of *Erring*," 112.

④ John D. Caputo, *The Insistence of God*, 14.

上帝恒存,故而上帝缺少的实存需要我们去"填补",我们是用人类的实存去回应上帝的恒存,在此意义上方可说神人相关互应、相互需要。这首先需要"心的转化""心的割礼",更新与改变我们的心灵,才能配得上事件的发生,实现我们对于他异性的责任。信仰意味着对上帝到来的肯定、忠诚和盼望,朝向不可预见性、不可决断性,是"无可盼望时……仍有指望"。在此,卡普托借鉴了德国神秘主义诗人 Angelus Silesius 的"Jahweh spricht nur immer 'Ja'"(上帝总是只说"是的")一语,进行了一个双关语的语言游戏:上帝(Yahweh)的变体(Jahweh)被卡普托写成"Ja-weh",而"Ja"在德语中的意思是表示肯定的"是的",于是,表示"I AM"的希伯来语"Jah"变成了表示"是的"的德语"Ja",上帝对摩西所说的"我是自有永有的"(I AM THAT I AM)①(《旧约·出埃及记》3:14)就变成了"我是'是的'"(I AM YES),上帝即"'是的'的上帝"(the God of yes[Ja]),由此便可与德里达的"来吧,是的,是的"(viens, oui, oui)相联结。② 在卡普托看来,这种摆脱了述谓结构的语言形式,回应了"事件"的呼召,既揭示了对待上帝到来的肯定态度、对"不可能性的可能性"的激情,也解释了这是德里达祈祷的对象,是德里达所谓"我的宗教"(my religion)中的上帝。③ 信仰不是对一个确定性实体的信靠,不是对教义信条的信念,"不会保证确定的终点,也不会固定明确的抵达处"④。相反,它要求我们超过我们自己,朝向不可能性,朝向"尚未实在"(not-yet-real)、尚未到来。

事件像幽灵一样纠缠世界,在带来应许和希望的同时,伴随着不确定性与危险性,甚至"更像是黑夜而非亮光"⑤,个体总是已然置身于无法掌控的实际性生活之中,这就要求个体必须忠诚于事件,⑥肯定事件,承担所被赠予的责任,"有勇气去与之打交道或者向它敞露自身"⑦,简言之,用"事件之

---

① 卡普托使用的英译本《圣经》是新修订标准版《圣经》(NRSV),本段经文的英译即来自该版本。

② John D. Caputo, *The Prayers and Tears of Jacques Derrida: Religion without Religion*, 26.

③ 后现代神学的批评者英国神学家约翰·麦奎利(John Macquarrie, 1919—2007)曾经抨击德里达、卡普托的做法纯属"聪明的文字把戏",是用心理联想取代逻辑论证。([英]约翰·麦奎利:《宗教思想中的后现代主义》,何光沪译,载《现代语境与后现代中的基督教》,香港:明风出版,2004年,第177页。)显然,麦奎利忽视了这些"文字把戏"背后的深层根据和思想归旨。

④ John D. Caputo, "Shedding Tears Beyond Being: Derrida's Confession of Prayer," in *Augustine and Postmodernism*, 112.

⑤ John D. Caputo, *The Weakness of God*, 6.

⑥ John D. Caputo, *Heidegger and Aquinas: An Essay on Overcoming Metaphysics*, 11.

⑦ John D. Caputo, *The Weakness of God*, 6.

爱",亦即"对未来之爱"(amor venturi)取代"命定之爱"(amor fati)。① 这似乎也反映出卡普托虽然部分接受了德勒兹的事件观,也承认德勒兹对尼采之"命定之爱"的解释突破了传统的宿命论理解,不是像巴丢所说的那样"选择了定数",但是仍然认为"命定之爱"属于不可靠的宏大叙述,会令人产生误解,违背事件哲学的内在精神。卡普托强调"事件之爱"意味着个体在独异性的情境中,回应事件的独异性要求,作出独异性的行动,而不再依据那种遭受利奥塔批评的先验图式、普遍原则,因为后者试图"穿透事件的命运,寻获事件的秘密规则",掌控事件的发生,消除事件的不可预见性、不可掌控性、独异无二性(the *sui generis* character),为个体提供安全的保障,令其超然于事件之外。② 嗣后,卡普托更援引德里达的"来吧,是的,是的",要求个体肯定并盼望事件的到来。由此走向创造性的诗学回应,延及伦理、政治、自然领域的实践,亦即责任诗学、政治诗学与宇宙诗学。"心的转化"指向对无情世界/无心世界的转化。这些将在第三章中得到详述。

2.3.2 事件与"上帝"之"名"

在事件神学中,上帝的恒存与人类的实存缠绕交叉,人类以名称去回应上帝,去尝试命名不可解构的上帝。故而,在此基础上,卡普托明确区分了事件和"上帝"之"名"(即区分被命名为"上帝"的事件和作为名称的"上帝"),处理了无条件的事件与有条件的名称之间的关系,事件神学乃是对"上帝"之"名"的解构。③

卡普托的这种观念受到了安瑟伦与德里达的影响。其中,德里达的影响较易于追索。德里达对"sauf le nom"(save the name)的解释,主张"sauf"(save)一语双关,既指"拯救""使……安全",又指"除此以外""排除",既是拯救命名,使名称安全,又是排除命名。④ 对于卡普托而言,德里达的观点指引了如何理解"上帝之名"——"上帝之名命名了一切,拯救/排除了名称所庇护的事件,事件恳求与邀请、呼召与招引我们,但它永远不会被最终命名"⑤,我

---

① John D. Caputo, "Spectral Hermeneutics," in *After the Death of God*, 185.

② John D. Caputo, *Against Ethics*, 96.

③ 与之相应,"神学"被卡普托读解应是"一种对上帝之名的持久反思"(John D. Caputo, The Weakness of God, 301, n. 1)。

④ Jacques Derrida, "Sauf le Nom," in *On the Name*, trans. John Leavey, Jr. (Stanford: Stanford University Press, 1995).

⑤ John D. Caputo, "Spectral Hermeneutics: On the Weakness of God and the Theology of the Event," 54.

们无法完全排除"名称",必须通过"名称"来言说不可能性的秘密,但在命名之中又确认了秘密的不可穷尽性,拯救了秘密,守护了秘密。这就是命名的绝境。相反,否定神学单纯以"排除"来"拯救",忽视了"排除"与"拯救"的张力。①

　　相较之下,安瑟伦对卡普托的影响则较为隐秘曲折,经由卡尔·巴特、马里翁甚至巴尔塔萨(Hans Urs von Balthasar, 1905—1988)的中介,方才得以实现。在康德的哲学建筑术中,以安瑟伦为代表的本体论证明在三种上帝证明中占据主导地位,其他两种证明(宇宙论证明、自然神学证明)实则依赖本体论证明,对本体论证明的驳斥(以及将其他两种证明还原为本体论证明而予以驳斥)将能够撕毁"上帝存在之思辨性证据的外衣"。② 正因此,安瑟伦遭到了康德的猛烈抨击。然而卡尔·巴特的《安瑟伦:信仰寻求理解》(*Anselm: Fides Quaerens Intellectum*)一书对安瑟伦推崇有加,奉为自己神学思想发展的"决定性转折点"③。在巴特看来,由于笛卡尔与康德的扭曲与误读(更准确地说,笛卡尔与康德二人误将安瑟伦论敌高尼罗[Gaunilo]对安瑟伦的粗暴理解等同于安瑟伦的观点),安瑟伦对上帝的本体论证明变得臭名昭著。事实上,安瑟伦与笛卡尔的进路完全不同,而且并非康德所批评的那样。安瑟伦从未打算将上帝存在的问题框限于人类的逻辑论证,而是要描述上帝超越任何信条和人类的感知。马里翁《本体论证明是本体论的吗? 安瑟伦的证明与康德的形而上学解释》("Is the Ontological Argument Ontological? The Argument According to Anselm and Its Metaphysical Interpretation According to Kant")一文的观点与巴特相似,强调安瑟伦提出的乃是"非本体论证明"(nonontological argument),上帝不能被概念框定和捕获,后世对安瑟伦的形而上学解释存在严重缺陷。④ 巴尔塔萨不仅称赞卡尔·巴特《安瑟

① John D. Caputo, *The Prayers and Tears of Jacques Derrida: Religion without Religion*, 44.

② John D. Caputo, "Kant's Refutation of the Cosmological Argument," *Journal of the American Academy of Religion* 42, no. 4 (1974): 691. 青年卡普托在该文中指出:康德对宇宙论证明的驳斥受制于以本体论证明为批判锚点的建筑术,误将宇宙论证明还原为本体论证明,游离失焦,未能直接针对宇宙论证明的具体内容。而借由这种细读式研究,我们可以窥见卡普托极为关注康德对上帝证明(尤其是上帝的本体论证明)的拒斥方案及其具体论证过程,这似也为卡普托后来重探(乃至翻转)安瑟伦与本体论证明的相关问题埋下伏笔。

③ Karl Barth, *Anselm: Fides Quaerens Intellectum*, trans. I. W. Robertson (Eugene, OR: Pickwick, 1975), 12B.

④ Jean-Luc Marion, "Is the Ontological Argument Ontological? The Argument According to Anselm and Its Metaphysical Interpretation According to Kant," *Journal of the History of Philosophy* 30, no. 2 (1992).

伦：信仰寻求理解》一书对安瑟伦的读解标志着巴特思想的第二次转折，真正告别了哲学人类学的进路，而且强调安瑟伦充分保证了上帝的绝对自由，上帝以自由的方式自我显现，超越了人类的概念范畴，堪称神学美学的重要代表。①

卡普托在自己的著作中特别提及了巴特和马里翁的上述论著，也提到了巴尔塔萨对安瑟伦的肯定态度（尽管没有提示具体的文献出处）。正是由于他们的影响，卡普托意识到康德在批判本体神学时对安瑟伦的指责并不合理，安瑟伦所谓的"上帝比能够被设想的东西更伟大"（God is that than which no greater can be conceived）乃是指"上帝的存在是无条件的，不受任何条件限制，不能将上帝局限于有限且可被感知的秩序之中"，这是一种"自我解构的"（autodeconstructive）观念，它的言说旨在解构自己的言说，通过拆解自己的构成机制而得以运作："无论你说上帝是什么，上帝总是超过你所说的。"②上帝是概念无法完全把握和框定的，对上帝的任何言说与命名总是不充分的，这有助于批判本体—神学的偶像崇拜。卡普托由此进一步提出了自己的"些许后现代主义版本的安瑟伦"（slightly postmodern version of Anselm），由安瑟伦的观点引申（或者说"弱化"）出后现代的观念：上帝不是安瑟伦所谓的"至高实体"（在这一点上，安瑟伦的观点仍不够彻底，即便他将至高实体的上帝与一般实体进行了区分），上帝乃是无条件的赠予，上帝的赠予超越了一切"交换经济"，更不能被"理性原则"局限，③因此，安瑟伦最终所要表达的恰是"承载名称者无法含摄其所要含摄的事件"④。

因此，一方面，正如德勒兹所说的事件不是发生之事，而是处于发生之事中，卡普托强调事件哲学是关于事件的诠释学（hermeneutics of events），事件是诠释学的事件，事件并非完全外在于语言，无中介地、赤裸地、直接地被给予，而是总是已然（always already）通过语言，在历史语境中被命名、阐释乃至翻译。⑤ 不能将名称贬斥为"坏名称"（bad name），我们无法赤裸地、无中介地接触事件，事件需要借助名称来得到表达，名称令事件变得安全（safe），我们需要名称来指称事件。若试图完全挣脱甚或摒弃名称的中介，不仅纯属幻

① Hans Urs Von Balthasar, *The Glory of the Lord: A Theological Aesthetics*, *Vol. II Studies in Theological Styles: Clerical Styles* (Edinburgh: T&T. Clark, 1984), 211–259.
② John D. Caputo, "The Power of the Powerless," 147.
③ John D. Caputo, *The Weakness of God*, 215–216.
④ John D. Caputo, "Spectral Hermeneutics: On the Weakness of God and the Theology of the Event," 56.
⑤ John D. Caputo, *The Insistence of God*, 50.

相(illusion),而且会陷入危险的境地:认定自我能够宰制和决断事物乃至真理。

另一方面,正如安瑟伦所言,事件不能被概念框定,这就像德里达所说的那样,事件的到来总是超出我们的预测与掌控,卡普托主张事件不是一个可以被完全捕获、把握、分析和命名的语言学客体(linguistic object),无法被任何名称阻止、"困囿"(trapped)①乃或"锁定"(lock)。换言之,不可能存在能指与所指的绝对稳固、独一无二的完全对应关系。名称本质上是自我解构的,它属于自然语言,在历史的境况中被建构和编码,总是不完美的、有限的、偶然的、暂时的和相对稳定的,总是可被取代、替换和翻译,缺乏独异性和排他性,对事件的命名总是不充分的,无法彻底"安置"事件。事件具有不可含摄性(uncontainablitity),是"名称之中惊扰难安的冲动、能量或者潜能",总在挣脱名称的束缚,溢出字句的界限,解构对它的命名。② 卡普托也称之为"寻求以未被表达的方式得到表达"③。就此而言,"没有名称是安全的"(no name is safe),④我们必须放弃对"名称"的偶像崇拜,承认事件的"无尽可命名性"(endless nameability)、"无尽可译性"(endlessly translatable),⑤亦即终极命名不可能实现。名称是一种庸常的力量,力图压抑甚或抹除事件,但随之而来,名称也将沦为"响钹和空锣"(a tinkling cymbal and sounding brass),成为空洞的能指。⑥

如果说德里达用"sauf"的一语双关来表达事件与名称的张力,那么,卡普托选择了一个属于他自己的双关语——"港湾式庇护"(harbor)(既是庇护,又是不庇护)来表述这一关系。尽管卡普托未明确提示选择该词的理由,然而在笔者看来,该词的深意在于:(1)港湾不同于城墙。港湾是半敞开式场域,而且为了庇护的功能,港湾也必须是半敞开的;(2)船只突然造访港湾,休整,但只做停留,终将离去,港湾的庇护是有限的、暂时的、可被替代的;(3)港湾既是海军的基地,也是海军的坟场,军舰一旦遭遇突然事件,困于港湾,插翅难逃,此事屡屡见诸军史。我们甚至可以说,港湾是事件的发生场域:美国的"波士顿倾茶事件"、林则徐的"虎门硝烟"、日本的"黑船事件"、

---

① John D. Caputo, *The Weakness of God*, 28.
② John D. Caputo, "Beyond Sovereignty:Many Nations Under the Weakness of God," *Soundings: An Interdisciplinary Journal* 89, no. 1 - 2 (2006):22 - 23.
③ John D. Caputo, "Spectral Hermeneutics," in *After the Death of God*, 47.
④ John D. Caputo, *The Weakness of God*, 27.
⑤ John D. Caputo, *The Weakness of God*, 2.
⑥ John D. Caputo, *The Weakness of God*, 269.

苏联的"十月革命"、二战的"珍珠港事件"、日本的密苏里号投降仪式……港湾见证和书写了人类历史(尤其是现代历史)。故而,"harbor"既是安全的庇护,又隐藏死亡的威胁;既是盼望,也是哀悼;既赠予慰藉,也造就恐惧与战栗;既符合卡普托对名称与事件之关系的总体理解,也呼应德里达的"sauf"双关语游戏,还契合了下文所述的卡普托对"body"的解释。可以说,卡普托通过"harbor"所表达的观念,迥异于否定神学对语言的全然拒绝态度("无名"),我们可以在托名狄奥尼修斯、库萨的尼古拉、埃克哈特等否定神学家的著作中发现这种拒绝态度。

故而,"事件之名"是一个自体解构(auto-deconstructing)、自我取代(self-displacing)的名称,它是"有限的、可替代的、权宜的、初步的"①,堪称"脆弱易碎的指示器"甚或早期海德格尔所谓的"形式指引"(formal indication)。② 其含摄的是"事件之名"本身无法含摄的、总是溢出其外的对象,是"事件之名"不可把握、无法掌控的"幽灵"(应许或回忆),"事件之名"自其伊始便趋向裂开(break open),拥有无可闭合的伤口,处于无止境的命名与翻译过程之中。我们既用名称庇护了事件,又必然要超越基要派的字句主义,对名称予以"去—字句化"(de-literalize),放弃名称的绝对性,拒绝将名称与事件等同、甚至用名称替代事件。所以,专名(proper name)总是不纯粹的、非专名的,无法垄断命名,不存在绝对纯粹的专名。与之相反,本体—神学固执地将事件还原为名称,将事件禁锢于某个超越所有其他名称的名称(亦即"元名称")(诸如"上帝""存在""理念""精神"等)之中,③因禁于诸如名与实一一对应的真理符合论中。循此逻辑,卡普托指出,事件与"上帝"这一名称("上帝"之"名")不能等同,上帝是关于事件的名称,但事件这个概念阻止了我们说"事件是上帝",因为事件无法被名称完全表达,"对于事件而言,名称总是有缺陷的,即便是上帝之名"④。"上帝"之"名"既庇护了事件,又无法庇护事件,事件神学通过揭示这种关系逻辑,从而解构(而非弃绝)了有条件的名称,释放了无条件的事件。因此,卡普托极为精辟地概括了事件与名称之间的关系:"'上帝'不是一个先验的能指,上帝不是一个先验的所指。"⑤

正是基于上述立场,卡普托回应了齐泽克对其划分事件与事件之"名"

① John D. Caputo, *The Weakness of God*, 297.

② John D. Caputo, *Deconstruction in a Nutshell*, 177.

③ John D. Caputo, *The Weakness of God*, 296.

④ John D. Caputo, *The Insistence of God*, 10.

⑤ John D. Caputo, "On Not Settling for an Abridged Edition of Postmodernism: Radical Hermeneutics as Radical Theology," 397.

的做法的批评。齐泽克指认卡普托对"事件"与"事件之名"的"分离"重复了自柏拉图以来陈旧的身心二元论，未能超越"死的字句"（Dead Letter）与"活的精意"（Living Spirit）之间的对立。[①] 对此，卡普托回应道：自己不仅从未主张名称是"非物质性事件的物质性容器"（a material container of an immaterial event），反而通过幽灵纠缠论，强调事件与名称的关系不同于柏拉图主义的理解。即便用"身体"（body）的比喻来予以解释，也应当表述为"物质名称实际上产生了幽灵事件，事件是效应的效应（an effect of an effect）"[②]，名称虽然是孕育与生产了事件的身体，但为了生育事件，名称必须敞开这副身体，也因此，名称的身体无法再容纳作为应许与回忆的事件：

> 尤其重要的是要看到，名称容纳事件的方式不同于柏拉图主义中身体容纳灵魂的方式。恰恰相反，更好的表述是：事件是名称的身体的后代（the event is the offspring of the body of the name），没有名称，就不会有事件。事件是在名称的身体中孕育和诞生的。然而，名称是通过与其他名称相互联结，方才产生出它们自己孕育的事件，名称也正是借此超出了自身，松开了自身。名称砸开了那些外在于其自身的应许与愿望之锁链、回忆之锁链，由此，名称自我崩溃，很快自我耗竭，无法再维持它自身所引发的回忆或应许。[③]

卡普托在此引出的身体譬喻（准确而言是肉身［flesh］譬喻），除了源于他一直以来对身心二元论的不满之外（卡普托将基督教的"道成肉身"与现象学、诠释学相联结，甚至提出"存在，意味着拥有一个身体、是一个身体"[④]），有可能受到梅洛-庞蒂（Maurice Merleau-Ponty，1908—1961）的影响。卡普托曾直接借用梅洛-庞蒂的"肉身"（flesh）的概念，[⑤]指出在梅洛-庞蒂的他者伦理学中，他者不是抽象的、僵死的存在，而是以身体的形式、前概念性地、直接地被给予（具身化［embodiment］），身体是人类的"自然之所"（natural place）。相较于胡塞尔的先验现象学，这是一种巨大的进步。卡普托将此形容为日常英语所谓的"孕育"。身体决非自我封闭、与世界隔绝，其

---

① Slavoj Žižek, "Dialectical Clarity versus The Misty Conceit of Paradox," in *The Monstrosity of Christ: Paradox or Dialectic?* (Cambridge, Mass. and London: The MIT Press, 2009), 257.

② John D. Caputo, *The Insistence of God*, 148.

③ John D. Caputo, *The Weakness of God*, 3.

④ John D. Caputo, "Incarnation and Essentialism: A Reading of Heidegger," *Philosophy Today* 35, no. 2 (1991): 41.

⑤ John D. Caputo, *Demythologizing Heidegger*, 65.

必然向世界敞开,令自我与他者联结,异质性的他者被我们感知却又超出我们的感知。① 此后,卡普托指出海德格尔忽视了庞蒂所说的"肉身","肉身"被卡普托指代那些弱者、有需求者、受难者、边缘者的脆弱(vulnerable)身体。② 近年来,随着技术发展对肉身经验、物质性问题的挑战,卡普托愈发强调梅洛-庞蒂的感知现象学对当下生存情境而言极富价值。卡普托在回应齐泽克时,实则在梅洛-庞蒂基础上,将自我与他者的具身化联结推向极端,强调身体还是生产性的,身体在敞开中容纳(也因此无法容纳)异质性的他者。如果再进一步联系备受卡普托重视的德里达《割礼忏悔》一书,那么,我们甚至可以说,这还是德里达的割礼切口向不可预见的事件、向全然他者敞开。名称与事件的关系恰恰如此。另外,就像卡普托在一些地方澄清的那样,卡普托虽然深知性别是被发明、被建构的结果,强调"孕育"或者"生产"(childbirth)不是从严格意义上的性别理论角度来讨论的,不宜作过度解释,但是也同意不能浪漫化"生产"或否认"生育"的残酷性,必须承认孕育如同事件一般,其结果无法掌控。③

因此,事件迫使名称超出自身,名称会在事件的到来中解体。这是对海德格尔的"缘构"之二重性的思想延续与发展,是事件之双重效价的体现,更是事件的弥赛亚结构使然。埃克哈特曾言"我祈祷上帝使我摆脱上帝"(I pray God to rid me of God),深受卡普托的赞赏,因此,若借用此一表达式,则在名称与"上帝"之"名"的关系上,卡普托的观点或可表述为:"我命名上帝以使我摆脱'上帝'"(I name God to rid me of "God")、摆脱将上帝等同于"上帝"之"名"的做法、摆脱那个被误当作偶像的上帝,以此拒绝本体—神学对上帝的偶像崇拜。事实上,这种关于事件的语言观最终导向卡普托关于如何言说事件的"诗学"理论,亦即事件诗学的另一个组成部分。这一点将在第三章中得到详细阐述。

2.3.3　事件神学与否定神学

厘清事件神学与否定神学的关系至为关键,这是因为事件神学常常会被

---

① John D. Caputo, "The Presence of the Other: A Phenomenology of the Person," *Proceedings of American Catholic Philosophical Association*, no. 53 (1979): 45 - 58.

② John D. Caputo, *Demythologizing Heidegger*, 65 - 68.

③ John D. Caputo, "What Does Radical Hermenutics Want?: A Response to Glazebrook," in *Cross and Khôra: Deconstruction and Christianity in the Work of John D. Caputo*, 259 - 262.

人与"否定神学"①相混淆,既有学者批评卡普托误解否定神学,罔顾德里达与否定神学的亲缘性,②也有学者主张卡普托乃否定神学家,③指认卡普托不仅"拥抱和采纳"④否定神学,进一步发展了否定神学,⑤甚至以否定神学阐释解构,⑥导致解构沦为否定神学。⑦ 在事件神学与否定神学之关系的问题上,

① 卡普托并没有像某些思想家(例如马里翁)那样去刻意区分"否定神学"(negative theology/apophatic theology)和"神秘神学"(mystical theology),而是都归入基督教新柏拉图主义。对卡普托而言,"否定神学"的"否定"指向的是对不可言说的本体—神学上帝的肯定,无需刻意与"神秘神学"区隔,这在托名狄奥尼修斯、库萨的尼古拉等人那里得到了体现。故而,在卡普托那里,"否定神学"与"神秘神学"可以相互替代,本书选择使用卡普托更常用的"否定神学"一词。依卡普托之见,马里翁喜用"神秘神学",既是因为"否定神学"一词出现在托名狄奥尼修斯《神秘神学》的章节标题中,也是因为马里翁深受尼撒的格里高利(Gregory of Nyssa,约335—395)和托名狄奥尼修斯等"基督教新柏拉图神秘主义神学家"(Christian Neoplatonic mystical theologians)的影响,更是因为马里翁试图凸显"被给予性"与"充溢现象",与德里达形成区隔,马里翁实际上是"超本质主义"(hyperessentialism)的否定神学家。

② Thomas Carlson, "Caputo's Example," in *A Passion for the Impossible: John D. Caputo in Focus*; David Newheiser, "Time and the Responsiblities of Reading: Revisting Derrida and Dionysius," in *Reading the Church Fathers*, eds. Scot Douglass and Morwenna Ludlow (London and New York: T&T Clark, 2011), 33–34.

③ James K. A. Smith, "How to Avoid Not Speaking: Assertations," in *Knowing Otherwise: Philosophy at the Threshold of Spirituality*, ed. James H. Olthuis, (New York: Fordham University Press, 1997), 218; Cláudio Carvalhaes, "Uma Crítica das Teologias Pós-Modernas à Teologia Ontológica de Paul Tillich," *Revista Eletrônica Correlatio*, no. 3 (2003): 87–112; William Franke, *A Philosophy of the Unsayable* (Notre Dame: University of Notre Dame Press, 2014). 此外,菲利浦·克莱顿(Philip Clayton)将卡普托归入"特殊类型的审美神学"(particular forms of aesthetic theology),视其与否定神学相类似或相同、与理性主义相对(Philip Clayton, "Scientific and Religious Naturalism," in *Reason and Reenchantment: The Philosophical, Religious, and Political Thought of David Ray Griffin*, 90)。

④ William Swart, "Religious Experience at the Limits of Language: Levinas, Marion and Caputo from a Post-Phenomenological Perspective" (PhD diss.: The University of Texas at Dallas, 2017), 137.

⑤ Neal DeRoo, "John D. Caputo," in *Key Theological Thinkers: From Modern to Postmodern* (London and New York: Routledge, 2013). 另外,马克·瓦尔(Marc Vial)认为卡普托的思想有助于澄清否定神学并没有否定上帝的存在。See Marc Vial, "Écouter et faire entendre, ou le théologien face à la philosophie: réponse à Ruedi Imbach," *Revue de théologie et de philosophie*, no. 151 (2019): 135–142.

⑥ Vincent J. Miller, *Consuming Religion: Christian Faith and Practice in a Consumer Culutre*, 83; Davod A. Leeming, Kathryn Madden and Stanton Marlan eds., *Encyclopedia of Psychology and Religion* (New York: Springer, 2010), 390.

⑦ 德里达研究的早期专家乔纳森·卡勒(Jonathan Culler,1944—)就批评卡普托是在主张解构带来了"一种具有否定性的宗教,一种没有真实宗教之缺陷的宗教",使得解构变成了"否定神学"。See Jonathan Culler, "Preface to the 25th Anniversary Edition," in *On Deconstruction* (Ithaca, New York: Cornell University, 2007).

可谓聚讼纷纭。① 然而,相较于德里达对待否定神学的微妙甚至有些暧昧的态度,卡普托对否定神学采取了较为批判的态度。虽然卡普托也表示德里达没有直接否定或者攻击否定神学,而是试图通过对否定神学的转译与改造来拯救否定神学,但是卡普托坚称这不意味着德里达的思想就是否定神学。相反,德里达思想与否定神学存在根本的区别,德里达的"宗教"始终是先知性的,而非否定性的,不能被归入"否定神学"的范畴,这也进一步彰显了卡普托对否定神学的批评态度。

卡普托仔细考辨了事件神学与否定神学的根本差异,着力凸显事件神学的独特性。卡普托指认尽管事件神学与否定神学存在诸多共通相契之处,然而否定神学未能真正克服本体—神学,反而是"本体—神—逻辑学的更高模态化"(a higher modalization of onto-theo-logy)②,仍属于强神学(strong theology)、本体—神学。遵循上文对事件神学的论述,我们可以将卡普托的分疏归纳为:否定神学缺乏事件神学的弥赛亚结构和祈祷结构。它具体表现在两大方面:

第一,在上帝向人类现身的问题上,否定神学并非否定上帝的存在,而是以看似否定、实则加倍肯定(以绝对的缺席凸显绝对的在场)的方式,将上帝强化为一种"绝对中心、绝对强力的超越性"(an absolutely central and powerful transcendence),③强化为"超实体"(hyper-entity)、"超本质"(hyperousios)、"超存在"(hyper-being)、"超在场"(hyper-present)的"超实在"(hyperreality),即所谓的作为"绝对的极大"(Absolute Maximum)的"隐秘的上帝"(Deus absconditus)④。故而,依卡普托之见,否定神学实则将上帝作为最高等级的在场者而非将要到来的全然他者,所以否定神学并未远离新柏拉图主义,真正破除神人二元论,而是属于更高形态、更深层级的本体—神学和在场形而上学,可称作"超本质论"(hyperousiology)。譬如埃克哈特强调上帝恒定不变的"超然性"(immutable/immovable detachment),将上帝作

---

① 此外,这也表现在人们对德里达的批评上:一方面德里达被指责仅仅是一名否定神学家,另一方面否定神学家们批判德里达误解了否定神学。See Toby Foshay, "Introduction: Denegation and Resentment," in *Derrida and Negative Theology* (Albany: State University of New York Press, 1992), 3.

② John D. Caputo, *The Prayers and Tears of Jacques Derrida: Religion without Religion*, 7.

③ John D. Caputo, *The Weakness of God*, 302, n. 16.

④ [德]尼古拉·库萨:《论隐秘的上帝》,李秋零译,北京:生活·读书·新知三联书店,1996年。

为"最高的、最彻底'隔绝'的实体",超然于一切受造物。① 根据莫尔特曼的词源学考察,"绝对"(absolute)来自拉丁语"ab-solve","ab-solve"最初意指"超然"(detached),这塑造了旧有神学将上帝视为"不动情的"(impassible)绝对者。② 由此追索,亦可从旁见出卡普托批判"超然性"—"绝对性"的题中之义,直切否定神学的症结。

相反,事件神学的肯定是真正的肯定,是对非"本体—神学"的上帝的肯定,它的弥赛亚结构包含着对不可能性的激情,既有对过去的回忆,又有对未来的应许,向将要到来的上帝完全敞开自身。马里翁的"没有存在的上帝"借由否定神学的超本质(hyperousios)而来,指代上帝完全超越存在者、外在于世界之外。与之迥异,卡普托拒绝此种观点,其所说的上帝"不存在"指代上帝如同幽灵或者幽灵事件,出乎意料、不可预见、不可掌控地纠缠世界。③超越性应当与内在性相互交叉。如果说否定神学指向静寂平和,排除外部的干扰,那么,事件神学的上帝打破了人类的预见与掌控,令心灵陷入永久的"不安""恐惧与战栗",事件神学所要求的"心的转化"是在不安之中盼望将要到来者。如果说否定神学是在说"不,不"(no, no),那么事件神学就是在说"是的,是的"(oui, oui)。事件神学的根本精神不是马里翁所谓的"否定",而是肯定。相较于否定神学的基督教新柏拉图主义基调,事件神学显现出犹太色彩,更是先知性的而非神秘性的。④

事件神学与否定神学的差别,尤其体现在卡普托对马里翁的批评上。在胡塞尔那里,对象是在直观中被给予,故而意向总是有限的,无法被完全充实。针对胡塞尔的观点,马里翁的否定神学以"充溢现象"(包括事件、偶像、肉身、圣像、启示五种类型,其中以启示为最高形式)为中心,深受如尼萨的格列高利和托名狄奥尼修斯等"基督教新柏拉图主义的神秘主义神学家"的启发,以"还原的越多,被给予的就越多"为根本原则,主张将"被给予性"

① John D. Caputo, *The Mystical Element in Heidegger's Thought*, 12.
② Jürgen Moltmann, "The Passibility or Impassiblity of God," in *Within the Love of God: Essays on the Doctrine of God in Honour of Paul S. Fiddes* (Oxford: Oxford University Press, 2014), 109.
③ 由此反观,波克松扎(Judith L. Poxonza)在为劳特里奇版《后现代主义百科》撰写"卡普托"词条时,犯了致命的错误,误以为卡普托的宗教观建基于"没有存在的上帝"(God without God)之上。See Judith L. Poxon, "Caputo, John D.," in *Encyclopedia of Postmodernism*, eds. Victor E. Taylor and Charles E. Winquist (London and New York: Routledge, 2001), 47.
④ John D. Caputo, "Messianic Postmodernism," in *Philosophy of Religion in the 21st Century*, eds. D. Z. Phillips and Timothy Tessin (Hampshire: Palgrave, 2001), 160.

（givenness）与"直观"（intuition）切割，将"直观"与"意向"（intention）等同，坚持被给予性溢出了意向，关注的不是无法被充实的意向，而是无法被意向的充实，强调唯有在这种摆脱了意向束缚的被给予性中才能发现上帝。卡普托批评马里翁的否定神学采取了一条"无限性现象学"（phenomenology of infinity）的进路，"纯粹的、无限制的、绝对的无限性飞离了现象学经验的范围"①。与之相反，卡普托的事件神学将"意向"与"直观的被给予性"相互对立，否定"被给予性"与"直观"可被切割（不存在非直观的被给予性），指出意向必须摆脱直观的被给予性（intuitive givenness），亦即能指从在场形而上学的限制中获得解放，"朝向某种未曾听闻、未被充实亦无法被充实的对象的到来"，是一种勇敢跃出无限被给予性的冒险而非朝向无限被给予性的信靠，上帝呈示于"不能被给予的意向"而非"不能被意向的被给予性"之中，我们不能将任何的被给予性施加于上帝身上。② 事件神学实为对现象学的"弥赛亚解读"，所谓的"不可能性"不是逻辑学的不可能性（即逻辑矛盾），而是这种现象学的不可能性。相反，马里翁的"被给予性"虽然超越了一切限度，但是已然被给予了，并以天主教信仰的启示为最高形式，而非事件神学的"总是尚未被给予"（always yet to be given），故而，马里翁的弥赛亚即便拥有至高无上的绝对地位，却也已经到来了、被给予了，框定于确定的信仰传统中，而非尚未到来、尚未确定、不可预见，从而未能给事件神学的"无弥赛亚主义的弥赛亚性"和"没有宗教的宗教"留出空间。

第二，在人类回应上帝（亦即人类能否言说上帝、如何言说上帝）的问题上，否定神学预设了上帝的绝对超越性，强调神人的绝对差异，故而要求"无知"（unknowing）、"沉默"（silence），预设了"一种绝对知识或者绝对观点"，亦即库萨的尼古拉所谓的以"绝对真理是我们所无从掌握"（"隐秘的上帝"）为基础的"有学识的无知"（docta ignorantia）③，"对上帝的认识先于我们的知识，超过我们的知识，并因此动摇我们的知识"④。超越的隐秘上帝是人类无法认识和言说的对象。这便否定了人类言说上帝的可能性，抛弃了包括语言、历史在内的一切中介，贬低"人类语言仅仅是……永

① John D. Caputo, "God and Anonymity: Prolegomena to an Ankhoral Religion," in *A Passion for the Impossible: John D. Caputo in Focus*, 5.
② John D. Caputo, "Derrida and Marion: Two Husserlian Revolutions," 120 - 121.
③ ［德］库萨的尼古拉：《论有学识的无知》，尹大贻、朱新民译，北京：商务印书馆，1988年，第 6 页。
④ John D. Caputo, *Cross and Cosmos*, 197.

恒圣言的'影像'（images）"①，是神人关系的阻碍，转而追求排除人言的"纯粹经验"（pure experience），逃离延异与"踪迹的游戏"（play of traces），以便实现与至高实体前语言的（prelinguistic）或非语言的（nonlinguistic）"赤裸接触"（naked contact）。马里翁即为此中代表，他总是试图逃离任何有条件的、相对的、有限的中介，摆脱文本性（textuality）和语境性（contextuality），转而直接走向无条件性、绝对性、无限性。② 因此，在马里翁那里，我们只能对上帝言说（speak to God）、赞美（praise）上帝，但是无法言说上帝（speak of God），马里翁甚至试图"划掉上帝的名称，以便释放这个名称所包含的事件"③。换言之，德里达、卡普托强调"save the name"保持"拯救名称"与"排除名称"之间的不可决断性，将上帝保持在不可决断的绝境之中，把人言置于"不可能性的可能性"之中；相反，马里翁的"save the name"倒向一侧，试图通过排除名称来拯救上帝、排除人言来拯救圣言，令上帝处于永恒的安全之中。这看似守护了圣言，实则对圣言予以了人言的决断。

遵循这一逻辑，卡普托指出否定神学最终会陷入虔信主义（fideism），演变为更彻底的实定信念。否定神学"努力去保护信念（belief），阻止它受到更为彻底的分析"，可表述为"你不能证明我错，所以我可以随心所欲地相信"。然而，迥异于向不可能性敞开的信仰（faith），信念"可被确定"，指向"教派传统和信条主张"，看似坚守确定性，实则盲目狭隘，以人言代替圣言，用人言充当圣言。虔信主义乃是一种危险的绝对主义（absolutism），将上帝塑造为绝对的偶像，声称自己受到上帝的直接启示，能够替上帝代言，人言即圣言，人类对上帝的有限理解被塑造为排他性的无谬真理，这将最终走向信仰的终结。换言之，否定神学在拒斥人言僭越圣言的同时，又悖谬地以人言僭越圣言。

在此意义上，卡普托敏锐指出了否定神学与"上帝之死"存在着隐秘的关联性，达成了共谋：

> "上帝之死"这一观念的价值在于，它将一个挑衅性的名字、一项偶像批判的持续工作赋予了一个古老庄严的传统，其中所要批判的偶像之

---

① John D. Caputo, *The Mystical Element in Heidegger's Thought*, 224. 此处的"影像"（image）概念乃在基督教柏拉图主义传统而非基督教的"上帝的形象"（image of God）意义上而言，故而循此，亦可用虚假或劣等的"摹本"予以界说。

② John D. Caputo, "God is Wholly Other—almost：'Différance' and the Hyperbolic Alterity of God," 193–194.

③ John D. Caputo, *The Weakness of God*, 35.

一当然是那种赤裸的、前语言的、不可言说的偶像,这几乎就是古典神秘主义中的超本质。神秘主义者经常声称他们是从上帝的内心说话的,拥有一种绝对的知识或绝对的观点。我重视神秘主义表达了我们的无知,但我怀疑与达到这个绝对的观点有关。我们所说的上帝之死,其中一个重要含义是绝对中心之死,是对绝对观点之占有的死亡。这就是德里达批判否定神学的要点,他称之为超本质论,这也是为什么解构主义不是否定神学。①

否定神学与上帝之死都试图占据中心,将万物聚集于绝对的中心,印证了逻各斯中心主义的谬误。相反,事件神学所要求的"非知"(non-knowing)不是指否定一切人类的认识以便肯定关于上帝至高存在的先验知识(亦即"对更深真理的表达"②),而是指要求人类承认自身的有限性,将自身向事件的不可能性完全敞开,承认我们无法"以一种确定的方式"(预先)知道自己"不知道的事情",③采取"泰然任之"的态度对待一切。所以,"非知"没有像否定神学那样预设任何确定的上帝,对上帝予以"确定性赞美"(assured praise)④,而是侧重于上帝处于不可预见、不可掌控的到来之中,是一种"困难的荣耀"(difficult glory)。也因此,真正的信仰不是认信信念或者教义信条,不是对上帝的确知,而是充满着不确定性、困难性甚至危险性,盼望着不可预见的将要到来者,处于持久的不安之中。这是一颗"不安之心"的祈祷和泪水。

为此,卡普托强调,事件神学显示出我们追求的是"不可能性的可能性"而非马里翁的"不可能性的不可能性"(impossibility of the impossible),不是绝对的不可言说、外在于言说,而是在不可言说中言说,"我们无法避免言说上帝",也无法避免在言说中对上帝施加暴力,这就是语言的"绝境结构"(structure of aporia)。任何的神秘经验,都无法逃脱诠释学,都要求人言的解释,"很重要的事情正在发生,但问题是什么(正在发生)。我们应当以何种语词去言说什么正在发生?"⑤问题不在于人言是否可能,而在于何种人言方才可能,在于如何直面人言的可能性与不可能性之间的"绝境"。卡普托进

① John D. Caputo, "Spectral Hermeneutics: On the Weakness of God and the Theology of the Event," 117.
② John D. Caputo, "The Power of the Powerless," 115.
③ John D. Caputo, "Messianic Postmodernism," in *Philosophy of Religion in the 21st Century*, 160.
④ John D. Caputo, *Cross and Cosmos*, 266.
⑤ John D. Caputo, "The Power of the Powerless," 116.

而将马里翁的"没有存在的上帝"（God without being）修正为"没有上帝的上帝"（God without God）、"没有成为上帝的上帝"（God without being God）①，批评马里翁试图避开一切有条件的、相对的、有限的中介，不仅拒绝理性、概念、范畴的限制，而且逃离语言性、历史性、文本性（textuality）和语境性（contextuality），转而直接走向无条件性、绝对性、无限性。② 卡普托实际上是在强调：一方面，不能将上帝等同于"上帝"这个名称，不能将上帝等同于任何的认信宗教或者形而上学所理解与命名的"上帝"，因为"上帝"这一名称是一个指代着无法被完全表达的上帝的名称，一个不能完全含摄上帝的有限名称；但是另一方面，不能完全舍弃名称，不能以虔信主义的姿态去否定对上帝的命名，我们只能在"上帝之名"之下（under the name of God）方可言说上帝，"在这样的意义上，解构不是'先于'或者'超过'上帝之名……而是追随上帝，追随信仰"③，揭示言说的自体解构性。这凸显了我们必然处于语言的原初暴力（或者说"准暴力"［quasi-violence］）中，不可能也不应当完全脱离语言，回归列维纳斯、马里翁所憧憬的"纯粹非暴力"，语言的"纯粹暴力"与"纯粹非暴力"都是在逻辑上自相矛盾的概念，并且达成了共谋。语言的暴力不可能完全消失，而只能被最小化：

> 马里翁并没有发现任何非暴力之物，发现任何与我最初所说的本源性本体论暴力无关之物，发现那种在结构上从属于语言自身（并实际上构成语言自身）的暴力。"上帝之言"是一种隐喻。呼唤一种被启示的、非暴力的语言，呼唤上帝自身之言，实则已经令上帝屈从于隐喻的暴力，屈从于隐喻的语言和语言的隐喻。④

因此，我们不能忽视"启示者与启示、上帝与上帝之言、基督与《新约》的距离"，我们需要摆脱的，不仅是抽象概念与逻辑命题的暴力，而且是那种排

① John D. Caputo, *The Prayers and Tears of Jacques Derrida: Religion without Religion*, 67.
② John D. Caputo, "God is Wholly Other-Almost," in *The Otherness of God*, ed. Orrin F. Summerell（Charlottesville：University of Virginia Press, 1998），193 – 194.
③ John D. Caputo, *The Prayers and Tears of Jacques Derrida: Religion without Religion*, 67.
④ John D. Caputo, "How to Avoid Speaking of God：The Violence of Natural Theology," 142 – 143. 不过，马里翁在近年来对"被给予性"（givenness）的讨论中，越发强调它的非直接性、诠释学维度，着重于可见性与不可见性的交错。如在 2017 年的中国行中，他就曾解释："被给予并不是直接的，因为它构成了某种保留，既非可见的、也非不可见的，某种我称之为（在某些情况下可能会显现自身的）'未见者'之保留。因此我们就能够表明，有某种解释学的诉求呈现在给予现象学的所有层次上。"（［法］让-吕克·马里翁：《点评法国最近那些哲学争论》，邵奇慧第译，莫伟民校，载《法国哲学研究（第二辑）》，上海：上海人民出版社，2018 年，第 22 页。）

他的、绝罚的、沉默的否定神学暴力,[1]那种完全排除了历史性、语言性、含混性、混杂性的祈祷与赞美。那是一种极为可怕的神圣暴力,强化了上帝的超越与强力,重新回返本体—神学的窠臼。而能够最小化暴力、能够取代这种肯定神学与否定神学之暴力的言说方式,就是"诗学"。不同于否定神学将言说限定于认知的(cognitive)、述谓的(predicative)、述言的(constative)领域,"诗学"将转向述行性的(performative)、实践性的(praxical),[2]扩展至责任诗学、政治诗学、宇宙诗学。它将是第三章所要讨论的对象。

---

① John D. Caputo, "How to Avoid Speaking of God: The Violence of Natural Theology," 150.

② B. Keith Putt, "What do I Love When I Love My God: An Interview with John D. Caputo," in *The Prayers and Tears of John D. Caputo: Religion with/out Religion*, 160.

第三章

卡普托的诗学：解构"逻辑学"

在卡普托看来，事件诗学由事件神学与诗学共同构成。事件神学是克服本体—神学(本体—神—逻辑学)的第一步(事件对"本体—神"的克服)，第二步应当是以诗学来克服、弱化逻辑学。诗学聚焦我们应当以何种方式言说上帝，才能"消除那些将阻止事件发生的力量"①。由于第二章对事件神学的论述分疏了事件与"上帝"之"名"、事件神学与否定神学，肯定了言说的可能性，故而，这一章将聚焦如何言说。

那么，卡普托所说的"诗学"究竟是什么意思呢？欲理解卡普托的"诗学"，就必须了解它的概念谱系。众所周知，在古希腊语中，"诗"(poiesis)本指"制作"，"诗学"乃指"制作的技艺"，亚里士多德的《诗学》即阐述了关于诗的技艺的"诗学"。卡普托钟爱亚里士多德的《诗学》，②他对"诗学"的用法，固然借鉴了"poiesis"所蕴含的"制作"本义，但是不同意亚里士多德将其解释为"模仿"(mimesis)。卡普托对诗学的用法更主要是以黑格尔关于宗教与表象之关系的论述为直接基础，经由对黑格尔主义的解构而引出。

这是因为就"克服本体—神学"的时代语境而言，"诗学"在后现代宗教理论中占据着核心地位，黑格尔的"表象"与蒂利希的"象征"在一定程度上帮助揭示了诗学的特性，提供了可资借鉴的方法：

> 所有的后现代宗教理论都意图"克服形而上学"，拒绝那种支撑传统神学的经典形而上学逻辑。这些理论以不同的方式采取了语言学转向、文化转向或者诠释学转向，承认我们无法通达那些支配一切的、非历史性的、前语言学的形而上学原则。③

我们总是无法避免在语言的暴力中言说上帝，任何言说都不能离开诸如

---

① John D. Caputo, *The Weakness of God*, 2.
② John D. Caputo, *Against Ethics*, 62.
③ John D. Caputo, *The Insistence of God*, 66.

语言、历史、文化等中介，不存在与上帝、与世界的"赤裸的或无中介的接触"（naked or unmediated contact）①，"纯粹性""直接性"纯属幻觉。这就是言说的"绝境结构"。对此，卡普托通过对黑格尔的"表象"（德 Vorstellung/英 representation）、蒂利希的"象征"（symbol）乃至对当代黑格尔主义诠释学的解构，厘清了宗教与诗学的关系，"在有效根除传统神学中的'逻各斯'方面，这是仅有的一条道路"②，也被卡普托称为"异端黑格尔主义"（heretical Hegelianism）。③

因此，本章将首先考察卡普托如何在解构黑格尔、蒂利希乃至当代黑格尔主义者（如伽达默尔、保罗·利科）的基础上，提出他的"诗学"理论；其次，对卡普托的诗学内涵进行具体论述；最后探究事件诗学如何作为一种方法论，走向责任诗学、政治诗学乃至宇宙诗学。

3.1　诗学的起点："无头黑格尔主义"

卡普托认为，现代性本质上是黑格尔主义的产物，④对黑格尔的回应与后现代主义的出现，存在着密切关系，后现代主义不是反黑格尔主义，而是解

---

① Mark Manolopoulos, *With Gifted Thinkers*, 66.

② John D. Caputo, *The Insistence of God*, 66.

③ 笔者认为，卡普托如此着重"异端"的自称，并在其他很多地方反复使用（如"异端的现象学""异端的宗教""异端的弥赛亚犹太教"），原因有六：（1）最根本的原因是卡普托从"事件"的角度去思考"真理"和"异端"的问题，"异端"不等于"全然否定"，而是对"正统"的挑战和转化，是"重新打开和重新发明"传统，代表了那种解构既定范式的事件。这正代表着卡普托的解构立场；（2）卡普托从词源学上指出"正统"（orthodoxy）的古希腊词根是"正确"（orthe）与"意见"（doxa），意指的只是主观上自以为正确的意见（笔者需要补充的是，在词源学上，"异端"一词在古希腊作"hairesis"，最初指"选择"，故而与"正统"的性质相同，且无褒贬色彩）；（3）卡普托肯定"异端"的积极意义，指出自己研究的对象和心目中的英雄也都属于"异端"，并且强调"正统"往往表现为教条主义；（4）如果在当代基督教界内部考察"异端"一词，那么，可以发现由于卡普托强调自己深受福音派的误解与基要派的污蔑（事实上也确实如此），故而"异端"的自称充满反讽意味，既是卡普托对攻讦者的反驳，也是对自身立场的肯定；（5）如果在后现代神学语境中考察卡普托的用法，由于卡普托批判米尔班克等人的"激进正统"（radical orthodoxy）不是对正统的激进化，而是对正统的僵守，"正统"压抑了"激进"，那么"异端"便是直接针对"激进正统"；（6）卡普托更进一步强调所有假借"激进"之名的正统派（基督教、犹太教、伊斯兰教……），将会走向暴力，导致"激进的教义冲突和宗教冲突"（radical dogmatic and religious conflict）。

④ 毫无疑问，在哲学史上，"黑格尔"与"黑格尔主义"不能混为一谈，不过，在本书中，由于卡普托对黑格尔与黑格尔主义的解构，集中于他们共有的概念结构，同时也为了行文方便，故而，笔者以"黑格尔主义"来统称黑格尔与黑格尔主义，特此说明。

构黑格尔主义。卡普托对黑格尔、蒂利希、伽达默尔、利科的思想正是采取了这样的态度。事件诗学的建构,离不开对黑格尔的"表象"、蒂利希的"象征"乃至伽达默尔、利科等人相关概念的解构。解构黑格尔主义,或者说,对黑格尔主义采取"反向"读解,[①]乃是诗学的起点,包括两个方面:(1)凸显黑格尔主义所主张的宗教之"表象"特性;(2)解构黑格尔主义所执着的"绝对精神"、辩证法、"概念高于表象"。也因此,卡普托称自己的立场是对黑格尔主义的"斩首"(decapitation),是那种解构黑格尔精神哲学体系的"无头黑格尔主义"(headless Hegelianism)、"没有概念的无头黑格尔主义"(headless Hegelianism without the Concept)、"没有绝对知识的黑格尔主义",指出这是他与黑格尔背道而驰的转折点。精神哲学应当被事件诗学取代。

若将此置于西方现代思想光谱中,卡普托"无头黑格尔主义"的解构立场可以得到更为充分地显现:

(1)尽管卡普托并非最先使用"无头黑格尔主义"一词的人,美国学者阿兰·辛格(Alain Singer)此前曾用该词指代那种剥离了辩证法目的(telos)后的黑格尔主义,旨在将主体建构为一种"行动"(action),[②]然而,与之不同,卡普托的"无头"是要用"事件"去解构"主体",不是将主体恢复为行动的主体("施动者"[agency]),而是将"行动"解构为回应事件的"述行性"(perfomativity)。

(2)哈贝马斯将"无头的"(kopfloser)理解为缺乏理性的狭隘盲目,批评"无头渐进主义"(kopfloser Inkrementalismus)是违背了世界主义精神的短视表现,也是酿成欧洲政治社会危机的重要肇因,阻碍了欧洲的融合。[③]哈贝马斯仍然在"未竟的现代性事业"中讨论"无头"。与之迥异,卡普托的后现代"无头"不是虚无主义的表现,而是批判现代理性主义,要剔除"概念"(concept/Begriff)的主宰地位。

(3)卡普托将自己对黑格尔主义的解构,比喻为"斩首",显示出他实际上在用人体比喻黑格尔的哲学体系,用头颅比喻黑格尔的"绝对精神"。在后现代主义的思想谱系中,这种形象化的譬喻立刻让我们想起了乔治·巴塔耶(Georges Bataille,1897—1962)笔下的"无头者"形象——Acéphale。事实上,巴塔耶的"无头者"替代了尼采的"超人",直接针对自笛卡尔以来的西方

---

① John D. Caputo, *The Insistence of God*, 145.

② Alain Singer, *The Subject as Action: Transformation and Totality in Narrative Aesthetics* (Ann Arbor: University of Michigan Press, 1995), 10.

③ Jürgen Habermas, *Zur Verfassung Europas: Ein Essay* (Berlin: Suhrkamp, 2011), 41.

现代哲学精神,尤其是当时科耶夫所竭力推崇的黑格尔。① 无头者逃离了他的头颅,拒绝某种领导者的统领,巴塔耶虽然受到科耶夫对黑格尔的读解影响,但是又努力克服这种影响,反对黑格尔的辩证法,拒绝将和解(reconciliation)或综合(synthesis)作为终点,用绝对精神来禁止与主宰一切。而"无头"也让我们想起了拉康在批判现代性哲学时所提出的"无头主体化"(headless subjectification),即"没有主体的主体化"(a subjectification without a subject)②。实际上,卡普托一直反对齐泽克对拉康的黑格尔式解读,并且由于拉康的"实在"(real)概念容易被黑格尔主义读解为"绝对精神",故而卡普托还特别用"超-实在"(hyper-real)替代"实在"(real),抵制拉康的"想象—象征—实在"结构被齐泽克等同于黑格尔辩证法的三段论,③借此对黑格尔主义的读解予以"斩首",从而将拉康从黑格尔主义的阴影下解放出来。在批判现代主体主义和解构黑格尔体系的立场上,以"无头"为中介,巴塔耶、拉康与卡普托达成了某种契合。

同时,巴塔耶的"无头"也被用于对共同体的理解,借此解构以同一性为核心的现代共同体观念。巴塔耶的"无头的共同体"(headless community)否定"恺撒式统一"(caesarian unity),反对以某种领导一切、主宰一切的头颅来构筑共同体,拒绝"将一种强迫性的价值赋予共同体生活"。④ 巴塔耶追求真正的"普遍共同体"(universal community),"分解和排除"所有特定意识形态的共同体。⑤ "无头的共同体"深刻透露出后来备受推崇的"缺席"(absence)观念,与"没有共同体的共同体"(community without community)一道被布朗肖、南希、德里达等后现代思想家接受和进一步发展。卡普托的共同体观念不仅处于这一思想谱系中,直接受其影响,而且反对黑格尔的共同体观念,属于"无头黑格尔主义"的构成部分。

由此,卡普托的"无头"与巴塔耶的"无头"建立了一种既隐秘又显白的思想联系,共同表达了对现代思想的批判。"无头"不等同于上帝之死、人之

---

① Jeremy Biles, *Ecce Monstrum: Georges Bataille and the Sacrifice of Form* (New York: Fordham University Press, 2007), 5.

② Jacques Lacan, *The Ego in Freud's Theory and in the Technique of Psychoanalysis 1954 – 1955*, trans. Sylvana Tomaselli (New York and London: W. W. Norton & Company, 1991), 252.

③ John D. Caputo, *The Weakness of God*, 339.

④ Georges Bataille, "Nietzschean Chronicle," in *Visions of Excess: Selected Writings, 1927 – 1939* (Minneapolis: University of Minnesota Press, 1985), 210.

⑤ Georges Bataille, "Program (Relative to Acephale)," *October* 36, 1986: 79.

死,而是代表着对旧有形而上学的解构,正如巴塔耶对黑格尔不是简单的否定,而是重新的创造,无头黑格尔主义也是要重新打开黑格尔。

因此,梳理卡普托如何解构黑格尔主义,不仅为理解"诗学"的基本内涵奠定了基础,而且有助于揭示卡普托的"诗学"为何从最初就不是一个单纯的文学概念,反而在逻辑上必然最终会走向责任诗学、政治诗学乃至宇宙诗学,从而最终凸显事件诗学的方法论意义。

3.1.1 解构黑格尔的"表象"

关于黑格尔与后世的复杂纠葛,福柯曾有一段妙语:

> 要真正地逃离黑格尔,就必须准确地认识到我们为了远离他而需要付出的代价。它假定了我们意识到黑格尔在多大程度上……与我们接近……他伫立着,一动不动,等待着我们。①

这句话亦可描述卡普托与黑格尔的相遇历程。在很长一段时间内,卡普托对黑格尔以及黑格尔主义都采取了峻厉的批判态度。他在《激进诠释学》《对海德格尔的解神话化》等一系列前中期著作中,深受克尔凯郭尔、德里达等人对黑格尔之批判的影响,不仅指认黑格尔的"运动"是虚假的运动,因为他以"扬弃"去诠解和压抑"生成",以逻辑范畴去捆缚与否定运动流变,②而且主张黑格尔以"普遍性"同化(assimilate)"独异性"的做法必然失败,因为总是存在着拒绝被还原的碎片与残余。③卡普托故而指出黑格尔的思想代表了传统形而上学的顶点,④坚拒黑格尔的辩证法以及诸如"和解""扬弃"等相关概念。

不过,一方面,随着时间的推移,卡普托对黑格尔的理解逐渐深化;另一方面,事件诗学的内在逻辑促逼着卡普托重新审视黑格尔的思想贡献,于是,卡普托的态度发生转变,承认自己过去对黑格尔的误解太多,没有意识到自己实则受到了黑格尔的很大影响,黑格尔乃是事件诗学的"先驱"(predecessor)、"祖父"(grandfather)、"转折点"(turning point)。

① Michel Foucault, *The Archaeology of Knowledge and the Discourse on Language*, trans. Robert Hurley, Mark Seem and Helen R. Lane (New York: Pantheon, 1972), 253.

② John D. Caputo, *Radical Hermeneutics*, 5, 12–13.

③ John D. Caputo, *Demythologizing Heidegger*, 203.

④ John D. Caputo, "Kant's Ethics in Phenomenological Perspective," in *Kant and Phenomenology*, eds. Thomas M. Seebohm and Joseph J. Kockelmans (Washington: University Press of America, 1984), 129.

在此意义上，卡普托甚至极为夸张地自称"重生的黑格尔主义者"（a born-again Hegelian）①，将其与康德主义者相区隔。不过，即便如此，卡普托始终表示自己没有完全接受黑格尔的观点，决非正统的黑格尔主义者。对卡普托而言，黑格尔的最大贡献是他的宗教表象观。所以，如果要对卡普托的黑格尔解释史进行断代，那么，或许可以说前期的卡普托主要是批驳《精神现象学》中的形而上学体系建构者黑格尔，后期的卡普托更关注黑格尔《宗教哲学讲演录》（*Lectures on Philosophy of Religion*）对"表象"的论述。②

　　一方面，卡普托积极肯定黑格尔的"表象"的重要价值，代表了正确进入宗教的第一个版本。在卡普托看来，黑格尔反思和批判了启蒙运动的宗教

---

① John D. Caputo, *The Insistence of God*, 87.

② 卡普托虽然早期经常提及"表象"（Vorstellen），却几乎都是在海德格尔所批判的"表象性思维"（representational thinking）意义上使用的，即主体根据自身发明和建立的结构，向外（vor）为自己"设定"（stellt）存在，以此把握存在，并基于此，将"表象"与"集置"（Ge-stell）联结。卡普托还指出罗蒂所谓的"自然之镜"（mirror of nature）即此表象性思维（John D. Caputo, "The Thought of Being and the Conversation of Mankind: The Case of Heidegger and Rorty," 664）。青年卡普托还曾将此应用于对神秘主义的理解上，认为神秘主义是一种对存在的"非表象性"经验。尽管海德格尔的"表象"与黑格尔颇有关系，但是与海德格尔一样，青年卡普托对"表象"的使用指涉主体性哲学的客体化思维、概念性思维，采取了批判的态度，并不直接针对宗教。为示区分，在谈及黑格尔的"表象"时，卡普托常用意涵相近的其他词语指代，如"pictorial way"（John D. Caputo, *The Mystical Element in Heidegger's Thought*, 259）。倒是一个例外用法，不经意间透露出卡普托日后对这一概念的解构式"占有"（appropriation）（而非完全否定这一概念）：这个例外出现在对德里达与胡塞尔之争的讨论中。在卡普托看来，胡塞尔追求无符号中介的原初在场，认为回忆的滞留（retention）保留了原初经验和印象，远高于"representation"，与之相反，德里达为了打破在场形而上学，选择在最宽泛的意义上使用"representation"，将其理解为"踪迹"（trace），故而，在场是"踪迹"的效应，迥异于在场形而上学所理解的"再现"／"再—在场"，由此，德里达的观点也就与克尔凯郭尔的"重复"（repetition）相互契合。（John D. Caputo, "The Age of Repetition," 171 - 177.）事实上，德里达后来也从相近的角度（the unrepresentable 不仅是不能 represent，更是禁止 represent），讨论了黑格尔和海德格尔的"representation"。[Jacques Derrida, "Sending: On Representation," in *Transforming the Hermeneutic Context: From Nietzsche to Nancy*（Albany: State University of New York Press, 1990），134 - 137.]此时，卡普托虽然不是在宗教与表象的意义上使用"representation"，但他对"representation"的解构式用法，客观上影响了他后来对这一概念的使用和解释。卡普托第一次明确在宗教与表象之关系的意义上使用"表象"，出现在 1997 年的《德里达的祈祷与泪水》一书中，不过讨论的是马克思的宗教观。卡普托指出，在马克思那里，宗教的本质是"心灵的表象"（mental representation[Vorstellung]）在世界的异化。这其实也可以被视为卡普托第一次提及黑格尔的"表象"，因为卡普托非常清楚马克思的用法直接得自费尔巴哈（宗教是人的本质的外化、对象化）、源头则是黑格尔（卡普托曾指出费尔巴哈通过对黑格尔的"转化式批评"，开启了"上帝之死"的"第一纪"[First Age]，影响了马克思）。此后，卡普托在著作中对黑格尔的"表象"进行了详细的探究，并且常常将"表象性思维"替换为"计算性思维"（calculative thinking），尽量避免与黑格尔的"表象"混淆。

171

观,既没有像康德那样通过"单纯理性限度内的宗教"(亦即"否定知识来为信仰腾出空间")去重复有神论与无神论、宗教与理性的二元论,也没有像一些启蒙时代的理性主义哲学家那样,将理性还原为"抽象的、形式的、无历史的概念",借此否定宗教。同时,黑格尔拒绝基督教的护教学与信仰主义,反对超自然主义。相反,黑格尔基于"具体的普遍性"观念,承认宗教的价值,指出"宗教是通向与真理相关的事物的重要线索"①,提出宗教是"表象",从而打破了启示神学与理性神学的二元论,不再将基督教的主题如三一论、道成肉身、被钉十字架、复活和升天视为超自然的奥秘,而是予以解神话化、解神秘化,承认我们能够通过中介("表象")去认识上帝,上帝也通过作为中介的"表象"去呈现自己,②通过具体的个体(基督)进入时空(道成肉身),从而显现自身。这是一个令传统基督教"坐立不安"的激进观念,是对基督教道成肉身思想的重新打开与重新发明,描绘了一幅"生成中的存在,时间中的永恒,内在中的超越,尘世中的天国"的图景。黑格尔的"表象"不同于 19 世纪哲学的主流用法,即"表象等于任何一种类型的意识,感觉的、概念的和思想的意识",而是更侧重于其与抽象概念、具体感觉的差别。③

卡普托敏锐捕捉到这种差异,不仅强调"表象"不同于"纯粹感官的"(purely sensuous)艺术"直觉",更进而常常将黑格尔的"表象"英译为"depiction""figurative presentation"乃至"picture""imaginative figure""an imaginative-sensuous representation",④强调其与(譬如图像的)"exhibition"或"presentation"的关系,⑤借此尽力凸显宗教"表象"与哲学"概念"(*Begriff*)(也被卡普托称为"概念分析")的区别。在卡普托看来,"表象"意味着对上帝的认识与言说既不是纯然感性的艺术描写,也不能采取概念分析或者逻辑命题的方式。

但另一方面,黑格尔的宗教表象观仍存在诸多缺陷,他在给理性主义和基督教双方都带来"坏消息"(宗教被视为"表象")的同时,仍然给双方保留了"好消息",即不仅承认绝对真理("绝对精神")是表象的终极对象,而且强

---

① John D. Caputo, *Truth*, 150.

② John D. Caputo, "The Invention of Revelation: A Hybrid Hegelian Approach with a Dash of Deconstruction," in *Revelation*, eds. Ingolf U. Dalferth and Michael Ch. Rodgers (Tübingen: Mohr Siebeck, 2014), 74 - 75.

③ [美] 弗雷德里克·拜塞尔:《黑格尔》,王志宏、姜佑福译,北京:华夏出版社,2019年,第 373 页。

④ John D. Caputo, *The Insistence of God*, 87 - 116.

⑤ John D. Caputo, *Philosophy and Theology*, 58.

调对绝对真理("绝对精神")的认识必须遵从由"表象"上升至"概念"的目的论。换言之,黑格尔采取了妥协的态度,既没有对基督教进行更为激进的改造(即对强神学的上帝概念进行弱化),也未能真正超越启蒙运动的理性主义,仍然服从理性的"恐怖"(即理性是一种至高无上的体系,宰制所有事物并凌驾其上),坚持"概念"高于"表象"。① 故而,在此种始基—目的论的主宰下,差异的游戏总是受制于绝对精神的必然规则,没有任何偶然性可以挣脱目的论,没有任何未来能够超越在场状态,绝对精神通过"逻辑"的"收束""监视"与"预知",排除了不可预见、僭逾必然目的的事件的发生,②"表象"放弃了自身对上帝的"非知"(non-knowing),放弃了对不可能性的激情、对不可预见之未来的敞开,放弃了对概念逻辑的批判。

为了解构黑格尔的这种形而上学思想,卡普托主张采用"事件"(幽灵事件)替代"绝对精神",用"事件诗学"代替黑格尔的精神哲学,拒绝黑格尔的绝对精神由艺术、宗教直至哲学的哲学体系,反对从直观、表象走向概念的宏大叙述。卡普托强调艺术、宗教、哲学三者间的等级关系,必须以一种"非辩证性的"(non-dialectical)的方式予以拆解,三者是"原初平等的形式"(equi-primordial forms)而非目的论的"渐次上升的阶梯"(an ascending ladder),是三种视角、三种真理事件,而不是绝对精神螺旋上升的三种等级阶段,三者"既可分离又不可分。既相异又相互渗透,既独一无二又相互作用"。相较于巴丢将宗教排除于"真理程序"(truth procedure)之外,卡普托将宗教纳入其中,但这不是本体神学意义上的认信宗教,而是一种"没有宗教的宗教"。这种宗教应当"是一种没有概念的表象,是一种不承认形而上学阐述的描绘",表象不会遵循精神哲学的辩证法,不会诉诸任何对自身的"终极解释"(绝对精神),故而朝向对黑格尔体系的"斩首"(decapitation)而非"重申"(recapitulation),趋向"没有概念的无头黑格尔主义"。③

3.1.2　解构蒂利希的"象征"

卡普托自称"后蒂利希主义者",一方面将保罗·蒂利希视为自己心目中最重要的"正牌"神学家、"神学英雄",肯定蒂利希的象征论(即文化神学)

---

① John D. Caputo, "Forget Rationality: Is There Religious Truth," in *Madness*, *Religion and the Limits of Reason*, eds. Jonna Bornemark and Sven-Olov Wallenstein (Stockholm: Södertörn Philosophical Studies, 2015), 32.

② John D. Caputo, *The Insistence of God*, 21.

③ John D. Caputo, *The Insistence of God*, 92.

发展了黑格尔的宗教表象论,将"诗学"拓展至包括宗教在内的各种文化形式,堪称事件诗学之父;另一方面批评蒂利希未能脱离德国观念论(German Idealism)的影响,①作为象征论基础的"终极关怀"(ultimate concern)、"存在的根据"(ground of being)等思想仍陷溺于本体—神学的窠臼中,导致了象征论的局限性。

具体而言,一方面,蒂利希的"存在的根据"正确地拒绝将上帝视为存在者或者实体,揭露了神学的边界,指出了无神论反对的是将上帝化约为存在者或者实体,甚至堪称对这种理解模式的真正适当的"神学回应",无神论不是"神学的终结"而是"神学的开端"②。因此,蒂利希的立场乃是"后有神论的"③。蒂利希由此提出"终极关怀",它指向"存在的根据"。卡普托称赞蒂利希的"终极关怀"展现了我们最深层的关怀,它"烧毁知识与安全的幻象","令我们最深层的存在暴露于怀疑、未知与不确定性之中","被我们缺乏语言描述的无条件性所掌控"。④ 在此基础上,蒂利希提出了"相关互应神学"(correlational theology),迥异于卡尔·巴特坚守"绝对超越性"的"宣教神学",强调"上帝总是为了我们的上帝,我们总是为了上帝的我们"(God is always God-for-us and we are always we-for-God)⑤,要求打破超越性与内在性、"超自然的启示"与"自然的人类"、神圣与世俗、有神论与无神论的二元论。

此种相关互应具体表现为"象征",这是对神圣性与超越性的具体化、中介化。卡普托指出蒂利希一直在寻找以最小限制的方式、最少条件性的语言

---

① 在此需要说明的是,卡普托深知蒂利希受到谢林(被卡普托追认为事件诗学的"叔祖")的影响,但他指出黑格尔的影响同样十分关键,为蒂利希的"文化神学"奠定基础。卡普托十分清楚黑格尔与谢林的区别,尤其是谢林身上所蕴含的激进色彩甚至为后现代主义奠定了重要基础,但是他同时肯定二者思想的共通之处(譬如在其博士论文中指出黑格尔与谢林都试图用"绝对"来弭平人与世界[谢林的术语是"自然"]的分裂对立 [John D. Caputo, *The Way Back into the Ground: An Interpretation of the Path of Heidegger's Thought*, 197]),故而,卡普托没有对二者予以特别区分,而是将二者统归于"德国观念论"这一范畴,聚焦二者共享的基本意义结构,借此强调蒂利希是被德国观念论的这种意义结构所深刻影响的。但同时,卡普托也指出可以借助谢林关于"深渊"的思考,重释蒂利希,激进化蒂利希的思想,克服"存在的根据"等观念中的本体—神学色彩。

② John D. Caputo, "Proclaiming the Year of the Jubilee: Thoughts on a Spectral Life," 31.

③ Amy Frykholm, "A Restless Search for Truth," 33.

④ John D. Caputo, "Let it Blaze, Let it Blaze: Pyrotheology and the Theology of the Event," 342 – 343.

⑤ John D. Caputo, *Philosophy and Theology*, 15.

去言说上帝,①而不是像巴特那样"鄙视"(contempt)、"贬低"(degrade)表象的中介。② 对于蒂利希而言,我们虽然无法寻找到没有任何限制和条件性的"终极陈述",但是可以通过有限的方式("象征")去言说"无条件者"(the Unconditional)。③ 由于"象征"不同于"被象征者",上帝只是"存在的根据"而非"不动的推动者"(第一因),故而"象征"不同于经院哲学主张的"类比"。④"宗教"是对"终极关怀"的象征,其中的"天国""永生""最终审判"等只是象征。⑤ 不存在完全不依赖象征的"启示性超级知识"(revelatory super-knowledge)。这帮助我们批判了字句主义、超自然主义、魔法幻术实在论(thaumaturgical realism)。更重要也更激进的是,由于神学与文化相关互应,一方面,文化"总是已经是神学的"(always already theological);另一方面,神学嵌入文化的深层结构之中,⑥故而,蒂利希将"象征"从宗教拓展至文化,"宗教发生在所有地方——上帝可以发生在所有地方——甚至并且尤其发生在日常的所谓世俗秩序中",不仅"宗教"是象征,文化也是象征,表现为艺术、文学、科学、政治乃至私人生活等各种文化类型,从而走向了文化神学(蒂利希主义者有时称为"世俗神学"),⑦"宗教信仰是一种被历史性继承的象征系统,一种看待那些由文化传统与文学传统而来的事物的诠释方式与象征方式"⑧。因此,卡普托称赞蒂利希"为我们正确分析了世俗文化,并提供了世俗神学的基础"。⑨ 蒂利希的文化神学是对黑格尔的宗教表象观的进一步发展。

但另一方面,卡普托批评蒂利希的"象征"带有浓厚的黑格尔主义色彩,蒂利希仍然采取了本体论进路。卡普托对蒂利希著作的援引最早出现在《海德格尔思想中的神秘主义元素》中,援引的对象是蒂利希的《宗教哲学的两种类型》(*The Two Types of the Philosophy of Religion*)。在卡普托看来,蒂利希判别了本体论进路与宇宙论进路,虽然没有要求消灭宇宙论进路,但是确实主张宇宙论进路从属于本体论进路。卡普托此时便已经意识到蒂利希神

---

① John D. Caputo, *The Folly of God*, 20.
② John D. Caputo, *The Insistence of God*, 181.
③ John D. Caputo, "Spectral Hermeneutics," 186.
④ John D. Caputo, *The Folly of God*, 16.
⑤ John D. Caputo, *The Weakness of God*, 332.
⑥ John D. Caputo, *The Folly of God*, 40.
⑦ John D. Caputo, *Hoping Against Hope*, 39.
⑧ John D. Caputo, "The Power of the Powerless," 143.
⑨ John Caruana and Mark Cauchi, "The Insistence of Religion in Philosophy: An Interview with John D. Caputo," *Symposium* 20, no. 1 (2016): 27.

学的本体论倾向。嗣后,卡普托对蒂利希的本体论倾向展开了更具体的批评。

在卡普托看来,蒂利希的"存在的根据"虽然拒绝将上帝等同于存在者或实体,但是实则将上帝视为"存在者的存在"(Being of beings),即存在者的"内在本质""根源和基础",赋予了上帝以"本体论的力量"(ontological power)和地位。[1] "存在的根据"以全能强力的"深度"(depth)扮演了全能强力的"高度"(height),沿袭了本体—神学的逻辑,决非无根据的"事件"。由于"绝对精神"可以被解释为一种决定个体的"深层根据",故而,蒂利希的"存在的根据"在本质上是"绝对精神"的变体,是黑格尔思想的延续,"蒂利希在这一点上是优秀的黑格尔主义者",重蹈覆辙。[2] 正是由于"存在的根据"的这种缺陷,"终极关怀"沦为"可被确认"的"近极关怀"(proximate concern),变成对"始基"(确定性与同一性)的关怀,不再是"不可还原的甚或无条件的欲望","存在的勇气"沦为"本体论勇气",不再是对不确定性的冒险。[3] 真正的勇气应当是"对敞开性的勇气、面对无法含摄者时恐惧与战栗的勇气,对不可预见者的勇气,征服我们本体论旷野恐惧症的方式"[4]。美国学者卡尔·拉舍克(Carl A. Raschke)认为蒂利希不同于卡普托的地方在于,"存在的勇气"是蒂利希的"存在论笛卡尔主义"的产物,是一种"对上帝信仰的自我信靠"[5]。这一观点较为准确地捕捉了二者的差异。于是,"象征"变成了对"绝对精神"的"表象",陷入旧有的黑格尔困境中:

> 对于所有蒂利希谈论的我们关于上帝的语言的象征特性,他的理论……处于黑格尔的历史观中,历史被视作对更加强力和神圣的绝对精神的转写、传播和翻译。[6]

---

[1] John D. Caputo, "Beyond Sovereignty: Many Nations Under the Weakness of God," 30.

[2] John D. Caputo, *The Insistence of God*, 144.

[3] 蒂利希特别划分"终极关怀"与"近极关怀",然而,卡普托通过揭露蒂利希思想中的本体—神学色彩,指出了蒂利希的"终极关怀"本质上还是"近极关怀"。若将弥赛亚性等同于具体的弥赛亚主义,将会产生恐怖的后果,同样,无限的"终极关怀"一旦被化约为有限的、封闭的"近极关怀"(不管是对某种"始基"的追求,还是对日常事物的迷恋),便会沦为偶像崇拜,并产生一种排他性、同一性的暴力。于是,在笔者看来,这便可联结到弗莱(Northrop Frye)以"初级关怀"(primary concern)、"次级关怀"(secondary concern)来延展"终极关怀"的做法。关于蒂利希与弗莱对"终极关怀"的讨论,参见杨慧林:《"终极"问题的由来与延展——从文学和哲学领悟"终极关怀"》,载《基督文化学刊》,2020年第44辑,第1—8页。

[4] John D. Caputo, *The Insistence of God*, 8.

[5] Carl A. Raschke, *Postmodern Theology: A Biopic*, 114.

[6] John D. Caputo, "Spectral Hermeneutics," 84.

于是,随之而来的后果是:尽管蒂利希反复强调"象征"有别于"被象征者"、"象征"不同于"类比",但由于上述黑格尔思想的影响,蒂利希的"相关互应"(correlation)等同于黑格尔的"和解"(reconciliation),象征与被象征者的差异消失,二者关系(亦即神人关系、神学与文化的关系)偏向一端,陷入蒂利希自己批判的偶像崇拜与半渎神。基于此,卡普托批评蒂利希倾向于将象征局限于宗教领域,令宗教象征高于其他的一切文化象征,"过分试图令上帝之国与存在的词汇达成和解"[①],沦为"神学沙文主义"(theological chauvinism)。

卡普托的批评并非无稽之谈,譬如我们可以发现在《宗教象征》("The Religious Symbol")一文中,蒂利希就着力凸显宗教异于、高于艺术和科学。[②]这意味着蒂利希只是令宗教象征篡夺了哲学概念的至高地位,却并未解构黑格尔主义的逻辑结构与等级秩序,换言之,宗教表象的第一性又从内部重复了黑格尔的哲学、宗教、艺术的等级制。此外,我们也应当注意到,虽然蒂利希将"象征"拓展到一切文化类型,呼应了第二章提到的卡普托要求将巴丢的"真理程序"从四种类型增殖至无数种类型的做法,但是由于蒂利希的"象征"仍然局限于人类文化范畴,甚至将宗教象征置于其他类型之上,故而,卡普托嗣后提出的"宇宙诗学"实则也是对蒂利希文化神学的发展与超越。事实上,对于作为事件的上帝而言,任何的象征都是有限的,都只是上帝之"名"。神学的追索不应演变为"基础本体论"[③],包括神学在内的"任何学科在其自身所提出的问题的压力下,会裂开巨大的缝隙"。[④] 故而,对本体—神学的克服是对世俗主义的反思与批判,事件诗学所要走向的不是世俗神学,而是后世俗神学,是超越神学沙文主义、人类中心主义的后世俗神学。

3.1.3 解构当代黑格尔主义诠释学

卡普托还对被他视为"黑格尔主义者"(有时也称为"准黑格尔主义者")的伽达默尔和"后黑格尔主义者"的保罗·利科进行了解构,以此将"诗学"与伽达默尔的"理解"、利科的"mythos"相互区隔。在卡普托看来,二者的黑格尔主义色彩过于正统,未对黑格尔予以激进解构。

---

① John D. Caputo, *The Weakness of God*, 339.
② Paul Tillich, "The Religious Symbol," *Daedalus* 87, no. 3 (1958): 3-21.
③ 虽然"fundamental ontology"一般被中译为"基础存在论"(因海德格尔的《存在与时间》而为人所知),但是为了与本书讨论的"本体—神学"的译名保持一致,笔者在此将其译为"基础本体论"。
④ John D. Caputo, *The Weakness of God*, 339.

具体而言,卡普托自始至终都将伽达默尔视作当代黑格尔主义的旗帜。他虽然没有否定伽达默尔对诠释学发展的巨大贡献,但是认为伽达默尔的正统黑格尔主义使其局限于本体—神学中,卡普托力图对伽达默尔的思想予以激进化。一方面,卡普托指出伽达默尔的诠释学认可了语言的主体间性,肯定了对话的重要性,"在克服历史形而上学与自我意识形而上学的方向上,开了一个有益的头"①,也因此,诠释学与解构并非势同水火,例如伽达默尔的"善良意志"与德里达的"友爱"均主张向他者敞开,存在诸多相似之处。② 另一方面,伽达默尔虽然接受了海德格尔的主张,关注历史和语言,肯定了人类理解的历史性和语言性,却将其置于黑格尔主义的框架中,故而他的诠释学乃是"深陷于黑格尔与柏拉图阴影下的海德格尔诠释学"③。依循黑格尔的"历史乃绝对精神的一种现身方式"的观念,伽达默尔将传统视作"不朽真理"或"永恒真理"的载体,历史的背后隐藏"深层本质"或"深层真理",④故而,既未揭露传统中过去的深渊,也未令传统向不确定的未来敞开,用"多种传统"代替传统主义。⑤ 卡普托诉诸事件观,批评伽达默尔"关注在传统中被赠予了什么……却没有关注赠予过程本身,没有关注在传统中并作为传统而穿行通过的无蔽事件"⑥,真理总是被传统所安全地传递着。与此对立的"实际性"随之被伽达默尔纳入此种黑格尔主义结构,遭到驯化。⑦ 诠释学的任务沦为对始基、原则或图式的应用。

所以,理解的有限性既是这种"隐秘的本质主义"(closet essentialism)的结果,也是对"隐秘的本质主义"的进一步确认。由此产生的"视域融合"(fusion of horizons),重视在场而非缺席,趋向安全的确定性而非冒险的不确定性。伽达默尔自己也曾表示"表象"是"再—再现",事物由于被"表象/再—再现/再—再—在场"(re-represented)而得以"在场"(present)。⑧ 因此,

---

① John D. Caputo, "Gadamer's Closet Essentialism: A Derridean Critique," in *Dialogue and Deconstruction: The Gadamer-Derrida Encounter*, ed. Richard Palmer (Albany: SUNY Press, 1989), 264.

② John D. Caputo, "Good Will and the Hermeneutics of Friendship: Gadamer and Derrida," *Philosophy & Social Criticism* 28, no. 5 (2002): 512–513.

③ John D. Caputo, *Radical Hermeneutics*, 111.

④ John D. Caputo, "Gadamer's Closet Essentialism: A Derridean Critique," 261.

⑤ John D. Caputo, *Radical Hermeneutics*, 111.

⑥ John D. Caputo, *Radical Hermeneutics*, 114.

⑦ John D. Caputo, "Firing the Steel of Hermeneutics: Hegelianized versus Radical Hermeneutics".

⑧ Hans-Georg Gadamer, "Religious and Poetical Speaking," in *Myth, Symbol, and Reality*, ed. Alan M. Olson (Notre Dame and London: University of Notre Dame Press, 1980), 93.

强调对他异性的调和(mediation)，只会趋向预设的共识，不会打破深层结构所给予的限定，①被卡普托视为黑格尔的"'扬弃'的诠释学版本"②。循此逻辑，对上帝的理解是对无限真理的有限理解，即便呈现为多种形式，即便每种形式地位平等，没有高下之判，却始终受限于历史与语言背后隐藏的"深层本质"或"深层真理"，信仰与"实际性"脱离。也因此，伽达默尔既继承又背离了海德格尔所强调的观点："神学属于语言的历史和历史的语言，神学不能断然消解此种联系。"③

总而言之，对卡普托而言，伽达默尔的思想"不是排除了绝对精神的黑格尔主义，而是绝对精神缺乏绝对表达的黑格尔主义"④，受限于这一黑格尔主义体系，虽然肯定理解形式的多元性，却没有排除黑格尔主义所预设的理解对象和理解逻辑，未能挣脱绝对精神与辩证法的支配，故而迥异于自己的"诗学"。⑤

而依卡普托之见，保罗·利科批评了"logos"，主张用"mythos"加以替代，⑥肯定了迥异于逻辑概念的叙述、故事和神话之重要价值，它们"总是给予我们某些需要思考的事物"⑦。卡普托承认自己的诗学从利科对叙述和神话的分析中，受益匪浅。⑧ 虽然比较遗憾的是，卡普托没有详细解释利科如何影响了自己的事件诗学，不过，倘若联系卡普托的事件诗学，我们可以大致推论出利科对卡普托的影响可能表现为：肯定隐喻、叙述、故事、神话的价值，承认它们可被作为言说上帝的方式，诗学高于概念逻辑，关乎盼望，关乎激情，尽管卡普托侧重于对"不可能性"（或者说"不可能性的可能性"）的激情，不同于利科对"可能性"的激情。

然而，卡普托批评利科接受了黑格尔辩证法的"和解"(reconciliation)，

① John D. Caputo, "Good Will and the Hermeneutics of Friendship: Gadamer and Derrida," 519.

② John D. Caputo, *Radical Hermeneutics*, 96.

③ John D. Caputo, "Heidegger's God and the Lord of History," 461.

④ John D. Caputo, *Radical Hermeneutics*, 111.

⑤ 对于卡普托这样的批判，James Risser 曾做出回应，借此维护"传统"的概念："当卡普托暗示无论传统何时再次开始言说，我们都仅仅拥有精神(Geist)的无限展开时，他未曾看到传统与集体性主体无关，传统仅仅是单个文本的集体名称。传统是伊利格瑞、拉康、马尔科姆·X 以及柏拉图、亚里士多德的文本。传统的整体性与其说是构成经验的，不如说是调节经验的，因为每一种言说都是一种新的声音。"(James Risser, *Hermeneutics and the Voice of the Other: Re-reading Gadamer's Philosophical Hermeneutics* (Albany, New York: State University of New York Press, 1997), 138.)

⑥ John D. Caputo, *The Insistence of God*, 63.

⑦ John D. Caputo, *Cross and Cosmos: A Theology of Difficult Glory*, 59.

⑧ John D. Caputo, *The Insistence of God*, 275.

将差异整合进那种"深层的支配一切的统一性"①中。利科的这一立场贯穿其学术生涯，从最初对自由与自然之关系的讨论，到后来对叙述的探究。利科"不仅信仰统一性，而且始终认为他能够论证它"②，他在讨论三大现代"怀疑大师"（马克思、尼采和弗洛伊德）时，努力将他们与黑格尔加以和解，完全忽视三者指出了人类意识中无法被治愈的伤口，③溢出了黑格尔的形而上学体系，揭示了那种迥异于辩证法之"否定"、故而无法被和解的"含混性"（ambiguity）。利科念兹在兹的是依循黑格尔的辩证逻辑，调和含混性与理性：

> 含混性是理性生活的否定性时刻……当你努力调和理性与含混性、先验理性与实际处境性，宣称能够监管这一冲突的时候，你实际上就已然站在了先验理性的一侧，宣称了拥有更高的先验辩证有利位置，表明了一种超然于含混性潮水之上的立场，能够探究一切，探究不同方面，能够同时探究不同方面。对调和先验理性与含混性的辩证欲望，已然是一种先验调和的行为，屈从于先验理性。④

于是，诗学的含混性也被辩证逻辑的先验理性所融摄，对卡普托而言，利科的观念在神学上造成的后果，就是试图在辩证法的模式下，将信仰收摄入更高的先验理性之中，扬弃意识中无法被治愈的伤口、生活中无法被驯化的"实际性的处境性"，令信仰丧失"极端的不安全性""如果信徒诚实的话，那么他或她并不知道他或她是否信仰上帝——因为正如我们所说的那样，自我是一个结合体而非个体；因为无意识等等"⑤。利科所提倡的"解释之冲突"（conflicts of interpretations）也会由于这种黑格尔主义而陷入自相矛盾的境地，⑥不仅无法解构伽达默尔的"视域融合"这一黑格尔主义概念，而且可能会被还原为辩证法的一环。

在此意义上，卡普托实际上是在说：利科的"mythos"尽管肯定了非概念

① James L. Marsh, John D. Caputo and Merold Westphal, "A Philosophical Dialogue," in *Modernity and Its Discontents*, 157.
② James L. Marsh, John D. Caputo and Merold Westphal, "A Philosophical Dialogue," 158.
③ James L. Marsh, John D. Caputo and Merold Westphal, "A Philosophical Dialogue," 158.
④ John D. Caputo, "Caputo Reads March: In Defense of Ambiguity," in *Modernity and Its Discontents*, 4.
⑤ James L. Marsh, John D. Caputo and Merold Westphal, "A Philosophical Dialogue," 158–159.
⑥ John D. Caputo, "Caputo Reads March: In Defense of Ambiguity," in *Modernity and Its Discontents*, 11.

化言说方式(如叙述、隐喻、象征)的意义与价值,然而预设了表达的先验原则、表达的确定对象乃至表达的最终结果,"含混性""多元性"被要求"和解","解释的冲突"未能走向"差异的游戏",违背了事件神学的精神,不能真正成为言说上帝的方法。

3.2　诗学的基本内涵

通过卡普托对黑格尔、蒂利希、伽达默尔和利科的解构,或者说"非辩证法的"(non-dialectical)读解,我们可以发现,关于如何言说的问题,卡普托的探究聚焦于言说对象与言说方法两个方面。

对卡普托而言,黑格尔、蒂利希的主张可被视为对中世纪托马斯·阿奎那的类比(analogy)理论的弱化:

> 阿奎那将上帝当作行事或制作事物的行动者,当作做出决定的人,当作选择推动事物的推动者(当然,是第一或者"首要推动者"),当作一切事物的"第一因"。阿奎那坚持认为所有这些语言是专有却又类比的。但是对蒂利希而言,这应该更加弱一些,不是专名,而是隐喻,不承认这一点,就会陷入"神话"。我认为蒂利希说得很对,他说像这样谈论上帝,仿佛上帝是人格施动者,把上帝人格化,其实是用一种不可避免却又"象征的"方式来谈论在我们生活和现实中最深层次的东西。当我们从字面上理解象征、忘记象征只是象征的时候,神话就开始了。[①]

黑格尔与蒂利希的弱化工作,虽然破除了神话学的影响,避免将上帝人格化、偶像化,并承认了言说方式的多元性,但是并未完全摆脱黑格尔主义的内在限制,仍需要被更进一步弱化。也正因此,卡普托才会宣称自己的观点是"无头的黑格尔主义"或者"反向的黑格尔主义"(Hegelianism in reverse),即肯定"表象"的方法,但拒绝"表象"所依赖的"头"("绝对精神"),反对表象屈从辩证法逻辑,否定哲学概念高于宗教表象(即从直观、表象到概念的宏大叙述);也才会在肯定蒂利希的文化神学的同时,批判它的黑格尔主义色彩,并进而对伽达默尔和利科的诠释学进行批判。

为此,卡普托提出了他的弱化方案:"诗学",并将其称为"也许的诗学"

---

① John D. Caputo, *The Folly of God*, 15.

（poetics of perhaps）、"发生在'上帝'之名中的事件的诗学"（poetics of the event that is taking place in the name［of］"God"）、"不可能性的诗学"（poetics of the impossible）。事件诗学不是要让诗学从属于神学,成为"神学的婢女"（handmaiden of theology）,而是要将广义的诗学概念引入神学,改造神学,作为一种解构的方法,而不是限制的方式。

就像对"表象"一词的用法变迁过程一样,卡普托最初也是在究析海德格尔思想时使用了"poetic"一词,并将其对立于基于表象性思维的概念言说和逻辑命题,视为海德格尔克服形而上学的重要方法。譬如在公开发表的学术处女作中,卡普托就提出海德格尔前后期都力图用"诗性言说"（poetic talk）对抗概念化、反对表象性语言。其后他多次肯定海德格尔用诗学来批判传统形而上学的做法。此后的《海德格尔思想中的神秘主义元素》等论著循此观点,继续申说,指出诗歌语言不仅拒斥表象思维的命题话语（propositional discourse）、技术语言（technological language）,而且否定肤浅的日常语言（ordinary language）。不过,随着《反对伦理学》《对海德格尔的解神话化》的出版,情况发生了变化。卡普托指出海德格尔的"诗性言说"无视实际性生活的具体苦难,走向了对本源、始基或"存在的神话"的追求,沦为"光耀美学"（phainesthetics）。在此背景下,卡普托试图进一步发展德里达《书写与差异》中对诗人（尼采）与拉比（卢梭）两种不同诠释类型的调和工作,提出用"诗学"（poetics）取代"逻辑学"（logic）,指出"诗学"不是一个狭义的文学概念,而是一种关注实际性生命、解构根据或原则的方法,可以被用于对伦理、政治等领域的研究。换言之,"诗学"乃是一种克服本体—神学的方法。这也是卡普托后来的一贯主张。此后,卡普托逐渐在解构黑格尔的"表象"、蒂利希的"象征"等基础上更进一步地探究"诗学"。需要指出的是,尽管卡普托对"诗学"的用法存在上述变化,然而他始终未曾放弃借助"诗学"去批判概念逻辑进而克服本体—神学,正是这一点使得他对诗学的理解具有一种深层的连贯性。

本节对"诗学"的讨论,将在卡普托解构黑格尔主义的基础上展开,分别探究诗学的对象（"神圣无序"［sacred anarchy］）①、诗学的方法（"激情-逻辑

---

① 卡普托也曾使用相近的"holy confusion""holy disarray"或"divine disturbance"一词,但后来似皆因不如"sacred anarchy"达意而渐遭弃用或替代。这不仅与"anarchy"的特殊含义（hier-an-archy）有关,还源于卡普托有意与列维纳斯对"holy"的用法区隔:依卡普托之见,列维纳斯采取了犹太信仰中心主义,将"holy"（saint）与"sacred"（sacré）化分为超越与内在之别,存在重视超越性而贬低尘世神圣性的危险,列维纳斯对　（转下页）

学"［patho-logic］）①,辨析诗学的不同类型,区分事件诗学与狭义的文学诗学、神话诗学,揭示事件诗学的特性。

3.2.1 诗学的对象:"神圣无序"

根据事件诗学的观点,事件不是形而上学的实体,不是客体化的认识对象或者"概念分析的客体"②,不能成为述谓结构的牺牲品,我们能够表达的不是事件本身,而是事件的效应(effect),正如我们不能把握"延异",而只能面对"延异"所引发的效应(a produced effect of différance):

> 意义、信念、实践、制度是那种产生意义、信念、实践、制度的体系的效应。这也是为何语词(即便是"上帝"这一语词)、艺术品、制度(譬如宗教)并不拥有意义,而只有意义永久变化的历史。……解构因此是一种去稳定化(destabilization)。③

据此,卡普托曾批评马克・泰勒和法国哲学家凯瑟琳・马拉布(Catherine Malabou, 1959—   )误读了德里达的"延异":马克・泰勒将"延异"等同于上帝,而非上帝的效应,重陷本体—神学;马拉布将"延异"变成形式的"可塑性"(plasiticity)(即"一种变化中的形式的功能"),违背了德里达的"令形式成为延异的效应"的立场。④ 因此,对卡普托而言,诗学不是(也不可能是)直接言说事件,而是呈现事件的效应。

在卡普托看来,上帝既不是带来秩序,也不是彻底否定秩序,而是冲击、扰乱和打破既有的封闭排他秩序、不正义的等级秩序,解构那些阻止事件发生的秩序,不会带来"秩序的静谧"(the tranquility of order)⑤,而是令人恐惧和战栗。这是一种刺激(provocation)、唤起(evocation)、扰乱(disturbance)、中断(interruption),是重新打开秩序,与直接用神圣神力(divine power)干预、扭转自然进程的超自然神迹不同,产生的效应被卡普托称为"神圣无序"(sacred anarchy)。⑥ 诗学的对象乃是事件所造成的"神圣无序":

(接上页)身体、对女性、对动物、对自然、对一切"异教"(卡普托举出的"异教"例子是美洲原住民族的自然崇拜)的轻忽与此有关。

① "pathology"虽然通译为"病理学",但是卡普托所用的"patho-logic"是由"克服本体—神学"而来,有其特定的语境与意涵,故而译为"激情-逻辑学",参见下文详述。

② John D. Caputo, *The Weakness of God*, 301.

③ John D. Caputo, *The Folly of God*, 24.

④ John D. Caputo, *The Folly of God*, 24.

⑤ John D. Caputo, *The Weakness of God*, 285.

⑥ John D. Caputo, *The Weakness of God*, 13.

以天国的名义所发生的事件是一个逆转与替代的无序领域。因此，我的无序建议是将上帝之名视为一种扰乱或神圣混乱的名称，而不是将上帝等同于最高实体，或者将上帝任命为给一切地方带来秩序的最高统治者。这就是我所谓的"神圣无序"，这是我的另一条交叉线，它这次不是将神圣与始基相连，而是与无序相连，产生一种神圣等级制。①

在卡普托看来，苦弱的上帝不是"终极的至高力量"（ultimate sovereign power），拒绝了"全能的逻辑学"（logic of omnipotence），并不施加等级秩序（hierarchical order），然而，马里翁等人的否定神学背离了神学的真正精神，很可能通向一种危险的权力等级制，即宣称自己获得了恩典的赠予，有权代表上帝言说、为上帝立言，"我已经体验到上帝……所以听我说"②。这种等级制的观念与那种彻底否定秩序的无政府主义，共享了新柏拉图主义的两个世界理论，从而达成共谋。

"神圣无序"不是否定秩序、崇尚混乱，不是反律法主义，而是一种特殊的、悖论性的秩序，"规则的无规则性"（unruliness of the rule），中断现实逻辑，解构现实逻辑，也被称为"神圣疯狂"（divine madness），③"神拣选了世上愚拙的，叫有智慧的羞愧；又拣选了世上软弱的，叫那强壮的羞愧。神也拣选了世上卑贱的，被人厌恶的，以及那无有的，为要废掉那有的"（《新约·哥林多前书》1：27–28）。"无序"（anarchy）亦即"an-archy"（无-始基），不等于"混乱"（chaos）、"失序"（disorder）、"无法无天"（lawlessness），而是针对始基（arche）、"hier-archy"的解构，亦即所谓的"无根据"（Abgrund）、"深渊"（abyss）。

虽然卡普托没有交代词义转换的理由，但是我们可以发现，托名狄奥尼修斯在《神秘神学》中最早提及"hierarchy"（hieros［神］+arche［始基］），指称距离上帝的不同精神层级（圣阶），后来延伸为社会政治的"等级制"，④这从词源学和神学史的角度，提示了卡普托的用法依据。因此，对"hier-archy"的解构，既指向"始基"，也针对由"始基"所奠立的秩序，不仅意味着不存在任何支配一切的"始基"，不能将上帝理解为这种始基，避免重新陷入本体—神

---

① John D. Caputo, *The Weakness of God*, 14.

② B. Keith Putt, "What do I Love When I Love My God? An Interview with John D. Caputo," 160.

③ John D. Caputo, *The Weakness of God*, 101.

④ （托名）狄奥尼修斯：《神秘神学》，包利民译，北京：生活·读书·新知三联书店，1999 年。

学的泥淖,而且拒绝将现实当作不可解构的对象,要求解构那些阻止事件发生的现实秩序,令秩序处于敞开与播撒的状态。事件的发生既不依赖某种始基,也不会被由始基所奠立的秩序桎梏。故而,"神圣无序"是秩序与无序的混合,亦即詹姆斯·乔伊斯所谓的"混沌宇宙"(chaosmos),又可写作"hier-an-archy"(神—无—始基/神—无序)。

于是,对卡普托而言,"神圣无序"表现为"污染性"(contamination)①、不可决断性(undecidability)、非本源性(non-originariness)、派生性(derivativeness)、混杂性(miscegenation)、边缘性(marginalization)、多元性、含混性(ambiguity)、播撒性(dissemination),如同德里达的"踪迹"(trace)一般,无法被纳入本体—神学的理论框架。这些有别于等级秩序的"神圣疯狂"恰恰是诗学所应当呈现的对象,表现出不同于强逻辑的弱逻辑。诗学绝不应该追求无染性、确定性、本源性、纯粹性、中心、始基。对卡普托而言,"神圣无序"就是对德里达的"药"的继承和发展,诗学的任务就是将"药"的张力予以彰显。在嗣后的责任诗学、政治诗学、宇宙诗学中,我们都可以发现"神圣无序"的精神,看到卡普托是如何维持"药"的张力、如何解构传统二元论,如何实现对他者的肯定和对正义的呼召。

3.2.2 诗学的方法:"激情-逻辑学"

"诗学"在根本上是对"逻各斯"的替代。海德格尔曾指出"逻各斯"被后世往往解释为 Ratio(理性)、Verbum(圣言)、世界法则(Weltgesetz)、逻辑必然性、意义(Sinn)、理性(Vernunft)等,"其中总是一再透露出一种呼声,要求

---

① 对卡普托的"contamination"的意义,或许可以从旁借助让-吕克·南希的论述来进行理解。南希认为在拉丁词源学上,污染(contamination)与接触(contact)同源,但二者存在巨大差别,"接触是简单地置于关系之中,最为中性化意义上的交往……相反,污染则是一个专有物的积极的转换……污染可能一直深入直到摧毁了每一个投入其中的个体的同一性。相反,接触则可能很好地保持距离以及非人格化"([法]让-吕克·南希:《无用的共通体》,第 10—11 页)。在污染与接触之间,南希另外提出了"触感"("在没有同一性的差异中的'共—在',在诸种同一性的差异中的'共—在'在它们关系的腹地区分着,它们彼此为对方也为自身区分着")。卡普托常常强调"相互污染"(mutual contamination),试图达成同一与差异的交叉,在解构同一性的同时,维持最低水平、最不排他的同一性。此外,卡普托多次使用"没有共同体的共同体"(community without community),这是南希经常使用的概念,虽然卡普托的用法未必直接来自南希,但毕竟处于同一谱系中(也包括了布朗肖、德里达),与南希遥相呼应。因此,笔者认为,卡普托的"contamination"与南希所批评的"contamination"不同,反而比较接近南希所说的"触感"。换言之,就像卡普托用"神圣无序"解构混乱失序与等级秩序的二元论,卡普托的"contamination"也是为了解构相应的二元论,接近南希的"触感"逻辑。

把理性当作有为和无为的尺度"①。德里达指出逻各斯中心主义"不仅是将逻各斯及其变型(如理性、话语、计算或利益等)置于所有事物之上,而且尤其是将逻各斯界定为一种定位的中心及聚集力"②。这其实也构成了卡普托对"逻各斯"的理解视域。在卡普托看来,本体—神学(本体—神—逻辑学)受到表象性思维、客体主义和理性主义的影响,推崇逻辑学的优先性,不仅认为可以借助理性,完全把握上帝,而且可以用逻辑学的方式(概念、命题、论证与论断)定义和言说上帝。这是一种推论性的概念表达形式,"采取述谓的方式言说上帝,将上帝把握为一种被建构的话语对象、谓词的主语和某种概念属性的承担者,采用一种命题的方式来表达上帝,声称可以确定某种神圣属性"③,实为"主宰性与总体化"④的言说。

相反,对卡普托而言,"诗学"针对"神圣无序",采用了"激情-逻辑学"(patho-logic)的方法,不是一种述谓的(predicative)、贫乏的(prosaic)话语,而是一种应许的(promissory)话语、激情的语言。"激情-逻辑学"关联着上文所说的"心的转化"(metanoia),蕴含朝向"不可能性"的"祈祷与泪水"和"逾矩的激情"(passion for transgression),亦被称为"犹太希腊逻辑学"(Jewgreek logic),以异质性(heterologia)的"差异逻辑学"(logic of difference)解构那种固守同质性(homologia)的"希腊逻辑学"(greek logic),⑤将异质性的激情注入逻各斯,解构德里达所谓的"逻各斯中心主义"。由此,"激情-逻辑学"批判了康德贬低激情的理性主义立场,拒绝了海德格尔无视激情与苦难的"光耀美学"(phainesthetics),并且与保罗·利科的"可能性"诗学(poetics of the possible)拉开距离,与阿甘本对"激情形式"(pathosformel)的读解产生某种共鸣,最终要求改变马克思所批判的"无情世界"(heartless world),"使世界的铁石心肠(the hardness of heart of the world)受到打击,令世界的冷酷逻辑学(cold-hearted logic)感到羞耻,使世界的无情经济学(heartless economics)遭到曝光"⑥,呼唤正义的到来,从而延展出责任诗学、政治诗学、宇宙诗学。

具体而言,诗学的方法包括了下述几种特性:

---

① [德]马丁·海德格尔:《演讲与论文集》,第220页。
② 转引自张宁著译:《解构之旅·中国印记》,南京:南京大学出版社,2009年,第17页。
③ John D. Caputo, *Cross and Cosmos: A Theology of Difficult Glory*, xi.
④ John D. Caputo, *Against Ethics*, 231.
⑤ John D. Caputo, *Against Ethics*, 113–114.
⑥ John D. Caputo, *The Weakness of God*, 107.

第一，"诗学"不是客体化（objectifying）、总体化、概念性的言说，而是混杂的（hybrid）、含混的（ambiguous）、播撒的（disseminating）言说。

一方面，康德指出本体—神学坚持只能通过概念去思考上帝，海德格尔更进一步指出本体—神学试图采用计算性思维去客体化，此后，后世对本体—神学的克服都指向对概念的批判，卡普托亦不例外。另一方面，卡普托反对黑格尔的艺术直觉、宗教表象和哲学概念三阶段等级制，认为这三者都是在本源上彼此平等的形式，概念并非最高的认识形式。基于此，卡普托指出"概念"试图完全"把握"（grip）对象、彻底"抓住"（grasp）对象，①实乃推论性的表达形式，"采取述谓的方式言说上帝，将上帝把握为一种被建构的话语对象、谓词的主语和某种概念属性的承担者，采用一种命题的方式来表达上帝，声称可以确定某种神圣属性"②，实为"主宰性与总体化"③的言说，也是一种现代神话。

然而，在卡普托看来，完美的清晰性和单义性话语实则自我解构，"倘若一个词语非常清楚，它就失去了其暗示性，成为一个专业术语。如果小说中的人物十分清晰，则这部小说将令人厌恶。要是一份文本完全清晰可读，那么它就不值得一读或者很快就会令读者失去兴趣。不可读性是真正可读性的可能性条件"④。换言之，概念性语言乃是在抹除自身的意义。更重要的是，事件迥异于普通的客体，总是溢出概念的范畴，逃脱概念的捕捉，决非"客体化话语的主题"、认识论的对象，任何对事件的概念思维都是不充分的、有限的。为此，必须采取诗学的言说方式，"含混性"是事件诗学乃是后现代的核心概念，守护着概念所无法含摄、无法掌控的意义：

> 后现代主义的观点是与含混性同在，遵从含混，并且放弃主张一个人能够最先占据一个先验制高点，从那里去"定位"含混性。后现代主义者反对批判性现代主义者的地方在于，后者声称能够明智地处理含混性，平衡其正当要求与理性要求之间的关系，但是并没有最终赋予含混性应有的地位，因此也不是很平衡。毕竟，一旦一个人声称他已经把

---

① 黑格尔笔下与"表象"相对的是 Begriff，对此，卡普托主张英译为"concept"（概念），原因是"concept"的拉丁词根"capere"字面义是"抓住、握住"，而黑格尔的"Begriff"源出德语"greifen"（抓住、握住），二者相互对应。这种译解彰显了概念之于表象的巨大差异，也构成了卡普托理解"概念"的基础。

② John D. Caputo, *Cross and Cosmos: A Theology of Difficult Glory*, xi.

③ John D. Caputo, *Against Ethics*, 231.

④ John D. Caputo, "In Praise of Ambiguity," in *Ambiguity in the Western Mind*, eds. Craig J. N. De Paulo et al, New York: Lang, 2005.

歧义放在了它的位置上,那么他就已经有效地超越了它,局限了它,并将排除它的影响。①

诗学力图捍卫"现象学的含混性与诠释学的多元性",②要求抵制"灭绝歧义"(annihilation of dissent),忠诚于"不可决断性",无法描述也拒绝描述一种确定性图景,故而,诗学的口吻总是"更加柔软、更加谦卑"③,迥异于命令与论断。"含混性"唯有如此,才能揭示"神圣无序"。

第二,诗学是具体的而非抽象的言说。卡普托将此追溯至黑格尔对理性(Vernunft)与知性(Verstand)的分疏。在黑格尔看来,理性与具体性相关,知性则产生了概念,指涉的是"抽象的、无历史的、非具身化的、片面的理性主义",最终导向了本体—神学。④ 因此,"概念"是抽象的、观念性的、无关生命的,脱离了历史性、语言性,或者说"语言的历史"和"历史的语言"。

在此,卡普托特别批判了数学,指责数学将抽象性推向极致,远离了具体的"生活世界"(life world),是"死者的语言",是"唯一适合描述'若是我们都死了、那么万物会是何种景象'的语言"⑤。更重要的是,数学通过不证自明的公理(axiom),排除了一切"可能性"(perhaps)(亦即"不可能性的可能性")。教会通谕(encyclical)恰恰挪用了数学的方法论,服务于虔信主义的目标,选择"公理性地"(axiomatically)言说,回避具体的证明。

与之相反,事件诗学采取了一种"语言的、文化的或者诠释的"转向,反对先验主义,承认我们无法通达"支配一切的非历史性的、前语言的形而上学原则"⑥,拒绝那种支撑传统神学的"形而上学逻辑"。诗学表达的不是抽象的命题真理,而是"活生生的真理"(living truth)⑦,与"实际性生活"(factical life)相系,指向现象学-存在论的真理,而非认识论的真理,"哲学家的概念、自然科学的受控实验工作,以及严格控制的历史批判调查程序都被否定了"⑧。诗学借助想象性思维而非概念性思维,代表了"想象性或非客体化的

---

① John D. Caputo, *The Folly of God*, 3.
② John D. Caputo, "Caputo Reads March: In Defense of Ambiguity," in *Modernity and Its Discontents*, 11.
③ John D. Caputo, *The Folly of God*, 31.
④ John D. Caputo, "Radical Theologians, Knights of Faith, and the Future of the Philosophy of Religion," in *Reconfigurations of the Philosophy of Religion*, ed. Jim Kanaris (Albany: SUNY Press, 2018).
⑤ John D. Caputo, *The Insistence of God*, 287.
⑥ John D. Caputo, *The Insistence of God*, 66 - 67.
⑦ John D. Caputo, *On Religion*, 103.
⑧ John D. Caputo, *On Religion*, 105.

语言"，是对事件的"想象性描绘"（imaginative figure），具有具体性、混杂性、多义性的特征，汇聚了隐喻、换喻、比喻、象征、寓言各种不可被抽象化的修辞策略，采取了叙述、诗歌、歌曲等各种方式。正如蒂利希的文化神学对"象征"所进行的拓展那样，诗学乃是文化诗学，包括了各种具体的文化形式、文化传统，"我们需要比任何形而上学更多的东西……需要更多的词汇、更多的话语和语用学资源、更多的模式"①，不再试图掌控事件，而是通过具体的"对事件的非字句化描述，努力描述事件的动力，追踪它的风格，借助适当的修辞去表述事件的发生力量"②，不阻止和困囿事件，更要释放事件，确保事件的自由发生，呈现事件的不可预见性、不可规划性，在具体的生活形式中回应事件。

第三，诗学是"创造性话语"（creative discourse）而非日常语言（ordinary language）或者自然语言（natural language），要求积极创造而非被动摹仿。"poiesis"意指创造，而不是简单地重复劳作。诗学反对古希腊的摹仿说与真理符合论，拒绝遵从特定的法则或规律，指陈、记录、确认、摹仿甚或复制某种既定的事实（类似新闻报道、科学记录甚或历史编纂），决不是一种非创造性的说明，决不屈从当下既定状态，而是指向对当下现实的解构，拷问现实逻辑的合法性，力图撬动固化结构，转化和更新世界。卡普托批评柏拉图的摹仿论对诗人的排斥，反对列维纳斯将艺术贬低为"现实的影子"（reality's shadow）。③ 诗学不是现实主义/实在论，而是超实在论/超现实主义（hyper-realism），关乎所谓的"超出目前被认为是实在的"、解构现实逻辑的"超实在"（hyperreality），④亦即某种"不可能性的可能性"，言说不可言说者，从"不可能性"中创造新的"可能性"，用创造性话语去呼召尚未到来者。诗学就是创造，就是迎接他者的到来（in-vent/*in-venire*）。

第四，诗学是先知性的（prophetic）、反向性的（perverse）、颠覆性的（subversive），而非描述性的（descriptive）甚或规范性的（normative），迥异于一般的逻辑学。逻辑学是在本体—神学的奠基性因果思维中去言说对象，是一种演证科学（demonstrative science）、因果性科学（causal science），是对规定性与必然性的确认，"不是沉思性而是计算性思想，甚至不是思想而是计

---

① John D. Caputo, *The Insistence of God*, 212.

② John D. Caputo, *The Weakness of God*, 4.

③ John D. Caputo, "My Heretical Phenomenology: A Response to Buckley," in *Cross and Khôra: Deconstruction and Christianity in the Work of John D. Caputo*, 281.

④ John D. Caputo, *The Weakness of God*, 11.

算"①,在逻辑学中,一切都已被决定、被规划,逻辑法则"令'论断'禁锢了事件",排斥了"'可能'的幽灵"(specter of "perhaps"),穷尽无法穷尽和无法把握的对象。因此,逻辑学乃是一种规训的力量("镇定剂")。海德格尔称之为"设置"(setzen)或"集置"。相反,卡普托认为诗学是激情的语言,不是用专名(proper name)去描述和规范在场的对象,而是"激进化的力量"(兴奋剂),采取了"反向性"(perversity)逻辑,颠覆日常逻辑,利用了各种的"反语"(reversals)、悖论(paradoxes)、"移位"(displacements)去言说,不是"不合逻辑的"(il-logical)(即逻辑前后矛盾),而是"非逻辑的"(alogical),②拒绝被限定于逻辑学的框架之中,进而解构逻辑学,令逻辑学突破自身的临界点。因此,诗学真理不同于概念或数学的精确性(conceptual or mathematical precision)和历史的真实性,不能采取字义解经的方式去理解,否则将导向福音派与基要派的"圣经无误论"(biblical inerrantism),堕入偶像崇拜("圣经偶像崇拜"[bibliolatry])。"诗学的任务准确而言是应对不可能性,不是为了看到它实际上如何可能、发掘它最隐秘的可能性条件,而是为了宣称它的发生……并为之提供合适的习语"③,诗学的先知性言说指向"某种令人吃惊、打破常规之物,打断了世界的正常运转,并要求我们将世界想象为另外的样子"④,诗学提供的不是一份对现实/实在的记录,而是解构的指引和应许的象征,激发对不可能性的激情和盼望。

事实上,事件诗学对"不可能性"的激情,充分凸显了卡普托与保罗·利科等人的差异。保罗·利科曾将语言划分为科学语言(用于科学论证)、日常语言(用于日常交流)和诗学语言,主张诗学语言用于"揭开可能的世界"(disclosure of possible worlds)。⑤利科也被认为怀抱着"对'可能'的激情"⑥,故而,相较于卡普托的事件诗学,利科的观点或可称为"可能性诗学"。利科的学生理查德·科尼(Richard Kearney)将利科的观点加以极端化,主张诗学的对象是终末论的"可能性",高于"现实性",指责卡普托的解构主义

① John D. Caputo, "Heidegger's God and the Lord of History," 447.
② John D. Caputo, *The Insistence of God*, 66.
③ John D. Caputo, *Against Ethics*, 126.
④ John D. Caputo, *Cross and Cosmos*, 112.
⑤ Richard Kearney, *On Paul Ricoeur* (Burlington: Ashgate, 2004), 124.
⑥ [美]凯文杰·范胡泽:《保罗·利科哲学中的圣经叙事》,杨慧译,北京:中国人民大学出版社,2012年,第6页。

"不可能性"低于"现实性",否定了"可能性"。① 与利科和科尼不同,卡普托的诗学是先知性的,凝聚应许与记忆,表达了弱弥赛亚力量,与现象学—诠释学的"不可能性"相联结,试图打开不可能的世界,肯定未来在不可预见中的到来。诗学牵涉的不是"知"(知识、认知)的问题,没有简单地描述世界和确认既定的事实,也没有给出确定性的决断、预测与规划,而是采取了先知性的悖论言说方式,通过想象和宣讲事件,盼望和呼唤不可能性的到来,冲突和扰乱世界既有秩序,克服因果律的束缚,打破现实的逻辑,持续解构既有的规则与论断。诗学"调用语法学和语义学的所有资源,创造一种人类境况的独特意义,一种人类境况中的魔法、神秘与痛苦的独特意义"②。换言之,语言不仅仅在言说(speak),更在应许(promise)"不可能性的可能性"。

在上述几种特征的基础上,卡普托指出诗学中充满着我们对于不可能性的激情、想象和盼望,描述了"一种超越渴望的渴望,一种超越理性和合理可能性的渴望,一种去知晓我们无法知晓的对象的渴望或者去爱我们不敢去爱的对象的渴望"③。诗学饱含对不可能性的激情和热爱,肯定超越可被欲望的对象。相反,一般的逻辑学往往是枯槁死灰(bare bones),无关乎对不可能性的激情。因此,卡普托说:

> 诗学是一种清楚表达事件的召唤性话语,逻辑学则是一种宰制(实在的或可能的)实体的规范性话语,能够说明或者确实说明了它的命题。诗学说出了应许的规则或者呼召的规则、呼召的弱力量语法,逻辑学则调节了世界的强力量。逻辑学说出了世界上真实发生或可能发生的事情,而诗学言说事件,不是通过它实际上是什么,而是通过它将要是什么。④

诗学的不可能性与逻辑学的可能性相互对立。基于此,如果一定要用逻辑学来形容诗学,那么诗学就是"非逻辑学"(alogic)、"有心的逻辑学"(logic with a heart)、"疯狂的逻辑学"(mad logic)、逆向逻辑学、"激情-逻辑学"(patho-logic),这是一种"没有逻各斯的逻辑学"(logic-without-logos),⑤总是

---

① Richard Kearney, "The Kingdom: Possible and Impossible," in *Cross and Khôra: Deconstruction and Christianity in the Work of John D. Caputo*, 118 – 139.

② John D. Caputo, "Radical Theologians, Knights of Faith, and the Future of the Philosophy of Religion," 223.

③ John D. Caputo, "The Poetics of the Impossible and the Kingdom of God," 471.

④ John D. Caputo, *The Weakness of God*, 103.

⑤ Mark Yount, "Uncapitalizing on Radical Hermeneutics", in *Modernity and Its Discontents*, 34.

191

溢出逻辑学框架,朝向不可能性敞开,是对不可能性的激情,具有医治与拯救无情世界/无心世界(heartless world)的作用,表达了对他者的同情(sympathy/sym-pathos),亦即与弱者共同受难(suffer-with)①,反抗不义,呼召正义的到来。故而,诗学也被称作违背常识、颠覆日常逻辑的"极端怪异"(extremely odd)的"不可能性的超越—逻辑"(para-logic of the impossible)②。激情总是自我解构、自我僭越界限,是一种朝向未来的敞开与冒险,激情的对象超越现实的逻辑,打破可能性的限度,无法被概念掌控。只有将潜能提升为不可能性,提升至无法依循可能性逻辑而被实现的层面,才能真正实现自身的最大潜能。这是一种悖论性或反向性的潜能模式。不是亚里士多德所谓的从"潜能"走向"现实",而是通过"现实"的不可能性而守护最大程度的"潜能",使之得以被最大程度地潜能化。

事实上,卡普托对诗学蕴含着"对不可能性的激情"的论述、对 pathos 与 nomos 的区分以及由此延展出的"激情—逻辑学"(patho-logic),明确指向了康德的"伦理纯粹主义"(ethical purism)、"道德形式主义"(moral formalism)或"道德严格主义"(moral rigorism),批评康德将理性与激情对立,从伦理学中完全排除了经验内容:

> 在《实践理性批判》中,纯粹实践理性超越了康德所谓的"激情论",亦即感性与激情的领域,伦理的本质建基于这种纯粹实践理性的胜利之上。③

卡普托对康德的批评并非无的放矢,这是因为,尽管前批判时期的康德曾受到英国经验主义哲学家弗朗西斯·哈奇森(Francis Hutcheson, 1694—1746)的"道德感"(moral sense)理论影响,承认情感的道德价值,④在 18 世纪 60 年代,康德甚至"一度将伍尔夫的'圆满性'原则与'道德情感'原则并列为'善之判断原则'(principium diiudicationis bonitortis),亦即以它们共同作为道德法则的根据"⑤,道德判断由理性与情感共同参与,二者存在本质联

①　John D. Caputo, *The Weakness of God*, 43. 尽管卡普托没有明示"sym-pathos"与"suffer-with"的关系,但是虑及 pathos 所指代的 passion 具有"受难"之义,这种词义的转化十分合理。事实上,对一个人的最大同情,便是与之共同受难。

②　John D. Caputo, *The Weakness of God*, 211.

③　John D. Caputo, *The Weakness of God*, 130.

④　Immanuel Kant, *Theoretical Philosophy, 1755 - 1770*, trans. David Walford (Cambridge: Cambridge University Press, 1992), 272 - 273.

⑤　李明辉:《四端与七情:关于道德情感的比较哲学探讨》,上海:华东师范大学出版社,2008 年,第 5 页。

系。然而康德在嗣后的著作中,否定了除"敬重"(respect)之外的情感。而"敬重"本身其实也是一种理性情感,受到理性的控制。卡普托肯定康德对人性尊严的重视,但是认为康德本身的哲学立场和结构使得"敬重"本身无法成立。对激情的肯定、对朝向不可能性之激情的肯定,不仅展现了卡普托对以康德为代表的理性主义伦理学(即马克斯·舍勒所谓的"形式伦理学")的反叛,而且反映了卡普托同样解构了所谓的"质料伦理学",打破了其背后深藏的亚里士多德主义模式(形式/质料、潜能/现实),避免落入理性与感性对立的二元论窠臼。无论是理性还是感性,都必须被逼向自身的限度,在事件理论的"对不可能性之激情"中被解构。这种对激情的推崇,也与上文所说的"心的转向"(metanoia)相互联结,因此,事件诗学也被称为"心的诗学"(poetics of the heart)。

这也促使卡普托对海德格尔的"光耀美学"展开了批判。在卡普托看来,海德格尔的思想在 1930 年代后堕入了"本质主义"(essentialism)中,这种本质主义在更高的层面上复制了基于如先验与经验、人与动物之类等级制的传统本质主义,沉迷于"本质"(Wesen)的神话中,追求最为深层的"本质存在"(Essential Being)、"本源"(Ursprung)和"最初开端"(First Beginning),聚焦"存在的历史"(history of Being),渴求所谓的"纯粹性"(purity)和"未污染性"(uncontamination)。这尤其体现在海德格尔对痛苦的理解上。为此,卡普托细致梳理了海德格尔的痛苦观:在早年弗莱堡时期,海德格尔主张痛苦永远是我的痛苦,是"对我力量的测试",不可逃避,必须被克服,深契尼采的"未杀死我者令我更强大"(what does not kill me makes me stronger)与云格尔(Ernst Jünger)后来的"告诉我你与痛苦的关系,我将告诉你你是谁"(Tell me your relation to pain and I will tell you who you are)①;到了 1930 年代,痛苦是民族(Volk)伟大与否的衡量标准,伟大的、坚韧的、强力的、被拣选的民族注定会超越痛苦,拥抱命定的"斗争"(Kampf);而 1930 年代后的情况更糟,痛苦被本质主义化(essentialization),纳入"存在的历史"(history of Being),这是一种"存在的神话"(Myth of Being),彻底剔除了痛苦中的实际性人类学感觉,使之变为"没有感觉的痛苦"(pain without feeling),唯有如此,痛苦才不会"被污染"(contaminated),才是"本质的痛苦"(essential pain)、"真正的痛苦"(truly pain)、最深层与最纯粹的痛苦,才揭示了存在的

---

① 卡普托指出海德格尔后来曾将此句改写为"告诉我你与翻译的关系,我将告诉你你是谁"(Tell me what you think about translation and I will tell you who you are)(John D. Caputo, *Demythologizing Heidegger*, 219)。

历史,属于"思的事情"。相反,在活生生的生命中包含感觉的实际性痛苦与苦难是"派生的、低等的、次要的、被奠基的、非本质的"。① "存在的呼召"代替了"苦难的呼召"。在此,海德格尔并非忽视身体,堕入柏拉图主义的身心二元论,而是认定身体的本质在于排除一切生物性、动物性、经验性、心理性、情感性,获得"免疫"感受实际性苦痛的能力。也因此,实际性的身体常常是"处于痛苦中的身体"②(body in pain),乃非本质的身体,必须被净化和消毒。本质的身体健康、强壮、完整,不生病,不疼痛,不流泪,不残缺。从中可以窥知海德格尔愈发背离了其早年的"实际性诠释学"(hermeneutics of facticity)。关及于此,卡普托称赞哈贝马斯的"借由本质化来抽象化"(abstraction via essentialization)相当准确地概括了其中的运作机制。

这种本质主义实由海德格尔思想中根深蒂固的"光耀美学"(phainesthetics)所形塑,这是一种最为残酷无情的审美主义。所谓的"光耀美学"由希腊语"phainesthai"("显现")而来,它将存在视为无蔽的"自我显现"乃至"闪耀之光",崇尚存在的耀眼荣光和光耀之美,古希腊人光彩耀眼的白色大理石神庙即为典范,纯粹而无污染,彰显了天地神人的四重性。这是一个由德国人发明的希腊神话,在此种理想化的纯粹世界中,任何的痛苦、苦难和罪恶都不会在其中显现,"没有任何事物或任何人是有罪的;在这出史诗戏剧中,没有受难者,没有死尸,没有流血,没有遭焚烧的肉身,没有死亡集中营",只有神庙的冰冷石头,没有生命的肉身痛苦。而"本质"(wesen)的字义也正是光耀美学所谓的"出场"(coming to presence),意味着"自我显现,闪耀着原初的、耀眼的光芒",因此,本质的痛苦必然不被实际性苦难所污染,而这正是光耀美学的致命缺陷:无视实际性的痛苦和苦难(尤其是弱者的实际性痛苦与苦难),哀悼存在的逝去(loss of Being),却对历史性存在者的具体苦难和痛苦呼唤无动于衷,更不会被这种呼唤震撼甚或转化,拒绝了德里达所谓的"激情的重负"(heaviness of the pathos)。在存在的光耀之中,"没有听到受难者的恸哭,没有怜悯的恳求,没有求助的召唤"。③ 有鉴于此,卡普托亦称之为感性遭到麻醉的"无感性学"(an-aesthetics)④或者无视感性的

---

① John D. Caputo, *Demythologizing Heidegger*, 129.
② 卡普托借自 Elaine Scarry, *The Body in Pain: The Making and Unmaking of the World* (Oxford: Oxford University Press, 1985)。
③ John D. Caputo, *Demythologizing Heidegger*, 142–144.
④ John D. Caputo, *Demythologizing Heidegger*, 143. 如果依据卡普托对"an-"的读解逻辑,那么,an-aesthetics 不是指与感性主义对立的理性主义,不是指反对感性,而是指无视(blind to)感性。"an-aesthetics"一语双关,指后期海德格尔的立场是一种美 (转下页)

"超—感性学"（hyper-aesthetics）①。基于此种立场，海德格尔将一切都还原和净化为抹除了实际性苦难的光耀之美，其念兹在兹的"泰然任之"（Gelassenheit）陷入了冷漠的绝境，不是对实际性生命的尊重与看护，而是最彻底的排斥和绞杀。由此现身的上帝是冷漠的"诗性上帝"，而非"伦理—宗教性上帝""受难的、仁慈的、正义的、肉身纡尊的上帝"。②

对海德格尔而言，西方思想陷入偏狭，似乎耗尽了自己的全部力量，必须回归其思想的本源，克服传统形而上学，这要求"思应当留意命运诗人的开创性'言说'"。③ 不过，卡普托指出，由于前述的预设立场，尽管在现代哲人中，海德格尔或许最为关注"诗"与"思"的亲近性，最为推崇"思"与"诗"对话的必要性，最为肯定"诗"之于"思"的重要意义，甚至要求"思"在对话中避免扰乱"诗"的言说，以倾听"诗"为第一要务，然而在实践中，海德格尔"最为系统地拒绝倾听其所选择的诗人"，摒弃了任何异于其所欲听之言，抹除了"诗"中令"思"不安的内容，最大程度地扭曲了"诗"，从而令"诗"与"思"隔绝。海德格尔的读解印证了列维纳斯所谓的"在他者中保持同一"（remaining the same in the midst of the other）。④ 这种对话堪称单向霸权，是"思"对"诗"的无情践踏，"思"对"诗"的绝对暴政。"思"敞开边界屏障，只是为了方便并吞"诗"。这正是海德格尔所谓的安置诗歌。"诗"沦为海德格尔的傀儡发声筒，唯存海德格尔的纯粹独白。然而海德格尔的诗歌解读早已大获成功，影响深远，并且得到了不少人的忠实维护，这在卡普托眼中更是一桩丑闻，加深了"思"对"诗"的迫害，使之愈发忽视诗歌中的血泪痛苦，自然也就"难以为有关痛苦、绝望、播撒、异化和恐怖死亡的诗歌找到位置"⑤。

对卡普托而言，海德格尔对特拉克尔的解读充分彰显了对实际性痛苦的冷漠。这种冷漠并不是常识意义上的情感麻木，而是哲学立场的逻辑产物，是结构性而非个体性的，是从根本上否定和消解实际性痛苦，系统性地摒弃、取消甚至静默他者苦难的召唤，近乎贬为不可验证的传闻流言。哀悼的对象

（接上页）学/感性学，却又无视感性。故而，笔者选择译为"无-感性学"而非通行的医学术语"麻醉学"。

① John D. Caputo, "On Mystics, Magi, and Deconstruction," in *Portraits of American Continental Philosophers* (Bloomington and Indianapolis: Indiana University Press, 1999), 29.

② John D. Caputo, *Against Ethics*, 184.

③ Veronique M. Fóti, *Heidegger and the Poets*, xviii.

④ John D. Caputo, *Demythologizing Heidegger*, 165.

⑤ John D. Caputo, *Demythologizing Heidegger*, 165.

由存在者转向存在,不是哀悼生命的逝去,而是痛惜存在的遗忘,悲叹光耀之美的消失。换言之,在存在的历史中,实际性痛苦与苦难根本不是"思的事情",海德格尔的思"钝化、稀释和麻醉灼烧的痛苦"①,背叛而非拯救痛苦。唯一得到思肯认的痛苦是本质的痛苦,"非本质的身体"遭到无情的否认。"非本质的身体"通常是处于痛苦中的脆弱身体,"身体遭受痛苦,而痛苦令我们意识到身体性他者的生命。身体与痛苦打开了某个时间或者开放的空间",痛苦令自我的世界向他者敞开,"处于痛苦中的身体创造了责任的空间。身体在痛苦中呼唤帮助,向我们求助,向我们提出要求",要求我们回应痛苦的呼唤,承担对他者的责任。② 不是由本质来决定何为痛苦,而是由痛苦来决定何为本质,更准确而言,是由痛苦来决定没有所谓的"本质"。责任的发生并无所谓原初本质的决定,而是起于直面遭受海德格尔贬斥的非本质痛苦、非本质身体。也正是对实际性痛苦的结构性冷漠和消解,使得海德格尔的本质主义才会以"集置"(Gestell)为名,将纳粹毒气室与现代农业科技等量齐观,认定二者本质相同,罔顾遇难者的哀嚎与饥馑者的痛苦;才会坚持真正的无家可归是栖居的沉沦而非住房的匮乏,人们真正需要的是本质的存在之家、诗意之家而非实际的遮挡风雨之处,罔顾冬夜冻毙街头者的绝望;才会主张真正的危险针对"物"(Ding)而非生命,真正恐怖的毁灭是物之本质的沦丧而非由核战争引发的一切生命的灭绝。

海德格尔上述所为,恰契其所力倡的"本源伦理学"(ursprüngliche Ethik),其亦被卡普托称为"始基—伦理学"(arche-ethics)。尽管一些学者曾经将海德格尔的"本源"视为一种非形而上学的发生学起点,③但是卡普托指出海德格尔实则背弃了早年的实际性诠释学,转而将"本源"作为一种奠基性的形而上学根据,在拒绝具体的、确定的伦理原则的同时,却又寻求某种形而上学的本源伦理原则或者伦理始基,忽视了对实际性他者的伦理责任。这意味着海德格尔"用再中心来去中心"(decenters by recentering)④,对光耀神庙的崇尚压倒了对凡人痛苦的关心,本源性、纯粹性、总体性压倒了实际性、混杂性、他异性,未能完成对传统形而上学的真正克服。

① John D. Caputo, *Demythologizing Heidegger*, 159.

② John D. Caputo, *Demythologizing Heidegger*, 128.

③ Charles E. Scott, "Caputo on Obligation without Origin: Discussion of *Against Ethics*," *Research in Phenomenology*, Vol. 25 (1995).

④ John D. Caputo, "Disseminating Originary Ethics and the Ethics of Dissemination," in *The Question of the Other* (Albany, New York: State University of New York Press, 1989), 56.

卡普托对"激情—逻辑学"的推崇,不禁令人联想起阿甘本对阿比·瓦堡(Aby Warburg,1866—1929)的"激情形式"(pathosformel)的读解。阿甘本的相关论述收录于《潜能》(*Potentialities*)、《宁芙》(*Nymphs*)等著作中,卡普托虽然未明确提及阿甘本对瓦堡的论述,却曾多次提及阿甘本《潜能》一书。虽然卡普托的双重效价事件观重视独异性与普遍性、内在性与外在性、主体与客体的交叉,与阿甘本的事件观对"瞬间"(the instant)的关注有所不同,但是二者都重视事件与历史的关系、过去与未来的联结、事件对当下的"震惊"①,反对亚里士多德的"潜能-现实""形式-质料"模式,强调潜能大于现实,批判黑格尔的历史辩证法。特别是如果考虑到卡普托与阿甘本对本雅明的记忆之弥赛亚力量的共同关注(尤其是阿甘本对瓦堡的读解联结着本雅明的"记忆"、"停顿中的辩证法"〔Dialektik im Stillstand〕、"辩证意象"〔dialektisches Bild〕等重要概念),那么,这种对观似乎并不意外,自有其合理性。这是对潜能与现实、质料与形式、过去与未来之二分法的解构,聚焦这些因素的"污染性"(contamination),对抽象逻辑学、僵化概念、冰冷形式的突然打断、深度转化与重新创造,对在场形而上学历史观的解构,对当下秩序的解构(卡普托视为"幽灵式扰乱"、阿甘本视为"打叉""悬搁"和"停止作用"),记忆与盼望被再次激活,事件诗学的"弱弥赛亚力量"借此得以凸显。② 而在下文中我们也将看到,卡普托的诗学嗣后延展出"责任诗学""政治诗学""宇宙诗学",它们在某种意义上触及了生物政治学(biopolitics)的相关问题,重新思考了受到卡普托与阿甘本共同关注的后期维特根斯坦的"生命形式"(form of life),触及对逝者、受难者、边缘者的关注,直探"肉身"(flesh)问题,人与动物、人与非人、人与世界、上帝与世界的畛域被解构,责任、正义需要被真正地普遍化。在此视域下,对卡普托而言,"生命形式"或者海德格尔的"实际性"不单单是一个诠释学的问题,更是一个生命政治的问题,故而,"激情-逻辑学"最终指向对生命政治的解构、对生命的拯救。正义不再是一个纯粹理性的理念或者内容空洞的口号,而是"关于独异性""充满激情"

---

① 不过在措辞上,卡普托出于自身的事件观,常常使用"surprise"(偶尔也用"interruption"),最高层级也只是"absolute surprise",并且"absolute"还是在解构主义而非传统形而上学或者否定神学的意义上谈论的,因为预设了要被打破的"视域"说明了"震惊不是绝对的"(John D. Caputo, *Against Ethics*, 74.),代表的是"不可能性的可能性"。而阿甘本的英译本似乎常用"astonishment""shock"。这其实体现了二者对待事件力量的不同看法,指向事件与当下现实的关系。

② 当然,如果从卡普托的视角来看,阿甘本的弥赛亚力量似乎还是过强了。于是,就革命与改良之争的政治问题而言,在既有的巴丢、齐泽克的基础上,卡普托的(潜在)论争对手又增添了阿甘本。

(full of pathos)。①

综上所述,卡普托"事件诗学"的对象是作为事件效应的"神圣无序",诗学的方法是"激情-逻辑学",它不是对逻辑学本身的否定,而是反对逻各斯中心主义,反对将逻辑命题作为神学的言说方式。诗学是用对"不可能性的可能性"的激情来改造传统的逻辑学,指向对事件的忠诚与回应,而非对总体性、确定性的寻求与决断,故而,诗学具有含混性而非概念性、具体性而非抽象性、先知性而非描述性、反向性而非规范性、创造性而非摹仿性等特征,蕴藏着"弱弥赛亚力量"。也因此,事件诗学与当代激进哲学的相关理论能够形成深入对话,并被延展至伦理、政治、自然等领域的具体实践。

3.2.3 诗学的类型辨析:在文学诗学与神话诗学之外

为了澄清"诗学"的具体内涵,卡普托在自己的著作中明确表示事件诗学异于文学诗学(literary poetics),也不同于神话诗学(mythopoetics)。为此,他对"事件诗学""文学诗学""神话诗学"等概念进行了详细考辨。就其思想渊源,这一概念辨析既要追溯至黑格尔及其追随者对宗教、艺术和神话的划分,又要勾连德里达等人的解构思想;就其具体原因,这一概念辨析必须在卡普托思想的整体结构中才能得到理解。本节将对"事件诗学""文学诗学"和"神话诗学"这三者进行比较研究,揭示其中的本质差异。

第一,卡普托区分了"事件诗学"与"文学诗学"(即狭义的"诗学")。黑格尔将艺术(直觉)、宗教(表象)、哲学(概念)进行了三分,其中,艺术的特性被归为感性直觉,美是理念的感性显现,而表象兼具主观(直觉)与客观(概念)的特性;蒂利希的文化神学强调了象征的丰富类型,不过仍然将宗教象征置于最高位。卡普托虽然不同意黑格尔与蒂利希对艺术、宗教与哲学的等级排序,强调三者地位平等,但是同意三者具有不同的特点,不能相互等同。换言之,卡普托拒绝了黑格尔主义的"等级"排序,但是接受了"差异"划分。

故而,一方面,卡普托指出文学诗学与事件诗学存在共性,二者均反对再现式命题真理观,强调诗学不是数学公式、历史记载、科学记录。亚里士多德判别诗歌与历史,是因为诗歌真理不同于历史事实,指向"人类经验的深层结构"②。同样,宗教真理也不是命题真理,而是"一种生命形式,一种在世界生

---

① John D. Caputo, *Demythologizing Heidegger*, 197.

② John D. Caputo, *On Religion*, 2nd ed., 103.

活的方式,它是在对'上帝之国'的叙述与有力描绘中被表达的"①。然而,另一方面,事件诗学与文学诗学仍然存在重要区别,表现在:(1)事件诗学对文学诗学的根基进行了解构;(2)事件诗学的范围超过文学诗学;(3)事件诗学并非纯粹感性的,而是"伦理性-政治性的"(ethico-political),矛头直指审美主义;(4)事件诗学不能抛弃感性,抛弃具体的生活经验("实际性生活"[factical life]),锋刃刺向后期海德格尔。具体而言:

(1)正如上文所述,事件诗学对言说对象与言说方式进行了双重解构。相反,文学诗学侧重于对理性言说方式(概念命题、逻辑学)的批判,较为忽视批判或者未曾解构那种已被预设的言说对象。故而,文学诗学常常与否定神学相互联结,演变为"一种对前构理念的艺术化修饰,一种对给定逻各斯的文学说明,一种自律的哲学概念所被增添的文学性或艺术性华丽辞藻"②,即对某种超越者(本体—神)的诗性言说,未能真正克服本体—神学。换言之,卡普托的"诗学"并不是指用某种诗性的语言去表述传统的教义、去确认传统的信条,事件诗学并不是信仰的工具。相反,事件诗学是"没有信仰的信仰"(faith without faith)③、"没有宗教的宗教"(religion without religion)④、"没有神学的神学"(theology without theology)⑤,克服了形而上学的语法结构,解构了认信信仰与宗教教条。显然,卡普托在此表现出他对"语言学转向"(the linguistic turn)的忠诚:不是思想先于语言、信仰先于语言,而是语言即思想、语言即信仰。改变一种语言,就是改变一种思想、改变一种信仰。

(2)卡普托将"poetics"回归到古希腊语本义"制作的技艺",强调事件诗学关乎的是世界的制作(poiesis)、世界的构成、事件在世界的发生,而不仅仅是诗歌的创作:

> 我指的是一种原初的制作,一种构成性话语,一种在呼召事件诞生时的助产士。我指的是将一种基本的形式给予呼召(事件的呼召/呼召的事件)……我指的不是对一个先于构成作用的客体的修饰或装饰。诗学就是那种构成机制……⑥

---

① John D. Caputo, *On Religion*, 2nd ed., 176.

② John D. Caputo, "Radical Theologians, Knights of Faith, and the Future of the Philosophy of Religion," 226.

③ John D. Caputo, *The Prayers and Tears of Jacques Derrida: Religion without Religion*, 61.

④ John D. Caputo, *The Prayers and Tears of Jacques Derrida: Religion without Religion*.

⑤ John D. Caputo, *The Weakness of God*, 34.

⑥ John D. Caputo, *Cross and Cosmos*, 110.

正如蒂利希的文化神学所揭示的那样,象征的范围包括了一切文化形式,人类以不同的形式创造世界,涵括文学、经济、社会、政治、伦理、宗教等,每一种制作形式都是以特殊的形式在不同的领域"命名和记录"事件,既不存在大写的、唯一的事件,也不存在排他的、唯一的回应形式。卡普托从一个更为宽泛的意义上阐发诗学,要求诗学跨越"学科牢笼",不仅要调动人文学的一切资源,包括"解释叙述的文学能力、理解创始故事和制度的本源、源流和变异所需要的历史资源",还要调动社会科学乃至自然科学等一切资源。卡普托指出诗学是一个持续不断的过程,"总是处于制作之中"(always in the making),文学诗学只是回应事件的形式之一,并非唯一的回应形式。这也正是亚里士多德最初在谈论"poiesis"时的深意:"存在与真理可以通过多种方式被言说。"①由此亦可联结上文所说的卡普托对巴丢观点的纠正(真理程序应从四种类型增殖至无数类型),呼应齐泽克的"通向真理的路,与真理本身相耦合"一语,彰显事件诗学的普遍性、多义性与敞开性。

(3)卡普托的"诗学"不是一种关于感性经验的艺术理论,譬如写诗、作画、雕塑、作文等。事件诗学的中介既不是艺术的感性材料,也不是数学的形式符号,"它比艺术更抽象、更少感性,比数学更具体和更感性"。"诗学是一种文字学生产,以语言为家",如德里达所言,这是"非形式化的"、"非规划性的"、敞开的,揭示了延异的所有无序能量。② 因此,诗学有别于狭义理解中的文学领域的诗学(文学诗学),更不同于审美主义的修辞学,不是简单地否定逻辑或者逃避论证,局限于感性的世界中。相反,事件诗学"是一种诸如隐喻、换喻、叙述、比喻之类话语资源的集合,这些话语资源唤起了一种对于这个越过一切信仰边界而达至世上所有人的世界的生动感受"③,指向世界的创造,走向伦理、政治、自然等领域的实践。

(4)事件诗学不能脱离感性,脱离实际性生活。由"表象""象征"发展而来的"诗学"以"感性-图像"的方式展现了"真理的具身化"(embodiment of the truth),关乎具体的生活世界(life-world)、生命形式(form of life),④反对"抽象的、理性主义、还原主义的进路",无论是黑格尔对道成肉身的重新解释,还是蒂利希对"相关互应"的阐发,都肯定了此种联系。我们必然置身

① John D. Caputo, "The Theopoetic Reduction: Suspending the Supernatural Signified," *Literature and Theology* 33, no. 3 (2019): 252.
② John D. Caputo, *The Insistence of God*, 114.
③ John D. Caputo, *On Religion*, 2nd ed., 178.
④ John D. Caputo, *The Insistence of God*, 94-95. 卡普托显然借用了哈贝马斯、后期维特根斯坦的术语,并将其与海德格尔早期的"实际性诠释学"相联结。

于某种具体的历史性与语言性中，并通过它们去言说。由此，事件诗学亦将聚焦生命的苦难、肉身的痛苦。

卡普托之所以强调事件诗学与生活世界的关联性，一方面是为了回击他（以及德里达）的批评者，他们常常认定卡普托的诗学属于不负责任的浪漫主义、唯美主义乃至虚无主义，或追逐个人主义、主体主义，或否定伦理、政治等理想，或陷入相对主义、怀疑主义，另一方面是为了解构后期海德格尔的"光耀美学"，批评海德格尔的诗学背离了早期的实际性诠释学，以"存在的呼召"代替了"苦难的呼召"，以深层的本质（Wesen）凌驾于具体的苦难之上，关注的"不是生命的逝去，而是存在的丧失；不是生命的朽坏，而是存在真理的非本质"①。

第二，卡普托十分重视划界"事件诗学"与"神话诗学"（mythopoetics）：其目的既是凸显事件诗学对本体—神学的克服，也是揭示传统认信神学背后的神话思维及其缺陷。这种做法直接受到了卡普托对黑格尔与蒂利希之理解的影响，尤其是蒂利希对理性神学与启示神学、自然主义与超自然主义之二元论的拒斥。

在卡普托看来，黑格尔和蒂利希揭露并批判了神话思维的内在机制。其中，黑格尔没有否定认信神学中存在着概念（concepts），但是他认为这些概念实际上是"神话学的概念化"（conceptualization of a mythology），或者说"神话-逻辑的逻辑"（logic of a mytho-logic），保留了神话世界的概念构造，故而，这些概念不是概念（Concept），而只是关于知性的小写概念（uncapitalized concepts of the understanding）。② 同样，在蒂利希那里，神话学或者说神话思维也遭受了批判，被认为混淆了"象征"与"被象征者"，与偶像崇拜思维相提并论，"将上帝当作一位拥有人格特性的大人物，一位行事多样的行动者，一位（使用很多种语言）的说话者，我们可以毕恭毕敬地与之交谈、向他恳求某物、感谢他等等"，传统的有神论与无神论实际上只是重复了这种神话思维，借此理解上帝。③

在黑格尔与蒂利希的基础上，卡普托指出，正统的认信神学实为事件的"字句化"（literalization），依循字义解经的进路，赋予了事件以"实体和超级实体的形式"，本质上还是神话思维。神话思维的基本倾向就是将事件从动词还原为名词，转变成作为"栖居于另一个世界的非物质性实体"的"超-存

---

① John D. Caputo, *The Weakness of God*, 158.
② John D. Caputo, *The Insistence of God*, 97 - 98.
③ John D. Caputo, *Hermeneutics: Facts and Interpretation in the Age of Information*, 289.

在"(Über-being)。蒂利希所指涉的就是这种古典的神话思维,它是"对非人格者的人格化"或者超级人格化,在古希腊罗马宗教、在文学等各个地方屡见不鲜。卡普托更进一步指出,女性主义神学也未能幸免于神话思维,她们用"她"替换"他"来指称上帝,却没有改变对上帝的理解模式,属于"范畴错误"(category mistake)。① 由此,卡普托对事件诗学与"神话诗学"进行了分疏。神话诗学陷入超自然主义的泥淖,想象了超自然、非理性的神话世界,推崇"在天上的全能超级存在",认为祂超越一切,"超过我们的知识、智慧、意志和力量",干涉世间生活,设置了常人无法知晓的"秘密",对祂及其启示予以神话化。相反,事件诗学反对超自然主义,否定神秘力量与神话奇迹,拒绝自然与超自然、超越与内在、理性与信仰、人类知识与神圣启示、时间与永恒的对立,要求对神话诗学进行激进诠释,予以"解神话化和再—诗学化"。② 据此,卡普托指出,"神话诗学"由于实际上主张一种绝对超越经验的存在者,故而重复了柏拉图、奥古斯丁的"两个世界"理论,③与事件诗学的立场截然相悖。

> (事件)诗学既不屈从形而上学,也不被神话学欺骗。诗学既不从字义上解读神话(基要派的诠释学大谬),也不用超自然主义来神秘化神话(强力神学的诠释学大谬)。诗学既不理性化神话⋯⋯也不完全将其斥为迷信(现代主义的诠释学大谬)。④

于是,卡普托对事件诗学与神话诗学的划分是对后期海德格尔的批评,是对布尔特曼"解神话化"的发展和纠正,也是对阿尔蒂泽等人"上帝之死神学"(death of God theology)的批判,旨在凸显事件诗学的独特性。我们甚至还能在反思启蒙运动、重思"mythos"的背景下,将卡普托的分疏视为对汉斯·布鲁门伯格(Hans Blumenberg, 1920—1996)神话研究的批判。⑤ 具言之:

---

① John D. Caputo, *Hermeneutics: Facts and Interpretation in the Age of Information*, 289 - 290. 尽管卡普托没有给出该词的出处,然而熟悉哲学史,即可知道该词来自英国哲学家吉尔伯特·赖尔(Gilbert Ryle, 1900—1976)的《心的概念》(*The Concept of Mind*)。可以佐证的是,卡普托嗣后还曾在著作中提及赖尔在《心的概念》中对笛卡尔身心二元论的著名批评:"机器中的幽灵"(ghost in a machine)。

② John D. Caputo, *The Insistence of God*, 98.

③ John D. Caputo, *The Insistence of God*, 101.

④ John D. Caputo, *Cross and Cosmos: A Theology of Difficult Glory*, 132 - 133.

⑤ 卡普托在著作中曾提及过一次布鲁门伯格,认为布鲁门伯格将"世俗化"视为一种"抛弃"神圣性、"反对宗教性的完全自律秩序",与启蒙运动对"世俗化"的理解一致。See John D. Caputo and Michael J. Scanlon, "Introduction," in *Transcendence and Beyond*, 7.

（1）卡普托认为后期海德格尔陷入了"古希腊新异教神话学"（Greek neopagan mythology）①：

> 海德格尔与荷尔德林展开对话，将拯救与危险予以了根本性的诗化与变形，将这个时代变成一种划时代的危急（Gefahr），存在沦为集置（Gestell），唯有上帝才能为我们倒转这种变化。在这一点上，海德格尔的思想已然被根本性地神秘化了，以至于没有什么未被一种深层的关于存在之命运、关于危险与拯救的神话诗学影响。②

对诸神的盼望、对"存在的神话"的追索、对"将要到来的伟大时代之英雄故事"③的痴迷，伴随"为存在而奋斗／斗争"（Kampf for Being）的斗争哲学，压倒了世间存在者的哀叹与恸哭，罔顾他们的苦难。卡普托特别指出，《圣经》中有关苦难（suffering）与治疗（healing）的故事被海德格尔"关于存在闪耀荣光的宇宙论神话"遮蔽。④ 于是，关键的问题不是存在被遗忘、诸神隐匿，不是回返四重性，而是存在与诸神高高在上，对人类的苦难命运无动于衷，是存在者被遗忘、世界隐匿，是对四重性的颂赞遮蔽了对实际性苦难的哀悼。换言之，海德格尔的"诗"背离了人类的实际性生活，背离了犹太-基督教的正义观，其所咏颂的"诗性上帝"是神话诗学的强力上帝、荣耀上帝，而非事件诗学的苦弱上帝、十字架上帝。事件诗学是用"不可能性"的正义与责任，解构海德格尔的"存在的神话"。

（2）卡普托肯定布尔特曼"重新读解"而非"嘲笑"神话，通过解神话化的方式，将"最初以神话术语进行宣讲（福传）的内容"转变为可理解的内容，揭示了宗教的历史性，拒绝了所谓的《圣经》默示论（inspiration）。不过，对卡普托而言，布尔特曼的解神话化"不是拆解神话，而是拆解神话的诠释学，拆解神话学框架的解释"⑤。布尔特曼虽然正确地摒弃超自然主义，拒绝将事件等同于超自然的实体，但是忽视了事件同样无法被命名为、被等同于某种具体的存在，封闭了事件朝向未来之不可能性的敞开，否定了事件的弥赛亚性，重新陷入超自然主义与自然主义的二元论：

> 神话运作的真正结构是将事件与实体混为一谈，将事件的恒存还原

---

① John D. Caputo, "Confessions of a Postmodern Catholic: From Saint Thomas to Derrida," 85.
② John D. Caputo, *Demythologizing Heidegger*, 56.
③ John D. Caputo, "Idolatry and Metaphysics," xxiii.
④ John D. Caputo, *Demythologizing Heidegger*, 170.
⑤ John D. Caputo, *Cross and Cosmos*, 19.

为具体的实存,将对特定对象的命名和欲望,同超越欲望之欲望的结构性无休止运动(它令未来敞开、令过去服从永恒变化的意义)相互混淆。……虽然我们总能够在一个给定的文本或传统中确认一个给定的呼召,但没有任何文本或传统能够等同于呼召本身。①

故而,布尔特曼的解神话化只是针对当下秩序的"再解释",而非撼动当下秩序的"再创造",它不是不够正统,而是不够激进,未能"成功超脱神话的根基"②,解构神话学的内在逻辑,揭示神话学与非本体—神学的本质差异。解神话化是事件诗学不能忽视、但又必须予以再解构和再创造的对象。这种评价也同样适用于《圣经》历史批判学(historical-critical studies)。对卡普托而言,相较于布尔特曼,历史批判学更为极端,它虽然批判了教会制度性权威的《圣经》起源神话("你是彼得,我要把我的教会建造在这磐石上"[《马太福音》16:18]),③否定了教宗无谬论(Papal Infallibility),但是以实在论/现实主义、理性主义的思维将《圣经》等同于新闻报道(journalistic reports)或历史记录,将精确性(precision)作为批判的标准,忽视了《圣经》的诗学特性,否定了由叙述、修辞、象征等所表达的诗学真理,压抑了事件的呼召,重复了超自然主义与自然主义、奇迹与理性、超越性与内在性的二元论,这也使得历史批判学未能"熄灭基要派与《圣经》无误论的火焰"④,毕竟双方的逻辑互为镜像。对待神话,既不能重复虔信主义的盲目态度,也不能采取世俗主义的否定姿态,而是需要事件诗学的解构。

(3)阿尔蒂泽等人的"上帝之死神学"深受黑格尔、蒂利希(甚至包括布尔特曼)的影响,但其世俗主义的立场令他们从对超自然主义的批判,直接过渡到对神话诗学的否定而非解构,以"完全临在"(total presence)拒斥"超越性",重陷自然主义与超自然主义、理性与启示、内在性与超越性的二元论。对卡普托而言,事件诗学是从"mythos"走向"事件"而非"逻各斯",神话诗学既不是指涉当下的陈述话语,也非那种被斥为违背逻各斯的无稽之谈,而是应转化为事件诗学,凸显诗学真理。

(4)汉斯·布鲁门伯格批评启蒙运动对待神话的否定态度,反对从"mythos"到"logos"的启蒙主义进路,转而主张"神话与逻各斯的界限本来就

① John D. Caputo, *Cross and Cosmos*, 38.
② John D. Caputo, *Cross and Cosmos*, 37.
③ John D. Caputo, *What Would Jesus Deconstruct?*, 32.
④ John D. Caputo, *The Weakness of God*, 117.

是虚构的。……神话本身就是一种高含量的'逻各斯作品'"①,并非人类发展过程中可被扬弃的原始阶段,"神话更像是一种人类原始的导向模式……总是潜伏存在的,而且总是可以回归的"②,神话与科学决非势同水火。③ 若以卡普托的视角观之,布鲁门伯格仅仅将"mythos"与"logos"混同,令"mythos"获得与"logos"同等的地位,从一个极端走向另一个极端,重复了本体—神学的逻辑,并未对"logos"和"mythos"予以双重批判和解构,仍囿于本体—神学。相反,卡普托虽然批评启蒙主义对理性的过分推崇,但未如布鲁门伯格那般采取回返神话的反世俗主义进路,而是选择了后世俗主义进路,亦即在肯定"解神话化"的基础上,对"解神话化"予以解构。在卡普托看来,布鲁门伯格将"世俗化"视为一种"抛弃"神圣性、"反对宗教性的完全自律秩序",实则与启蒙运动对"世俗化"的理解一致。④ 相反,事件诗学不是否定启蒙运动,而是要重新打开启蒙运动,创造"新的启蒙运动"(new Enlightenment),用"诗学"取代"logos"与"mythos"的二元论。

3.3 超越诗学的诗学:事件诗学的实践

在卡普托看来,后现代对上帝的渴求乃是伦理性的、政治性的(this postmodern desire [for God] is deeply ethical and political),⑤与对他者、正义、未来的渴求密切相关。因此,"诗学"作为回应上帝的方式,将成为一种方法论,被应用于不同的领域,走向时空化、物质化的"实践"(praxis),或者说,"诗学"作为一种"制作的技艺"(被卡普托译解"创造"[creation]),本身就是一种实践,要在实践中回应事件。于是,神学("神—逻辑学"[theo-logic])被诗学弱化为"神—诗学"(theo-poetics),最终变成"神—实践"(theo-praxis)。⑥

---

① [德]汉斯·布鲁门伯格:《神话研究·上》,胡继华译,上海:上海人民出版社,2012年,第13页。

② [英]安格尔斯·尼科尔斯:《神话及其政治意蕴》,刘静译,载《跨文化研究》,2019年第2辑,第35页。

③ Robert A. Segal, "From Nineteenth to Twentieth-Century Theorizing about Myth in Britain and Germany: Tylor Versus Blumenberg," in *Edward Burnett Tylor, Religion and Culture*, eds. Graham Harvey et al. (London: Bloomsbury Aacademic, 2017), 63.

④ John D. Caputo and Michael J. Scanlon, "Introduction," in *Transcendence and Beyond*, 7.

⑤ Edith Wyschogrod and John D. Caputo, "Postmodernism and the Desire for God: An Email Exchange," *CrossCurrents* 48, no. 3 (1998): 302.

⑥ John D. Caputo, *The Folly of God*, 119.

在"实践"的问题上，卡普托坚决反对亚里士多德和中世纪经院哲学所主张的"沉思"先于"行动"、"理论"先于"实践"的立场。① 这种主张很容易令人联想起阿伦特的观点。与卡普托相似，汉娜·阿伦特也反对亚里士多德以来的沉思生活（vita contemplativa）高于行动生活（vita activa）的观念，并且批评基督教继承柏拉图的反政治的传统，坚持两个世界理论。② 然而，卡普托并未转向阿伦特的行动理论，二者对于"poiesis"的观点存在本质差异。阿伦特将"poiesis"译解为"制作"（making）而非"创造"（creation），她对"poiesis"的看法明显延续了亚里士多德《尼各马可伦理学》对"实践"/"行动"与"制作"的判别（"实践与制作在始因上不同"③，实践是"生产性活动的始因"，实践本身就是目的，"制作活动本身不是目的"而是"预先有某种目的"，④制作的目的外在于制作自身）。阿伦特将"行动"置于"制作"之上，将"制作"归入"与人存在的非自然性相应的活动"⑤的"工作"（work），"制作"是对物质材料的制作，高于"劳动"（labor），但低于"行动"（action），仍然无法摆脱必然性的逻辑，"技艺人（世界制造者）的理性是永恒、稳固和持久"⑥。"制作"的本质是"摹仿"⑦，遵循机械因果律，有别于非摹仿、非复制的创造（"行动"）。据此，对阿伦特而言，只有"行动"才能打破必然性的规律，"诗学"只能是受制于必然性的言说，不是创造历史，而是记录历史，无法回应不确定性、不可预见性。于是，阿伦特在"行动"与"制作"（诗学）之间做出的等级划分，反映的仍然是一种强行动的概念，展现了古希腊以来的摹仿论观念，显露了对"诗学"之创造性作用的怀疑与贬低。相反，卡普托将"行动"（创造）与"诗学"联结，反映了一种弱行动的观念，批判了陈旧的摹仿论，凸显了"诗学"的创造性。这实际上也是上帝恒存与人类实存之交叉的必然要求：

① John D. Caputo, *The Mystical Element in Heidegger's Thought*, 137.
② 阿伦特认为，基督教具有"彼世性"的特征，基督徒所追求的乃是终末论意义上彼岸世界的永生，现实对于他们而言毫无意义，政治不过是人的罪恶的象征（而非古希腊罗马的"卓越"）。同时，这种彼世性使得基督徒专注于"善功"，而"善功"内在的"非世界性"，要求基督徒具有一种将"善""藏起来回避人的看和听的倾向"，这使得基督徒远离甚至敌视公共领域，正如奥古斯丁所言："没有什么事情比公共事务更远离我"。（[德]汉娜·阿伦特：《人的境况》，第49—51页。）
③ [古希腊]亚里士多德：《尼各马可伦理学》，廖申白译，北京：商务印书馆，2003年，第173页。
④ [古希腊]亚里士多德：《尼各马可伦理学》，第168—169页。
⑤ [德]汉娜·阿伦特：《人的境况》，王寅丽译，上海：上海人民出版社，2009年，第1页。
⑥ [德]汉娜·阿伦特：《人的境况》，第91页。
⑦ "制作的实际工作是在一个模型的引导下完成的，对象按照模型来塑造。这个模型可能是心灵的眼睛观照到的一个影像（image），也可能是借助工作已暂时地捕获到了的物质化形态的一个蓝图。"（[德]汉娜·阿伦特：《人的境况》，第108—109页）

上帝不是直接施动者,不直接干预世界,而是要求人类在实践中,以"诗学"的创造性方式回应事件的呼召。这不仅与否定神学局限于认识论的情况迥异,而且借助诗学,进一步解构了奥古斯丁的两个世界理论,将事件神学所引发的"心的转化"(metanoia)拓展至实践领域,"心的转化"不再局限于主观世界、内在灵性,而是指向对"无情世界/无心世界"(heartless world)的转化。

故而,本节将探究事件诗学如何超越了传统诗学的范畴,走向实践,进入伦理、政治乃至自然领域,揭示事件诗学的方法论特性。

3.3.1 责任诗学:"反对伦理学"

在卡普托看来,宗教(religion/re-ligare)本身就是一种责任(obligation/ob-ligare),与他者"捆绑"(ligare)在一起,①个体总是已然置身于无法掌控的"现实生活"之中,不可预见、无可规划的事件以责任的形式纠缠个体,将个体与他者紧密联结,令个体无法逃脱,要求个体回应他者、对他者负责。那么,个体究竟应当以何种形式回应责任呢?卡普托的答案是以"反对伦理学"(against ethics)为特征的"责任诗学"(poetics of obligation)。

关于"反对伦理学"一词的典故或者来历,卡普托未详加说明,仅表示在此之前,已有一些类似"离经叛道的说法",如费耶阿本德(Paul Feyerabend,1924—1994)的"反对方法"(against method)之言,以及阿多诺的英译者所发明的"反对知识论"(against epistemology)一语。②从中可窥对现代理性主义、科学主义、基础主义、还原主义的批判态度,尤其抨击其中对"实际性"(facticity)的背叛。当然,就具体的历史语境而言,尽管卡普托并未明示,然而"反对伦理学"一词也有可能直接模仿(戏仿?)了当时美国学界流行的"反对理论"(Against Theory)这一口号,毕竟"反对理论"与费耶阿本德的"反对方法"是当时反理论话语潮流的两大标志性口号。③然而,就理论内涵而言,

① 卡普托在此采取了一种词源学的考察与延伸:"宗教"(re-ligare)与"责任"(ob-liagre)具有相同拉丁词根 ligare(捆绑、约束),在后现代的语境下,更是指自我与他者联结(但非同一),要求回应他者、为他者负责。"宗教"与"责任"在意义结构上是一致的。同时,或许因为"责任"的拉丁词源(ob+ligare)(即[towards]+[bind]),涵盖了"回应"(responsiveness [to])与"负责"(responsibility [for]),所以才会被卡普托特别选用。

② John D. Caputo, *Against Ethics*, 249, n. 1. 此前卡普托也曾在他处指出,阿多诺的否定辩证法和费耶阿本德的观点是"反对标准化、规定、操控,反对政治规则",要求自由和解放(John D. Caputo, "Heidegger's Philosophy of Science: The Two Essences of Sciences," in *Rationality, Relativism and the Human Sciences*, ed. J. Margolis (Dordrecht: Martinus Nijhoff, 1986), 58)。

③ W. J. T. Michell ed., *Agianst Theory: Literary Studies and the New Pragmatism* (Chicago and London: The University of Chicago Press, 1985), 2.

卡普托的"反对伦理学"和"反对理论"存在着重要差别,后者建基于新实用主义之上,由斯蒂芬·卡纳普(Steven Knapp)和瓦尔特·本·迈克尔(Walter Benn Michael)在1980年代初率先提出,得到了理查德·罗蒂和斯坦利·费什(Stanley Fish)的支持。虽然他们也将德里达等人视为准盟友,但是对解构仍持保留和批评的态度,并且只注意到德里达的早期思想。卡普托对"伦理学"的批判、对基础主义的拒斥,并不是反对一切理论,更不等于对新实用主义的无条件支持,这一点在下文所述的他对罗蒂的回应和批判中得到充分显现。

对卡普托而言,责任诗学是"克服本体—神学"的一部分,是对传统形而上学伦理学的解构,是事件诗学在伦理领域的实践,代表着一种"解放"而非"危机"①。相较于德里达对"责任"与"伦理学"的区分仍然较为"隐晦",②卡普托更为明确地划分了二者,强调责任诗学忠诚于责任事件(event of obligation),承担无条件的责任,代表着"伦理学的终结"(end of ethics),责任诗学意味着:

(1)伦理责任不能沿循因果律,由"始基"(arche)所奠立的确定性命题式伦理法则来呈现,责任诗学是"没有伦理学的责任"(obligation without ethics);

(2)伦理责任打破了等价交换的交互性原则("经济-逻辑"[econo-logic])③,责任诗学指向无条件的责任(unconditional obligation)、"超-经济的"(hyper-economic)④责任。

具体而言,在卡普托看来,建基于普遍原则、先验图式或者本源之上的伦理学,受制于因果律,追求至高法则或者至深基础,局限于本体—神学之中,难以真正回应事件的责任。无论是诉诸普遍原则的规范伦理学,还是诉诸德目清单的德性伦理学,都存在这种缺陷。甚至后期海德格尔的"本源伦理学"(originary ethics)与列维纳斯的"无限性伦理学"(ethics of infinity)概莫能外:后期海德格尔背离了早期的实际性诠释学,转向起源的神话,纯粹性、总体性压倒了混杂性、他异性,未能完成对本体—神学的真正克服,反而走向

---

① Lorenzo Charles Simpson, *Technology, Time, and the Conversations of Modernity* (London and New York: Routledge, 1995), 132.

② John D. Caputo, *The Prayers and Tears of Jacques Derrida: Religion without Religion*, 206.

③ John D. Caputo, *The Weakness of God*, 213.

④ John D. Caputo, *The Prayers and Tears of Jacques Derrida: Religion without Religion*, 196.

纳粹;列维纳斯也在寻找"一种深层的、奠基性的、最为原初的伦理学",他将他者定义为超越的绝对他者,追求纯粹的非暴力,与实际性生活隔绝。

在卡普托看来,上述伦理学总是寻求确定性、纯粹性,建立"安全通道",为复杂的实际性生活中的伦理判断与实践提供稳固的基础、原则、规范和标准,也因此,ethos、pathos 被 nomos 替代,伦理问题被化约为伦理学问题,独异的伦理情境被僵化为可复制的伦理案例,在独异伦理情境中的独异的伦理判断与实践被化约为普遍伦理范畴的机械例示(instantiation)乃至抽象的演绎推论(deductive reasoning),沦为实证科学。换言之,伦理实践的问题被化约为逻辑推演的问题。然而,责任作为一种事件,处于延异与播撒之中,它的发生不依赖任何形而上学基础,"没有为什么"(without why),它是我无法预见、规划、穿透、主宰和超越的,"如果一种责任是'我的',那么这不是因为它属于我,而是因为我属于它",我被它掌控、对它负责,责任"是他者的他异性或者他者性,是异质性,它扰乱我,降临在我身上,将我赶出日常轨迹",①在责任事件中,自我以宾格我(me)的形式出现,是责任事件"将我置于我的位置"(puts me in my place),"责任是……一件被宣称的事情……既不是主体产生的效应,也不是主体的作品,而是在我身上产生……发生在我身上……将我们置于它的宣称中"②。这其实也就像阿甘本所说的那样,在话语事件中"宣称的主体由话语所构成,并仅仅出现在话语中。……在每一点上,主体化与去主体化耦合"③(The subject of enunciation is composed of discourse and exists in discourse alone. ... subjectification and desubjectification coincide at every point)。

故而,我们对伦理的理解(言说)不能建基在本源、先验图式或者普遍原则("逻辑共相"[logical universals])之上,不能将伦理责任等同于对伦理原则(或者所谓的"伦理范例")的应用,必须以呼召与回应的结构加以替代,摆脱伦理学的狭隘范畴,避免掉入"没有责任的原则","责任是伦理学之后伦理所剩下的东西,是伦理学所遗留的剩余物"④。

基于此,卡普托提出"反对伦理学",又称"反对原则"、"没有伦理学的伦理学"(ethics without ethics)、"无-始基的无-伦理学"(an-archic an-ethics)、

---

① John D. Caputo, *Against Ethics*, 8.
② John D. Caputo, *Against Ethics*, 31 - 32.
③ Giorgio Agamben, *Remnants of Auschwitz*, trans. Daniel Heller-Roazen (New York: Zone Books, 1999), 116 - 117.
④ John D. Caputo, "On Mystics, Magi, and Deconstruction," 30.

"超伦理学"（hyper-ethics）、"超越伦理学"（para-ethics），解构了传统伦理学：

> "反对"意味着反对不同形式的形而上学伦理学，反对关于伦理学
> 基础的元–伦理学理论，在这些理论中，"伦理学"意味着法则，而"诗学"
> 意味着紧跟责任事件。

"责任诗学"不是走向比伦理学更本源之物，不是"没有真正的责任"①，而是悬搁基于形而上学原则、范畴和基础的伦理学，是"除了伦理学之外"②（otherwise than Ethics），不是非伦理的、反伦理的，而是非伦理学、反伦理学的。责任诗学既不建立在理性主义的原则之上，也不诉诸非理性主义的"噩梦"③，更不会堕入卡尔·施米特的决断主义（decisionism），而是忠诚于责任，承认个体处于由此引发的"神圣无序"之中，放弃诉诸伦理基础、原则与标准，转而肯定伦理判断与实践的混杂性、不纯粹性、不可决断性，只能在独异的具体伦理情境中（所谓的"处于流变中"），通过各种不同的方式，进行伦理判断与实践，确认、回应和承担责任。这是一种"负责的无序"（responsible anarchy），是"没有原则的责任"（responsibility without principles），即不是对原则、始基负责，而是恰恰质疑这些原则、始基，抉发被原则、始基所排除的内容。也因此，责任诗学必然趋向尊重他者之他异性的多元主义，即卡普托所谓的"异形主义"（heteromorphism）、"多形主义"（polymorphism），要求肯定生命形式最大限度的多样性。④

据此，卡普托进一步提出了"无条件的责任"（unconditional obligation）观念，例如"宽恕""迎袭"（hospitalité）。责任建基于非等价交换，亦即不均衡、不可能的"疯狂经济"（mad economy），针对具有"激进独异性"（radical singularity）和"全然他异性"（wholly other）的他者，要求突出他者的优先地位，自我对他者予以无条件的回应，其遵循的不是现实逻辑、经济逻辑、对等逻辑，而是赠予（gift）逻辑、非计算性逻辑、超现实逻辑、不可能逻辑，充满着对不可能性的激情。责任本质上不是一种自律的行为，而是一种他律的行为，警惕以"自律"和"自由"为名，确立自我为伦理始基，区隔、排斥甚或迫害他者：

---

① Marko Zlomislic, *Jacques Derrida's Aporetic Ethics*, 271.
② John D. Caputo, *Against Ethics*, 220. 卡普托在此明显模仿了列维纳斯的"除了存在之外"（Otherwise than Being）句式。
③ John D. Caputo, "The Difficulty of Life: A Response to Ronald McKinney," *Journal of Value Inquiry* 26, no. 4 (1992): 564.
④ John D. Caputo, "Laughing, Praying, Weeping before God: A Response," 261.

责任意味着他律而非自律,意味着无序(无-始基)而非自序(自我-始基),意味着被他者的需求所俘获,而不是自我满意、满足自我需求的自由。[①]

责任不是完全弃绝自我,而是解构主体性哲学的强逻辑,强调自我的被构成性而非构成性,将自我从主格的主动状态(I)弱化为宾格的被动状态(me),即被他者凝视、呼召,借由对他者的回应而被构成。

故而责任诗学也被称为"他律主义"。这也促使卡普托对德里达的"宽恕"理论进行了修正。"宽恕"不仅仅是德里达所说的来自宽恕者的"绝对遗忘"(absolute forgetting),"宽恕"同时还要求被宽恕者的忏悔和记忆,因为在"宽恕"和"遗忘"中总是存在着需要被宽恕、被遗忘的罪恶,存在着"某种虽非不可修复但绝不可消除的东西"。

如果说德里达指向的是"赠予的时间"(given time),那么,卡普托补充的就是"忏悔的时间"(time of confession),亦即上文所说的"心的转化"(metanoia)之时间(metanoetic time/time of metanoia)。换言之,对被宽恕者而言,"宽恕"意味着遗忘的不可能性("决不遗忘"[never forget]),意味着"心的转化"的无条件性,因此,"宽恕"不等于遗忘,而是一种特殊的(不)遗忘,是宽恕者的绝对遗忘与被宽恕者的决不遗忘,是无条件遗忘与无条件记忆(忏悔)的统一,它在两个方面都打破了等价交换的经济原则,放弃了收益回报的目的与期待。[②]

宽恕不是基于充足理由律的均衡对等之"和解"(reconciliation),而是溢出的赠予事件(event of the gift)。在此,卡普托力图解答聚讼纷纭的"宽恕之绝境"(aproria of forgiveness):如何宽恕仍在犯罪的罪人?卡普托的出发点既不是上帝,也不是义人,既不是被害者,也不是加害者,而是罪人本身。宽恕要求罪人忏悔,即放弃自义,承认自我的有限性,承认自我的软弱与缺陷,承认自我现在是并且仍将是罪人。恰也因此,他者不仅仅是需要宽恕我的对象(宽恕者),也可能是伤害了我而需要被我宽恕的对象(被宽恕者)。换言之,他者向我呼召和要求的既可以是宽恕,也可以是被宽恕。因此,宽恕是一种相互的赠予(而非相互的等价交换),双方摆脱基于计算性思维的正误裁决和得失衡量,放弃任何辩解与脱罪,无条件地忏悔与担责。这其中的张力恰恰体现了不可能性的可能性。循此,"宽恕的时间"(time of

---

①   John D. Caputo, *The Weakness of God*, 138.

②   John D. Caputo, *The Weakness of God*, 225-231.

forgiveness）乃是"双重时间"（double time），既包括确认和铭记痛苦的过去，也包括遗忘和抹除痛苦的过去。这是所谓的"好像的时间"（as-if time），既不是痛苦的过去从未发生或者完全被抹除，也不是它被完整保留或者始终存在，而是它好像被抹除一样被保留下来（retained as wiped away）。宽恕让宽恕者与被宽恕者感受到过去好像消失。宽恕是要遗忘不可遗忘的过去，赋予过去一种新的意义。也正是通过超越现实逻辑的疯狂的、"愚拙"的宽恕，自我朝向新的未来敞开。

如果将责任诗学置于当代西方思想光谱中，可以发现，德里达曾指出责任不是来自对某种普遍知识、规则、命题和概念的遵从，责任"对知识的形式化的秩序而言是异质的，对由责任心或决断论的理念所建构的，我甚至要说所'捕获'的所有这些概念（意识本身、意愿、意向性、意志自由等等）来说也是异质的"。① 以此观之，卡普托的责任诗学可被视为在德里达的基础上，通过对事件诗学在伦理领域的发展，回答了"如何回应责任"的问题。而相较于同样反对基础主义的理查德·罗蒂的新实用主义伦理学，卡普托的责任诗学由于坚持在具体情境中无条件的责任，故而能够在不同的处境中，始终忠诚于他者的责任呼召。② 换言之，罗蒂用于回应不同处境的"词汇"，如果失去对无条件责任的忠诚，将会限定伦理实践的适用条件及其范围，沦为下文所说的局限于美国民主制度的美国民族主义。

综上所述，卡普托的责任诗学拒绝以先验图式、普遍原则甚或本源始基为伦理根据与行为指南，打破传统伦理学的等价交换经济逻辑，转而要求在对责任事件的回应中，承担无条件的伦理责任，将强调他异性的他律主义（heteronomism）与肯定多样性的异形主义（heteromorphism）相互混合。

3.3.2 政治诗学："夸张的正义"③

卡普托强调神学关注上帝如何通过绝对虚己的方式进入世界，成为"上帝的子民"（populus Dei），故而神学总是政治神学。政治诗学亦即"神政治

---

① ［法］德里达：《德里达访谈录》，何佩群译，包亚明校，上海：上海人民出版社，1997年，第48页。

② John D. Caputo, "Either-Or, Undecidability, and Two Concepts of Irony: Kierkegaard and Derrida," 16.

③ 在卡普托的文本中，"夸张的"（hyperbolic）不是与现实逻辑对立的夸大其词，而是指涉溢出现实逻辑。譬如，卡普托用"夸张的激情"（hyperbolic passion）指代对不可能性的追求，用"夸张的敏感性"（hyperbolic sensitivity）指代对差异他者的关心、对他者要求的回应和负责。而他者的要求就包括了对正义的要求。"Hyperbolic Justice"就是所谓的"负责任的无序"，解构法律但并不否定法律。

学"(theopolitic)、"不可能性的政治学"(a politics of the impossible),力图解构"本体—神—政治学的"(onto-theo-political)基础与表现形式。但就像事件诗学不会走向某种具体的伦理原则,而是通过责任诗学去实现伦理实践,政治诗学也不会直接走向某种具体的政治结构或政治政策,而是基于事件诗学的逻辑,通过以"夸张的正义"(Hyperbolic Justice)为核心的观念,解构现实政治逻辑。

具体而言,虽然卡普托对正义与法律之关系的讨论,受到了德里达的《法的力量》("Force of Law")的重要影响,但是二者之间仍然存在一定的差异。卡普托在事件诗学的"神圣无序"概念下展开具体讨论,指向的不是对秩序的摧毁或否定,而是要解构由始基(arche)所奠立的等级秩序(hierarchy),既需要秩序又需要逾矩(transgression),既需要法律也需要正义。这也是事件与"上帝"之"名"的关系的再现,即"正义的事件"(the event of justice)与"法律之名"(the name of law)的区别与联系。① 因此,尽管德里达与卡普托均承认法律无法完全融摄正义,未将法律与正义截然对立,然而,如果说德里达侧重以正义解构法律、以"到来的民主"(democracy to come),解构当下的民主(present democracy),那么,卡普托更侧重双方的"相互污染"(mutual contamination),在肯定解构的同时,也指出秩序的重要性,"法律应当被正义所滋养;法律应当渴望正义"②,二者并不迥然对立。卡普托力图借此为"解构"正名。

对卡普托而言,法律、制度、共同体等既是毒药,也是解药,是"审慎与暴力"的结合体,这是无法取消的构成性张力,既构成了存在的基本情境,也构成了需要被解构的界限,需要正义、"到来的民主"的解构。为此,卡普托指出"没有正义的法律是暴政,没有法律的正义是幻梦"③。这明显模仿了康德的经典句式("思维无内容则空,直觉无概念则盲"④),只不过,在康德那里,正义等同于法律的普遍化、绝对化,等同于"法的无条件权威"(unconditional authority of the law),不存在正义对法律的解构。为此,卡普托特别强调:

> 正义……不是康德意义上的理念(Idea),不是一种监控经验追求正义的调节性理念,不是一种允许理性越过其合理限度的超越性……不是

---

① John D. Caputo, *The Weakness of God*, 28.
② John D. Caputo, *Demythologizing Heidegger*, 189.
③ John D. Caputo, "Beyond Sovereignty: Many Nations Under the Weakness of God," 29.
④ Immanuel Kant, *Critique of Pure Reason*, trans. Paul Guyer and Allen W. Wood (Cambridge: Cambridge University Press, 1998), 193–194.

像康德著名的"绝对命令"那样的定言命令。因为康德的绝对命令是纯粹理性的议题,理性与一切经验冲动与情感冲动"切割干净",绝对命令的议题存在于绝对的可普遍化,而非不可言说的独异性。①

正义决非"计算"(caculation),不是从已然规定的(regulated)规则中,推导出一种可规划的结果,更不能被还原为既定的"规则""模式""秩序"。卡普托的目的是敞开(而非否定)法律、制度、共同体,消除其中针对他者的排斥机制。

一方面,卡普托批判法律的有限性、相对性。他指出正义不是在场的实存,而是处于将要到来之中,法律是有条件的、被建构的,是特定社会历史的产物,无法体现无条件的正义,需要被解构(即被修正、更新乃至重写)。这集中表现在对"hier-archy"(等级制/神—始基)的批判上。法律不能成为对威权的维护、对"hier-archy"(等级制/神—始基)的强化、对正义的封闭。与法律不同,正义不能被解构,溢出了等价交换结构的框定,显示出不对等的关系。因此,必须"令法律变得可靠,令法律的眼睛关注枯槁之手"②。另一方面,卡普托没有拒斥法律。虽然德里达也指出法律的必要性,但卡普托对法律的重要性倾注了更多的关注。正义不同于"无法"(lawlessness),正义解构法律,但不否定法律;不是完全消除暴力,而是最大化差异性、最小化苦难、最小化暴力。法律虽不完美,但是能够在一定程度上帮助"保护弱者,对抗强者"③,为正义的到来提供条件。相反,完全否定法律,不会走向纯粹的非暴力,而会引发更大更恐怖的暴力。因此,他反对旧有否定一切秩序的无政府主义(anarchism),决非像哈贝马斯所指责的那样,秉持政治无政府主义,④更明确拒绝卡尔·施米特的主权者悬搁普遍法律、立足紧急状态的右翼极权主义,这是法律失效后的现代最恶劣后果。⑤ 同时,卡普托也不完全同意福柯对权力的批判,批评其采取了还原主义的方法,简单地将体制视为暴力机器和权力游戏,忽视了正义与法律的张力。卡普托的目标是"打开体制,改革、重塑和变更体制,从而它们能够容纳它们所排除的对象"。⑥

基于这样的立场,卡普托坚信民主乃是处于"自我解构"(auto-

① John D. Caputo, *Demythologizing Heidegger*, 197.
② John D. Caputo, *Against Ethics*, 221.
③ John D. Caputo, *Against Ethics*, 221.
④ [德]哈贝马斯:《现代性的哲学话语》,曹卫东译,南京:译林出版社,2011 年,第 4 页。
⑤ John D. Caputo, *Demythologizing Heidegger*, 228, n. 7.
⑥ John D. Caputo, "Deconstructing Institutions: A Reply to Dauenhauer," 335.

deconstructing)之中：一方面，民主必然处于到来之中，决非有限的经验现实，不同于当下的秩序，比当下的秩序更为开放；另一方面，这并不意味着必须完全拒绝或者摧毁既有的制度，走向混乱。这如同事件的双重效价所显示的那样，事件不只是外在于当下的制度，还会从当下的制度中爆发出来。民主就是在这种神圣无序的混杂性中发生，盼望"极端多元性、多音性、文化多元性、异形性、异质性、他律性"①。也因此，一方面，卡普托批评如果说海德格尔偏好谈论"我们的哲学"、瓦蒂莫喜欢谈论"我们的宗教"，将"西方"与古希腊、基督教等同，②那么，理查德·罗蒂也总爱谈论"我们"（而非"他者"），③自满于"我们的民主"，阔谈"筑就我们的国家"（achieving our country），将"民主"美国化、在场化。罗蒂纵使没有堕入福山的"历史终结论"右翼政治学（千禧年主义），却采取了相似的以先行预设的理想为终点的目的论逻辑，④沉浸在西方民主的"自由欣快症"（liberal euphoria）⑤中，维护了既定的政治秩序，对其缺陷无所防备，没有与当下／在场的民主（即美国的民主制度）拉开距离，⑥未能超越西方中心主义、美国中心主义。⑦ 罗蒂自诩的反讽精神消失无踪。罗蒂（以及海德格尔、瓦蒂莫）的行为实际上是对马克斯·韦伯的论题（资本主义产生自西方的新教精神）的普遍化。另一方面，卡普托自诩为改革派，指责巴丢、齐泽克的革命理想过于激进、抽象、空洞，无视当下的现实处境，未能

① John D. Caputo, *Deconstruction in a Nutshell*, 174.

② John D. Caputo, "Spectral Hermeneutics: On the Weakness of God and the Theology of the Event," 77. 瓦蒂莫的观点可见 Gianni Vattimo, *After Christianity*, 69－70。

③ 卡普托指出，这种"我们"纵然没有排斥他者，至多也只是同化他者，融入既定框架，以共识消弭差异，未能让他者成为他者，尊重他者的无限他异性。换言之，罗蒂沿袭了美国式熔炉模式。

④ John D. Caputo, "Achieving the Impossible—Rorty's Religion: A Response to Dooley," in *A Passion for the Impossible: John D. Caputo in Focus*, 234.

⑤ John D. Caputo, *Deconstruction in a Nutshell*, 174.

⑥ 卡普托在此指涉的是罗蒂在《筑就我们的国家》等著作中表达的观点。罗蒂在其中自称"梦想着筑就我们国家的左派"而非"旁观的、厌恶的、嘲笑的左派"，肯定"美国的民族自豪感"，认可美国的民主制度，自以为"只要我们拥有一个积极的政治左派，我们就还有机会去塑造美国的形象，使其成为惠特曼和杜威梦想中的国度"，指责德里达与列维纳斯关于责任、正义的思考在"承担起社会责任"上"有害无益"。显然，罗蒂对筑就美国的梦想与忠诚限制了他对美国民主制度与美国民族主义的批判，更压倒了对（解构了当下现实的）他者、正义、民主和世界主义的想象与盼望。因此，他的希望或许也只是一个被阉割的犬儒幻想，乃至美国中心论的变体，"人性，太人性"！（见［美］理查德·罗蒂：《筑就我们的国家》，黄宗英译，北京：生活·读书·新知三联书店，2006 年。）

⑦ John D. Caputo, "On Not Circumventing the Quasi-Transcendental: The Case of Rorty and Derrida," in *Working Through Derrida*, ed. Gary B. Madison (Evanston, Illinois: Northwestern University Press, 1993).

提供具体的、确定的改革措施，无法付诸真正的实践。总之，在卡普托看来，罗蒂的具体弥赛亚主义（纯粹的可能性）与巴丢、齐泽克的抽象弥赛亚性（绝对的不可能性）必须得到调和。

然而，这也展现了第二章提到的卡普托与巴丢、齐泽克在对待资本主义制度上的巨大差别。对于卡普托的这种观点，巴丢、齐泽克或许会质疑：在当代全球资本主义宰制的背景下，这种满足于体制界限内的改良立场难道不会规训事件的"神圣无序"吗？不会限制和损害"夸张的正义"的激进批判力量吗？是否真的能令法律保障弱者免于强者的暴力压迫？是否真的如卡普托夫子自道的那样，符合德里达的解构精神？更进言之，卡普托的这种观点难道不是隐秘地预设了"资本主义制度合法性"这个无法逾越的"可能性"，从而违背了卡普托自己主张的"对不可能性的激情"吗？卡普托一直批评马克·泰勒的"无/神论"预设了"上帝之死"这一前提。据此逻辑，我们似乎也可以说卡普托的政治神学隐秘地将"共产主义之死"（"资本主义制度的合法性"）预设为前提，是"共产主义之死的政治神学"。也因此，这种被框定于资本主义游戏规则的政治神学真的可以抵制（譬如当下美国）福音派与资本主义制度的共谋吗？

卡普托所能回应的，是对"共同体"进行重新读解和创造。一方面，民主必须向民众（demos）敞开。在卡普托看来，"共同体"的拉丁词根（com＋munis）意指"共同＋防御"，与围墙（拉丁：moenia）、保卫（拉丁：munire）乃至军火（拉丁：munitiones）有着密切的联系，故而，共同体的形成与维持蕴含着一种危险，即可能伴随着武力的因素，建造环绕内部成员的防御工事，具有封闭排他的局限性，为了保护"我们"而抵御他者的到来，此即所谓的"有墙的共同体"。这种危险在当下世界（譬如川普在美墨边界兴建、用以阻挡绝望移民的"墙"）更为凸显，悖逆解构的精神。这种观念若是借用拉图尔的词源学阐发，会得到更进一步的凸显："民主"实际上也是"恶魔"（demon）与"民众"（demos）的争斗，与"分离"（da）共享同一印欧语词根，民主总是包含着分裂、纷争，由分裂者构成。① 因此，无论是对内还是对外，民主都必须走向一种"弱共同体"（weak community）②，亦即"没有共同体的共同体"

---

① ［法］布鲁诺·拉图尔：《从实在政治到事情政治，或如何把事情公开化？》，胡继华译，载《事件哲学》，汪民安、郭晓彦编，南京：江苏人民出版社，2017年，第207页。
② 虽然"弱思想"（weak thought）作为一种术语，由瓦蒂莫最先提出，但是正如上文所言，从本雅明到德里达，"弱思想"作为一种概念，其实早已得到了详细阐发，尤其赋予了被瓦蒂莫忽视的弥赛亚结构。受此影响，卡普托对"弱共同体"的看法有别于瓦蒂莫，并更进一步将共同体的问题与事件诗学紧密联结。

（community without community）①、"准共同体"（quasi-community），一个永远敞开自身、欢迎他者、拒绝同一、不能说"我们"的共同体，不是已然封闭定型的，而是处于到来之中。在这种共同体中，所有的目的论框架遭到否定，所有人都是目的而非手段，一切基于目的论的等级制都将消亡。换言之，这不是"目的论共同体"。②

在此，卡普托特别将自己理想中的激进共同体称为"割礼忏悔共同体"（circumfessional community），以此解构传统的共同体，亦即"认信共同体"（confessional community）。在后现代的"割礼忏悔共同体"中，并不存在"一阶信念"（first-order beliefs），即先天存在或被普遍接受的"经文"（scriptures）、"信经"（creeds）、"认信"（confession）或者"宣称"（profession），共同体的存在并不依赖这些具体的、特殊的、历史的、封闭的传统、信念和实践，不建基于同一性、普遍性、单义性（univocity）的幻想之上。③ 相反，"割礼忏悔共同体"通过对事件的忠诚与无条件的回应，不仅暴露了这些传统、信念和实践的偶然性、多义性、敞开性，而且阻止了将共同体与黑格尔的绝对精神相互同一，由此，卡普托将非辩证法的"不联结"（dissociation）作为共同体的立场，这是一种没有关系的关系，拒绝将共同体与这些特殊的传统、信念、绝对精神完全"联结"（association）、融合和同一，紧随任何"继承"（inheritance）的总是一种激进的批判、质疑与追问，紧随任何"联结"的总是一种"反讽的间距"（ironic distancing）。④ 这种"不联结"亦即齐泽克所谓的"脱钩"（uncoupling），关联的乃是阿甘本从圣保罗那里得来的"非是"（as not, hos mē）逻辑，卡普托将其称之为"也许不"（perhaps not），从而与"没有"（without, sans）的逻辑相互

① "没有共同体的共同体"最早出自巴塔耶，布朗肖将其称为"否定的共同体"（negative community）、"不可言明的共同体"（unavowable community）。让-吕克·南希继承二者观点，曾使用"没有共同体的共同体"一词，从两个层面进行了讨论：（1）个体与个体间通过"表面"（surfaces）而产生的接触是亲密的而非连续的、敞开的而非封闭的，既非联系也非断裂，既非充实也非空洞，这种"解构的共同体"是"独异的多元"（singular plural）；（Jean-Luc Nancy, *Being Singular Plural*［Stanford：Stanford University Press，2000］）；（2）共同体是将要到来、处于到来之中，是"无用的共同体"（the incorperative Community）。德里达后来也提到了南希的这个术语，视之为"没有融合的分享""没有交流的语言""没有混淆的共在。"［Jacques Derrida, *On Touching—Jean-Luc Nancy*, trans. Christine Irizarry（Stanford：Stanford University Press，2005），195.］虽然"没有共同体的共同体"可以从不同的视角进行论证，不同思想家的具体论述存在差异，但对卡普托而言，它具有大体相似的内涵，代表了解构理论的核心观念之一，指向对传统共同体观念的批判。

② John D. Caputo, *Radical Hermeneutics*, 254.

③ John D. Caputo, *The Insistence of God*, 69－70.

④ John D. Caputo, *The Insistence of God*, 77－78.

贯通,共同指向对传统共同体的解构。因此,卡普托的这种共同体观既不是奠基于主体性之上的个人自由主义,也不是将传统与社群视为本质真理的社群主义,对卡普托而言,二者均摒弃了异质性他者的到来,未能充分打开共同体。

在卡普托的这种共同体中,不存在终极的解决方案(即总体性的政治图式)。政治采取了诗学的言说形式,诗学以新的方式,对正义、民主等提出了新见解,解构了旧有的言说形式(法律、现有制度等),令政治向不可能性敞开,承认话语的多义性。诗学的政治话语不等于、不低于、更不能被同化或化约为哈贝马斯所要求的规范的、理性的、普遍可理解的公共语言。对卡普托而言,哈贝马斯对理性话语的"屈膝",基于陈旧的公私分野,将宗教话语排除于公共领域之外,否定了话语的多元性,实则宣扬了一种新的话语霸权或者元语言,[①]与列维纳斯对纯粹无暴力语言的追求,在逻辑上同声共气。依据卡普托的逻辑,我们还可以进一步推导:如果哈贝马斯仍然恪守这样的立场,那么他也将与宗教的护教话语(另一种排他性的话语霸权)达成悖谬的殊途同归。

由此,借助卡普托的事件诗学,我们可以重审哈贝马斯与罗尔斯之争,将其理解为"宗教话语是否能够出现在公共领域"的问题。哈贝马斯强令宗教话语转译为规范的理性语言,使宗教话语在公共领域的合法性取决于这种转译能否完成,而罗尔斯放弃早年的观点(即"在宗教与哲学上都呈现多样化立场的民主国家,其中的每一个人在进入公共领域之前,都应该放下自己的观点,只使用理性的语言来进行讨论"[②]),在嗣后的《政治自由主义》等著作中关注"在一个宪政民主国家里,宗教和各种世俗学说怎样才能共处合作"[③],基于"公共理性"与"重叠共识",主张"在宗教和民主之间没有,或者

---

① 卡普托自始至终拒斥哈贝马斯背后的先验立场。单以直接的文本资料为据,他在《激进诠释学》中便指出哈贝马斯虽然批判了伽达默尔的传统观,但采取了先验主义进路,而德里达(以及卡普托本人)要走的是非先验(nontranscendental)的进路(John D. Caputo, *Radical Hermeneutics*, 305, n. 13)。

② [加]查尔斯·泰勒:《当代社会中的理性》,蒋馥朵译,台北:联经,2018 年,第 86 页。

③ 泰勒的这一概括显然是基于罗尔斯在《政治自由主义》的导论中提出要回答"一个因各种尽管互不相容但却合乎理性的宗教学说、哲学学说和道德学说而产生深刻分化的自由平等公民之稳定而公正的社会如何可能长期存在? 易言之,尽管合乎理性但却相互对峙的诸完备性学说,怎样才可能共同生存一致认肯一立宪政体的政治观念? 一种能够获得这种重叠共识支持的政治观念的结构和内容是什么?"的问题。罗尔斯在该书中还强调一些宗教学说同样也是"合乎理性的完备性学说",不能将宗教排除于理性多元论之外([美]约翰·罗尔斯《政治自由主义》,万俊人译,南京:译林出版社,2011 年,第 5 页)。

说不必有冲突"①,承认了宗教话语的地位。不过,罗尔斯聚焦宗教语言合法性的外部依据,似未从宗教语言的内部结构出发,对宗教语言作出更明确的界定与更批判的反思,进而对美国政教关系的传统运思框架予以解构,故而,在此意义上,罗尔斯与哈贝马斯其实又可谓殊途同归,似乎未能完全跳脱出世俗主义的二元论。不过,近十余年来,哈贝马斯愈发意识到这种话语转译不可能彻底实现,在部分承认宗教话语活力的基础上,强调宗教话语仍然必须超越特定宗教共同体的边界,参与公共领域的商谈。哈贝马斯关注的是"能否通过对无法穷尽的宗教内容予以持续的哲学占有,从而抵消理性道德的政治缺陷",宗教与哲学应当保持对话,互相学习。哈贝马斯甚至指出哲学的"令意识觉醒的批判"应当与宗教的"救赎记忆"携手共进。② 这不禁令人想起卡普托对弥赛亚结构(记忆与盼望)的论述。就此而言,哈贝马斯的观点如今似乎更加后世俗化,也更加贴近了卡普托的立场。由此也侧证了事件诗学在政治领域的重要价值。

在卡普托看来,诗学确认并强化了民主的"神圣无序",肯定了公共话语的多义性,展现了对话的根本精神,解构公共与私人的传统畛域,打破了共识与异议(dissensus)的二分。这要求承认"歧见"的地位,倾听异议的声音,向巴别塔式多元声音敞开,摒弃那种"(世界)是一个封闭、永恒、不变的秩序,获得广泛文化共识"③的信念,不再追求前现代的和谐统一,放弃压抑异质他者的声音。异议是民主的"进步引擎","是未来发展的基础,标志着仍然存在我们需要关注的话题,讨论尚未终结,仍然有人受难或处于弱势地位"④,不该被视为缺陷或危险。卡普托批评哈贝马斯采取了先验主义的立场,⑤将

---

① [美]约翰·罗尔斯:《罗尔斯论文全集》,陈肖生等译,长春:吉林出版集团,2013 年,第 659、653 页。

② Jürgen Habermas, *Postmetaphysical Thinking II: Essays and Replies*, trans. Ciaran Cronin (Cambridge: Polity, 2017).

③ John D. Caputo, *Truth*, 98.

④ John D. Caputo, *Truth*, 99.

⑤ 卡普托一直批评哈贝马斯采取了先验主义的错误立场。这不仅反映在主体间性的问题上,还涉及了"传统"的问题。哈贝马斯强调传统不应当凌驾于理性之上,批评伽达默尔的传统观缺乏客观的反思与批判,忽视了传统之外的先验规则。([德]哈贝马斯:《评伽达默尔的〈真理与方法〉一书》,郭官义译,载《世界哲学》,1986 年第 3 期,第 71—74页。)卡普托虽然也认为,伽达默尔没有对传统采取足够的批判态度("伽达默尔沉浸于传统中,将传统视作无可逃避的实际性,但是他不认为需要通过传统,去思考究竟是什么在传统中起作用或者在游戏"),但是反对哈贝马斯从先验主义立场所展开的批判。卡普托主张反思的先验意识本身难以完全跳脱传统。卡普托诉诸事件观,指出"(伽达默尔)关注在传统中被赠予了什么……却没有关注赠予过程本身,没有关注在传统中并作为传统而穿行通过的无蔽事件"。(John D. Caputo, *Radical Hermeneutics*, 114, 305.)

共识预设为主体间交往的终极目标,限定了对话的发展方向,拒绝了差异的语言游戏,压抑了巴别塔的多元声音、冲突对立。政治诗学坚决抵制宰制话语的霸权主义。

另一方面,民众必须遵守相应的民主规则,而不是陷入纯然的混乱之中,弱共同体既保证差异的空间,又强调责任的存在,维持着共同体得以存在的最低的(也是最不排他的)条件而非全然否定共同体,从而令民主的讨论与对话得以可能。如此,邀请差异而非单纯容忍差异的目标方能实现。在此意义上,卡普托赞同朗西埃对德里达的批评,即德里达虽然强调社会针对他者的无条件"迎袭"(*hospitalité*),但是忽视了那些社会施加于他者、维持社会运行的必要条件。正如"神圣无序"有别于无政府主义,异议也不等于否定秩序,而应遵守民主的平等原则(朗西埃所谓的"对平等的预设"),避免差异的方法被简化为不平等的方法,对差异的追求演变为对不平等的追求,独异性与平等性并非迥然对立。对卡普托而言,德里达与朗西埃的差异只是侧重点或视角的不同,彼此并非扞格不入(决非伦理与政治、独异性与平等性的对立),反而可以互补相辅。[①]

综上所述,卡普托的政治诗学基于神圣无序的精神,对正义、民主、共同体等议题展开了新的回应和论述,并持守正义与法律、到来的民主与既有的秩序、异议与共识之间不可决断的混杂性,跳脱非此即彼的二元论。诗学是共同体对政治的制作形式,它打开了政治,打破了现实的逻辑,令政治不再等同于确定性的模式或者计划,不再是对同一性的追索与坚守,而是向不可能性敞开自身,在事件不可预见的发生中,一次次地重新打开和重新发明政治。

3.3.3 宇宙诗学:"世界的呼召"

如果说责任诗学、政治诗学聚焦人类世界(文化),就像卡普托自己承认的那样,偏重人类中心主义、人本主义,[②]并且黑格尔的表象、蒂利希的象征由于指向非自然的文化世界而同样存在相应的问题,那么,卡普托的"宇宙—诗学"(cosmopoetics)涉及包括一切受造物在内的自然世界,力图更新人与自然世界的关系,矫治贪得无厌的人类中心主义、致命有害的人本主义和傲慢虚伪的人类例外主义(human exceptionalism)所引发的生态危机和物种毁灭等紧迫问题。"宇宙诗学"又被称为"宇宙—神—诗学"(cosmo-theo-poetics),是

---

①   John D. Caputo, "Foreword," in *Unlocking the World Education in an Ethics of Hospitality* (New York: Routledge, 2015), xii.

②   John D. Caputo, *The Insistence of God*, 21.

对"神—诗学"的进一步拓展,属于"克服本体—神学"的重要一环。① 据此,卡普托也将上述两类事件诗学的差异称为"特殊启示"和"普遍启示"的区别,宇宙诗学既是责任诗学、政治诗学的普遍化发展,②又必须在广义的事件诗学的框架下,与责任诗学、政治诗学联结。

对卡普托而言,本体—神学的人类中心主义围绕着两层关系:(1)人与宇宙的关系(人是宇宙的尺度);(2)人与非人的关系(人是非人的尺度),它们正是宇宙诗学试图重新打开和重新创造的对象。宇宙诗学要求我们抛弃陈旧的宇宙观,质疑"人类""生命""物质"等最基本前设,③以新的方式去想象、盼望和更新人与宇宙、人与非人的关系,回应世界的呼召。德里达称之为"世界的应许"(the promise of the world),卡普托则称为"世界的恒存"(the insistence of the world)。我们需要回答:个体的命运是否与地球甚至宇宙联结在一起?"上帝是否只需要人类而不需要其他生物"?是否不需要"非人类的动物与无生命的事物"?我们该如何理解尼采为马儿痛哭?④ 由此方可知解宇宙诗学之为"宗教唯物主义"(religious materialism)的个中缘由。

具体而言:

一、"宇宙—诗学"将一个更为广阔的宇宙论维度赋予了事件诗学,动摇了我们对"宇宙""世界""人""生物""物质"等概念的基本预设,使之向我们无法预知、难以筹划、无法计算、不可把握、无法掌控的事件敞开。"这个世界不需要奇迹……这个世界变成了某种奇迹"⑤,变成了一种"机缘"(chance)、"可能"(perhaps),古希腊人称之为 *tuche*,形而上学称之为"偶然性",马拉美称之为"骰子一掷"(a throw dice),阿伦特称之为"脆弱性"(fraility),伯纳德·威廉斯(Bernard Williams,1929—2003)和努斯鲍姆(Martha Nussbaum,1947—)称之为"运气"(luck),宗教称之为"恩典",卡普托则称之为"赠予""恩典的事件""恩典是事件在世界平面上的脉动"⑥。

"恩典的事件"意味着世界上的生物不是奠基于某种始基、本源之上,并不具有稳定不变的内在本质结构,而是处于事件的发生之中,处于高度风险

---

① John D. Caputo, "The Theopoetic Reduction: Suspending the Supernatural Signified," 254.

② 这也是卡普托将责任诗学、政治诗学归于狭义的事件诗学的原因所在。广义的事件诗学包括了责任诗学、政治诗学和宇宙诗学。

③ John D. Caputo, *The Insistence of God*, 21.

④ John D. Caputo, *The Insistence of God*, 167.

⑤ John D. Caputo, *The Insistence of God*, 247.

⑥ John D. Caputo, *The Insistence of God*, 239.

的"宇宙的骰子游戏"（a cosmic dice game）或"宇宙的骰子一掷"（a cosmic roll of the dice）中，①被无尽的不确定性、偶然性所包围，依赖生命的赠予，受惠于"恩典的事件"而非自我的优越性，作为一种"美丽的冒险"（beautiful risk），它既是应许，也是威胁，"无法保证奇迹不会转变为灾祸、赠予不会转变为毒药甚或事件不会转变为巨大灾难"，故而常被视为一种"诅咒"（curse）。② 因此，"我们的物质生活是不稳定的，受自然因素的支配，这些自然因素有时会起来反对我们，而我们又依赖这些自然因素的恩惠。我们生活在一个为我们提供良好环境的小星球上，除非或者直到它没有为我们提供良好的环境"③，人类既不是世界（地球、宇宙）的中心，也不可能超越这个世界，人类只是"宇宙的碎片"，只是"世界被微弱影响而在处于宇宙小角落里的我们身体中产生特殊作用的方式"。④ 人类既非"自在"，也非"自为"，更非"自在且自为"，而是受惠于"恩典的事件"并向"恩典的事件"敞开，必须"愿意向宇宙的'可能'说出'来吧'"⑤。这也被卡普托称为"神—宇宙论"（theo-cosmology）。也因此，人类与宇宙的关系不能再是宰制与被宰制、剥削与被剥削、毁灭与被毁灭的关系。

二、"宇宙诗学"发展了道成肉身的思想，要求解构人与非人的等级关系。在此意义上，它也被卡普托称为"神—动物学"（theo-zoology）。卡普托从早年起，就十分关注动物问题，认为从柏拉图至海德格尔，西方形而上学一直贬低动物，这种观念影响深远，甚至连列维纳斯也依然深陷人类中心主义：他者被限于"人类他者"（human other）的范畴，未能扩展至非人，导致他者伦理学放弃了原本在逻辑上可以实现的彻底性。尽管卡普托对西方形而上学的批评看似稀松平常，甚至他对列维纳斯的批评也与列维纳斯研究者的常见观点看似相近，⑥但若深入探究卡普托的相关论述，会发现卡普托并未止步

① John D. Caputo, *The Insistence of God*, 169－170. 卡普托在此显然借用了马拉美的"骰子一掷"的典故。
② John D. Caputo, *The Insistence of God*, 119.
③ John D. Caputo, *The Insistence of God*, 16.
④ John D. Caputo, *The Insistence of God*, 175.
⑤ John D. Caputo, *The Insistence of God*, 170.
⑥ 譬如 Christian Diehm, "Ethics and Natural History: Levinas and Other-Than-Human-Animals," *Evironmental Philosophy* 3, no. 2 (2006): 34－43; Matthew Calarco, *Zoographies* (New York: Columbia University Press, 2008). Peter Atterton, "Levinas and Our Moral Responsibility Toward Other Animals," *Inquiry* 54, no. 6 (2011): 633－649; Bob Plant, "Welcoming Dogs: Levinas and 'the Animal' Question," *Philosophy and Social Criticism* 37, no. 1 (2011): 49－71. Mary Bunch, "Posthuman Ethics and the Becoming Animal of Emmanuel Levinas," *Culture, Theory and Critique* 55, （转下页）

于此,而是通过将神学的视角引入对德里达和后人类理论的读解,对动物理论予以了独特的发展。具体而言:

在卡普托看来,德里达后期的动物转向具有至为重要的价值,纠正了列维纳斯的人类中心主义,将"每一位他者都是全然他者"的伦理学立场予以普遍化。① 卡普托之所以将"tout autre est tout autre"英译为"every other is wholly other",与此有关。② 在《动物故我在》(*L'Animal que donc je suis*,亦可作《故我在的动物》)中,德里达从"人的终结"(the ends of man)出发,穿越人与动物的边界,转向动物、向动物"投降"(surrender),③批判了(从亚里士多德,到笛卡尔、康德,再到海德格尔、列维纳斯、拉康)西方动物观宣扬动物劣等地位的逻各斯中心主义,这一点从题目中即可见出。笛卡尔的"我思故我在"拉丁文是"Cogito, ergo sum",法文作"Je pense, donc je suis",英文译为"I think therefore I am",德里达法文原著的标题则是"L'Animal que donc je suis",显示出鲜明的文本间性,笔者也因此将德里达的著作译为《动物故我在》(或《故我在的动物》)。德里达单单通过标题的语言游戏,便对笛卡尔"我思故我在"的主体性哲学予以了三重解构:"我思"不能为"我在"奠基,无肉身的人类不能为动物、为人类自身、为人类肉身奠基,人类中心主义、主体主义、身心二元论不再有效。④

(接上页) no. 1 (2014): 34–50. Katharine Loevy, "'The Fear of the Dod': Levinas's Rhetoric of Animal Violence," *Philosophy Today* 61, no. 1 (2017): 155–173。这些研究者一方面批评列维纳斯忽视了非人动物,持有一些人类中心主义的偏见,另一方面肯定通过相应的改造,列维纳斯的他者伦理学可以并且应当延伸至非人动物乃至生命政治。德里达也多次批评列维纳斯的他者局限于人类,难称"普遍邻人"。

① 值得一提的是,德里达晚年的动物转向不仅是思想性的,也是实践性的,他在去世前,甚至抱病同意担任"坚决反对斗牛委员会"的荣誉主席,"保护动物的事业对他越来越重要"。见[法]伯努瓦·皮特斯:《德里达传》,魏柯玲译,北京:中国人民大学出版社,2014年,第475—476页。

② 当然,除此以外,还有一个原因是德里达试图借此批评列维纳斯对性别问题的忽视,每一个他者不仅包括人与非人,而且包括男性、女性乃至跨性别等。德里达强调全然他者并非性别中立,而是存在性别的差异,列维纳斯隐秘地排除了女性,使得"全然他者是一个'他/它'[*il*]而不是'她/它'[*elle*]"。[Philippe Lacoue-Labarthe and Jean-Luc Nancy, *Retreating the Political* (London and New York: Routledge, 1997), 54.]

③ Jacques Derrida, *Tha Animal That Therefore I Am* (New York: Fordham University Press, 2008), 3. 值得一提的是,该英译本恰恰收录于卡普托主编的"欧陆哲学视角"(*Perspectives in Continental Philosophy*)系列丛书中。

④ 我们还可以借助西苏(Hélène Cixous)的相关语言游戏启发(Hélène Cixous, *Portrait of Jacques Derrida as a Young Jewish Saint*, trans. Beverley Bie Brahic (New York: Columbia University Press, 2004), vii),开掘德里达著作标题中可能蕴含的更多深意:"Je"的"J"标明了"我"(je)、"犹太人"(juif)、"正义"(just)乃至德里达本人(Jacuqes)。换言之,除了上述三重解构外,标题还可能指向第四重解构:对反犹主义乃 (转下页)

对卡普托而言,德里达著作标题的"je suis"一语双关,进一步指出动物乃我所在(I am)、我所追随(I follow)的对象,人与动物之间并不存在传统坚守的对立与分隔,不存在"人",只有"人动物"(human animals)与"非人动物"(non-human animals),"非人动物"并不是一种相对于"人"之在场的缺席、缺陷。人类与动物有差别(differential),但并不二元对立(binary)。相反,人类不但不能够为动物奠基,反而由于要追随动物、变成动物,从而被动物奠基。在此基础之上,卡普托引入了德里达未曾料想到的基督教视角,联系《新约·马太福音》十章 16 节("我差你们去,如同羊进入狼群,所以你们要灵巧像蛇,驯良像鸽子"①),精妙而富创造性地将法文"je suis"转译为英文"Jesus is",②"动物故耶稣在",耶稣的动物(animals of Jesus)、耶稣跟随动物、耶稣是动物,耶稣是处于"可能"(perhaps)的苦弱动物。如果说德里达批评了第一亚当对世界的命名,那么,卡普托就是在此基础上,更进一步,指出第二亚当(耶稣)不再是那个命名动物、掌管动物的第一亚当,于是,最神圣的人类是动物,上帝道成肉身、道成"世界的肉身"(the flesh of the world),而非道成人身,"世界是上帝的身体"③。这是事件诗学对道成肉身的发展,将人与动物的关系推向"前所未有的交织",解构了各类宗教非唯物主义(religious immaterialism)对肉身的遗忘甚或鄙弃。

值得注意的是,笛卡尔在提出"我思故我在"的《谈谈方法》中,强调了人类与动物的区分(动物不能使用言语、动物没有理性),人兽之别乃是"我思故我在"的逻辑延伸。这种看法导致人们常说"对合格的笛卡尔主义者的考验是看他是否会踢他的狗。笛卡尔的学说为普遍的虐待动物的行为提供了充分的辩护",此种人类中心主义倾向被视为笛卡尔体系的罪状。④ 那么,基于这一前文本,德里达的解构将显示出更为明确的针对性与反讽性。更进一步,由于笛卡尔的上述两条人兽划分标准实则可归结为亚里士多德对人的定

(接上页)至一切种族主义(动物修辞乃种族主义话语的典型特征)的解构,对动物的肯认就是对正义的忠诚,进言之,解构即正义。此外,西苏对德里达的"犹太圣徒"(sainjuif)与"犹太猴子"(singe juif)的形象转化,与德里达的思想颇为相契。

① 卡普托使用的《圣经》英译文是"See, I am sending you out like sheep into the midst of wolves; so be as wise as serpents and innocent as doves"。尽管卡普托未告知其使用的《圣经》版本,但根据笔者的查考,应该是新修订标准版《圣经》(NRSV)。

② 卡普托最早单独使用"je suis"时,仅仅意指"I am following",强调他者唤醒和启发自己,并未多加联想(John D. Caputo, Against Ethics, 9.)。由此可凸显将"je suis"转译为"Jesus is",乃是卡普托后期的一大创见,或者说是对德里达进行宗教读解的贡献之一。

③ John D. Caputo, The Weakness of God, 311.

④ [英]约翰·H.布鲁克:《科学与宗教》,苏贤贵译,上海:复旦大学出版社,2000 年,第146 页。

义("具有 logos[理性/言语]的动物"[拉丁语 zōon logon ekhon]),那么,德里达的解构实际上也借由笛卡尔,直抵亚里士多德,直抵西方思想的源头,即逻各斯中心主义! 事实上,德里达在书中明确指出了从亚里士多德,到笛卡尔、康德,再到海德格尔、列维纳斯、拉康,都采取了逻各斯中心主义,将"是否拥有 logos"作为人兽之分的标准。这种批判契合卡普托对亚里士多德的看法。卡普托一直不满自亚里士多德以来西方思想以"logos"来定义"人"的做法,认为这不仅贬低了自然,而且其所依据的自然法(natural law),将人分为不同等级,从而为"自然奴隶"(natural slave)辩护,像对待动物一样,剥削和压迫"缺乏 logos"(aneu logou)的奴隶与女性。① 这种观念也与阿伦特的看法契合:阿伦特指出亚里士多德对奴隶与女性的定义,使得他们被框定于"劳动的生活",现代工人阶级的解放与妇女解放之所以几乎发生在同一时刻,与此有关。②

若单就卡普托对德里达著作标题的读解而言,虽然卡普托没有详释德里达针对笛卡尔的语言游戏,但是他的观点已经蕴含了这些深意,并且对德里达的思想进行了某种补充和发展:

(1) logos 不仅是理性、不仅是人言,而且是基督教所说的"道"(圣言),亚里士多德与笛卡尔将 logos 独厚人类。然而,卡普托通过在德里达的一阶语言游戏基础上,进行了二阶语言游戏(je suis→Jesus is),强调基督教的"道成肉身"于作为动物的耶稣(耶稣是/跟随动物、动物故耶稣在),人与动物的对立就其本质(ousia),根本不存在。如果说德里达在标题的一阶语言游戏中解构了古希腊传统的逻各斯中心主义,而他在文中对《旧约·创世记》中亚当命名动物的分析,可视为解构了广义意义上犹太教传统的逻各斯主义,那么,卡普托解构的是在此之外的基督教传统的逻各斯中心主义,如此,二者构成了一副解构西方思想的完整拼图。

(2) 笛卡尔在《谈谈方法》(Discours de la méthode)和《论灵魂的激情》(Les Passions de l'âme)中不仅仅讨论人兽之分,还涉及了那个时代盛行的"机器"问题,人是"神造的机器"③,动物也可以成为除了缺少 logos 以外的完美机器,换言之,人与动物都是机器,是"身体机器"④。撇开背后的机械论,笛卡尔的观点其实一方面,打开了一个"应许/威胁"的问题:如果动物也有

---

① John D. Caputo, *What Would Jesus Deconstruct?*, 109 - 110.
② [德]汉娜·阿伦特:《人的境况》,第 48 页。
③ [法]笛卡尔:《谈谈方法》,王太庆译,北京:商务印书馆,2001 年,第 44 页。
④ [法]勒内·笛卡尔:《论灵魂的激情》,贾江鸿译,北京:商务印书馆,2013 年,第 6 页。

logos,或者干脆,logos 自身根本不存在,亦即不存在笛卡尔所谓的"灵魂"(anima)、赖尔(Gilbert Ryler,1900—1976)所戏称的"机器中的幽灵"(ghost in a machine),那么,人与动物还有区别吗? 另一方面,提供了半生物半机器、生物-机器、拟人机器等可能性,为当代的"后人类"做了铺垫,借用卡普托之言,笛卡尔的身心二元论"标识出"(stake out)后世有关机器问题的论争领域。① 卡普托对人与非人的讨论,恰恰触及了这两个问题,否定了身心二元论,既指出人与动物不对立,又肯定了后人类理论(拉图尔、哈拉维)的重要性,更在此基础上,引入了基督教的视角,做了相应的补充。这是对逻各斯中心主义的新解构。

人兽关系的讨论,从亚里士多德的人与动物,到《新约》的人、动物与神,再到笛卡尔的人、动物、神与机器,对此,德里达以"幽灵"对人兽之分予以解构,似未注意笛卡尔的"机器"之"药"(毒药/解药),故而,依据这条思想谱系,卡普托对人、动物、神与机器之四项式的解构,似可视为对德里达的思想补充与发展。

据此,卡普托更进一步提出,宇宙诗学在解构人与非人之界限的基础上,呼召一种新的人性,亦即所谓的"后人类"。它既不意指"人类的彻底毁灭",也无涉人类借由身体改造而彻底永生,而是意味着"在宇宙舞台上,它的重复、它的重新整合、它的重新处境化"②。诸如德里达的"幽灵"、拉图尔的"混杂体"(hybrid)、哈拉维(Donna Haraway,1944—)的"赛博格"(cyborg)、米歇尔·塞勒斯(Michel Serres,1930—)的新天使学,都为新的人性提供了启示,后人类会是新的希望、新的开端。如果以利奥塔对"非人"的两层存在论区分(现代性的非人是异化的产物,先锋艺术的非人是反抗异化的力量)进行观照,③那么,卡普托关注的乃是"非人"对现代人类中心主义的反抗与批判,也因此,卡普托才将利奥塔的"非人"解释为"无法替代的非人宇宙力量,人性的踪迹都被这种力量所抹除"④,因为利奥塔谈论"非人"是鉴于"借人本主义之名言说的后果乃是废除差异、实验、异质性和异议"⑤。换言之,德里达、拉图尔、哈拉维、塞勒斯的后人类设想与启发,打破了传统的二元论,实则是用诗学的方式去重新思考和呈现宇宙、人类,指认出人与动物、人

---

① John D. Caputo, *Truth*, 124.
② John D. Caputo, *The Insistence of God*, 259.
③ Jean-François Lyotard, *The Inhuman: Reflections on Time*, trans. Geoffrey Bennington and Rachel Bowlby (Stanford: Stanford University Press, 1991).
④ John D. Caputo, *Cross and Cosmos*, 165.
⑤ John D. Caputo, *Demythologizing Heidegger*, 231, n. 10.

与非人的混杂性关系,决非重蹈人类至上主义。

在此基础上,卡普托更进一步引入了神学视角,或者更准确说,一方面将后人类理论引入神学领域,解构传统神学;另一方面将神学引入后人类理论,批判其中隐含的一些世俗主义观念,对后人类理论进行了改造。这尤其体现在卡普托在哈拉维的"三种关键界限崩解"①(three crucial boundary breakdowns)(即人与动物、有机体与机器、物理性与非物理性的界限分解)的基础上,特意增添了第四种界限崩解——上帝与世界。一方面,哈拉维深受基督教否定神学的影响,肯定否定神学的"不可命名性""无限性"观念,拒绝将上帝视为"设计"和"因果性",不同意托马斯·阿奎那对上帝存在的五路证明,②而是将赛博理论戏称为"渎神"③(或"反讽的信仰")而非"叛教"来批判福音派的基督教创造论(Christian creationism);但是另一方面,哈拉维自称"坚定的无神论者和反天主教者",强调上帝已死,神人之分属于"恼人的二元论"(doubling dualisms)④。然而,就卡普托的立场而言,哈拉维尽管既批判了传统的实定神学,否定了福音派的相关理论,又拒绝了现代世俗主义的人类中心主义,却(1)没有从否定神学更进一步走向后现代的事件神学;(2)未能完全排除世俗主义的偏见。对卡普托而言,神人二元论之所以错误,不是因为上帝的存在由于世俗主义所谓的"上帝之死"而失效,而是因为现代世俗主义与宗教保守主义均误解了上帝与人类、上帝与世界的关系。依据卡普托的第四种界限分解,上帝并不是外在于世界(不只是地球,更是宇宙),而是在世界之中进行呼召,上帝不是至高的实存,而是至深的呼召,不是从凌驾于世界万物之上进行呼召,而是从最低处呼召,为了那些被视作低贱者、遭受鄙夷者而进行呼召,"对正义的坚持呼召,不是来自远方,而是来自不正义的野蛮世界的实存"⑤。更准确而言,由于事件之"名"可以是"上帝",也可以是"世界",故而,可以说,"上帝的恒存即世界的恒存……世界的恒存即上帝的恒存",不仅是"恩典的事件"以"上帝"之名呼召(责任诗学、伦理诗学),更是"恩典的事件"以"世界"之名呼召(宇宙诗学),⑥也就是"世界的呼召"(call of the world)、"世界的恩典"(grace of the world)。其所呼召的不是彼岸的世界,而是尚未到来的此岸世界,是对这个世界的应许。

---

① Donna Haraway, *The Haraway Reader* (New York and London: Routledge, 2004), 10.

② Donna Haraway, *The Haraway Reader*, 334.

③ Donna Haraway, *The Haraway Reader*, 7.

④ Donna Haraway, *The Haraway Reader*, 35.

⑤ John D. Caputo, *Cross and Cosmos*, xiv.

⑥ John D. Caputo, *The Insistence of God*, 171.

在此,卡普托似乎有意模仿了马克思的"宗教是被压迫心灵的叹息,是无情世界的感情"①的句式,强调事件的精神"不是压倒受造物的强力,而是受造物无能为力的心声"(not the power that overpowers creatures but the voice of their powerlessness)②,凸显世界的呼召。卡普托曾多次为马克思的观点辩护,强调不能只关注马克思的"宗教是人民的鸦片",而更应该重视马克思所说的"宗教是……无情世界的感情"。卡普托甚至曾援引该句,将"宽恕"理解为事件诗学的核心。③ 需要注意的是,卡普托选用的英译文是"the heart of a heartless world",之所以如此,不能归诸译本自身的偶然因素,而应该视为卡普托的主动选择。换言之,这一英译文恰恰符合卡普托的立场,即便没有这一译本,通晓德语的卡普托很可能也会采取这种译法(马克思的德语原文是"das Gemüth einer herzlosen Welt"),因为这句译文恰恰契合了卡普托对奥古斯丁、德里达的"不安之心"(restless heart)的读解,马克思也因此被卡普托纳入这一先知的谱系中,共同指向"对正义的激情"(passion for justice),故而,世界的呼召,也应理解为对正义的呼召,这也是宇宙诗学的题中之义。

卡普托指出对于人类而言,"世界的呼召"不仅带来了"自然契约"(natural contract),要求我们与地球、宇宙商谈,避免剥削和破坏地球、宇宙,更重要的是,世界的呼召确认了人类本身就已然是"自然契约",就是动物和植物,就是宇宙的一部分。回应"世界的呼召"乃是人类无可推卸的责任。它要求我们摆脱人类中心主义,拥有"一种对我们渺小宇宙地位的深刻谦卑,一种对所有伟大和渺小生物的同情"④,进行关于我们"在世栖居"(dwelling in the world)的诗歌/制作(poiesis),一方面,替代海德格尔所批判的"集置",抛弃计算性思维,以诗学的方式,重建人与宇宙的关系;另一方面,有别于海德格尔对科学技术的贬低,卡普托主张科学可以变成"绿色的科学",变成一种宇宙诗学的制作,回归诗学所强调的回应、制作、创造和转化,在解决宇宙诗学所关注的生态问题中发挥重要作用。与此相反,在卡普托看来,传统的

---

① 卡普托选用的英译文是"Religion is the sigh of the oppressed creature, the heart of a heartless world",译本为 Karl Marx,"Introduction" to *A Contribution to the Critique of Hegel's Philosophy of Right*, ed. Joseph O'Malley (Camrbridge University Press, 1970), 171。见 John D. Caputo, *Truth*, 268。

② John D. Caputo, *The Weakness of God*, 311.

③ John D. Caputo, *The Weakness of God*, 208. 卡普托的原文是"forgiveness is ... the heart of a heartless world",未加引号与注释,但由于马克思的"宗教是……无情世界的感情"英译文正是"Religion is ... the heart of a heartless world",故而,基于互文性,可知卡普托之言实则典出马克思。

④ John D. Caputo, *On Religion*, 2nd ed., 170.

生态神学论述常常依赖对《圣经》的字句主义解释,采取本体—神学的立场,指向上帝的全能而非"世界的呼召",提供了慑于上帝权威的至高生态学而非回应世界呼召的"'深层'生态学('deep' ecology)",忽视了生态问题是一个关乎尚未到来的正义、尚未到来的世界的问题,一个宇宙诗学的问题。

尽管卡普托强调这些诗学之间存在上帝之呼召与世界之呼召的差异,但是笔者认为,如果基于人与非人之关系,并联系亚里士多德对人的定义("具有 logos[理性/言语]的动物""政治的动物"),从卡普托的宇宙诗学回望责任诗学与政治诗学,那么,我们可以说,责任诗学关注伦理领域对"非人"的责任,政治诗学关注政治领域对"非人"的正义,反之,宇宙诗学是对伦理责任、政治正义的普遍化、激进化。由此,宇宙诗学不仅与责任诗学、政治诗学融为一体,而且与福柯、阿甘本的"生命政治"(biopolitics)相互联结并形成对话。如此一来,(1)卡普托对后期维特根斯坦的"生命形式"(form of life)概念的理解,也可以对照阿甘本对这一概念的相关解释,进一步凸显其中的伦理、政治乃至自然等领域的深刻意涵;(2)卡普托对诗学蕴含着"对不可能性的激情"的论述、对 pathos 与 nomos 的区分以及由此延展出的"激情−逻辑学"(patho-logic),也可以对照阿甘本对阿比·瓦堡(Aby Warburg, 1866—1929)的"激情形式"(pathosformel)的解释,进一步凸显事件诗学的"弱弥赛亚力量"。当然如果虑及卡普托与阿甘本对本雅明的记忆之弥赛亚力量的共同关注(尤其是阿甘本对瓦堡的解释联结着本雅明的"静止辩证法"),这种对观似乎也不意外。

综上所述,正如在海德格尔那里已然显明的,笛卡尔的"我思故我在"开启了现代主体性哲学,导致具有无条件性与确定性的主体变成了为世界奠基的根据,成为了第一因和自因,故而,本体—神学的问题也是"本体—神—自我—逻辑的"(onto-theo-ego-logical)[①]问题,自我中心主义(更确切说,人类中心主义)乃是本体—神学的本质特征之一。同时,上帝又会被理解为至高无上、超越世界的宇宙力量,因此,本体—神学的问题也是本体—神学—宇宙—逻辑学的问题。于是,对上帝与世界关系的重新思考,通向了"世界的呼召",世界呼召解构传统宇宙论上帝,解构人类中心主义,解构人类与宇宙、人类与非人之旧有关系。基于此,卡普托强调宇宙诗学摒弃了前哥白尼的神话诗学(pre-Copernican mythopoetics),拒绝将上帝视为对立于世界的超自然存在,反对把人类当作地球的中心、宇宙的中心。对卡普托而言,借由宇宙诗

---

① Martin Heidegger, *Hegel's Phenomenology of Spirit*, 126.

学,依凭关于我们"在世栖居"的诗学,通过重新制作(poiesis)人与世界、人与动物、有机体与机器、物理性与非物理性的关系,重新制作新的人性,来颂赞世界,回应"世界的呼召",人们将能够打破超自然主义,克服人类中心主义,丰富事件诗学的内在内容,进而更新传统的生态神学论述,转化人类的物质实践,有效应对紧迫的生态危机。

结　语

海德格尔为何致力于克服本体—神学？德里达对此曾有过一番颇为精妙的回答：

> 也许,本体—神学对海德格尔而言,不仅仅是对神学的批判,也不仅仅是一套学术话语,而是一种真实的文化(real culture)。①

德里达的评析也同样适用于卡普托。对卡普托而言,"本体—神学"不是一种浅表的语言游戏,而是一种深层的思想语法;不是一种昙花一现的历史现象,而是一种根深蒂固的文化传统;不只是一个抽象的理论命题,更是一种具体的生活形式。克服本体—神学,就是要重新打开和重新创造思想语法、文化传统和生活形式。

作为卡普托"克服本体—神学"的方案,"事件诗学"不是"事件"与"诗学"的简单叠加,而是双重转化,指向上帝现身的方式与言说上帝的方式,亦即"上帝需要以符合其存在模式的方式得到理解"②和言说：一方面是"事件"对"本体—神"的克服,不再将上帝视为"至高存在者"或者"第一因";另一方面是"诗学"对"逻辑学"的克服,摒弃计算性与表象性思维,不再采取抽象概念与逻辑命题的方式去言说上帝。

在这一过程中,卡普托不仅通过吸收与改造西方当代事件哲学(海德格尔、列维纳斯、利奥塔、德里达、德勒兹、巴丢),巧妙地将"事件"应用于对传统神学的解构,建构了"事件神学",而且通过解构黑格尔主义(黑格尔、蒂利希、伽达默尔、利科),构筑了独特的诗学理论,更重要的是,事件诗学作为一种方法论,被应用于伦理、政治、自然等领域的实践中,产生了责任诗学、政治诗学、宇宙诗学。

---

① Jacques Derrida, "Derrida's Response to Merold Westphal," in *God, the Gift, and Postmodernism*, 165.

② John D. Caputo, "Heidegger's God and the Lord of History," *The New Scholasticism* 57, no. 4 (1983)：448.

在此，卡普托表现出对"语言学转向"（the linguistic turn）的忠诚："事件诗学"不是信仰的工具、神学的婢女，不是用某种诗性的语言去适应、修饰、表达和确认传统的教义信条，相反，"事件诗学"自身就是"没有信仰的信仰"（faith without faith）①、"没有宗教的宗教"（religion without religion）②、"没有神学的神学"（theology without theology）③、新的诗学（超越诗学的诗学），克服了形而上学的语法结构，解构了传统的认信信仰与宗教教条。不是思想先于语言，信仰先于语言，而是语言即思想，语言即信仰。改变一种语言，就是改变一种思想，改变一种信仰，改变一种实践。

那么，对于文学与神学之冲突的解决，事件诗学究竟会有怎样的启发呢？对此问题的回答，或许应当将文学与神学推向双方共同面对的极限状态："奥斯维辛之后"。

这是因为"奥斯威辛之后"（after Auschwitz）绝不只是一个时间的"后来"（after）问题或一个现象的"背后"（after）问题，亦即一个历史的分期问题或政治的追责问题。它更是一个关于"事件"的"命名"（after）问题、一个关于"意义"的"追索"（after）问题。借助卡普托的事件诗学视角，可以发现"奥斯威辛之后"既是一个文学命题，也是一个神学命题，更准确地说，这是一个文学与神学交汇的母题。它给文学与神学带来了双重挑战：一方面，文学遭遇了阿多诺所谓的绝境——"奥斯威辛之后写诗是野蛮的……也是不可能的"（To write poetry after Auschwitz is barbaric … and … impossible）④，自马拉美以来的书写危机（"诗的危机"［Crise de vers］）变得尤为紧迫；另一方面，神学面临着神义论的终极危机，自尼采以来的"上帝之死"宣言更是震耳欲聋。"文学何以可能"与"神学何以成立"互为表里，共同指向如何面对意义危机，回应灾难事件。也正因此，"奥斯威辛之后"构成了文学与神学的"永恒诠释处境"（permanent hermeneutic situation）⑤，无时无刻不在拷问和检验着文学与神学的合法性。

卡普托的事件诗学也正是"奥斯威辛之后"的产物。面对奥斯威辛，卡普托忧惧的是文学对"事件"的命名演变为审美主义对"事件"的撤销，神学对"意义"的追索演变为神义论对"意义"的粉饰（gloss），这将导致对"奥斯

① John D. Caputo, *The Prayers and Tears of Jacques Derrida: Religion without Religion*, 61.
② John D. Caputo, *The Prayers and Tears of Jacques Derrida: Religion without Religion*.
③ John D. Caputo, *The Weakness of God*, 34.
④ Theodor W. Adorno, *Prisms*, trans. Samuel and Shierry Weber（Cambridge, Mass.：The MIT Press, 1988）, 34.
⑤ John D. Caputo, *Against Ethics*, 183.

威辛”的解释与书写演变为对灾难的背叛。

一方面，文学一旦堕入审美主义，就将通过修辞的方式，赋予灾难一种"美学的光辉"（aesthetic glow），令灾难的事件被还原为"美丽的死亡"（beautiful death）。① 这种审美主义的极致乃是海德格尔的"光耀美学"（phainesthetics），"存在的呼召"（call of Being）代替了"苦难的呼召"（call of suffering），对存在之"本源"的赞美、对"存在之历史"的追索取代了对灾难事件的忠诚、对实际苦难的哀悼、对无辜逝者的记忆，抛弃了责任（或者说拒绝回应责任），"难以为有关痛苦、绝望、播撒、异化和恐怖死亡的诗歌找到位置"②。在卡普托看来，如果说海德格尔表现出"关于奥斯威辛的沉默"（silence about Auschwitz），那么，阿多诺指出了"在奥斯威辛面前的沉默"（silence before Auschwitz），恰恰警示了审美主义的危险。③ 然而，从事件诗学的角度来看，阿多诺忽视了"事件"的概念——文学乃是一种事件，文学的发生"没有为什么"（without why），不受任何人的掌控，也不受任何因果律与根据律的束缚，诗歌是同遗忘与背叛斗争，"诗歌的出现是为了让灾难凸显出来，作为毫无意义的损失、作为是其所是的独异事件"④。诗歌是他者的恸哭、逝者的哀嚎，它见证了灾难，哀悼了灾难，记录了灾难，拯救了灾难，使之避免被（无论是神学的、哲学的、文化的还是历史的）有限解释范畴（"习语"［idiom］）所化约。如果说写诗是一种野蛮，那么，不写诗同样也是一种野蛮，写诗的野蛮源于审美主义的背叛，不写诗的野蛮源于遗忘的背叛。写诗是不可能的，不写诗也是不可能的。事件诗学最终令文学对事件的"命名"（*after the event*），演变为在事件面前（*before* the event）守护意义，"在奥斯威辛面前的沉默"中，拒绝"关于奥斯威辛的沉默"。

另一方面，信仰和理想可能导致残酷的神义论。神学一旦堕入神义论，就将试图为灾难赋予"意义"，从灾难寻获"意义"，将灾难转换为"意义"，从而又用"意义"掩埋了灾难。这是因为神义论畏惧意义的荒漠，坚信并期待历史与自然受到强力干涉，无论是人类的恶行，还是自然的灾祸，都能够被赋予神圣的意义。灾难只有被理解为上帝的神秘计划，甚至必要的"献祭"（sacrifice）或者"替罪羊"（scapegoat），才不是对上帝的亵渎。神义论缺乏的不是"意义"，相反，它患有"意义"的恋物癖，拥有太多的"意义"，以至对"意

---

① John D. Caputo, *Against Ethics*, 176－177.
② John D. Caputo, *Demythologizing Heidegger*, 165.
③ John D. Caputo, *Against Ethics*, 182.
④ John D. Caputo, *Against Ethics*, 182.

义"的追索演变为用"意义"去背叛"事件"。然而,在事件诗学看来,神义论乃是本体—神学的产物,从约伯到奥斯威辛,神义论总是遵奉"强力即公理"(might makes right)的论证逻辑,隐藏着偶像崇拜的思维,通过"虚张声势炫耀力量"(a chest-thumping show of strength),消解对苦难的怨言。① 神义论是对生命本身的贬低、践踏甚至亵渎,遮蔽了苦难自身不可还原的意义。神义论忽视了"基督教的反向内核"(the perverse core of Christianity)②:上帝是苦弱的事件,而非主宰一切的最高主权者、超自然主义的神圣强力(divine power),"上帝恒存,但不实存"(God insists, but does not exist),苦弱的上帝如同"幽灵"(specter)一般,仅仅拥有"弱弥赛亚力量"(weak messianic force),并不会直接宰制现实、干涉现实,无法阻止奥斯威辛的发生。相反,奥斯威辛反映并确证了"苦弱",终结了神义论,拒绝人们用上帝的公义、神圣的意义去粉饰奥斯威辛、规训奥斯威辛,拒绝"成为迫害、排斥和屠杀的最佳托辞"③。奥斯威辛毫无意义,是意义的荒漠,那里发生的一切都是不正义的,"奥斯威辛……是一种无法被解释、无法被正当化的暴力……是不可被还原、不可被救赎的损失"④。因此,"奥斯威辛之后"的"上帝之死"是神义论的终结,是本体—神学的破产,是事件诗学的新起点。奥斯威辛之后的神学必须克服本体—神学,秉持事件理论,将"强力"解构为"苦弱"(weakness),忠诚于不可还原、无可挽回、无法修补的苦难,倾听受难者对痛苦的悲号、对不义的愤懑、对正义的呼唤。由此,神学对意义的追索(*after* the meaning),演变为在意义的面前(*before* the meaning)守护事件的秘密。

于是,借由事件诗学的启发,文学与神学最终将在"奥斯威辛之后"重返"奥斯威辛面前",在"奥斯威辛面前"回应"奥斯威辛之后"。在"before"与"after"的多义交错中,文学剔除了审美主义的犬儒,神学剥离了神义论的残酷,命名(after)不再是优先的(before)审美自律,追索(after)不再是预先的(before)意义赋予,相反,文学对事件的命名转变为对意义的忠诚,神学对意义的追索转变为对事件的见证,文学走向了"没有文学的文学"(literature without literature),回归书写(écriture)与经文(Scripture)的诠释学关系,神学走向了"没有神学的神学"(theology without theology),回归圣约(Testament)

① John D. Caputo, *The Weakness of God*, 78.
② John D. Caputo, *The Weakness of God*, 43. 该句转引自 Slavoj Žižek, *The Puppet and Dwarf: The Perverse Core of Christianity* (Cambridge, Mass.: The MIT Press, 2003)。
③ John D. Caputo, "Proclaiming the Year of the Jubilee: Thoughts on a Spectral Life," 18.
④ John D. Caputo, *The Weakness of God*, 181.

与见证（testimony）的诠释学关系，它们共同聆听着"不安之心"（restless heart）的"创伤语词"（wounded words），守护着秘密，一个未知的、痛苦的、危险的、疯狂的、神圣的秘密：

> 黎明的黑色牛奶我们在日落时喝
>
> 我们在正午喝在早上喝在夜里喝
>
> 我们喝呀我们喝

——保罗·策兰《死亡赋格》

信就是所望之事的实底，是未见之事的确据。（Now **faith** is the **assurance** of things hoped for, the **conviction** of things not seen.）

——《新约·希伯来书》11：1

文学的"喝"（drink）悖论地守护着"黑色牛奶"（black milk），神学的"信靠/实底"（assurance）与"信念/确据"（conviction）①反向地见证了"所望"与"未见"。20 世纪是一个遍布废墟的年代（本雅明）、一个充满苦难的时代（默茨）、一个哀悼逝者的时代（德里达），更是一个劫后余生的时代（列维纳斯）。在这样的背景下，《死亡赋格》与《新约·希伯来书》之间的千年对观，可能是文学与神学的终极对话之所在，而这种对话最终指向的基于"非是"（as not, *hōs mē*）②逻辑的"在无可指望的时候……仍有盼望"（hoping against hope）③、在"不可能性"中见出"可能性"，或许正是这个时代的根本任务和"思的事情"（matter of thought），也是我们每个人应有的"存在的勇气"（courage to be）。

---

① 关于"assurance"与"conviction"的译法，可见杨慧林：《"意图"与"信念"何以应对"责任"》，载《基督教文化学刊》，第 37 期，2017 年，第 1—19 页。
② 杨慧林：《作为方法的比较文学及其可能——以阿甘本的解经为例》，载《浙江社会科学》，2019 年第 1 期，第 134 页。
③ 《新约·罗马书》4：18。

参 考 文 献

一、卡普托的著述

（一）西文

Caputo, John D. "Heidegger's Original Ethics," *New Scholasticism*, 45 (1971), 127 – 138.

_____. "Time and Being in Heidegger," *The Modern Schoolman*, 50 (1973), 325 – 359.

_____. *The Mystical Element of Heidegger's Thought*, Athens, Ohio: Ohio University Press, 1978.

_____. "Metaphysics, Finitude and Kant's Illusion of Practical Reason," *Proceedings of American Catholic Philosophical Association*, 56 (1982), 87 – 94.

_____. "Heidegger's God and the Lord of History," *The New Scholasticism*, 57 (1983), 439 – 464.

_____. "The Thought of Being and the Conversation of Mankind: The Case of Heidegger and Rorty," *Review of Metaphysics*, 36 (1983), 661 – 687.

_____. "Kant's Ethics in Phenomenological Perspective," in *Kant and Phenomenology*, ed. T. Seebohm, Washington: Univ. Press of America, 1984, 129 – 46.

_____. "From the Primordiality of Absence to the Absence of Primordiality," in *Hermeneutics and Deconstruction*, ed. Hugh Silverman, Albany: SUNY Press, 1985, 191 – 200.

_____. "Hermeneutics and Faith: A Reply to Prof. Olthuis," *Christian Scholars Review*, 20 (December, 1990), 164 – 170.

_____. and Charles Winquist. "Derrida and the Study of Religion", *Religious Studies Review*, Vol. 16, No. 1, 1990, 19 – 25.

_____. "Deconstructing Institutions: A Reply to Dauenhauer," *Human Studies*, 14 (1991), 331 – 337.

_____. "Incarnation and Essentialism: A Reading of Heidegger," *Philosophy Today*, 35 (1991): 32 – 42.

_____. "How to Avoid Speaking of God: The Violence of Natural Theology," in *The Prospects for Natural Theology*, ed. Eugene Long, Washington: Catholic University of American Press, 1992, 128 – 150.

_____. "The Difficulty of Life: A Response to Ronald McKinney," *Journal of Value Inquiry*, No. 26, Vol. 4, 1992, 561 – 564.

_____. "The Good News About Alterity: Derrida and Theology," *Faith and Philosophy*, 10 (1993), 453 – 470.

_____. *Demythologizing Heidegger*, Bloomington and Indianapolis: Indiana University Press, 1993.

_____. "The Age of Repetition," *Southern Journal of Philosophy*, 32, Supplement (1994), 171 – 177.

_____. "Commentary on Ken Schmitz: Postmodernism and the Catholic Tradition," *American Catholic Philosophical Quarterly*, 73: 2 (Spring, 1999), 253 – 260.

_____. "Reason, History and a Little Madness: Towards an Ethics of the Kingdom," in *Questioning Ethics: Contemporary Debates in Philosophy*, eds. Richard Kearney and Mark Dooley. New York: Routledge, 1999, 84 – 104.

_____. "To the Point of a Possible Confusion: God and il y a," in *Levinas: The Face of the Other: the Fifteenth Annual Symposium of the Simon Silverman Phenomenology Center*. Pittsburgh: Simon Silverman Center of Duquesne University, 1998, 1 – 36.

_____. "Hoping in Hope, Hoping against Hope: A Response," in *Religion With/out Religion: The Prayers and Tears of John D. Caputo*, ed. James H. Olthuis, London and New York: Routledge, 2001, 120 – 149.

_____. "What Do I Love When I Love My God?: An Interview with John D. Caputo," in *Religion With/out Religion: The Prayers and Tears of John D. Caputo*, ed. James H. Olthuis, London and New York: Routledge, 2001, 150 – 179.

_____. "Messianic Postmodernism," *Philosophy of Religion in the 21st Century*, eds. D. Z. Phillips and Timothy Tessin, Hampshire, England: Macmillan/Palgrave, 2001, 153 – 166.

_____. "Introduction: Who Comes After the God of Metaphysics?" in *Blackwell Readings in Continental Philosophy: The Religious*, editor John D. Caputo, Oxford: Blackwell, 2001.

_____. "What do I Love When I Love my God: Deconstruction and Radical Orthodoxy," in *Questioning God*, eds. John D. Caputo, Mark Dooley, Michael Scanlon, Bloomington: Indiana University Press, 2001, 291 – 317.

_____. "Good Will and the Hermeneutics of Friendship: Gadamer and Derrida," *Philosophy and Social Criticism*, 28 (2002): 512 – 22.

_____. "Loosening Philosophy's Tongue: A Conversation with Jack Caputo," with Carl Raschke, *Journal of Cultural and Religious Theory*, Vol. 3, No. 2 (April, 2002).

_____. "Apostles of the Impossible: Derrida and Marion," in *God, the Gift and Postmodernism*, eds. John D. Caputo and Michael J. Scanlon, Bloomington: Indiana University Press, 1999, 185 – 222.

_____. "God and Anonymity: Prolegomena to an Ankhoral Religion," in *A Passion for the Impossible: John D. Caputo in Focus*, ed. Mark Dooley, Albany: SUNY Press, 2003, 1 – 19.

_____. "There Are No Truths, Only Texts," *ARC: The Journal of the Faculty of Religious Studies, McGill University*, 31 (2003): 13 – 22.

_____. "Derrida and Marion: Two Husserlian Revolutions," in *Religious Experience and the End of Metaphysics*, ed. Jeffrey Bloechl, Bloomington: Indiana University Press, 2003, 119 – 34.

_____. "After Jacques Derrida Comes the Future," *The Journal of Culture and Religious Theory*, vol. 4, No. 2 (April, 2003).

_____. "Confessions of a Postmodern Catholic: From Saint Thomas to Derrida," eds. Curtiss Hancock and Robert Sweetman, in Faith & the Life of the *Intellect*, Washington D.C.: The Catholic University of America Press, 2003, 64 – 92.

_____. "Good Will and the Hermeneutics of Friendship: Gadamer, Derrida and Madison," *Symposium: Canadian Journal of Continental Philosophy*,

8, no. 2 (Summer, 2004), 213 – 25.

_____. "Methodological Postmodernism: On Merold Westphal's 'Overcoming Onto-Theology'," *Faith and Philosophy*, 22, No. 3 (July, 2005), 284 – 96.

_____. "In Praise of Ambiguity," in *Ambiguity in the Western Mind*, eds. Craig J. N. De Paulo, New York: Lang, 2005, 15 – 34.

_____. "Emmet Cole Interviews John D. Caputo," *The Modern World* (May, 2005).

_____. "From Radical Hermeneuticss to the Weakness of God: An Interview with John D. Caputo, Conducted by Mark Dooley," *Oregon Extension Journal* (Ashland, OR), Vol. 8 (Fall, 2006), 5 – 10.

_____. "On Being Clear about Faith: A Response to Stephen Williams," *Books and Culture: A Christian Review*, Vol. 12, No. 6 (November/December, 2006), 40 – 42.

_____. "Atheism, A/theology and the Postmodern Condition," in *The Cambridge Companion to Atheism*, ed. Michael Martin, Cambridge: Cambridge University Press, 2007, 267 – 82.

_____. "Beyond Sovereignty: Many Nations Under the Weakness of God," *Soundings: An Interdisciplinary Journal*, 89. 1 – 2 (Spring-Summer, 2006), 21 – 35.

_____. "The Prayers and Tears of Jacques Derrida," in *Styles of Piety: Practicing Philosophy after the Death of God*, eds S. Clark Buckler and Matthew Statler, New York: Fordham University Press, 2006, 193 – 204.

_____. "Laughing, Praying, Weeping before God: A Response [to the papers of David Wood, Edith Wyschogrod and Francis Ambrosio]," in *Styles of Piety: Practicing Philosophy after the Death of God*, eds S. Clark Buckler and Matthew Statler, New York: Fordham University Press, 2006, 253 – 69.

_____. "Jacques Derrida (1930 – 2004)," *Cross Currents*, Vol. 55, No. 4 (Winter, 2006), 564 – 67.

_____. "Temporal Transcendence: The Very Idea of *à venir* in Derrida," in *Transcendence and Beyond* eds. John D. Caputo and Michael Scanlon, Bloomington: Indiana University Press, 2007.

_____. "From Radical Hermeneutics to the Weakness of God: John D. Caputo in Dialogue with Mark Dooley," Ian Leask, *Philosophy Today*, 51: 2 (Summer, 2007), 216 – 26.

_____. "Review: Jean-Luc Marion, *The Erotic Phenomenon*", in *Ethics*, vol. 118 (October, 2007).

_____. "A Theology of Our Desire: A Dialogue with John D. Caputo," *Polygraph: An International Journal of Culture and Politics*, 19/20 (2008), 159 – 175.

_____. "What is Merold Westphal's Critique of Onto-theology Criticizing?" in *Gazing through a Prism Darkly: Reflections on Merold Westphal's Hermeneutical Epistemology*, ed. B. Keith Putt, New York: Fordham University Press, 2009, 100 – 15.

_____. "Review: Mark Taylor, *After God*", in *Journal of the American Academy of Religion*, 77 (March, 2009): 162 – 65.

_____. "Continental Philosophy of Religion," in *A Companion to Philosophy of Religion*, *2nd edition*, eds. Paul Draper, Charles Taliaferro and Philip Quinn, Oxford: Wiley-Blackwell, 2010, 667 – 73.

_____. "The Sense of God: A Theology of the Event with Special Reference to Christianity," in *Between Philosophy and Theology: Contemporary Interpretations of Christianity*, eds. Lieven Boeve and Christophe Brabant, Surrey: Ashgate, 2010, 27 – 42.

_____. "Praying for an Earthier Jesus: A Theology of Flesh," in *I More Than Others: Responses to Evil and Suffering*, ed. Eric R. Serverance, Cambridge: Cambridge Scholars Publishing, 2010, 6 – 27.

_____. "The Return of Anti-Religion: From Radical Atheism to Radical Theology," *Journal of Cultural and Religious Theory*, Vol. 11, No. 2 (Spring 2011), 32 – 125.

_____. "Review of *Difficult Atheism: Post-Theological Thinking in Alain Badiou, Jean-Luc Nancy and Quentin Meillassoux*," in *Notre Dame Philosophical Reviews*, June 10, 2012.

_____. "Augustine and Postmodernism," in *A Companion to Augustine*, ed. Mark Vessey, Oxford: Wiley-Blackwell, 2012.

_____. "Education as Event: A Conversation with John D. Caputo," with T.

Wilson Dickinson, *Journal of Culture and Religious Theory*, 12: 2 (Fall, 2012), 25 – 46.

_____. "On Not Settling for an Abridged Edition of Postmodernism: Radical Hermeneutics as Radical Theology," in *Reexamining Deconstruction and Determinate Religion: Toward a Religion with Religion*, eds. J. Aaron Simmons and Stephen Minister, Pittsburgh: Duquesne University Press, 2012), 271 – 353.

_____. *The Insistence of God: A Theology of Perhaps*, Bloomington and Indianapolis: Indiana University Press, 2013.

_____. "The Invention of Revelation: A Hybrid Hegelian Approach with a Dash of Deconstruction", in *Revelation: Claremont Studies in the Philosophy of Religion*, Tübingen: Mohr Siebeck, 2014, 73 – 92.

_____. *Truth*, London: Penguin Books, 2013.

_____. "Proclaiming the Year of the Jubilee: Thoughts on a Spectral Life", in *It Spooks: Living in Response to an Unheard Call*, Rapid City, South Dakota: Shelter50 Publishing Collective, 2015.

_____. "Forget Rationality—Is There Religious Truth?", in *Madness, Religion and the Limits of Reason*, eds. Jonna Bornemark and Sven-Olov Wallenstein, Stockholm, Sweden: Elendars, 2015, 23 – 40.

_____. "Unprotected Religion: Radical Theology, Radical Atheism, and the Return of Anti- Religion", in *The Trace of God: Derrida and Religion*, eds. Peter E. Gordon and Edward Baring, New York: Fordham University Press, 2015, 151 – 77.

_____. *Hoping Against Hope: Confessions of a Postmodern Pilgrim*, Minneapolis: Fortress Press, 2015.

_____. *The Folly of God: A Theology of the Unconditional*, Salem, Oregon: Polebridge Press, 2016.

_____. "Religion and Deconstruction", in *Talking God: Philosophers on Belief*, ed. Gary Gutting, New York: W. W. Norton, 2016, 38 – 54.

_____. "Let it Blaze, Let it Blaze: Pyrotheology and the Theology of the Event", Modern Believing, Vol. 57, No. 4, 2016, 335 – 48.

_____. "Hoping Against Hope: The Possibility of the Impossible", *Journal of Pastoral Theology*, Vol. 26, No. 2, 2016, 91 – 101.

241

_____. "Marcel and Derrida: Christian Existentialism and the Genesis of Deconstruction", in Living Existentialism: Essays in Honor of Thomas W. Busch, eds. Joseph C. Berendzen and Gregory Hoskins, Eugene, OR: Pickwick Publications, 2017, 3 – 23.

_____. "If There Is Such a Thing: Posse ipsum, the Impossible, and le peut-être même: Reading Catherine Keller's Cloud of the Impossible", Journal of Cultural and Religious Studies, Vol. 17, No. 1, 2017.

_____. *Hermeneutics: Facts and Interpretation in the Age of Information*, London: Pelican, 2018.

_____. "Radical Theologians, Knights of Faith, and the Future of the Philosophy of Religion", in *Reconfigurations of the Philosophy of Religion*, ed. Jim Kanaris, Albany: SUNY Press, 2018, 211 – 36.

_____. *The Essential Caputo: Selected Works*, ed. B. Keith Putt, Bloomington: Indiana University Press, 2018.

_____. *On Religion*, London and New York: Routledge, 2019.

_____. *Cross and Cosmos: A Theology of Difficult Glory*, Bloomington: Indiana University Press, 2019.

_____. "The Theopoetic Reduction: Suspending the Supernatural Signified", *Literature and Theology*, Vol. 33, No. 3, 2019, pp. 248 – 254.

二、二手研究文献

(一) 西文文献

Altizer, Thomas J. J. *The Gospel of Christian Atheism*, Philadelphia: The Westminster Press, 1966.

_____. *The New Apocalypse: The Radical Christian Vision of William Blake*, East Lansing: Michigan State University Press, 1967.

Alves, Rubem A. *The Poet, the Warrior, the Prophet*, London: SCM Press, 1990.

Amarasingam, Amarnath. ed. *Religion and the New Atheism: A Critical Appraisal*, Boston: Brill, 2010.

Badiou, Alain. *Deleuze: The Clamor of Being*, trans. Louise Burchill, Minnesota: University of Minnesota Press, 1999.

_____, *Saint Paul: The Foundations of Universalism*, trans. Ray Bassier,

Stanford: Stanford University Press, 2003.

_____. *Being and Event*, trans. Oliver Feltham, London and New York: Continuum, 2005.

_____, and Slavoj Žižek. *Philosophy in the Present*, trans. Peter Thomas and Alberto Toscano, Cambridge: Polity, 2009.

_____. *Second Manifesto for Philosophy*, trans. Louise Burchill, Cambridge: Polity, 2011.

_____. *Trump*, London: Polity, 2019.

Barth, Karl. *On Religion*, trans. Garrett Green, London and New York: T&T Clark, 2006.

Blanchot, Maurice. *The Infinite Conversation*, trans. Susan Hanson, Minneapolis and London: University of Minnesota Press, 1993.

Brogan, Walter and James Risser. "Introduction", in *American Continental Philosophy*, Bloomington and Indianapolis: Indiana University Press, 2000.

Buren, John van. *The Young Heidegger*, Bloomington and Indianapolis: Indiana University Press, 1994.

Carlson, Thomas A. *Indiscretion*, Chicago and London: The University of Chicago Press, 1999.

Charlton, James. *Non-dualism in Eckhart, Julian of Norwich and Traherne: A Theopoetic Reflection*, New York: Bloomsbury, 2013.

Coward, Harold. and Toby Foshay eds. *Derrida and Negative Theology*, New York: State University of New York Press, 1992.

Cox, Harvey. *Religion in the Secular City: Toward a Postmodern Theology*. New York: Simon & Schuster, 1984.

_____. *The Secular City: Secularization and Urbanization in Theological Perspective*. Princeton and Oxford: Princeton University Press, 2013.

Crockett, Clayton. ed. *Secular Theology: American Radical Theological Thought*, London and New York: Routledge, 2001.

_____. eds. *The Future of Continental Philosophy of Religion*, Bloomington and Indianapolis: Indiana University Press, 2014.

Culler, Jonathan. "Preface to the 25th Anniversary Edition", in *On Deconstruction*, Ithaca, New York: Cornell University, 2007.

Deleuze, Gilles. *The Logic of Sense*, trans. Mark Lester and Charles Stivale,

New York: Columbia University Press, 1990.

_____. *Pure Immanence: Essays on A Life*, trans. Anne Boyman, New York: Zone Books, 2001.

Depoortere, Frederiek. *The Death of God: An Investigation into the History of the Western Concept of God*, London: T&T Clark, 2008.

Derrida, Jacques. *Positions*, trans. Alan Bass, Chicago: The University of Chicago Press, 1981.

_____. "Sending: On Representation", in *Transforming the Hermeneutic Context: From Nietzsche to Nancy*, Albany: State University of New York Press, 1990.

_____, and Geoffrey Bennington. *Jacques Derrida*, Chicago: The University of Chicago Press, 1993.

_____. *Points ... Interviews, 1974 – 1994*, trans. Peggy Kamuf, Stanford: Stanford University Press, 1995.

_____. *On the Name*, trans. John P. Leavey, Jr., Stanford: Stanford University Press, 1995.

_____. *The Gift of Death*, trans. David Wills, Chicago: The University of Chicago Press, 1995.

_____. *On the Name*, Stanford: Stanford University Press, 1995.

_____. *Specters of Marx: The State of the Debt, the Work of Mourning and the New International*, trans. Peggy Kamuf, New York and London: Routledge, 2006.

Dooley, Mark. ed. *A Passion for the Impossible: John D. Caputo in Focus*, New York: State University of New York Press, 2003.

Frankenberry, Nancy K. ed. *Radical Interpretation in Religion*, Cambridge: Cambridge University Press, 2002.

Green, Garrett. *Postmodern Philosophy and Christian Thought*, Bloomington and Indianapolis: Indiana University Press, 1999.

Habermas, Jürgen. *Postmetaphysical Thinking II: Essays and Replies*, trans. Ciaran Cronin, Cambridge: Polity, 2017.

Hallward, Peter. *Badiou: A Subject to Truth*, Minneapolis and London: University of Minnesota Press, 2003.

Heidegger, Martin. *Discourse on Thinking*, trans. John M. Anderson and E.

Hans Freund, New York: Harper & Row, 1966.

_____. *What is Called Thinking?*, trans. J. Glenn Gary, New York, Evanston and London: Happer & Row, 1968.

_____. *Identity and Difference*, trans. Joan Stambaugh, New York, Evanston and London: Harper & Row, 1969.

_____. *Schelling's Treatise on the Essence of Human Freedom*, trans. Joan Stambaugh, Athens, Ohio and London: Ohio University Press, 1985.

_____. *Hegel's Phenomenology of Spirit*, trans. Parvis Emad and Kenneth Maly, Bloomington and Indianapolis: Indiana University Press, 1988.

_____. *Nietzsche, Vol. IV*, trans. Frank A. Capuzzi, San Francisco: Harper & Row, 1991.

_____. *The Metaphysical Foundations of Logic*, trans. Michael Heim, Bloomington and Indianapolis: Indiana University Press, 1992.

_____. *Basic Concepts of Ancient Philosophy*, trans. Richard Rojcewicz, Bloomington and Indianapolis: Indiana University Press, 1993.

_____. *Plato's Sophist*, trans. Richard Rojcewicz and André Schuwer, Bloomington: Indiana University Press, 1997.

_____. *Pathmarks*, Cambridge: Cambridge University Press, 1998.

_____. *Ontology-The Hermeneutics of Facticity*, trans. John van Buren, Bloomington and Indianapolis: Indiana University Press, 1999.

_____. *The Fundamental Concepts of Metaphysics*, trans. William McNeil and Nicholas Walker, Bloomington and Indianapolis: Indiana University Press, 2001.

_____. *The Heidegger-Jaspers Correspondence (1920 - 1963)*, trans. Gary E. Aylesworth, New York: Humanity Books, 2003.

_____. *Becoming Heidegger: On the Trail of His Early Occasional Writings, 1910 - 1927*, Evanston, Illinois: Northwestern University Press, 2007.

_____. *Mindfulness*, trans. Parvis Emad and Thomas Kalary, London and New York: Continuum, 2008.

_____. *Country Path Conversations*, trans. Bret W. Davis, Bloomington and Indianapolis: Indiana University Press, 2010,

_____. *Hegel*, trans. Joseph Arel and Niels Feuerhahn, Bloomington and Indianapolis: Indiana University Press, 2015.

_____. *Ponderings VII-XII: Black Notebooks 1938 − 1939*, trans. Richard Rojcewicz, Bloomington: Indiana University Press, 2017.

_____. *Ponderings XII-XV: Black Notebooks 1939 − 1941*, trans. Richard Rojcewicz, Bloomington: Indiana University Press, 2017.

_____. *The Question Concerning the Thing*, trans. James D. Reid and Benjamin D. Crowe, London and New York: Rowan & Littlefield, 2018.

Hemming, Laurence Paul. *Radical Orthodoxy — A Catholic Enquiry?*, Aldershot: Ashgate, 2000.

Horner, Robyn. "Theology after Derrida", *Modern Theology*, Vol. 29, No. 3, 2013.

Janicaud, Dominique. *Phenomenology and the "Theological Turn"*, New York: Fordham University Press, 2000.

Kant, Immanuel. *Religion and Rational Theology*, trans. Allen W. Wood and George Di Giovanni, Cambridge: Cambridge University Press, 1996.

Kearney, Richard. *States of Mind: Dialogues with Contemporary Thinkers on the European Mind*, Manchester: Manchester University Press, 1995.

_____. *On Paul Ricoeur*, Burlington: Ashgate, 2004.

Kotsko, Adam. *Žižek and Theology*, London: T&T Clark, 2008.

Levinas, Emmanuel. *Emmanuel Levinas: Basic Philosophical Writings*, Bloomington: Indiana University Press, 1996.

Lyotard, Jean-François. *The Differend: Phrases in Dispute*, trans. Georges Van Den Abbeele, Minneapolis: University of Minnesota Press, 1988.

Manolopoulos, Mark. *With Gifted Thinkers: Conversations with Caputo, Hart, Horner, Kearney, Keller, Rigby, Taylor, Wallace, Westphal*, Bern: Peter Lang, 2009.

Marion, Jean-Luc. *God Without Being*, trans. Thomas A. Carlson, Chicago: The University of Chicago, 1991.

_____. *The Idol and Distance*, trans. Thomas A. Carlson, New York: Fordham University Press, 2001.

Metz, Johann Baptist. *Faith in History and Society*, trans. D. Smith, New York: Crossroads, 1980.

Milbank, John. et al. ed. *Radical Orthodoxy: A New Theology*, London and New York: Routledge, 1998.

_____. *Theology and Social Theory*, Oxford: Blackwell, 2006.

Moltmann, Jürgen. "Theology of Mystical Experience", *Scottish Journal of Theology*, Vol. 32, No. 6. 1979.

_____. *The Crucified God*, trans. R. A. Wilson and J. Bowden, Minneapolis: Fortress Press, 1993.

Nancy, Jean-Luc. *The Banality of Heidegger*, trans. Jeff Fort, New York: Fordham University Press, 2007.

Olthuis, James H. ed. *Knowing Other-wise: Philosophy at the Threshold of Spirituality*, New York: Fordham University Press, 1997.

_____. ed. *Religion with/out Religion: The Prayers and Tears of John D. Caputo*, London and New York: Routledge, 2002.

Rorty, Richard. "Taking Philosophy Seriously", *The New Republic*, Vol. 11, 1988.

Shakespeare, Steven. *Derrida and Theology*, London: T&T Clark, 2009.

Sherwood, Yvonne. and Kevin Hart. eds. *Derrida and Religion: Other Testaments*, New York: Routledge, 2005.

Simpson, Christopher Ben. *Religion, Metaphysics, and the Postmodern: William Desmond and John D. Caputo*, Bloomington and Indianapolis: Indiana University Press, 2009.

Smith, Anthony Paul. eds. *After the Postsecular and the Postmodernism: New Essays in Continental Philosophy of Religion*, Cambridge: Cambridge Scholars Publishing, 2010.

Smith, James K. A. *Introducing Radical Orthodoxy: Mapping a Post-secular Theology*, Grand Rapids: Baker Academic, 2004.

Snider, Phil. *Preaching After God: Derrida, Caputo, and the Languages of Postmodern Homiletics*, Eugene, Oregon: Cascade Books, 2012.

Thomson, Iain D. *Heidegger on Ontotheology*, Cambridge: Cambridge University Press, 2005.

Taylor, Mark C. *Deconstructing Theology*, New York: The Crossroad Publishing Company, 1982.

_____. *Erring: A Postmodern A/theology*, Chicago: The University of Chicago Press, 1984.

_____. "Postmodern Times", in *The Otherness of God*, ed. Orrin F.

Summerell, Charlottesville and London: University Press of Virginia, 1988.

_____. "Non-Negative Negative Atheology", *Diacritics*, Vol. 20, No. 4, 1990.

_____. *Nots*, Chicago: The University of Chicago Press, 1993.

_____. *About Religion*, Chicago and London: The University of Chicago Press, 1999.

_____, and Carl Raschke. "About About Religion: A Conversation with Mark C. Taylor", *Journal of Cultural and Religious Theory*, Vol. 2, No. 2, 2001.

_____. *After God*, Chicago and London: The University of Chicago Press, 2007.

Thévenaz, Pierre. *What is Phenomenology?*, trans. James M. Edie, Chicago: Quadrangle Books, 1962.

Trabbic, Joseph Gerard. *Aquinas, God, and Ontotheology*, PhD diss., New York: Fordham University, 2008.

Vattimo, Gianni. "Verwindung: Nihilism and the Postmodern in Philosophy", *Substance*, Vol. 16, No. 2, 1987.

_____. *Belief*, trans. David Webb, Stanford: Stanford University Press, 1999.

_____. *After Christianity*, trans. Luca D'Isanto, New York: Columbia University Press, 2002.

_____. *Nihilism and Emancipation*, trans. William McCuaig, New York: Columbia University Press, 2004.

_____. "Toward a Nonreligious Christianity", in *After the Death of God*, New York: Columbia University Press, 2007.

_____. *Not Being God: A Collaborative Autobiography*, trans. William McCuaig, New York: Columbia University Press, 2009.

_____, and René Girard. *Christianity, Truth, and Weakening Faith: A Dialogue*, trans. William McCuaig, New York: Columbia University Press, 2010.

Ward, Graham. *Barth, Derrida, and the Language of Theology*, Cambridge: Cambridge University Press, 1995.

_____. *True Religion*. Oxford：Blackwell Publishing，2003.

Westphal，Merold. *Postmodern Philosophy and Christian Thought*，Bloomington：Indiana University Press，1999.

_____. *Overcoming Onto-Theology: Toward a Postmodern Christian Faith*. New York：Fordham University Press. 2001.

_____. *Transcendence and Self-Transcendence*，Bloomington：Indiana University Press，2004.

_____. "Aquinas and Onto-theology"，*American Catholic Philosophical Quarterly*，Vol. 80，No. 2，2006.

_____. "The Importance of Overcoming Metaphysics for the Life of Faith"，*Modern Theology*，Vol. 23，No. 2，2007.

_____. *In Praise of Heteronomy: Making Room for Revelation*，Bloomington：Indiana University Press，2017.

Willich，Anthony Florian Madinger. *Elements of the Critical Philosophy*，London：T. N. Longman，1798.

Wrathall，Mark A. *Religion after Metaphysics*，Cambridge：Cambridge University Press，2003.

Zlomislic，Marko，and Neal DeRoo. *Cross and Khôra: Deconstruction and Christianity in the Work of John D. Caputo*，Eugene，Oregon：Pickwick Publications，2010.

（二）中文文献

［德］汉娜·阿伦特：《人的境况》，王寅丽译，上海：上海人民出版社，2009 年。

［德］汉娜·阿伦特：《爱与圣奥古斯丁》，王寅丽、池伟添译，桂林：漓江出版社，2019 年。

［古罗马］奥古斯丁：《天主之城》，吴宗文译，高凌霞校，台北：台湾商务印书馆，2014 年。

［法］阿兰·巴丢：《激进哲学：阿兰·巴丢读本》，陈永国编，北京：北京大学出版社，2010 年。

［美］弗雷德里克·拜塞尔：《黑格尔》，王志宏、姜佑福译，北京：华夏出版社，2019 年。

［德］汉斯·布鲁门伯格：《神话研究·上》，胡继华译，上海：上海人民出版

社,2012 年。

[法] 雅克·德里达：《德里达中国演讲录》，杜小真、张宁编译，北京：中央
　　编译出版社，2002 年。

[美] 凯文杰·范胡泽：《保罗·利科哲学中的圣经叙事》，杨慧译，北京：中
　　国人民大学出版社，2012 年。

[美] 迈克尔·弗里德曼：《分道而行：卡尔纳普、卡西尔和海德格尔》，张卜
　　天译，南星校，北京：北京大学出版社，2010 年。

[德] 哈贝马斯：《现代性的哲学话语》，曹卫东译，南京：译林出版社，
　　2011 年。

[德] 马丁·海德格尔：《在走向语言的途中》，孙周兴译，北京：商务印书
　　馆，1997 年。

[德] 马丁·海德格尔：《演讲与论文集》，孙周兴译，北京：生活·读书·新
　　知三联书店，2005 年。

[德] 马丁·海德格尔：《存在与时间》，陈嘉映、王庆节合译，熊伟校，陈嘉映
　　修订，北京：生活·读书·新知三联书店，2011 年。

[德] 马丁·海德格尔：《现象学之基本问题》，丁耘译，上海：上海译文出版
　　社，2008 年。

[德] 马丁·海德格尔：《同一与差异》，孙周兴、陈小文、余明锋译，北京：商
　　务印书馆，2014 年。

[德] 马丁·海德格尔：《德国观念论与当前哲学的困境》，庄振华、李华译，
　　赵卫国校，西安：西北大学出版社，2016 年。

[德] 马丁·海德格尔：《哲学史：从托马斯·阿奎那到康德》，黄瑞成译，西
　　安：西北大学出版社，2018 年。

[德] 马丁·海德格尔、汉娜·阿伦特：《海德格尔与阿伦特通信集》，朱松峰
　　译，南京：南京大学出版社，2019 年。

[德] 伽达默尔：《德法之争》，孙周兴等译，北京：商务印书馆，2015 年。

[德] 康德：《康德书信百封》，李秋零译，上海：上海人民出版社，2006 年。

[德] 康德：《纯粹理性批判》，邓晓芒译，杨祖陶校，北京：人民出版社，
　　2010 年。

[英] 佛格斯·科尔：《二十世纪天主教神学家》，王涛译，蔡惠民译，香港：
　　公教真理学会出版，2007 年。

[法] 布鲁诺·拉图尔：《我们从未现代过》，刘鹏、安涅思译，苏州：苏州大
　　学出版社，2010 年。

李丙权:《马里翁、济宙拉斯和克服本体—神学》,香港:道风书社,2015年。

[美]理查德·罗蒂:《筑就我们的国家》,黄宗英译,北京:生活·读书·新知三联书店,2006年。

[美]约翰·罗尔斯:《罗尔斯论文全集》,陈肖生等译,长春:吉林出版集团,2013年。

[法]让-热拉尔·罗西:《分析哲学》,姜志辉译,北京:商务印书馆,1998年。

[法]让-吕克·马里翁:《还原与给予:胡塞尔、海德格尔与现象学研究》,方向红译,上海:上海译文出版社,2009年。

马琳:《海德格尔论东西方对话》,北京:中国人民大学出版社,2010年。

[英]约翰·麦奎利:《宗教思想中的后现代主义》,载《宗教与哲学》,2013年第2辑。

[法]让-吕克·南希:《无用的共通体》,夏可君等译,开封:河南大学出版社,2016年。

[德]库萨的尼古拉:《论有学识的无知》,尹大贻、朱新民译,北京:商务印书馆,1988年。

[德]尼古拉·库萨:《论隐秘的上帝》,李秋零译,北京:生活·读书·新知三联书店,1996年。

[法]伯努瓦·皮特斯:《德里达传》,魏柯玲译,北京:中国人民大学出版社,2014年。

[加]查尔斯·泰勒:《世俗时代》,张容男等译,上海:上海三联书店,2016年。

[加]查尔斯·泰勒:《当代社会中的理性》,蒋馥朵译,台北:联经,2018年。

[意]詹尼·瓦蒂莫:《现代性的终结:虚无主义与后现代文化诠释学》,李建盛译,北京:商务印书馆,2013年。

[美]卫尔斯:《孤独的神——后现代的福音派信仰危机》,吕素琴译,香港:天道书楼,2003年。

杨慧林:《从"差异"到"他者"——对海德格尔与德里达的神学读解》,载《中国人民大学学报》,2004年第4期,第135—143页。

杨慧林:《意义》,北京:北京大学出版社,2013年。

杨慧林:《选择中的限制与"形而上学的语法"》,载《马里翁、济宙拉斯和克服本体—神学》,香港:道风书社,2015年,第3—6页。

杨慧林:《"非宗教"的基督教与"无神论"的神学》,载《基督教文化学刊》第

35 辑（2016 春）。

杨慧林：《"世界文学"何以"发生"：比较文学的人文学意义》，载《北京大学学报（哲学社会科学版）》，2017 年第 1 期。

杨慧林：《"对极性"与"相互性"的思想空间》，载《中国高校社会科学》，2017 年第 6 期。

杨慧林：《"意图"与"信念"何以应对"责任"》，载《基督教文化学刊》第 37 辑（2017 年春）。

杨慧林：《圣言・人言——神学诠释学》，福州：福建教育出版社，2018 年。

杨慧林：《作为方法的比较文学及其可能——以阿甘本的解经为例》，载《浙江社会科学》，2019 年第 1 期，第 134 页。

杨慧林：《"经文辩读"中的思想对话》，载《社会科学战线》，2019 年第 8 期。

张旭：《上帝死了，神学何为？》，北京：中国人民大学出版社，2010 年。

曾庆豹：《盲者的视域——解构之于神学》，台北：台湾基督教文艺出版社，2017 年。

曾庆豹、曾念粤编：《莫尔特曼与汉语神学》，香港：道风书社，2004 年。

致　　谢

　　大学期间，所居之处有乱坟分布，这些后山乱坟见证了鲁迅八十年前的惆怅与孤独，只不过荒芜凄清中，既不可识辨，更无人祭拜。夜晚从图书馆返回宿舍，从旁经过，我常常忍不住做无谓的凭吊，因为从一个书本的坟墓走向了一个沉睡的坟墓，以这般荒废的坟墓为中介，不啻一种注定的命运。潮湿的南国总能将这类奇异的情感淤积与发酵，空气中弥漫着腐坏的古老气味，心里感到的不是孤独感，而是渺小感，不是必然步入死亡的恐惧感，而是注定被扬弃的历史感。只不过久而久之，我有些怀疑，兴许那些墓碑原本就是无字碑，根本没有刻写文字，我所见证的不是历史的消亡，而是文字的诞生、历史的馈赠。黯淡的星光蘸着氤氲的雾气，在倾圮的墓碑上无情地敲印着悼词，发出虫鸣般的声响，书写从那一刻开始就是漫漫的，蔓生的苔藓是它的爪牙，黑暗的水迹是它的纹章。文字肆意地增殖、变化、蔓延、围拢、缠绕，并且向下渗透，探向历史的深渊，吞噬着熹微的光亮。这是自然的神圣签名，摧毁了人类的自负。书写从漫漫而来，向漫漫而去，既没有创始的荣耀，也没有消逝的悲伤，没有什么值得骄傲与迷恋的。吊诡的是，本科学位的论文分别涉及哈罗德·布鲁姆与汉娜·阿伦特，一个与"影响的焦虑"殊死搏斗，一个思索"过去与未来之间"，硕士论文研究唐君毅，又把我抛入保守与革新的拉锯之中。书写好像总是沾着南国特有的湿气，伴着历史的阴影，逃不出那种魔咒。

　　来到北国，在朔风的侵袭下，沥干的记忆竟然变得有些斑驳。书写常常深陷虚无与彷徨之中，能力与企图之间的天堑使我战栗窒息，心中只记得"漫漫"的结局，蜕变得如郭沫若一般，视"漫漫"为畏途，"我们这缥缈的浮生，好像那大海里的孤舟。左也是漫漫，右也是漫漫"（《女神》）。记忆逐渐复苏，舟行千里也好，覆舟倾没也罢，总归得走一趟，方才适得其所。帕斯卡尔曾誓言"勿令人谓余所言皆无新意"（Let nobody say that I've said nothing new），理由乃是"主题的布局"与"材料的使用"均有创意。可我觉得这似乎只是在天真地找寻借口甚或自欺欺人地强辩，仿佛新意唾手可得，仅凭此便可脱颖而出。相反，我不能夸耀我已说出新意，更要承认自己注定并且必须从漶漫走向漶漫。完成之时，也是埋葬之日、哀悼之日。新生的时刻，却也走完了漫漫人生。不安自然笼罩全身，新一轮的忧心忡忡也早已萌生，只是即便我对自己万般不满，但毕竟还是尽力经历了这道闭合循环。

于是，终于到了致谢的时刻。无论是海德格尔的思想即感谢（thinking is thanking），还是德里达的感谢即宽恕（for-giveness），致谢（acknowledgement）最后都应当承认（acknowledge）自己的幸运都是被赠予的，承认自己对他人的亏欠，承认这些亏欠无法被完全偿还，正如莎士比亚所言，"我们还负欠深深，远不止此数，感恩而戴德，绵绵永没有终期"。

感谢导师杨慧林教授对我的言传身教。老师在初次见面时的亲切关怀，让一位忐忑不安、格格不入甚至几分落寞的外地学生放下了心理包袱。在日常交谈中，老师的微笑总能驱散我的拘谨，令我如沐春风。而老师不落俗套的观点与毫无门户之见的态度，让我见识到知识分子应有的独立精神与开放胸怀，并且领会了知行合一的真谛。特别感谢老师对我的宽容。读博生涯的一半多时光中，我都在信马由缰，如同一名仓皇的游牧民，并且天资愚钝，基础薄弱，两年多前，我对人文学的宗教研究一无所知，遑论后现代神学，甚至未想到会将卡普托作为研究对象。对于这样的我，老师耳提面命，悉心指导，不断地鼓励和持续地信任，并提供了众多珍贵的学习机会，更总在关键时刻加以点拨与督促。这篇论文最终得以完成，离不开老师的巨大帮助。老师为我打开了一扇扇崭新的大门，我唯有日后勤勉为报，不辱师恩。

感谢方维规、陈永国、汪民安、张旭、夏可君诸位答辩评委的指导与鼓励。预答辩前，我陷入了极度的焦虑和自卑之中，以至于杨老师也颇为不解。其实，这不是因为我畏惧不确定性的挑战，而是因为我深信论文的浅薄，不满论文的粗陋，一时所得无非昙花泡影，那是一种无地自容的愧赧。然而，老师们是那样的亲切与真诚，缓解了我的惴惴不安，让我深刻体会到前辈对后学的爱护。而老师们提出的诸多修改意见，更令我受益匪浅：方老师提醒我以更具学术史意识的态度对待研究，以更为谨严的方式处理材料；陈老师告诫我在出入之间持守平衡，兼顾细节的重要性与方法论的普遍性；汪老师指出我必须以更为公允的态度进行评价，以更具创意的方式延展相关问题；张老师令我直面无可逃避的"元问题"，鼓励我对论题更具批判意识与反思精神；夏老师指导我聚焦关键概念，启发我挖掘思想的真正价值。那些笑容、那些批评，都将是我前行的宝贵财富。同时，我也要感谢论文盲审的诸位老师，你们的肯定增强了我的信心，你们的意见更鞭策我不懈努力。

感谢萧湛老师的多年关爱。他循循善诱，将我从初入大学时的躁动与迷惘中解脱出来，引上了文学与哲学之路，并在这条崎岖多折的道路上一直激我奋进。而在我工作的那段时光中，萧老师的叮咛更帮助我直面内心的呼召，重新寻回对学术的不舍与热爱。

感谢张靖老师的关爱与信任。初次见面时，张老师直切主题的语言扫除了我的局促紧张，帮助我融入人大的学习生活之中，嗣后赠予诸多宝贵的锻炼机会，帮助我不断成长，关键时刻的督促与指导更令我从困惑甚或怠惰中振作。感谢汪海老师的关心和鼓励，激发我以更为严谨的态度对待学术，以更为谦和的态度对待他人。感谢李丙权老师慷慨馈赠著作，使我深受启发，解决了我的诸多难题。感谢 Chloë Starr 老师的鼓励与信任，读其书，识其人，幸哉！感谢雷立柏老师的迅速回复与细心批评，让我意识到细节的重要性。感谢班主任常培杰老师的鞭策和帮助，令我感受到写作的紧迫性。感谢田刚健老师的热心帮助和真诚提点。感谢高旭东、曾艳兵、耿幼壮、梁坤老师对我开题报告的批评与指导。感谢教学秘书安杨老师的耐心帮助。

感谢杨熙楠总监的厚爱，令我有幸获得了诸多宝贵的学习与锻炼机会，并从中树立了信心，而杨总监的殷殷期许更令我一刻都不敢懈怠。感谢许志伟老师的关心，使我有幸前往加拿大访学，其间多次的晚间长谈让我受益匪浅，也更令我理解了老师的高尚人格与坚毅精神，祈愿老师身体早日康复！感谢林子淳老师，在香港时的教导让我对哲学与神学有了更多的认识。感谢杨俊杰老师直截了当的鞭策和真挚的鼓励，常常令我感动。感谢董江阳老师的关心，在不经意间令我受宠若惊。感谢卢成仁、林华敏、张计连等诸位老师，他们曾对我的论文开题报告或者初稿提出了不少意见。感谢李晓林老师，李老师从本科起就一直关心我的学业。此外，我还要感谢 Denis Danielson 教授，在加拿大期间多蒙照顾；感谢 Phillip J. Donnelly 和 Santiago Zabala 教授，与他们的交流令我多有收获，并且深深感受到知性的真诚。

我还要感谢我的朋友杨逸辰、高洋，刘大为，逸辰。他们与我从初中认识至今，见证了彼此的成长，分享了生命的点滴。高洋是我在北京结交的第一个朋友，尽管专业不同，然而一见如故，他的学术态度与学问功底令我极为钦佩。大为作为前辈，以风趣的方式解答了我的诸多疑问。感谢我的博士同窗好友张翔、唐小祥、刘彬。翔哥与我亲密无间，对我帮助极多，小祥常常激励和劝导我，阿彬则与我分享了求学生涯的酸甜苦辣。感谢 2016 级比较文学

255

与世界文学专业的同学周雪凝、梁世超、余丹、阳幕华、任龙、苑东香，非常幸运能够进入这样一个融洽的求学共同体中。感谢石绘在我初至北京时的诸多帮助，感谢时霄对我的鼓励和帮助。

我要感谢我的诸位师兄师姐。黄增喜师兄与我亦师亦友，虽相隔异地，却始终关心我的学业，无论是当初的鞭策，还是近来的肯定，他都一直激励着我前行。雷阿勇师兄在求学为人上曾给予我诸多提点，我至今还记得几年前暴雨午后在国学馆中的那番长谈。朱丽娟师姐耐心解答了我在访学、答辩等事宜上的种种困惑，黄峰师兄在我刚入校时曾给予了诸多宝贵意见，阮友贤师兄虽不善言辞，却总能以出家者的微笑解人忧愁，苏志明师兄在我初次参加学术论坛时曾给予诸多指导，尹林虎兄以沉稳的兄长之姿，对我勉励有加。

感谢白洋本、高云霄、法伊玛、崔子鹏、刘书颉、汤逸琳、蔡雪晴诸位师弟师妹，你们不仅耐心地倾听了我的初稿汇报，而且帮助我处理了诸多事务，更重要的是，我从你们的研究中受益匪浅。

我还要衷心感谢替我搜集论文资料的学友：米奥兰、李屹、李辉、田紫卉、Claude 与 Stephen Choi，你们牺牲了自己的宝贵时间，慷慨无私地赠予我莫大的帮助，跨越地域的知识传播方才得以可能。

我要感谢妻子，感谢你与我在此相濡以沫，并让我见证了两具独立人格是如何联结为自由共同体的。你的才华和道德感，总能让我从平庸的沦丧中及时挣脱振作，而你的独立和沉默，又令我时刻意识到他者的不可还原性，体悟着爱情的特殊性。

我要感谢我的父母，谢谢你们辛苦劳作，抚育我长大成人，谢谢你们永远理解和支持我的选择，谢谢你们成为我最坚强的后盾。

最后，我要将这篇论文献给我与妻子的两位奶奶：沙凤英、丁淑惠。论文写作期间，老人们的事件在我和妻子的生命中撕裂开永远无法愈合的黑色伤口。

不安之心的泪水、记忆与盼望，我知道了，我体会了，我不会忘记。

2020 年 5 月 14 日夜

几年来，经历了诸多亲人师长的离去，于我而言，是一次次的沉重打击，是一次次地承受不可能性，而对笔下的文字有了愈发切身的体会，却也常常陷入无助的沉默。无法掌控事件，只能成为事件的忠实见证者；无法用诗去回应,只能诉诸诗学的研究。衷心感谢《中国比较文学文库》的编委老师,感谢上海外语教育出版社,感谢中国社会科学院系统的师友,感谢所有关心和帮助过自己的师友。还有那些逝去的亲友师长。

感谢,感激,感恩。

2021 年 10 月 8 日夜